GOLDMANN
Lesen erleben

Buch

100 % PALEO – Das und viel mehr verspricht diese geniale Rezeptsammlung, bei der sich trotz kulinarischer Gaumenfreuden alles um gesunde Ernährung und die Verarbeitung von naturbelassenen Produkten dreht. Bei insgesamt 500 Rezepten und einer großen und fantasievollen Auswahl an Vorspeisen, Salaten, Suppen, Snacks, Fisch- und Fleischrezepten, Saucen, Gewürzen und Desserts finden Sie bestimmt die Inspiration, die Sie suchen – sei es für Ihren Alltag oder besondere Anlässe. Alle Gerichte sind nicht nur laktose- und glutenfrei, sondern enthalten ebenso wenig Soja- oder industriell verarbeitete Produkte und kommen außerdem ohne Hülsenfrüchte, Kartoffeln oder raffinierten Zucker aus. Kochen Sie sich einfach Tag für Tag fit und schlank, ohne viel Schnickschnack und Drumherum!

Autorin

Dana Carpender ist amerikanische Ernährungsspezialistin, erfolgreiche Bloggerin und Bestsellerautorin. Ihre Kochbücher zu kohlehydratarmer Ernährung verkauften sich in den USA mehr als eine Million Mal. Sie lebt mit ihrem Mann in Indiana.

Dana Carpender

500 PALEO REZEPTE

Natürl*ich*, köstlich, glutenfrei

Aus dem Amerikanischen
von Imke Brodersen

GOLDMANN

Alle Ratschläge in diesem Buch wurden von der Autorin und vom Verlag sorgfältig erwogen und geprüft. Eine Garantie kann dennoch nicht übernommen werden. Eine Haftung der Autorin beziehungsweise des Verlags und seiner Beauftragten für Personen-, Sach- und Vermögensschäden ist daher ausgeschlossen.

MIX
Papier aus verantwortungsvollen Quellen
FSC® C083411

Verlagsgruppe Random House FSC® N001967
Das für dieses Buch verwendete FSC®-zertifizierte Papier
Classic 95 liefert Stora Enso, Finnland.

Dieses Buch ist auch als E-Book erhältlich.

2. Auflage
Deutsche Erstausgabe Juni 2015
Wilhelm Goldmann Verlag, München,
in der Verlagsgruppe Random House GmbH

Originalverlag: Fair Winds Press, a Member of Quarto Publishing Group USA Inc.
Originaltitel: 500 Paleo Recipes
Umschlaggestaltung: Uno Werbeagentur, München
Umschlagillustration: FinePic®, München
Redaktion: Ruth Wiebusch
Satz: Uhl + Massopust, Aalen
Druck und Bindung: CPI – Clausen & Bosse, Leck
AB · Herstellung: IH
Printed in Germany
ISBN 978-3-442-17524-6
www.goldmann-verlag.de

Besuchen Sie den Goldmann Verlag im Netz

INHALT

EINLEITUNG

Wie kam es zu diesem Buch?

Dass ich mich seit fast 20 Jahren kohlenhydratarm ernähre, ist kein großes Geheimnis. Die Geschichte dazu darf jeder nachlesen, der mag (und an dieser Stelle möchte ich allen danken, die sich die Mühe gemacht haben). Warum also ein Paleo-Buch?
Mir ist schon eine ganze Weile klar, dass Low-Carb-Ernährung und Paleo trotz gelegentlicher Grabenkämpfe eng verwandt sind. Beide konzentrieren sich auf tierische Produkte. Beide machen einen Bogen um Getreide, Kartoffeln und Zucker. Beide greifen bei Gemüse nach Herzenslust zu.
Der Hauptunterschied besteht darin, dass insbesondere Neueinsteiger bei der kohlenhydratarmen Ernährung gern zu »Krücken« oder Ersatzprodukten wie kohlenhydratarmem Brot oder Gebäck greifen. Solche Lebensmittel sind in der Regel industriell produziert und enthalten häufig Gluten oder Soja (oder beides). Manchen Leuten fällt die Umstellung von der alten kohlenhydratlastigen Ernährung damit zwar leichter, aber dennoch sind Ersatzprodukte eine zweischneidige Sache. Ich vermute, dass das scheinbare Versagen der kohlenhydratarmen Ernährung häufig darauf beruht, dass man Ersatzprodukte nun als Grundnahrungsmittel betrachtet, anstatt den Körper konsequent auf Nahrung umzustellen, die von Natur aus wenig Kohlenhydrate enthält. An dieser Stelle möchte ich den Hinweis einfügen, dass Dr. William Davis in seinem hervorragenden Werk *Die Weizenwampe* darlegt, dass Gluten gewisse Proteine enthält, die wie Opioide wirken und körperlich süchtig machen. Der Unterschied zwischen diesen Opioiden und denen, die wir als Medikamente beziehungsweise Drogen einstufen, besteht darin, dass man von Weizenopioiden nicht high wird, sondern hungrig. Deshalb sind auch kohlenhydratreduzierte Brot-, Tortilla- und Nudelvarianten höchst kritisch zu betrachten.
Meine E-Mails, die Kommentare auf meinem Blog sowie Facebook-Reaktionen von Low-Carb-Anhängern aus aller Welt zeigen jedoch, dass derzeit ein Umdenken stattfindet. Mehr und mehr Menschen meiden Sojaprodukte und Gluten und erhöhen die Nachfrage nach Fleisch und Milchprodukten aus Weidehaltung sowie nach Fisch, der nicht aus Fischfarmen stammt. Auch künstliche Süßungsmittel lehnen immer mehr Menschen ab. (Der Krieg um die Süßungsmittel ist offen-

bar mein persönlicher Fluch. Was auch immer ich in einem Rezept empfehle, irgendjemand hat etwas daran auszusetzen.) Mit anderen Worten: Der Trend geht von Low Carb zu Paleo.

Selbst meine eigenen Essgewohnheiten haben sich mit der Zeit verändert – manche Rezepte aus meinen Büchern würde ich heute nicht mehr kochen. Inzwischen ernähre ich mich glutenfrei und verzichte auch auf kohlenhydratarmes Brot, auch wenn meine früheren Rezepte häufig genau dies empfehlen oder die Verwendung von Weizengluten, Weizenkeimen und Weizenkleie propagieren. Canolaöl rühre ich seit Jahren nicht mehr an, ebenso wenig handelsübliche Mayonnaise, die meist jede Menge Sojaöl und andere unerwünschte Zutaten enthält; ich stelle meine Mayonnaise heute selbst her. In diesem Buch sind all diese Veränderungen berücksichtigt. Diesmal gibt es kein Gluten, keinerlei Getreide, kein Soja, keine omega-6-lastigen Öle und keine industriell erzeugten Spezialprodukte. Stattdessen finden Sie tierische Proteine und Fette in vielerlei Gestalt, massenweise Gemüse und auch eine ganze Menge Obst. Nüsse und Samen empfehle ich natürlich auch. Und jede Menge Kräuter und Gewürze nach Herzenslust. Viel Spaß in der Küche!

Was bedeutet Paleo?

Dieses Buch ist das Resultat eines Lernprozesses, bei dem ich unter anderem nach einer klaren Definition für »Paleo« suchte. Bei Low-Carb-Rezepten gibt es eine messbare Vorgabe: Wie viel Gramm Kohlenhydrate pro Portion? Die Frage, welche Lebensmittel für Paleo-Ernährung angemessen sind und welche nicht, ist hingegen ziemlich umstritten. Daher musste ich mich entscheiden, was *meiner* Ansicht nach in der modernen Steinzeitdiät auf den Teller gehört. Wobei klar ist, dass man sich eigentlich nur mit selbst gejagter und gesammelter Nahrung aus der umliegenden Wildnis genauso ernähren würde wie unsere Vorfahren. Da die meisten von uns landwirtschaftlich erzeugte Produkte verzehren, die oft nicht aus unserer Gegend stammen, sollten wir in der Tat festlegen, wovon hier die Rede ist.

Das erste Buch, das ich zum Thema Paleo-Ernährung las, war *Neanderthin*, das Ray Audette 1995 zunächst im Selbstverlag herausbrachte, zufälligerweise genau in dem Jahr, in dem ich auf Low Carb umstieg. Audette hatte mit chronischer Polyarthritis und Diabetes gekämpft und festgestellt, dass seine Symptome unter der Paleo-Diät vollständig verschwanden. Seine Vorgabe war einfach und unmissverständlich: *Was du dir nicht mit einem scharfen Stock und einem Stein verschaffen und roh essen kannst, ist keine echte Nahrung.* Audette zufolge kam die große Umstellung in unserer Ernährung mit der Einführung einer neuen Technik, des Kochens, mit dessen Hilfe ansonsten giftige Lebensmittel essbar wurden. Zumindest ging ihr Giftpotenzial dadurch so weit verloren, dass die Esser nicht

mehr unmittelbar erkrankten. Für Audette ist dies die eigentliche Trennlinie: Kann man es roh essen?
Dabei verlangt er keineswegs, dass alles roh verzehrt werden muss, sondern lediglich, dass wir nichts essen sollten, was im Rohzustand giftig wäre. Fast jeder kocht sein Fleisch, doch Tartar und frisches Mett, Carpaccio und Sashimi gelten seit Jahrhunderten als Leckerbissen.
Der Verzehr von größeren Mengen ungekochtem Getreide, rohen Hülsenfrüchten oder rohen Kartoffeln löst hingegen auf jeden Fall Bauchschmerzen aus. Erst nachdem die Praxis des Kochens solche Pflanzen zu »Lebensmitteln« machte, begann die landwirtschaftliche Revolution. Diese Revolution bescherte uns wiederum die Zivilisation, doch der Preis dafür waren zahlreiche gesundheitliche Probleme und ein kürzeres Leben. (Hinzu kommen diverse Umweltaspekte, aber das wäre ein separates Thema.)
»Kann man das roh essen?« ist also eine gute Leitfrage, um sich mit dieser Ernährungsform auseinanderzusetzen. Während man den Umbruch vom Jäger und Sammler zur bäuerlichen Landwirtschaft – und somit die Umstellung der Ernährung von Fleisch und Gemüse auf Getreide und Bohnen – als die erste und möglicherweise größte Ernährungssünde betrachten könnte, gibt es mittlerweile weitere, deutlich jüngere Veränderungen, die unserer Gesundheit ebenfalls massiv zugesetzt haben: Vor etwa 300 Jahren ermöglichten die Kolonisierung tropischer Länder und die Sklaverei eine kommerzielle Produktion von Zucker, der somit für die Massen erschwinglich wurde. Eine Katastrophe – für die Sklaven, die Ökosysteme und die menschliche Gesundheit gleichermaßen.
Zuckerliebhaber betonen gern, dass Zucker immerhin ein Naturprodukt sei, und dass der Körper Glukose als Treibstoff verwenden könne. Das stimmt sogar. Allerdings lautet der erste Lehrsatz der Toxikologie: »Die Dosis macht das Gift.« Was würde wohl passieren, wenn Sie Ihre Wasserzufuhr um 3700 Prozent erhöhen würden? Das ist ungefähr dasselbe Maß, um das sich unser Zuckerverzehr in den letzten 300 Jahren vervielfacht hat: Von zwei Kilo pro Person und Jahr im Jahr 1700 auf rund 70 Kilo (das sind ungefähr 200 Gramm pro Tag).
Noch erstaunlicher sind Schätzungen, nach denen Steinzeitmenschen nur etwa 20 Teelöffel Zucker *pro Jahr* bekamen, vermutlich in Form von Honig, denn andere Zuckerformen gab es damals nicht. Wenn dem so ist, dann verzehren wir heute im Durchschnitt pro Tag mehr Zucker als die Jäger und Sammler in einem Jahr und in sechs Wochen mehr als unsere Urahnen im ganzen Leben.
Ein weiteres Grundprinzip der Paleo-Ernährung ist somit der Verzicht auf jegliche Zuckerzusätze, insbesondere in Form von Haushaltszucker und Maissirup.
Noch jünger ist die Umstellung von traditionellen Fetten wie Schmalz, Talg, Kokosöl und Palmöl auf pflanzliche Öle. Hierzu kam es erst im 20. Jahrhundert,

als die Saatölproduzenten die Parole ausgaben, dass diese Öle, die der Mensch bisher so nie verzehrt hatte, aus unerfindlichen Gründen gesünder und nahrhafter seien als alles, was die Menschheit von Anbeginn an zu sich genommen hat.

Das war ein böser Trugschluss. Inzwischen zeigt sich, dass solche Öle Herzerkrankungen keineswegs verhindern, sondern vielmehr Entzündungen im Körper Vorschub leisten und damit der Entstehung von Krankheiten wie Krebs, Arthritis und – ausgerechnet – Herzproblemen den Weg bahnen. Als kritisch erweist sich offenbar ein Ungleichgewicht ungesättigter Fettsäuren, insbesondere zwischen den mehrfach ungesättigten Omega-6- und Omega-3-Fetten. Deshalb hat sich omega-3-reiches Fischöl als so segensreich erwiesen: Es trägt dazu bei, das Verhältnis zwischen Omega-6- und Omega-3-Fetten besser auszugleichen. Genauso wichtig ist jedoch, dass wir endlich aufhören, den Körper mit Omega-6-Fettsäuren zu überfluten. Darum sind in der Paleo-Ernährung auch mehrfach ungesättigte pflanzliche Öle gestrichen. (Auch Canola-Öl, denn es ist industriell erzeugt und eine genetisch manipulierte Version von ursprünglich giftigem Rapsöl, das lange als industrielles *Schmiermittel* verwendet wurde!)

Damit gelten für die Paleo-Ernährung in meinen Augen folgende Eckpunkte:

- Kein Getreide, keine Bohnen, keine Kartoffeln. Nichts, was erst durch Kochen essbar wird. Insbesondere kein Gluten und kein Soja.
- Kein raffinierter oder gesondert verwendbarer Zucker.
- Keine mehrfach ungesättigten pflanzlichen Öle.

Stattdessen gibt es nur eine Vorgabe: Essen Sie reichlich tierische Proteine, also Eiweiße, und Fette. Paleo-Ernährung auf rein pflanzlicher Basis funktioniert nicht.

Robb Wolf, der Autor von *The Paleo Solution,* hat folgende Liste erarbeitet:

Empfehlenswert
Obst
Gemüse
Mageres Fleisch
Fisch und Meeresfrüchte
Nüsse und Samen
Gesunde Fette

Unerwünscht
Milchprodukte
Getreide
Fertigprodukte und Zucker aller Art
Hülsenfrüchte
Stärke in jeder Form
Alkohol

Zu den Feinheiten kommen wir noch. Allein wenn man sich an diese groben Vorgaben hält, dürfte die Gesundheit davon profitieren. Es ist die alte Weisheit von 80:20 – schon mit 20 Prozent Veränderung sind 80 Prozent des Ziels erreicht. Okay, diese Zahlen sind auf meinem Mist gewachsen. Aber ich stehe dazu, dass es sich um die wichtigsten ernährungstechnischen Veränderungen handelt, die Sie vornehmen können. Womit wir bereits bei den Feinheiten wären:

- Geben Sie frischen Lebensmitteln den Vorzug, also frischem Fleisch, frischem Fisch, frischem Gemüse und frischem Obst.
- Keine Zusatzstoffe. Wobei bereits die Umstellung auf weitgehend frische Nahrung die Menge an Zusatzstoffen deutlich verringern wird.
- Fleisch sollte, wann immer möglich, aus Weidehaltung stammen, Eier von Freilandhühnern und Fisch aus Wildfang. Manch einer dürfte Schwierigkeiten haben, überhaupt solche Produkte zu beziehen; andere werden angesichts der Preise schlucken. Dennoch sind diese Lebensmittel solchen aus konventioneller Erzeugung, was den Nährstoffgehalt betrifft, überlegen. Insbesondere das Verhältnis von Omega-6- zu Omega-3-Fetten ist deutlich besser als bei herkömmlicher Mastviehhaltung. Fette von Tieren, die auf der Weide aufgewachsen sind oder nur mit Gras und Heu gefüttert wurden, sind gesund.
- Wenn möglich sollten Obst und Gemüse biologisch angebaut sein. Bei ausreichend Zeit und Platz ist der eigene Garten natürlich die beste Quelle. Doch auch auf dem Wochenmarkt oder im Hofladen bekommen Sie meist beste Bioqualität und obendrein viele Sorten, die niemals in die Supermärkte gelangen.
- Bemessen Sie Ihre Kohlenhydratzufuhr an der eigenen Taille und am Blutzucker. Paleo ist nicht gleichbedeutend mit Low Carb. Stärkehaltiges Wurzelgemüse und Kürbis sind ebenso erlaubt wie zahlreiche Früchte, auf die ein Low Carber eher verzichtet. Wer jedoch bereits mit zu hohem Blutzucker, Übergewicht oder beidem zu kämpfen hat, sollte achtsam mit Kohlenhydraten umgehen.
- Gehen Sie so oft wie möglich ins Freie. Viele industriell erzeugte Lebensmittel sind zwar mit Vitamin D angereichert, natürliche Vitamin-D-Quellen sind aber relativ rar gesät. Vitamin D ist eher ein Hormon als ein Vitamin, und um es zu erzeugen, braucht die Haut direktes Sonnenlicht. Dank des Siegeszuges der Sonnenschutzmittel ist Vitamin-D-Mangel inzwischen verbreiteter, und es kommt zu Folgeerscheinungen wie Depressionen oder Krebs.
- Schlafen Sie viel. Das sage ausgerechnet ich, die fast immer zu wenig Schlaf bekommt. Daher weiß ich auch, dass es leichter gesagt als getan ist. Wenn Sie aber lange aufbleiben, um fernzusehen oder die letzte Hausarbeit zu erledigen, sollten Sie umdenken. Achten Sie auf eine ruhige, dunkle Umgebung. Stadtbewohner können auf Schlafmaske und Ohrstöpsel zurückgreifen. Familie Feuerstein hatte nicht nur keinen Fernseher, sondern nach Sonnenuntergang auch kein Licht mehr. Also legte man sich aufs Ohr. Die Verlängerung des Tages durch künstliches Licht hat Folgen, die wir bisher noch nicht annähernd durchschauen.

- Treiben Sie Sport. Aber überlegen Sie dabei, wie unsere Vorfahren ihren Körper einsetzten: Fred war kein Marathonläufer. Vermutlich ist er überhaupt nicht viel gerannt, höchstens beim Jagen (oder als Gejagter). Dann aber wäre er nicht gejoggt, sondern um sein Leben gelaufen und hätte so bald wie möglich wieder damit aufgehört. Andererseits ist er viel umhergestreift, um nach Essbarem zu suchen. Er hat schwere Lasten gehoben und geschleppt – wie sonst sollte er die Antilope in seine Höhle transportieren? Und er ist geklettert, um an Nahrung zu kommen oder Gefahren aus dem Weg zu gehen.

Paleo oder nicht?

Zur Frage, was Paleo ist und was nicht, gibt es wie gesagt unterschiedliche Meinungen. Ich persönlich habe mich diesem Thema angenähert wie auch der Low-Carb-Ernährung, nämlich als Köchin. Im Rahmen einer möglichst gesunden Ernährung wünsche ich mir eine möglichst breite Auswahl an Geschmacksnoten und Konsistenzen. Dabei gibt es Lebensmittel, die manche Leute als Paleo akzeptieren, andere hingegen nicht:

Fettes Fleisch. Einer der Vorreiter der Paleo-Bewegung, Loren Cordain, beharrte anfangs darauf, nur mageres Muskelfleisch zu verzehren. Das Fett, die Haut und ähnlich saftige Bissen sollte man abschneiden und wegwerfen. Ganz ehrlich, das irritiert mich. Ich kann mir unmöglich vorstellen, dass unsere Ahnen sich die Mühe machten (und das Risiko eingingen), ein Mammut, einen Hirsch, ein Wildschwein oder einen Bären zu erlegen, ohne ihre Beute bis auf den letzten Rest zu vertilgen. Natürlich ist Wild magerer als Weiderinder, doch man weiß, dass die Jäger und Sammler Knochenmark, Hirn oder Nierenfett – ja, alles Fett, was sie finden konnten – hoch geschätzt haben. Zudem ist Wild keineswegs immer mager, am allerwenigsten im Herbst, wenn die Tiere sich ordentlich Winterspeck angefressen haben.
Die fetten Anteile haben einen Nährwert, den Muskelfleisch allein nicht liefern kann. Die Haut ist beispielsweise eine gute Gelatinequelle und damit äußerst nahrhaft. Ohne die Haut leidet das Gleichgewicht der Aminosäuren, das beim Verzehr des ganzen Tieres erhalten bliebe. Zudem ist Gelatine phantastisch für unsere Haut und Knochen und obendrein entzündungshemmend. Essen Sie also die Haut von Huhn, Gans oder Pute bitte mit und verzichten Sie nicht auf Schmalz und Grieben. Haut ist definitiv Paleo. Und Knochenmark ist eine ausgezeichnete Quelle für fettlösliche Vitamine, insbesondere aber für die vom Gehirn benötigten Omega-3-Fettsäuren DHA und EPA.
Ich persönlich habe gesundheitlich davon profitiert, meinen Kalorienbedarf vemehrt durch Fett zu decken. Deshalb empfehle ich in diesem Buch nicht unbedingt fettarmes Fleisch. Loren Cordain hat

seine diesbezüglichen Aussagen übrigens mittlerweile revidiert.

Salz. Manche Paleo-Anhänger salzen überhaupt nicht. Dennoch ist Salz ein wichtiger Nährstoff. Starker Mangel kann uns umbringen. Die Frage ist: Hatten die Steinzeitmenschen Zugang zu Salz? Ganz sicher kannten sie mineralstoffreiche Lebensräume. Orte mit salzigem Boden, sogenannte Salzlecken, zogen das Wild aus weitem Umkreis an und waren somit auch erstklassige Jagdgründe.

Auch Küstenbewohner werden gewusst haben, dass das weiße Zeug, das in trocknenden Tümpeln zurückblieb, den erwünschten Geschmack hatte. Wobei alle, die in Meeresnähe lebten, über rohe Muscheln und andere Meeresfrüchte wohl ohnehin ausreichend Salz zu sich nahmen.

Somit gehe ich davon aus, dass unsere Vorfahren Salz kannten und verzehrten, sofern es verfügbar war. Überdies wissen wir, dass Salz zu den frühesten Handelswaren zählte.

Wie bei den Omega-6-Fettsäuren geht es beim Salz in erster Linie um die Menge. Auch hier führt der Verzicht auf Fertigprodukte automatisch zu einer starken Verringerung der Salzzufuhr. Es stellt sich also die Frage nach der Ausgewogenheit, denn wir sind auf ein Gleichgewicht zwischen Natrium und Kalium angewiesen. Wer über Gemüse, Obst, Schweinefleisch und Fisch viel Kalium zu sich nimmt, braucht zum Ausgleich ausreichend Natrium. Hinzu kommt, dass der Körper bei kohlenhydratreicher Ernährung Natrium einlagert, während er es bei eingeschränkter Kohlenhydratzufuhr korrekt ausscheidet. In ihrem Werk *The Art and Science of Carbohydrate Restriction* erklären Stephen Phinney und Jeff Volek, dass die Schwäche und der Energieabfall bei Menschen, die keine konzentrierten Kohlenhydrate mehr zu sich nehmen, nicht vom Kohlenhydratmangel stammt, sondern von mangelnder Kochsalzzufuhr.

Daher sehe ich keinen Anlass, den Salzstreuer vom Tisch zu verbannen.

Die Salzmenge in meinen Rezepten ist zwar auf das geschmacklich nötige Minimum begrenzt, aber ich möchte nicht völlig darauf verzichten.

Allerdings sollten Sie wissen, dass meine Einstellung zu Salz unter anderem darauf beruht, dass bei meinem Mann Eric bereits zweimal eine Hyponatriämie, also ein zu geringer Natriumgehalt im Blut, festgestellt wurde. Er salzt Eier und Fleisch, doch wir essen so wenig Fertigprodukte und so wenig Kohlenhydrate, dass sein körperlicher Bedarf offenbar nicht gedeckt war. Also essen wir Salz, bevorzugt gutes Meersalz.

Alkohol und Essig. Manche Paleo-Anhänger lassen Alkohol und Essig durchgehen, andere nicht. Ich beziehe sie in meine Gerichte ein, verwende aber normalerweise keinen Alkohol oder Essig aus Getreide. (Ein einziges Rezept verlangt nach einem kleinen Schuss Bourbon. Damit kann ich leben. Denn es schmeckt einfach phantastisch, und

beim Destillieren bleiben die Getreidelektine weitgehend und die Kohlenhydrate vollständig auf der Strecke.)
Wilde Hefe gibt es überall, denn Kohlenhydrate gären. Wildhüter berichten gern von Bären, die vergorene Früchte oder Trauben finden und sich damit einen Rausch anfressen. Was ein Bär kann, konnte der Steinzeitmensch garantiert auch. Er hatte zwar keinen Weinkeller, aber es handelt sich bei Wein auch nicht um eine Fremdsubstanz, die erst durch Kochen ungiftig wird. (Natürlich ist Alkohol in der entsprechenden Menge giftig, aber ein Achtel Wein in einem Gericht für vier Personen erscheint mir relativ unbedenklich.)
Essig wiederum ist das natürliche Endprodukt von undestilliertem Alkohol. Früher hatten wir einen Apfelbaum im Garten, und das Fallobst verbreitete unweigerlich Essiggeruch.
In meinen Rezepten benutze ich immer wieder Essig, in erster Linie Apfelessig, Rotwein- und Weißweinessig sowie hellen und dunklen Balsamico. Balsamicoessig verleiht vielen Gerichten einen Hauch Süße, ohne dass man auf Süßungsmittel zurückgreifen muss. Weißweinessig habe ich erst für dieses Buch ausprobiert und möchte ihn nun nicht mehr missen. Probieren Sie verschiedene Essigsorten durch, aber achten Sie auf die Liste der Inhaltsstoffe.

Milchprodukte. Laut den Zuschriften, die ich erhalte, sind Milch- und Rohmilchprodukte das häufigste Zugeständnis, das Paleo-Anhänger machen. Mark Sisson beispielsweise empfiehlt weitgehend Paleo-Kost plus hochwertige Milchprodukte.
Das Gegenargument lautet, dass unsere Ahnen vermutlich keine Büffel und Schafe gejagt haben, um sie anschließend zu melken. Befürworter sagen, dass der Mensch zu den Säugetieren zählt, die Bestandteile von Milch uns also nicht fremd sind. Außerdem kann man Milch im Rohzustand zu sich nehmen. Paläoanthropologen gehen davon aus, dass die Menschen erst Hirten und später Bauern wurden. Das klingt logisch, denn wer den Herden als Jäger folgt, kann leicht auf die Idee kommen, seine Herde zu schützen und selbst zu führen.
Ich stehe felsenfest dazu, dass mit etwas Butter und Käse fast alles besser schmeckt. Allerdings hatte ich persönlich auch nie Probleme mit der Verdauung von Milchprodukten. Produkte aus Weidehaltung sind eine ausgezeichnete Nährstoffquelle, besonders für die fettlöslichen Vitamine A, E und K. Das Butterfett enthält unter anderem Laurinsäure, die Hefen und andere Pilze abtötet, und konjugierte Linolsäure (CLA), die Krebs und Bauchfett bekämpft. Ich persönlich werde also weiterhin mit Butter, Sahne und Käse aus regionaler Weidehaltung kochen.
Doch ich habe schon zahllose Rezepte mit Milchprodukten veröffentlicht, die der Steinzeiternährung entsprechen. Deshalb präsentiere ich in diesem Buch ausschließlich Rezepte *ohne* Milchprodukte – für alle, die gute Gründe haben, darauf zu verzichten. Wer weniger streng sein

möchte, darf gern ein wenig Butter, Sahne oder Käse in die Gerichte mogeln.

Wie steinzeitmäßig ist Paleo?

Wie bereits erwähnt ist der Weg zur Paleo-Ernährung in meinen Augen allein durch den Verzicht auf Getreide (insbesondere glutenhaltiges Getreide), Zuckerzusätze, mehrfach ungesättigte pflanzliche Öle, Soja und andere Hülsenfrüchte schon zu 80 Prozent geschafft. Wir können und wollen schließlich nicht zurück in die Höhle, richtig? Die Mehrheit der Bevölkerung geht mindestens 40 Stunden pro Woche einem Beruf nach – für Fred und Ötzi unvorstellbar. Auch auf Zentralheizung und elektrisches Licht wollen wir schließlich nicht verzichten.
Wir bemühen uns also darum, diejenigen Bestandteile der modernen Ernährung zu meiden, die schädlichen Einfluss auf den Stoffwechsel haben.
Mit diesem Wissen im Hinterkopf verwende ich immer wieder einmal kleinste Mengen paleofremder Zutaten – ein Teelöffel Chilisauce mit ein wenig Zucker darin bringt mich bestimmt nicht um. Die Kokosmilch, mit der ich koche, ist aus Bioanbau, enthält jedoch Guarkernmehl, ist also streng genommen nicht »paleo-koscher«. Und ich nehme nicht ausschließlich Fleisch von Tieren, die nur Gras und Heu erhalten.
Konsequent bin ich hingegen selbst bei kleinsten Mengen Gluten, bei Zutaten auf Getreidebasis wie Reis- oder Malzessig, und bei der Herstellung eigener Saucen, vor allem Ketchup, weil handelsüblicher Ketchup Unmengen Zucker enthält. Viele Rezepte verlangen nach größeren Mengen Ketchup, der somit viel Zucker beisteuern würde. Deshalb mache ich meinen Ketchup seit Jahren selbst.
Wie streng Sie selbst sein wollen, liegt ganz bei Ihnen. Meine einzige Sorge ist, dass es zu schwierig werden könnte, wenn man alles ganz richtig machen will, und dass Sie dann entnervt aufgeben. Das Streben nach Perfektion kann zum Feind des Guten werden.
Die einzige Ausnahme ist wie gesagt Gluten. Wer auf Gluten empfindlich reagiert, muss selbst Spuren davon meiden.

Alles ganz natürlich?

In unserem Kulturkreis wird »natürlich« meist mit »gesund« gleichgesetzt. Regelmäßig höre ich: »Aber das ist doch *natürlich*! Also muss es gut für mich sein.« Bei solchen Aussagen geht es um Vollkorn, Honig oder was auch immer. Bitte bedenken Sie: Viele hochgiftige Substanzen sind ebenfalls natürlich, zum Beispiel das Gift von Klapperschlangen oder Knollenblätterpilzen. Mit Natur pur können Sie Ihre Gesundheit genauso ruinieren wie mit künstlichem Zeug. Mit Vollkorn und Hülsenfrüchten habe ich mir Kleidergröße 48 angefuttert.
Fleisch ist natürlich, aber Kaninchen fressen es trotzdem nicht. Gras ist ebenfalls natürlich, aber Tiger sind keine Grasfresser. Bei Paleo läuft es demnach

auf die Frage hinaus: »Ist diese Nahrung für Menschen natürlich?«

Ist dieses Kochbuch Low-Carb?

Die Rezepte in diesem Buch enthalten bestimmt weniger Kohlenhydrate als andere, aber nicht so wenig wie meine früheren Kochbücher. Selbstverständlich werden Sie streng kohlenhydratarme Fleisch- und Eierrezepte finden, dazu viele Rezepte mit stärkearmem Gemüse, Nüssen, Samen und anderen Favoriten der kohlenhydratarmen Ernährung. Es gibt aber auch Rezepte mit Süßkartoffeln, Kürbis und weiteren stärkereichen Gemüsesorten. Es sind mehr Früchte aufgeführt, als ich bisher verwendet habe, und manche Rezepte enthalten Zucker pur in Form von Honig (siehe meine Bemerkungen zu Süßungsmitteln). Viele Low-Carb-Anhänger essen nicht steinzeitmäßig, und viele Paleo-Anhänger essen nicht kohlenhydratarm. Wer sich kohlenhydratarm ernährt, hatte zuvor meist Probleme mit Übergewicht, Blutzucker oder beidem. Leute, die auf Steinzeiternährung schwören, waren hingegen häufig schon immer schlank und athletisch. Ihr robuster Stoffwechsel toleriert durchaus mehr Kohlenhydrate. Achten Sie daher bitte immer auf Ihren eigenen Körper. Bei Blutzuckerproblemen vertrauen Sie auf Ihr Messgerät. Wählen Sie aus der Vielzahl der Rezepte das aus, was Ihnen bekommt.

Worauf beruhen die Nährwertangaben der Rezepte?

Die Nährwertangaben wurden mit der Software MasterCook ermittelt, einem sehr praktischen Programm, das aus den Zutaten und der Anzahl der Portionen die jeweiligen Werte pro Portion ausspuckt. Vorgänge wie das Abschöpfen von Fett kann MasterCook jedoch nicht berücksichtigen.
Die Nährwertangaben sind also so genau wie möglich, aber ganz sicher nicht hundertprozentig korrekt. MasterCook greift auf Informationen der USDA Nährstoffdatenbank zurück.
Der tatsächliche Vitamin-, Mineralstoff- und Kohlenhydratgehalt einer Stange Sellerie, einer Zwiebel oder eines Röschens Brokkoli hängt von Bodenbeschaffenheit, Wetter oder Düngemittel ab. Daher ist Ihr Huhn vielleicht im Einzelfall etwas fleischiger als meines oder Ihre Paprika etwas größer oder kleiner als die, die ich verwende.
Das ist nicht so wichtig. All die Zahlenangaben sind eher Orientierungswerte, um den Überblick zu behalten. In diesem Sinne heißt es in den Rezepten häufig »eine große Stange Sellerie«, »eine halbe grüne Paprika« oder »eine Knoblauchzehe«. So kocht man schließlich, oder? Wichtig ist, dass Sie Ihren Körper vernünftig ernähren und die ungesunden modernen Ersatzlebensmittel aus der Küche verbannen.

Zutaten

Die meisten Zutaten dürften bekannt sein, so dass Erklärungen überflüssig sind. Ein paar jedoch möchte ich näher erläutern.

MANDELMEHL UND KOKOSMEHL

Damit ersetze ich in meinen Rezepten Getreidemehle. Beides ist praktisch überall erhältlich, auch in preiswerterer Qualität. Unter Mandelmehl verstehe ich gemahlene, geschälte Mandeln.
Ich mache mein Mehl gern selbst, indem ich geschälte Mandeln in der Küchenmaschine zerkleinere, bis die Konsistenz der von Maismehl entspricht. Man braucht dafür jedoch eine wirklich gute Maschine. Kokosmehl wird aus dem Kokosfleisch erzeugt, das nach dem Auspressen des Öls übrig bleibt. Es funktioniert nicht, Kokosraspel in der Küchenmaschine zu zerkleinern! Daher müssen Sie Kokosmehl kaufen.

COCONUT AMINOS

Unter dieser Bezeichnung läuft ein soja- und weizenfreier Sojasaucenersatz, der aus Kokossaft erzeugt wird. Man kann ihn 1:1 einsetzen, wenn in einem Rezept Sojasauce verlangt wird; das Ergebnis ist geschmacklich weitgehend gleich. In Deutschland muss man Coconut Aminos meist online bestellen. Damit kommen zum ohnehin nicht niedrigen Preis noch Versandkosten und eventuell auch Zollgebühren hinzu. Andererseits ist Sojasauce in meinen Augen die harmloseste Form, Soja zu sich zu nehmen. Die Fermentierung zerlegt die Sojaöstrogene, und die Phytate, welche Mineralstoffe binden, werden ausgefiltert. Das Fragwürdigste an vielen handelsüblichen Sojasaucen ist in meinen Augen ihr Weizen- und Zuckergehalt. Wenn ich Sojasauce verwende, wähle ich ein weizenfreies Produkt. Wer sich streng an Paleo-Vorgaben halten möchte, kann Coconut Aminos nehmen.

KAKAOPULVER UND BITTERSCHOKOLADE

Zuckerhaltige Milchschokolade passt logischerweise nicht in eine Paleo-Ernährung, aber was ist mit der Schokolade selbst? Schokoladenverächter haben vermutlich vor allem Angst vor dem Zucker. Vielleicht gehen sie auch davon aus, dass etwas, worauf die Menschen derart scharf sind, garantiert ungesund ist. Kakaofrüchte und -bohnen (die keine Hülsenfrüchte sind, sondern die Samen einer Frucht) werden nicht nur von Menschen, sondern auch von wilden Tieren verzehrt. Das klingt doch sehr paleomäßig. Obendrein enthält Schokolade außerordentlich viele Antioxidantien und sogar überraschend viele Ballaststoffe. Daher verwende ich in einigen Rezepten ungesüßtes Kakaopulver und Bitterschokolade.

EIER

Bekommen Sie irgendwo im Umkreis Eier von frei laufenden Hühnern, die tatsächlich im Garten oder auf der Wiese scharren? Nichts wie hin! Aber Achtung: Eier aus »Freilandhaltung« stammen von

Tieren, die zwar ins Freie *können,* aber in der Praxis vielleicht niemals hinausgehen. Auch der Zugang zu Gras, Ungeziefer und allem, wovon ein Huhn normalerweise lebt, ist nicht unbedingt inbegriffen. Die Farbe des Dotters hängt übrigens von der Hühnerart und von Futterzusätzen ab und sagt nichts über die Güte der Eier aus.

Bitte fallen Sie nicht auf die Werbeaussage herein, dass die Hühner rein vegetarisches Futter erhalten. Hühner sind keine Vegetarier, nicht einmal ansatzweise. Ein großer Hersteller in Amerika bewirbt seine Eier von vegetarisch ernährten Hennen mit dem Hinweis auf einen hohen Omega-3-Gehalt, der offenbar durch Fütterung mit Leinsaat zustande kommt. Das mag durchaus stimmen, doch Eier von Hühnern aus echter Freilandhaltung sind außerordentlich reich an Omega-3-Fettsäuren und den verschiedensten Vitaminen und Antioxidantien.

In vielen Rezepten dieses Buches werden rohe Eier verwendet, was den üblichen Kriterien der Lebensmittelsicherheit widerspricht. Allerdings weiß ich aus berufenem Mund, dass im Durchschnitt nur eines von 16000 unbeschädigten, im Kühlschrank gelagerten Eiern kontaminiert ist. Eine studierte Ernährungs- und Gesundheitswissenschaftlerin drückte es so aus: »Das Risiko ist geringer als das Risiko, eine Treppe hinunterzulaufen und sich dabei ein Bein zu brechen.« Und dieser Vergleich bezieht sich auf Eier aus Massentierhaltung. Ich persönlich halte Eier von kleinen Höfen für noch sicherer. Aber jeder muss selbst entscheiden, welches Risiko er eingehen möchte. Wenn Sie rohe Eier sehr kritisch sehen, können Sie diese pasteurisieren. Dazu brauchen Sie nur ein passendes Bratenthermometer. Die Eier in einen Topf legen und mit Wasser bedecken. Das Wasser auf hoher Stufe auf 60 °C erhitzen. Diese Temperatur drei Minuten beibehalten (nicht heißer werden lassen!). Anschließend das heiße Wasser abgießen und die Eier mehrfach mit kaltem Wasser abschrecken. Gleich verwenden oder bis zur Verwendung im Kühlschrank lagern.

FETTE

Fette wurden so lange verteufelt, dass man sich kaum noch vorstellen kann, dass sie zu den wertvollsten Nährstoffquellen des Menschen zählen. Die meisten pflanzlichen Fette, die man uns seit Jahrzehnten als »gesund« verkauft, sind allerdings alles andere als gesund. In diesem Buch verwende ich nur wenige, gezielt ausgewählte Fettarten, nämlich:

Schweineschmalz. Schmalz war lange das am meisten verwendete Kochfett. Erst im 20. Jahrhundert verlor es aufgrund der aggressiven Vermarktung pflanzlicher Öle seine Führungsposition. Dabei gebührt ihm ein fester Platz in der Küche, sofern es sich um unverfälschtes Schmalz von Schweinen aus Weidehaltung handelt. Selbst wenn Sie Ihr Fleisch aus dem Supermarkt beziehen, sollten Sie eine Quelle für hochwertiges Schmalz ausfindig machen. Schmalz aus dem

Supermarkt zählt da nicht unbedingt dazu. Die Fettsäuren sind weniger ausgewogen, und es ist häufig industriell gebleicht und unter Umständen auch hydrogenisiert, wobei Transfettsäuren entstehen.
Hochwertiges Schmalz liefert überaus gesunde einfach ungesättigte und gesättigte Fette. Zudem ist es eine hervorragende Vitamin-D-Quelle. Denn Schweine erzeugen bei Freilandhaltung unter Sonneneinstrahlung Vitamin D, genau wie der Mensch, und dieses Vitamin D ist im Fett gespeichert.
Wenn Sie einen passenden Lieferanten in der Nähe haben (auch beim Metzger und auf dem Wochenmarkt nachfragen), sollten Sie zugreifen. Sobald neutrales Fett erforderlich ist – zum Anbraten oder Beträufeln – greife ich zum Schmalztopf. Den großen Eimer bewahre ich in der Tiefkühltruhe auf und nehme immer nur eine Wochenportion ab, die bei mir am Herd steht.

Speckschwarte. Wenn Sie tatsächlich nitratfreien Schinken von Schweinen aus Weidehaltung ergattert haben, dann schmeißen Sie um Himmels willen nicht den Fettrand weg! Er ist ebenso gesund wie lecker. Das Fettsäurenprofil fällt ähnlich aus wie bei Schmalz.

Kokosöl. Kokosöl zählt zu den besten gesättigten Fetten, die auf dem Markt verfügbar sind. Und gesättigte Fette sind gut. Warum? Weil sie ausgesprochen stabil sind. Im Gegensatz zu den mehrfach ungesättigten Fettsäuren werden sie nicht so leicht ranzig. Kokosöl ist auch ungekühlt und sogar geöffnet ein Jahr haltbar und fördert nicht die Entzündungsneigung. Interessanterweise unterstützt es auch den Fettabbau in der Leber. Das zumindest erklären die Ärzte Michael und Mary Dan Eades auf ihrem Blog *proteinpower* und in ihren entsprechenden Büchern. Darüber hinaus hat Kokosöl weitere Vorzüge:
Es enthält eine Menge Laurinsäure, die Hefe- und anderen Pilzen entgegenwirkt, und wird daher sogar zur Behandlung systemischer Hefepilzbesiedelung eingesetzt. Es stimuliert die Schilddrüse, was den Gewichtsabbau unterstützen kann. Und es enthält sehr viele mittelkettige Triglyzeride (MCT). Diese Fette können von den Muskeln unmittelbar als Treibstoff verwendet werden und liefern daher schnelle Energie, ohne dass anschließend das typische Zuckertief folgt.
Es gibt zwei Arten Kokosöl: Kokosöl extra vergine und einfaches Kokosöl. Kokosöl extra vergine wird direkt aus dem Kokosfleisch gepresst und ansonsten nicht verarbeitet. Es ist überaus gesund, riecht und schmeckt aber deutlich nach Kokos, was je nach Rezept erwünscht ist oder auch nicht. Es gibt auch das einfache Kokosöl, das insbesondere in der indischen Küche viel Verwendung findet. Es ist stärker verarbeitet, wird aber ebenfalls nicht so leicht ranzig, unterstützt die Entfettung der Leber und versorgt die Muskeln mit schneller Energie. Durch seinen relativ neutralen Geschmack lässt es sich beim Kochen vielfältiger nutzen.

Olivenöl. Olivenöl ist nicht im eigentlichen Sinne Paleo-Bestandteil, wird jedoch seit langem verwendet und scheint sehr bekömmlich zu sein. Olivenöl ist besonders praktisch zum Anmachen von Salaten, denn die meisten Träger gesättigter Fette werden bei Raumtemperatur fest. Für das typische Mittelmeeraroma ist Olivenöl unverzichtbar.
In diesem Buch verwende ich zwei Sorten, kaltgepresstes Öl aus erster Pressung (extra vergine) und ein neutrales Olivenöl. Ersteres ist nährstoffreicher, aber geschmacklich intensiver. Das ist in vielerlei Hinsicht von Vorteil, doch manchmal möchte ich ein milderes, leichteres Öl. »Leicht« bezieht sich dabei auf den milden Geschmack und die stärkere Verarbeitung, nicht auf den Fettgehalt. Die Fettsäurenzusammensetzung (für mich das Wichtigste) wird durch den Raffinierungsprozess nicht grundlegend verändert. Auch hier bleibt es jedem selbst überlassen, ob er für die eigene Mayonnaise den neutraleren Geschmack von raffiniertem Öl oder den intensiveren des Öls aus erster Pressung bevorzugt.

Daneben gibt es noch andere Paleo-Fette. Das Fett von Weidetieren ist immer ein gesundes, wertvolles Kochfett. Talg (Rinderfett), Hühnerfett, Markfett aus gebratenen Knochen – das alles sollten Sie aufheben und zum Kochen verwenden. In meinen Rezepten habe ich nichts davon aufgeführt, weil es solches Fett nur selten zu kaufen gibt – da muss man sich schon auf die eigene Kochkunst verlassen. Die meisten Leser werden sich diese Arbeit aber wohl eher sparen wollen.

FLEISCH, GEFLÜGEL UND FISCH

Wild ist definitiv Paleo pur. Wenn jemand aus Ihrer Familie jagen oder fischen geht, dann greifen Sie zu. Dennoch bringe ich in diesem Buch nur ein einziges Wildrezept, weil mein Mann und ich keine Jäger sind. Die meisten Menschen kaufen ihr Fleisch im Supermarkt oder beim Metzger. Hirsch, Reh oder Wildschwein bekommt man bei spezialisierten Fleischern, doch inzwischen haben auch Bauern die Nachfrage erkannt, so dass Wild keineswegs nur wild umherstreift, sondern auch in umzäunten Gattern gehalten wird. Fleisch und Geflügel von Weidetieren, die möglichst kein Zusatzfutter erhalten, oder Fisch aus Wildfang ist in jedem Fall empfehlenswert. Warum?
In den letzten Jahrzehnten hieß es, Fisch sei gesünder als rotes Fleisch. Als Grund dafür wurde der höhere Anteil der Omega-3-Fette bei Fisch gegenüber Schlachtvieh angeführt, das mehr Omega-6-Fette enthält. (Ganz zu schweigen von den »gefährlichen« gesättigten Fetten – schön stabilen, gesättigten Fetten, die keine Entzündungen auslösen. Rindfleisch enthält jede Menge gesättigte Fette, zum Beispiel Stearinsäure, die genau wie Olivenöl das LDL-Cholesterin senkt und das HDL-Cholesterin erhöht.) Das ist allerdings nur eine Seite der Medaille. Wild gefangener Fisch enthält mehr Omega-3-Fettsäuren als Rinder oder Schweine aus Mastviehhaltung. Das

liegt daran, dass Fische aus Flüssen oder aus dem Meer sich fischgerecht ernähren. Gleichzeitig werden Bullen und Schweine mit Getreide, Soja und anderen Dingen vollgestopft, die von Natur aus niemals für sie vorgesehen waren.
Dieses Futter soll sie in erster Linie schnell mästen. Von Natur aus fressen Kühe Gras. Wildschweine fressen so ziemlich alles, kennen aber evolutionstechnisch betrachtet keine endlosen Maisfelder. Ihre natürliche Nahrung besteht aus Eicheln, Bucheckern, Fallobst, Eiern, Kleingetier, das sie beim Wühlen erwischen, und Aas, nicht aber Mais und Soja.
Bei naturgemäßer Ernährung bleiben Rinder und Schweine magerer als gemästete Tiere, doch ihre kleineren Fettreserven enthalten jede Menge Omega-3-Fettsäuren. Wenn Fische in Fischfarmen mit Mais und Soja gefüttert werden, werden sie ebenfalls schneller fett, aber ihr Fett ist lange nicht so reich an Omega-3-Fettsäuren wie das von wilden Artgenossen. Es geht also nicht um die Frage, Säugetier oder Fisch, sondern darum, ob ein Tier die Nahrung erhalten hat, die seiner Evolution entspricht – oder dasselbe Getreide und die Bohnen, mit denen die industrielle Landwirtschaft uns vollzustopfen versucht.
Fleisch von Weidetieren aus naturnaher Haltung ist deutlich kostspieliger als das aus herkömmlichen Mastställen. Das Ziel dieser Ställe besteht schließlich darin, möglichst schnell und mit möglichst wenig Aufwand große Mengen Fleisch zu erzeugen. Am Ende leiden die Tiere, die Umwelt und unsere Gesundheit, aber man erhält tatsächlich billiges Fleisch. Und selbst das ist in meinen Augen immer noch gesünder als Getreide. Vielen Menschen geht es gesundheitlich deutlich besser, sobald sie Getreide und Bohnen gegen Fleisch eintauschen, selbst wenn es normale Supermarktware ist. Ich würde eher zu herkömmlichem Schweine- oder Rindfleisch greifen als zu Brot und Nudeln aus Biovollkornweizen. Fleisch von Weidetieren ist gesundheitlich jedoch um Meilen besser und auch aus Tierschutzgründen jeder billigen Massenware vorzuziehen. Wer es sich irgendwie leisten kann, sollte den Aufpreis dafür bezahlen. Unter Umständen lohnt sich sogar die Anschaffung einer größeren Tiefkühltruhe, weil manche Bauern ihre Biorinder in Hälften oder Vierteln verkaufen. Nur bei Schweinefleisch funktioniert das leider nicht, denn es lässt sich schlechter einfrieren als Rind. Nach einem halben Jahr im Gefrierschrank schmeckt es einfach nicht mehr, da hilft kein Gewürz der Welt. Wenn Sie jedoch sicher sind, die Menge innerhalb der nächsten sechs Monate zu verbrauchen, kann ein Großeinkauf sich auch hier lohnen. Hühnerfleisch hingegen hält sich tiefgekühlt sehr gut.
Und Lämmer stammen praktisch immer aus Weidehaltung, so dass Fleisch vom Metzger oder aus dem Supermarkt mit dem direkt vom Schäfer vergleichbar ist – gut wäre natürlich Fleisch aus regionaler Tierhaltung. Mancherorts bekommt man sogar ein ganzes Lamm, das fertig portioniert zum Tiefkühlen geeignet ist.

Und wo findet man lokale Anbieter? Die erste Anlaufstelle für Direktvermarkter ist häufig der Wochenmarkt. Hofläden inserieren in Tages- und Wochenzeitungen und sind zumeist auch online präsent. Suchen Sie nach Stichworten wie »Fleisch aus Weidehaltung«, »Biofleisch« oder »Biometzgerei«, und fügen Sie den Namen Ihrer Stadt hinzu. Das Angebot ist erstaunlich groß!

Auch Einkaufskooperativen können eine Alternative sein. Dabei abonniert man für einen bestimmten Zeitraum eine bestimmte Menge an Naturalien zu einem festgelegten Preis, der vielfach günstiger ist als im Laden. Insbesondere Bio-Gärtner vermarkten auf diese Weise ihre Gemüsekisten und liefern auf Kundenwunsch teilweise auch Fleisch und Eier. Beginnen Sie mit der Suche zum Beispiel auf www.bioverzeichnis.de/biometzgereien.htm.

Zum Thema Schinken und Wurst: Verarbeitetes Fleisch ist nicht gerade paleokonform. Vieles ist mit nitrithaltigem Pökelsalz versetzt oder zuckerhaltig. Deshalb verzichte ich in den hier vorliegenden Rezepten auf praktisch alle Wurstwaren einschließlich gekochtem Schinken – abgesehen von Bacon, also Frühstücksspeck –, bereits eine bescheidene Menge Speck macht aus einem Allerweltsrezept einen echten Genuss! Außerdem kenne ich keinen Paleo-Anhänger, der auf Bacon verzichtet. Fahnden Sie nach Frühstücksspeck von Freilandschweinen. Er ist zwar teurer, aber auch unverschämt gut und beim Biometzger zudem frei von den üblichen chemischen Zusatzstoffen.

NÜSSE UND SAMEN

In seinem Blog *Archevore* vertritt Kurt Harris die Meinung, dass man Nüsse wegen ihres hohen Anteils an Omega-6-Fettsäuren nur in Maßen verzehren sollte. In diesem Punkt möchte ich widersprechen. Ein Jäger und Sammler hat mit Sicherheit alle Nüsse verzehrt, die er gefunden hat. Schließlich sind Nüsse eine konzentrierte, gut haltbare Kalorienquelle.

Darum empfehle ich in diesem Buch immer wieder Nüsse, Kerne und Samen, insbesondere Mandeln, Pekannüsse, Walnüsse, Pinienkerne und Pistazien. Die Mengenangaben beziehen sich dabei auf rohe, geschälte Nüsse, die es praktisch überall zu kaufen gibt. Suchen Sie im Bereich der Backzutaten oder in der Nähe des Gemüses. Und greifen Sie gleich zu, wenn Sie dort ungesalzene Pistazien entdecken. Man kann sie problemlos selbst im Ofen rösten.

Auch Kokosnüsse verwende ich regelmäßig. Sie liefern Nahrung und Flüssigkeit zugleich, sie enthalten reichlich Kalorien, und obendrein sind sie gut haltbar. Addiert man die erheblichen Vorzüge von Kokosöl und den Ballaststoffanteil des Fruchtfleischs hinzu, sind Kokosnüsse nahezu unschlagbar. Natürlich dürfen Sie gern ganze, frische Kokosnüsse kaufen, aufschlagen und das Fleisch raspeln.

Ich gebe allerdings zu, dass ich es mir einfacher mache: Ich kaufe fertige Kokosraspel in Bioqualität, und das ist durchaus erschwinglich. Kaufen Sie ruhig größere Mengen und diese möglichst frisch. Erdnüsse und Cashewnüsse werden Sie in diesem Buch nicht finden, auch wenn ich beide sehr gerne mag. Doch es sind keine echten Nüsse (Erdnüsse sind biologisch betrachtet Hülsenfrüchte), und man kann sie auch nicht roh essen. Immerhin enthalten rohe Cashewkerne denselben chemischen Reizstoff, der auch in Giftefeu vorkommt. Die scheinbar rohen Nüsse, die man in Tüten kaufen kann, wurden mit Dampf behandelt, um dieses Toxin zu zerstören.

Am häufigsten tauchen in meinen Rezepten Sonnenblumen- und Kürbiskerne auf. Beide wurden in Amerika schon von den Ureinwohnern verzehrt. Mitunter greife ich auch auf geschrotete Leinsamen zurück, halte es jedoch für unwahrscheinlich, dass Jäger und Sammler viel Lein gegessen haben. Die winzigen Samen sind schwer zu sammeln und die Schalen so widerstandsfähig, dass sie den Darm ungeschrotet einfach passieren. Hier und da verwende ich aus geschmacklichen Gründen Sesamsamen oder dunkles Sesamöl, doch auch Sesam ist so klein, dass Jäger und Sammler ihn wohl kaum in größeren Mengen verwendet haben.

NUSSMILCH

Mandelmilch. Manche Paleo-Kochbücher raten zur Verwendung von Mandelmilch. Dummerweise ist handelsübliche Mandelmilch häufig mit Zusatzstoffen versetzt. Darum habe ich in diesem Buch darauf verzichtet. Mit einzelnen ungesüßten Marken habe ich allerdings bereits herumexperimentiert und war mit dem Ergebnis sehr zufrieden. Wer die Zusatzstoffe akzeptieren kann, darf hier ruhig zugreifen.

Kokosmilch. Kokosmilch kann man tatsächlich zu Hause herstellen. Bei der Arbeit an diesem Buch habe ich das auch einige Male getan. Die Anleitung finden Sie bei den Grundrezepten. Diese Kokosmilch können Sie für jedes Rezept aus diesem Buch verwenden, auch wenn sie etwas dünnflüssiger ausfällt als die aus der Dose. Ich selbst nehme meistens ein Fertigprodukt. Mein Bedarf ist so groß, dass die Eigenproduktion einfach zu aufwändig ist. Zugegebenermaßen enthält meine Bio-Lieblingsmarke Guarkernmehl, das nicht ganz paleo ist. Es gibt aber auch Marken, die tatsächlich nur Kokos und Wasser enthalten. Wenn Ihnen das wichtig ist, achten Sie auf die Liste der Inhaltsstoffe.

Meine Rezepte sind stets mit vollfetter Kokosmilch. Schließlich ist Kokosöl sehr gesund, und meinem Körper bekommt eine fettreiche Ernährung bestens. Sie dürfen gerne fettreduzierte Produkte ausprobieren, doch für das Ergebnis lege ich nicht die Hand ins Feuer. Eine Dose enthält meist 400 Milliliter Kokosmilch, bei einigen Herstellern etwas mehr, bei einigen etwas weniger. Diese kleine Menge macht keinen großen Unterschied, also verwenden Sie bitte ohne Bedenken die ganze Dose.

Neuerdings gibt es auch dünnflüssigere Angebote, die sich besser gießen lassen und zum Trinken gedacht sind. Meistens werden sie wie Kuhmilch im Tetrapack angeboten, je nach Hersteller. Solche Produkte können Zusatzstoffe und Zucker enthalten, die eine ganze Menge Kohlenhydrate liefern, auf die wir gut und gerne verzichten können. Prüfen Sie Inhaltsstoffe und Nährwertangaben. Insgesamt entsprechen solche Produkte von der Konsistenz her nicht dem, was ich meine, wenn in meinen Rezepten von Kokosmilch die Rede ist.

SALZ

Warum ich nur ungern auf Salz verzichte, habe ich bereits zu Beginn dieses Kapitels erläutert. Auf normales Kochsalz kann ich jedoch verzichten, weil es mit dem, was unsere Vorfahren gegessen haben, wenig zu tun hat. Kochsalz ist raffiniert, um alle Mineralien außer Natrium und Chlor zu entfernen.
Häufig wird es mit Jod angereichert. Hinzu kommen Trennmittel, damit das Salz bei Feuchtigkeit nicht klumpt.
Meersalz hingegen liefert diverse Spurenelemente. Die Verschmutzung der Weltmeere und daraus resultierend giftige Stoffe im Salz sind aber ein echtes Problem. Der ideale Ausweg ist Meersalz aus Salzminen. Das ist das beste und nährstoffreichste »Steinzeitsalz«, das verfügbar ist. Solches Salz ist in der Regel übrigens nicht rein weiß, sondern beispielsweise blassrosa (wie Himalayasalz). Rein weißes Salz ist fragwürdig.
Diese Salzsorten sind teurer als Kochsalz, doch das ist es wert. Bedenken Sie jedoch, dass unverfälschtes Salz bei Feuchtigkeit verklumpt. Wir behelfen uns mit dem traditionellen Salzschälchen anstelle des Salzstreuers.

SÜSSUNGSMITTEL

Paleogerechte Süßungsmittel sind rar. In der Steinzeit wurde einfach nicht viel gesüßt. Andererseits gibt es durchaus ein paar Stoffe, die man bereits vor Jahrtausenden verwendet hat und die deshalb auch in diesem Buch vorkommen.
Honig. Honig erwähne ich an dieser Stelle nur zögerlich, denn er hat seinen guten Ruf eigentlich nicht verdient. Honig ist Zucker. In Biorohhonig stecken zwar tatsächlich auch Enzyme und Pollen, aber auch er besteht zu über 99 Prozent aus Zucker. Damit ist sein Einfluss auf Blutzucker und Insulin genauso schädlich wie Haushaltszucker.
Dennoch werden die Steinzeitmenschen sich sicher bei Honigbienen bedient haben, wenn sie in der Nähe deren Nester fanden. Man hat in der Steinzeit jedoch wohl nur gelegentlich ein Bienennest entdeckt, und die Honigernte war nicht ungefährlich. Zudem ließ sich der Honig erst nach der Erfindung geeigneter Gefäße transportieren und aufbewahren. Deshalb möchte ich in aller Deutlichkeit warnen: Die Einstufung von Honig als paleogerecht ist kein Freibrief für den regelmäßigen Verzehr von Keksen, Kuchen und anderen Leckereien. Für das ein oder andere Dessert sowie für einige Saucen aus diesem Buch wird jedoch Honig verwendet.
Ahornsirup. Ahornsirup ist eine knifflige Angelegenheit. Immerhin müssen für einen Liter Ahornsirup 40 Liter Ahornsaft

eingekocht werden. Das ist letztlich genauso aufwändig wie das Kochen von Getreide und Bohnen. Andererseits kann man Ahornsaft auch roh zu sich nehmen, und er gilt als »natürlich«, so dass Paleo-Anhänger ihn gern verwenden.
Ich setze in einigen wenigen Rezepten Ahornsirup ein, wenn sein Aroma perfekt passt.
Ahornsirup enthält (wie Honig) kaum Nährstoffe, und 99 Prozent der Kalorien stammen aus Zucker. Also sollte man sich auch hier mengenmäßig beherrschen.
Vollrohrzucker. Vollrohrzucker (Sucanat) ist unraffinierter Zuckerrohrsaft, der getrocknet und zu grobem Pulver zermahlen wird. Er schmeckt fast wie brauner Zucker, hat jedoch eine etwas andere Konsistenz. In meinen Augen ist er nicht streng paleo, sondern eher auf derselben Stufe wie Ahornsirup. Dort, wo Zuckerrohr von Natur aus wächst, wird es andererseits seit langem als Süßigkeit gekaut. In meinen Rezepten kommt er nur in Einzelfällen vor. Er sollte immer aus Bioanbau stammen.
Stevia. Sie kennen Stevia noch nicht? Es handelt sich um eine süße Substanz aus den Blättern des südamerikanischen Süßkrauts (Stevia rebaudiana). Die Süße stammt nicht aus Zucker, sondern aus den Steviosiden, besonders süßen, natürlichen Inhaltsstoffen, die ausschließlich in Stevia vorkommen. Stevia ist daher praktisch frei von Kohlenhydraten und hat keinen Einfluss auf den Blutzucker. Getrocknete Blätter gibt es auch zu kaufen, sie schmecken leicht nach Lakritze und haben zudem eine etwas bittere Note. In diesem Buch verwende ich Stevia nur in einem einzigen Eisteerezept, und zwar als ganze Pflanze. Extrahierte Stevioside kann man als feines weißes Pulver kaufen – unglaublich süß und mit einem etwas bitteren Beigeschmack. Ich benutze es kaum, wobei die Markenprodukte durchaus brauchbar sind; doch die verschiedenen Beimischungen wie Maltodextrin oder Erythritol halte ich für wenig paleotauglich. Was ich akzeptabel finde, ist flüssiger Steviaextrakt, der in Tropfflaschen angeboten wird. Der Extrakt ist in Wasser, Glyzerin (einem Fettbestandteil, also durchaus für die menschliche Ernährung vertretbar) oder Alkohol gelöst (so wenig Alkohol pro Tropfen dürfte den Körper kaum irritieren). Es gibt den Extrakt sowohl in Natur als auch aromatisiert. Ich setze in meinen Rezepten flüssige Stevia mit Vanille und mit Schokolade ein. Natürlich habe ich meine Lieblingsmarken, aber wahrscheinlich werden Sie das nehmen, was Sie in Ihrer Nähe im Bioladen, Reformhaus oder im Versandhandel bekommen.
Ich kombiniere flüssige Stevia gern mit Honig, wobei der Honig für die Konsistenz da ist und die Stevia ohne zusätzlichen Zucker die gewünschte Süße beisteuert.
Obst. Auch mit Früchten kann man Gerichte süßen, und darauf greife ich immer gern zurück. Fruchtzucker ist zwar unbestreitbar Zucker, doch weniger konzentriert als Honig oder Ahornsirup (siehe Anmerkung). Bei Problemen mit

der Blutzuckerregulierung sollte man diese Zuckerquellen aber im Blick behalten.
Die große Ausnahme sind Datteln. 96 Prozent der Kalorien stammen bei der Dattel aus Zucker. Wer von Natur aus schlank ist und einen stabilen Blutzucker hat, darf im Rahmen der Paleo-Ernährung gerne mal Datteln essen. In diesen Fällen stellen getrocknete, zu grobem Pulver zermahlene Datteln durchaus ein akzeptables Süßungsmittel dar. Wie Honig und Ahornsirup handelt es sich dabei jedoch weitgehend um Zucker. Ich habe in meinen Rezepten keine Datteln angegeben, weil mein Blutzucker darauf ziemlich deutlich reagiert.

Und damit wäre die Aufzählung der paleogerechten Süßungsmittel auch schon abgeschlossen. Wenn Sie niemals dick waren, keinerlei Blutzuckerprobleme oder ähnliche Gesundheitsprobleme haben und mehr der sportliche Typ sind, dürfen Sie den folgenden Einschub überspringen.

Anmerkung für alle, die (wie ich) Kohlenhydrate ausgesprochen schlecht vertragen: Meinem Körper ist es egal, ob Honig paleogerecht ist. Für ihn ist Honig Zucker, und mit Zucker kommt er nicht zurecht. Dasselbe gilt für Ahornsirup.
Für beide Zutaten gibt es natürlich Ersatz. Dieser Ersatz stammt nicht aus der Steinzeit, sondern kommt in Form von Zuckeralkoholen daher, meist als Maltit, Xylit oder Sorbit (oder kombiniert), mitunter sogar mit weiteren künstlichen Geschmacksnoten. Kein Höhlenmensch hat so etwas je zu sich genommen.
Ich verwende diese Substanzen trotzdem. Schließlich habe ich viele Jahre Erfahrung mit solchen Süßungsmitteln und weiß, dass sie in Rezepten genauso gut funktionieren wie Honig. Angesichts meiner körperlichen Vorbelastung ist das für mich einfach die richtige Wahl. Meine Leser dürfen selbst entscheiden, was für sie individuell wichtiger ist, Paleo pur oder ein stabiler Blutzucker.
Bei Blutzuckerproblemen sollten Sie auf Ihr Messgerät hören.

VERDICKUNGSMITTEL

Womit können wir Saucen oder Suppen andicken? Maisstärke ist nicht paleogerecht, und Weizenmehl scheidet ohnehin aus. Ich arbeite mit kohlenhydratarmen Verdickungsmitteln wie Guarkernmehl und Xanthan. Das ist nicht streng paleo, denn Guarkernmehl stammt von einer Hülsenfrucht, und Xanthan wird erzeugt, indem man bestimmte Bakterien auf Glukose züchtet.
Zwei weitere Verdickungsmittel werden mitunter ebenfalls propagiert:
Pfeilwurzel. Pfeilwurzel ist Stärke, die aus

den Wurzeln einer tropischen Pflanze gewonnen wird. Die Wurzel ist tatsächlich im Rohzustand essbar. Man kann das Pulver praktisch wie Maisstärke verwenden. Wie diese ist es aber auch Stärke pur und eine raffinierte Kohlenhydratform. Deshalb verzichte ich lieber darauf und habe sie auch in diesem Buch nicht benutzt. Wenn Sie jedoch weniger mit Blutzucker und Taillenumfang zu kämpfen haben als ich, dürfen Sie selbstverständlich gern mit Pfeilwurzel arbeiten.
In diesem Fall ist zu beachten, dass sie erhitzt werden muss, um Speisen anzudicken. Sie ist also für Saucen und dergleichen geeignet, nicht aber für Smoothies und Kaltspeisen. Mit Pfeilwurzel angedickte Gerichte sollten vom Herd genommen werden, sobald die gewünschte Konsistenz erreicht ist, sonst geht der Effekt wieder verloren.
Die benötigten Mengen sind kleiner als bei Maisstärke oder Weizenmehl. Zwei Teelöffel Pfeilwurzel ersetzen einen Esslöffel Maisstärke beziehungsweise vier Esslöffel Weizenmehl.

Konjakmehl. Mein Lieblingsverdickungsmittel für die Paleo-Ernährung ist Konjakmehl (Konjakwurzelextrakt). Wie bei Guarkernmehl oder Xanthan handelt es sich um fein gemahlene, lösliche Fasern, die Flüssiges auch ohne Wärmezufuhr andicken. Konjakmehl stammt von der japanischen Konjakwurzel (auf Japanisch konnyaku), die seit langem verzehrt wird und auch ungekocht bekömmlich ist.
Konjakmehl dickt noch stärker an als Pfeilwurzel; man kann es also leicht übertreiben. Derartige Verdickungsmittel lassen sich meiner Erfahrung nach am besten mit einem alten Salz- oder Gewürzstreuer dosieren. Beim Andicken einer Sauce oder Suppe beginnt man bereits vor dem Einstreuen mit dem Rühren, sonst entstehen Klümpchen. Streuen Sie unter ständigem Rühren ein wenig Konjakmehl auf Ihr Gericht und warten Sie eine oder zwei Minuten, ehe Sie mehr hinzufügen. Die Substanz erreicht ihre volle Wirkung erst mit einiger Verzögerung.
Im Gegensatz zu Pfeilwurzel lässt sich Konjakmehl auch kalt einsetzen, ist also auch für Smoothies und Salatdressings verwendbar. Auch hier gilt: Losrühren oder Mixer einschalten und das Konjakmehl sparsam hinzufügen.
Fragen Sie im Bioladen oder im Reformhaus danach oder suchen Sie online. Manche Hersteller bieten Glucomannan auch in Form von Kapseln zur Diätunterstützung an. (Das Aufquellen der Fasern soll das Sättigungsgefühl unterstützen und einen Teil der Kalorien binden, damit diese gar nicht erst vom Körper resorbiert werden können.) Es scheint zudem die Blutzuckerregulierung zu unterstützen. Der Jahresbedarf liegt bei höchstens 500 Gramm, doch solange Konjakmehl trocken gelagert wird, verdirbt es nicht.

Zum Thema Bioqualität

Frische, der Jahreszeit entsprechende Bioware aus der Region ist immer empfehlenswert. Viele Paleo-Freunde kochen mit Gemüse aus dem eigenen

Garten. Doch nicht jeder hat den nötigen Platz oder auch die Zeit dafür. Deshalb müssen wir vieles kaufen.
Je nach Geldbeutel kann das ziemlich teuer werden. Ein Wochenmarkt ist nicht überall in der Nähe und die Auswahl im Supermarkt meist begrenzt. Wo bekommen Sie also den besten Gegenwert für Ihr Geld?
Tagespresse, Verbraucherzentralen und spezielle Testzeitschriften veröffentlichen regelmäßig aktuelle Auswertungen, was Pestizidbelastungen angeht. Wenn der finanzielle Spielraum begrenzt ist, sollte man insbesondere bei stark pestizidbelasteten Lebensmitteln lieber Bioprodukte kaufen und kann bei anderen auf Produkte aus herkömmlicher Erzeugung zurückgreifen.
Die folgenden Lebensmittel waren in der Vergangenheit am häufigsten stark kontaminiert. Hier ist Ihr Ökogeld somit am besten angelegt:

1. Ananas
2. Äpfel
3. Bananen
4. Birnen
5. Erdbeeren
6. Himbeeren
7. Kirschen
8. Mangos
9. Nektarinen
10. Orangen
11. Papayas
12. Pfirsiche
13. Trauben
14. Gemüsepaprika
15. Grüne Bohnen
16. Karotten
17. Kartoffeln
18. Kopfsalat
19. Peperoni
20. Salatgurken
21. Staudensellerie
22. Tomaten

Die Liste der Obst- und Gemüsesorten, die kaum kontaminiert sind, wird glücklicherweise ständig länger. Die folgenden Produkte sind am seltensten mit Pestiziden belastet:

1. Avocados
2. Heidelbeeren
3. Kiwis
4. Melonen
5. Blumenkohl
6. Brokkoli
7. Champignons
8. Kohl (Weißkohl, Rotkohl)
9. Kürbis
10. Spargel
11. Spinat
12. Süßkartoffeln
13. Zuckermais (Tiefkühlware)
14. Zwiebeln

Aus diesem Grund kaufe ich Beeren, Salat, Sellerie und Äpfel gern aus Ökoanbau, während ich bei Zwiebeln, Kohl (ohnehin meist sehr günstig) und Blumenkohl (ein überaus vielseitiges Lieblingsgemüse von mir, wie Sie bald sehen werden) auch normale Ware akzeptiere.

Paleogerechte Konservierung?

Unsere steinzeitlichen Vorfahren haben natürlich viel frisch verzehrt. Aber sie haben ihre Nahrung auch konserviert. Trockenfrüchte sind somit in fast allen Paleodiäten erlaubt. Ich verwende sie zwar ebenfalls hin und wieder, möchte aber eine Warnung aussprechen: Trockenfrüchte sind eine konzentrierte Zuckerquelle. Natürlicher Zucker, ja, aber dennoch Zucker. 50 Gramm Rosinen enthalten rund 40 Gramm Zucker. Das ist mehr als eine Dose Cola (0,33 Liter).
Da Trockenfrüchte so kompakt daherkommen, hat man jedoch nicht den Eindruck, derart viel Zucker zu sich zu nehmen. Auch hier gilt: Wer keine Probleme mit Blutzucker und Übergewicht hat und sich ausreichend Bewegung verschafft, kann Trockenfrüchte als willkommene Paleosüßigkeit betrachten. Für alle anderen heißt es eher: Finger weg! Trockenfrüchte sind etwas, das gelegentlich einmal in Frage kommt, kein Grundnahrungsmittel.
Doch auch andere Lebensmittel kann man trocknen. Dörrautomaten eignen sich zum Trocknen von Tomaten aus dem eigenen Garten oder von Pilzen. Bei Kräutern kann je nach Sorte das Aroma leiden. Oregano, Minze, Rosmarin und Salbei sind gut geeignet und behalten viel Aroma, während Petersilie und Koriander den Aufwand nicht wert sind.
Viele weitere Lebensmittel, besonders Fleisch, kann man im Naturzustand zudem sehr gut einfrieren. Wie auch die eigene Ernte aus dem Garten. Unverfälschte tiefgekühlte Früchte und Gemüsesorten (im Gegensatz zu allem, was mit Pasta, Saucen oder anderen paleo-untauglichen Zusätzen angeboten wird) sind ebenso akzeptabel wie frische Nahrung.
Achten Sie bei TK-Lebensmitteln aber genauso auf die Herkunft wie bei frischen. Tiefgekühlte Erdbeeren beispielsweise sollten aus Bioanbau stammen.
Dosen wiederum wurden erst vor 200 Jahren erfunden (um Napoleons Armeen mit Proviant auszustatten) und sind kein bisschen paleo. Dennoch verwende ich in einigen wenigen Rezepten in diesem Buch Tomatenmark oder passierte Tomaten. Ich habe einfach keine Lust, Tomaten so lange einzukochen, bis endlich eine Paste entsteht, und ich gehe davon aus, dass es den meisten meiner Leser ähnlich geht. Auch hier sind Bioprodukte natürlich am besten. Da Tomaten säurehaltig sind, sollten die Gläser oder Dosen keine Weichmacher wie Bisphenol A (BPA) enthalten.

Zum Thema Mikrowelle

Meine Mikrowelle ist viel in Betrieb, nicht nur zum Aufwärmen von Resten, sondern auch zur Zubereitung von gedünstetem Gemüse. Das geht unglaublich einfach, und mein Dampfgarer für die Mikrowelle ist mehr im Einsatz als im Schrank.
Es gibt viele überzeugende Argumente für die Mikrowellenzubereitung, insbesondere, dass in gedünstetem Gemüse bei Mikrowellengarung mehr Nährstoffe

erhalten bleiben als bei jeder anderen Garmethode.

Paleo und Mikrowelle – ich gehe davon aus, dass manch einer jetzt irritiert reagiert. Es gibt durchaus Menschen, die Mikrowellen und alles, was darin zubereitet wird, für höchst gefährlich halten. Darüber möchte ich an dieser Stelle nicht streiten. Das, was ich in meiner Mikrowelle dämpfe, dürfen Sie gerne im Kochtopf dünsten. Zumal Kochen im Grunde genommen ohnehin nicht steinzeitmäßig ist.

GRUNDREZEPTE

Die Rezepte in diesem Kapitel ergeben keine eigenständigen Mahlzeiten, sondern Grundlagen, die für andere Rezepte im Buch benötigt werden. Viele handelsüblichen Produkte enthalten Zucker, Milchprodukte, ungesunde Fette oder andere fragwürdige Bestandteile. Bei eigener Herstellung werden sie zu willkommenen Zutaten einer vielfältigen Low-Carb-Küche. Stehen sie erst einmal zu Hause bereit, greift man genauso oft danach wie zu den kommerziell produzierten Versionen. Die Zubereitung ist nicht schwer, wenn man den Bogen raushat.

KONZENTRIERTE BRÜHE

Diese Variante enthält keinen Zucker, macht kaum Arbeit und reicht mir mengenmäßig für mehrere Monate.

FÜR 8 PORTIONEN:

1,5 Liter Hühner- oder Rinderbrühe

Optimal natürlich mit einer selbstgekochten Brühe aus Fleisch, Knochen und Gemüse (siehe Seite 240). Die Brühe in einem Topf mit Sandwichboden auf sehr kleiner Stufe erhitzen und so lange sieden lassen, bis nur noch 125 Milliliter übrig sind. In einem Eiswürfelbehälter einfrieren und später in einen passenden Gefrierbehälter umfüllen.

NÄHRWERTANALYSE PRO PORTION:

29 Kalorien; 1 g Fett; 4 g Protein;
1 g Kohlenhydrate; 0 g Ballaststoffe;
1 g Nettokohlenhydrate

DEMI-GLACE AUS DEM SCHONGARER

Bitte nur mit selbstgekochter Rinderbrühe zubereiten, die konzentrierten Geschmack liefert.

FÜR 16 PORTIONEN:

2 l Rinderbrühe
2 Schalotten, gehackt
250 ml trockener Rotwein

Alle Zutaten in den Schongarer (siehe Info) geben. Deckel aufsetzen und ein bis zwei Stunden auf hoher Stufe gründlich erhitzen. Dann den Deckel abnehmen und die Hitze auf niedrigste Stufe schalten. Die Brühe so lange reduzieren, bis nur noch ungefähr ein Viertelliter sirupartige Demi-glace übrig ist. In eine geeignete Frischhaltedose umfüllen und einfrieren.
Vor Verwendung so weit antauen, dass man einen oder zwei Löffel entnehmen kann. Demi-glace eignet sich zur geschmacklichen Verfeinerung von Saucen, Blumenkohlgerichten und diversen anderen Speisen.

NÄHRWERTANALYSE PRO PORTION:

22 Kalorien; 1 g Fett; 4 g Protein;
1 g Kohlenhydrate; 0 g Ballaststoffe;
1 g Nettokohlenhydrate

INFO

Ein Schongarer (auch Slow Cooker oder Crock-Pot) ist ein elektrisch betriebener Kochtopf, mit dem Lebensmittel langsam erhitzt und bei niedrigen Temperaturen lange gegart werden. Diese Zubereitungsweise spart trotz der langen Garzeit Energie, schont die Nährstoffe und verhindert das Anbrennen.

KOKOSMILCH

Diese Kokosmilch ist preisgünstiger als das Fertigprodukt. Trotzdem nehme ich meistens Bio-Kokosmilch aus der Dose.

FÜR 750 ML:
200 g Kokosraspel

Ein Abtropfsieb mit einer doppelten Lage Passiertuch auskleiden und in eine große Schüssel stellen oder hängen.
Das Kokosfleisch mit einem Liter Wasser in einem Topf zum Kochen bringen und fünf Minuten kochen lassen.
Alles in den Standmixer umfüllen und fünf Minuten gründlich zerkleinern. Zwischendurch die Reste nach unten schieben.
Alles in das Sieb mit dem Passiertuch gießen und etwas abkühlen lassen. Danach mit einem Löffel gründlich zusammendrücken. Sobald die Masse kalt genug ist, die Ecken des Tuchs aufnehmen, zusammendrehen und gründlich ausdrücken. Das Kokosfleisch auf Wunsch trocknen und zum Backen verwenden.
Die Kokosmilch in einem fest verschlossenen Behälter im Kühlschrank aufbewahren und innerhalb der nächsten Tage verbrauchen.

NÄHRWERTANALYSE:
566 Kalorien; 54 g Fett; 5 g Protein; 24 g Kohlenhydrate; 14 g Ballaststoffe; 10 g Nettokohlenhydrate.

TIPP

Wer regelmäßig Kokosmilch herstellen möchte, sollte anstelle des Passiertuchs besser ein feinmaschiges Metallsieb oder eine entsprechende Zentrifuge verwenden. Geht schneller und kann hinterher in die Spülmaschine.

COCOYO

Bei Cocoyo handelt es sich um Joghurt aus Kokosmilch. Im Grunde entspricht die Herstellung der Vorgehensweise bei Joghurt aus Milchprodukten. Man gibt Joghurtbakterien in die Kokosmilch und gibt ihnen zehn bis zwölf Stunden Zeit, sich zu vermehren. (Ich verwende dafür ein altes elektrisches Heizkissen, das ich auf niedriger Stufe in einer Schüssel um den Joghurtbecher schlinge.) Das Ergebnis ist meist dünnflüssiger als bei Joghurt aus Milchprodukten, hat aber immerhin den säuerlichen Joghurtgeschmack. Mit Bio-Kokosmilch aus der Dose mit Guarkernmehl erhält man einen etwas dickeren Joghurt von stabilerer Konsistenz, aber Guarkernmehl ist nicht paleokoscher.
Meine Testkocherin, Linda Vander Voort, fand heraus, dass die Zugabe von einem Esslöffel reiner Gelatine auf zwei Dosen Kokosmilch (825 Milliliter) einen dickeren Cocoyo ergibt, der sich auch löffeln lässt. Die Kokosmilch dazu in einen kleinen

Topf gießen. Das Gelatinepulver darüberstreuen. Langsam so weit erhitzen, bis die Temperatur sehr heißem Leitungswasser entspricht, und die Gelatine mit dem Schneebesen klümpchenfrei unterrühren. Vor dem Zugeben der Joghurtkulturen auf Körpertemperatur abkühlen lassen. Kokosmilch aus der Dose ist steril, doch selbstgemachte Kokosmilch muss vor dem Einbringen der Kulturen erhitzt werden, um weniger erwünschte Keime abzutöten. Hierfür reicht es aus, die eigene Kokosmilch auf die Temperatur von sehr heißem Leitungswasser zu bringen. Die Gelatine können Sie dabei wie oben geschildert hinzufügen. Vor dem Hinzugeben der Joghurtkulturen wieder ausreichend herunterkühlen.

Ich habe für Cocoyo mit verschiedenen Kulturen experimentiert. Anfangs habe ich die Joghurtkulturen aus dem Reformhaus bei mir vor Ort verwendet. Das Ergebnis war säuerlich und schmeckte sehr gut nach Joghurt. Allerdings enthielt dieses Produkt Milchpulver und etwas Zucker, war also nicht absolut paleokoscher. Die Herstellung einer Zweitkultur aus der ersten war problemlos möglich und im Ergebnis durchaus vergleichbar. Damit enthielt zumindest die zweite Generation Cocoyo praktisch kaum noch Milch und Zucker.

Erfahrungsgemäß sind solche Zweitkulturen nur eine gewisse Zeit lang möglich. Nach vier bis fünf Ablegern funktioniert es nicht mehr richtig; dann braucht man neue Kulturen. Sie müssten also in Kauf nehmen, dass gelegentlich ein wenig Milch und Zucker im Kokosjoghurt stecken.

Online konnte ich milchfreie Joghurtkulturen bestellen. Das Ergebnis war wenig zufriedenstellend und unterschied sich geschmacklich kaum von reiner Kokosmilch. Für mich muss Cocoyo saurer schmecken.

Dann habe ich mir zucker- und milchfreie Probiotikakapseln besorgt, sie geöffnet und den Inhalt in meine Kokosmilch gegeben. Es tat sich überhaupt nichts. Vielleicht hatte ich Pech und habe eine tote Probiotika-Charge erwischt, denn mit Milch habe ich auf diesem Weg schon Joghurt erzeugen können.

Irgendwann habe ich einen handelsüblichen Kokosjoghurt als Startkultur verwendet. Das hat ziemlich gut geklappt, und das Milchproblem war endlich gelöst. Insbesondere für Milchallergiker könnte das also eine Alternative sein. Solche Produkte enthalten jedoch durchaus Fremdsubstanzen wie Tapiokastärke, Maltodextrin und Reisstärke. Wenn man jedoch einen oder zwei Esslöffel als Kultur für den selbstgemachten Joghurt verwendet, enthält dieser am Ende nur sehr geringe Mengen, die nicht paleokonform sind, und in der zweiten Generation kaum noch etwas davon.

Nach dem ersten Ansatz ist mein Cocoyo übrigens häufig nicht besonders appetitlich, sondern eher grau und wässrig. Nach einigen Tagen im Kühlschrank wird er deutlich besser. Schmeißen Sie also ein nicht einwandfreies Ergebnis nicht gleich weg; in den Kühlschrank damit und abwarten!

Kokosjoghurt ist für Saucen, Salate oder Dressings so praktisch, dass ich ihn immer gern griffbereit habe. Die Suche nach der passenden Kokosmilch und den entsprechenden Kulturen lohnt sich also.

SAURER KOKOSRAHM

Perfekter Ersatz für saure Sahne!

FÜR 8 PORTIONEN (250 ML):
425 ml ungesüßte Kokosmilch
Joghurtkulturen (siehe Ausführungen bei Cocoyo, Seite 33)

Die Kokosmilch mehrere Tage kalt stellen, damit die Fettanteile aufsteigen und sich vom wässrigen Anteil absetzen können. Dann den dicken, cremigen Teil ablöffeln und in eine Frischhaltedose geben. Joghurtkulturen hinzufügen und unterrühren. Wie Joghurt bebrüten. Ich schlinge über Nacht ein elektrisches Heizkissen auf kleinster Stufe um den Behälter.
Nach einer Nacht im Kühlschrank ist die Creme perfekt. Die dünne Schicht ausgehärtetes Kokosöl obenauf unterrühren oder mit dem Löffel abheben – dann kann der dickere Teil als Saure-Sahne-Ersatz in einen neuen Behälter umgefüllt und die darunterliegende Flüssigkeit weggegossen werden.

NÄHRWERTANALYSE PRO PORTION:
97 Kalorien; 10 g Fett; 1 g Protein; 1 g Kohlenhydrate; 0 g Ballaststoffe; 1 g Nettokohlenhydrate

SCHWEINEKRUSTENPANADE

Machen Sie ruhig mehr! Man kann damit Hackbraten verfeinern oder Fisch, Huhn und Kotelett panieren.

FÜR 8 PORTIONEN (JE 2 ESSLÖFFEL):
85 g Schweinekrusten

In der Küchenmaschine zu feinen Krümeln verarbeiten.
Luftdicht verschlossen im Kühlschrank aufbewahren.

NÄHRWERTANALYSE PRO PORTION:
58 Kalorien; 3 g Fett; 7 g Protein; 0 g Kohlenhydrate; 0 g Ballaststoffe; 1 g Nettokohlenhydrate

INFO

Schweinekrusten sind eine ausgezeichnete Gelatinequelle, also gut für Gelenke, Nägel und Haare, sowie entzündungshemmend.
Die Inhaltsstoffe sollten jedoch ausschließlich »Schweinehaut« oder »Schweinekrusten« sein. Insbesondere dürfen sie nicht in Sojaöl oder anderen pflanzlichen Ölen frittiert sein.
Würzen Sie Ihre Panade mit italienischen Kräutern (Angaben für 250 Gramm Panade):
½ TL Petersilie, getrocknet
½ TL Oregano, getrocknet
¼ TL Knoblauchpulver
¼ TL Zwiebelpulver

KOKOSBUTTER

Kokosbutter ist ziemlich teuer. Zum Glück ist die Herstellung einfach, und Kokosraspel sind preiswert!

FÜR 225 G:
240 g Kokosraspel

Für die Herstellung benötigen Sie eine gute Küchenmaschine, doch wenn Sie viel Kokosbutter brauchen, zahlt sich die Anschaffung allein schon für dieses Rezept rasch aus.
Den Messereinsatz wählen und das Kokosfleisch in der Rührschüssel zwölf bis 15 Minuten lang zerkleinern. Hin und wieder anhalten, um die Seiten abzuschaben, damit alles gründlich zerkleinert wird.

NÄHRWERTANALYSE PRO PORTION:
850 Kalorien; 80 g Fett; 8 g Protein; 37 g Kohlenhydrate; 22 g Ballaststoffe; 15 g Nettokohlenhydrate

INFO

Die Menge in diesem Rezept entspricht knapp einem Päckchen normaler Butter. Da Kokosöl nicht so leicht ranzig wird, kann man mit passender Maschine auch größere Portionen herstellen.
Wer Natur pur will, kauft eine frische Kokosnuss: Aufschlagen und das Fleisch herauskratzen.
Ich selbst nehme gern ungesüßte Kokosraspel aus dem Eimer (günstiger) oder dem Tütchen.

VORSPEISEN, SNACKS UND FINGERFOOD

Als Kleinigkeit zwischendurch eignet sich letztlich alles, was man sonst auch isst, nur eben in kleineren Mengen. Zu Urgroßelterns Zeiten waren ein Apfel, ein halbes Sandwich oder ein übrig gebliebener Hähnchenschlegel ein passender Snack.
Inzwischen ist es der Lebensmittelindustrie gelungen, uns durch jahrzehntelanges Marketing weiszumachen, dass eine Zwischenmahlzeit salzig, knusprig und stärkereich zu sein hat.
In diesem Kapitel stelle ich gesündere Ideen vor, die sich auch bestens für Partys eignen. Schließlich sind Chips oder Flips im Hinblick auf die Nährstoffe eine Katastrophe. Andererseits sind viele typische Partyleckereien, nach denen die Gäste sich die Finger lecken, ausgesprochen paleogerecht, wie Hähnchenflügel und gefüllte Eier.

NUSSMISCHUNG

Hier können Sie Fett- wie Salzmenge selbst bestimmen.

FÜR 16 PORTIONEN:

3 EL Kokosöl
135 g Paranüsse
100 g Pekannüsse
135 g Haselnüsse
145 g Mandeln
Salz

Den Ofen auf 180 °C vorheizen (Gas Stufe 4).
Das Kokosöl auf einem Backblech verteilen und während der Vorheizphase im Ofen zerlassen.
Sobald das Fett geschmolzen ist, die Nüsse auf das Blech geben und wenden, bis sie gleichmäßig mit Fett überzogen sind. Zwölf bis 15 Minuten backen und dabei mehrfach wenden.
Auf Wunsch leicht salzen. Abkühlen lassen und in einem luftdicht verschlossenen Behälter aufbewahren.

NÄHRWERTANALYSE PRO PORTION:
232 Kalorien; 23 g Fett; 5 g Protein; 5 g Kohlenhydrate; 2 g Ballaststoffe; 3 g Nettokohlenhydrate

PIKANTE PEKANNÜSSE

FÜR 8 PORTIONEN:

1 EL Kokosöl
2½ TL gemahlener Kreuzkümmel
2½ TL gemahlener Koriander
1½ TL Honig
½ TL Chilisauce
½ TL schwarzer Pfeffer
200 g Pekannüsse
Salz

Den Ofen auf 150 °C vorheizen (Gas Stufe 2).
Das Kokosöl in einer kleinen Pfanne schmelzen und alles bis auf die Pekannüsse und das Salz hinzufügen.
Gründlich verrühren.
Ein Backblech mit Backpapier auslegen und die Pekannüsse darauf ausbreiten.
Mit der Gewürzmischung übergießen und wenden, bis die Nüsse gleichmäßig überzogen sind.
Die Pekannüsse in den Ofen schieben und nach fünf Minuten wenden, weitere fünf Minuten backen. Noch einmal wenden, weitere drei bis fünf Minuten backen und dann herausnehmen.
Abkühlen lassen und auf Wunsch leicht salzen. Luftdicht verschlossen sind die Nüsse rund 36 Stunden haltbar.

NÄHRWERTANALYSE PRO PORTION:
203 Kalorien; 20 g Fett; 2 g Protein; 7 g Kohlenhydrate; 2 g Ballaststoffe; 5 g Nettokohlenhydrate

PAPRIKA-MANDELN

FÜR 8 PORTIONEN:

290 g Mandeln
2 EL Olivenöl
½ TL Paprikapulver
½ TL gemahlener Kreuzkümmel
Salz (optional)

Zum Blanchieren die Mandeln in eine Schüssel geben, mit kochendem Wasser übergießen und so lange im Wasser liegen lassen, bis man sie anfassen kann, ohne sich zu verbrennen. Die Schale löst sich währenddessen weitgehend von selbst – man kann die Mandeln einfach herausdrücken. Gründlich abtropfen lassen, am besten über Nacht. Oder Sie verwenden blanchierte Mandeln.
Den Ofen auf 180 °C vorheizen (Gas Stufe 4). Das Öl auf einem Backblech schmelzen lassen und die Mandeln hinzufügen. Die Mandeln mehrfach wenden, bis sie gleichmäßig mit Öl überzogen sind, dann in einer Lage ausbreiten.
20 bis 30 Minuten backen, dabei mehrfach wenden und immer wieder in einer Lage ausbreiten. Sie sollten dabei eine schöne goldbraune Färbung annehmen. Dann herausnehmen und mit Paprika, Kreuzkümmel und Salz würzen.
Warm und kalt ein echter Genuss.

NÄHRWERTANALYSE PRO PORTION:
240 Kalorien; 22 g Fett; 7 g Protein; 7 g Kohlenhydrate; 4 g Ballaststoffe; 3 g Nettokohlenhydrate

ROSMARIN-WALNÜSSE

FÜR 8 PORTIONEN:

2½ EL Kokosöl
2 TL gemahlener Rosmarin
¼ TL Cayennepfeffer
200 g Walnüsse
Salz

Den Ofen auf 150 °C vorheizen (Gas Stufe 2).
Das Kokosöl auf ein Backblech geben und während der Vorheizphase im Ofen in wenigen Minuten zerlassen. Sobald das Fett geschmolzen ist, das Backblech herausnehmen und Rosmarin und Cayennepfeffer gleichmäßig unterrühren.
Dann die Walnüsse gründlich darin wenden, bis sie rundherum überzogen sind, danach in einer Lage ausbreiten.
Das Backblech in den Ofen schieben und die Nüsse nach fünf Minuten wenden, am besten mit einem Silikonheber, mit dem man gleichzeitig das restliche Gewürzöl vom Backblech lösen kann, damit es wirklich an den Nüssen haftet.
Erneut gleichmäßig ausbreiten und nach fünf Minuten noch einmal wenden; weitere fünf Minuten backen.
Abkühlen lassen, auf Wunsch salzen und in einem luftdicht verschlossenen Behälter aufbewahren.

NÄHRWERTANALYSE PRO PORTION:
227 Kalorien; 22 g Fett; 8 g Protein; 4 g Kohlenhydrate; 2 g Ballaststoffe; 0 g Nettokohlenhydrate; etwas Natrium

CAJUN-NÜSSE

FÜR 8 PORTIONEN:
2 EL Kokosöl
200 g Pekannüsse
1 EL Cajungewürz (siehe Seite 269)

Den Ofen auf 180 °C vorheizen (Gas Stufe 4).
Das Kokosöl auf ein Backblech geben und während der Vorheizphase einige Minuten im Ofen schmelzen lassen.
Dann die Pekannüsse in das geschmolzene Fett geben und gründlich darin wenden. Gleichmäßig ausbreiten und wieder in den Ofen schieben.
Zehn Minuten backen.
Aus dem Ofen nehmen, Cajungewürz darübergeben, wenden und abkühlen lassen. Luftdicht verschlossen aufbewahren.

NÄHRWERTANALYSE PRO PORTION:
213 Kalorien; 22 g Fett; 2 g Protein; 6 g Kohlenhydrate; 2 g Ballaststoffe; 4 g Nettokohlenhydrate

WASABI-MANDELN

FÜR 8 PORTIONEN:
1 EL Kokosöl
290 g Mandeln
2 EL Coconut Aminos (siehe Seite 17)
2 TL Wasabipulver
2 TL Knoblauchpulver
Salz

Den Ofen auf 180 °C vorheizen (Gas Stufe 4). Das Kokosöl auf ein Backblech geben und im Ofen einige Minuten beim Vorheizen schmelzen lassen.
Das Blech herausnehmen, die Mandeln hinzugeben und gründlich wenden, bis sie gleichmäßig mit Fett überzogen sind.
In den Ofen schieben und nach fünf Minuten wenden, weitere fünf Minuten backen.
Die Mandeln aus dem Ofen holen, die Coconut Aminos hinzufügen und gründlich wenden. Die Mandeln wieder in den Ofen schieben, weitere fünf Minuten backen und erneut gut umrühren.
Weiterbacken und ab jetzt alle zwei bis drei Minuten wenden, bis die Sauce fast vollständig getrocknet ist und die Mandeln an der Oberfläche leicht knackig sind. Aus dem Ofen holen.
Wasabi- und Knoblauchpulver mischen und die Mandeln gleichmäßig damit bestreuen, dabei mehrfach wenden.
Eine Mandel probieren, auf Wunsch salzen und nach dem Abkühlen luftdicht verschlossen lagern.

NÄHRWERTANALYSE PRO PORTION:
230 Kalorien; 20 g Fett; 7 g Protein; 9 g Kohlenhydrate; 4 g Ballaststoffe; 5 g Nettokohlenhydrate

SCHARFE KÜRBISKERNE

FÜR 8 PORTIONEN:

1 EL Kokosöl
2 EL Coconut Aminos (siehe Seite 17)
¼ TL Anchovispaste
½ TL Chilisauce
1 TL Zwiebelpulver
2/3 TL Knoblauchpulver
1 TL Gewürzsalz
280 g Kürbiskerne, geschält

Den Ofen auf 120 °C vorheizen (Gas Stufe 1/2), das Kokosöl auf einem Backblech darin schmelzen.
In der Zwischenzeit Coconut Aminos, Anchovispaste und Chilisauce in einer Tasse verrühren, bis die Anchovispaste sich auflöst.
In einer zweiten Tasse Zwiebelpulver, Knoblauchpulver und Gewürzsalz verrühren.
Sobald das Kokosöl geschmolzen ist, Kürbiskerne gründlich darin wenden, bis sie rundum überzogen sind. Die Gewürzmischung darübergeben und erneut wenden. Zum Schluss die trockenen Gewürze darüberstreuen und wieder wenden.
Die Kerne in den Ofen schieben und nach 20 Minuten wenden; weitere 20 Minuten backen. Wenn sie danach noch nicht trocken sind, noch einmal zehn Minuten backen. Abkühlen lassen und gut verschlossen aufbewahren.

NÄHRWERTANALYSE PRO PORTION:
299 Kalorien; 24 g Fett; 19 g Protein; 8 g Kohlenhydrate; 2 g Ballaststoffe; 6 g Nettokohlenhydrate

PIKANTE KÜRBISKERNE

FÜR 8 PORTIONEN:

1 EL Kokosöl
2 TL scharfes Paprikapulver, geräuchert
¼ TL gemahlener Kreuzkümmel
1 TL Knoblauchpulver
280 g Kürbiskerne, geschält
Salz (optional)

Den Ofen auf 150 °C vorheizen (Gas Stufe 2).
Das Kokosöl auf ein Backblech geben. Das Blech zwei bis drei Minuten im Ofen erwärmen, bis das Fett schmilzt.
In der Zwischenzeit die Gewürze abmessen und vermischen.
Das Blech aus dem Ofen nehmen und die Kürbiskerne daraufgeben. Gründlich im Fett wenden. Die Kerne gleichmäßig mit der Gewürzmischung bestreuen, mehrfach wenden, dann in einer Lage auf dem Blech ausbreiten. Das Blech in den Ofen schieben, die Kerne nach fünf Minuten wenden und weitere zehn Minuten backen. Die Kerne sind fertig, wenn sie etwas aufgequollen und leicht golden gefärbt sind. Ansonsten noch ein paar Minuten weiterbacken.
Abkühlen lassen und in einem gut verschlossenen Behälter aufbewahren.

NÄHRWERTANALYSE PRO PORTION:
314 Kalorien; 26 g Fett; 19 g Protein;
8 g Kohlenhydrate; 2 g Ballaststoffe;
6 g Nettokohlenhydrate

BEEF JERKY

FÜR 24 PORTIONEN:
700 g Rumpsteak, ohne Fett und Sehnen
125 ml Paleo-Worcestershire-Sauce (siehe Seite 275)
125 ml Coconut Aminos (siehe Seite 17)
2 TL Honig
1½ TL schwarzer Pfeffer, gemahlen
2 EL Zwiebel, gewürfelt
1 TL Chiliflocken
1 TL flüssiges Raucharoma (Inhaltsstoffe auf Zuckergehalt prüfen)

Das Fleisch parallel zur Faser so dünn wie möglich aufschneiden. Am leichtesten geht das, wenn es angefroren ist. Die Fleischscheiben in einen großen Zip-Beutel legen.
Alle übrigen Zutaten im Mixer oder in der Küchenmaschine zerkleinern, bis die Zwiebel pulverisiert ist. Die Mischung zum Fleisch in den Beutel geben. Verschließen und dabei möglichst alle Luft herausdrücken. Den Beutel immer wieder wenden und vorsichtig kneten, bis alle Fleischscheiben vollständig mit der Marinade überzogen sind. In den Kühlschrank legen und dort vier bis sechs Stunden marinieren.
Anschließend abtropfen lassen und in einer Lage in den Dörrautomaten legen. Mindestens zwölf Stunden dörren, dann die Trockenheit überprüfen. Die Scheiben müssen so trocken sein, dass sie an der dünnsten Stelle brechen, wenn man sie biegt.
In einem frischen Zip-Beutel aufbewahren.

NÄHRWERTANALYSE PRO PORTION:
69 Kalorien; 4 g Fett; 6 g Protein;
3 g Kohlenhydrate; 0 g Ballaststoffe;
3 g Nettokohlenhydrate

TIPP

Für dieses Rezept brauchen Sie einen Dörrautomaten, die günstig gebraucht auf Internetplattformen oder über Kleinanzeigen angeboten werden.

GEFÜLLTE EIER, KLASSISCH

FÜR 12 PORTIONEN:
6 hartgekochte Eier
3 EL Mayonnaise (siehe Seite 262)
2 TL Senf
2 Spritzer Chilisauce (Lousiana Style)
Salz
Paprika, edelsüß

Die Eier schälen und halbieren. Die Eigelbe in eine Schüssel geben, die Eiweiße für später auf einen Teller setzen. Mit einer Gabel die Eigelbe gründlich zerdrücken. Mayonnaise, Senf und Chilisauce hinzufügen. Abschmecken und eventuell salzen.

Die Eigelbmasse mit einem Spritzbeutel in die Eiweißhälften füllen. Vor dem Servieren mit etwas Paprikapulver bestreuen.

NÄHRWERTANALYSE PRO PORTION:
64 Kalorien; 6 g Fett; 3 g Protein; 3 g Kohlenhydrate; 0 g Ballaststoffe; 3 g Nettokohlenhydrate

DILL-EIER MIT MEERRETTICH

FÜR 12 PORTIONEN:
6 hartgekochte Eier
4 EL Mayonnaise (siehe Seite 262)
2 TL Senf
2 TL Meerrettichcreme (siehe Seite 271)
1 TL frische Dillsamen, gehackt, oder ¼ TL getrocknete
Salz

Die Eier schälen, halbieren und die Eigelbe in eine Schüssel geben. Die Eiweiße für später auf einen Teller setzen. Die Eigelbe mit einer Gabel zerdrücken. Mayonnaise, Senf, Meerrettich und Dill hinzugeben und zu einer gleichmäßigen Masse verarbeiten. Mit Salz abschmecken. Die Eigelbmasse mit einem Spritzbeutel in die Eiweißhälften füllen.

NÄHRWERTANALYSE PRO PORTION:
73 Kalorien; 7 g Fett; 3 g Protein; 3 g Kohlenhydrate; 0 g Ballaststoffe; 3 g Nettokohlenhydrate

WASABI-EIER

FÜR 12 PORTIONEN:
6 hartgekochte Eier
4 EL Mayonnaise (siehe Seite 262)
1 TL Wasabipaste
½ TL Coconut Aminos (siehe Seite 17)
3 Frühlingszwiebeln, gehackt
1 Prise Salz

Die Eier schälen, halbieren und die Eigelbe in eine Schüssel geben. Mit einer Gabel die Eigelbe zerdrücken. Mayonnaise, Wasabipaste und Coconut Aminos hinzugeben und mit den Eiern zu einer cremigen Masse verarbeiten. Die Frühlingszwiebeln unterheben, mit Salz abschmecken und die Eigelbmasse mit einem Spritzbeutel in die Eiweißhälften füllen.

NÄHRWERTANALYSE PRO PORTION:
73 Kalorien; 7 g Fett; 3 g Protein; 1 g Kohlenhydrate; 0 g Ballaststoffe; 1g Nettokohlenhydrate

GRÜNE EIER

FÜR 6 PORTIONEN:
6 hartgekochte Eier
½ Avocado
4 EL Mayonnaise (siehe Seite 262)
1 TL Senf
½ TL Selleriesalz (siehe Seite 268 oder aus dem Laden)
1 Frühlingszwiebel, gehackt
2 Spritzer Chilisauce
Paprikapulver, geräuchert

Die Eier halbieren und die Eigelbe in einen hohen Mixbecher geben. Mit einer Gabel leicht zerdrücken.
Die Avocado mit einem Löffel aus der Schale lösen und in den Mixbecher geben. Die restlichen Zutaten hinzufügen und alles mit dem Stabmixer verarbeiten, bis eine zarte Creme entsteht.
Die grüne Creme in die Eiweißhälften füllen. Die großzügig gefüllten Eier auf einem Teller arrangieren und mit Paprikapulver garnieren.

NÄHRWERTANALYSE PRO PORTION:
172 Kalorien; 16 g Fett; 6 g Protein; 2 g Kohlenhydrate; 0 g Ballaststoffe; 2 g Nettokohlenhydrate

ANCHOVIS-EIER

FÜR 6 PORTIONEN:
6 hartgekochte Eier
4 EL Mayonnaise (siehe Seite 262)
1½ EL Anchovissauce (siehe Seite 266)

Die Eier schälen, halbieren und die Eigelbe in eine Schüssel geben. Mayonnaise und Anchovissauce hinzufügen und alles mit einer Gabel zu einer cremigen Masse verarbeiten. In die Eiweißhälften füllen.

NÄHRWERTANALYSE PRO PORTION:
140 Kalorien; 12 g Fett; 6 g Protein; 6 g Kohlenhydrate; 0 g Ballaststoffe; 6 g Nettokohlenhydrate

SCHINKEN-EIER MIT BALSAMICO

FÜR 6 PORTIONEN:
6 hartgekochte Eier
3 EL Mayonnaise (siehe Seite 262)
½ TL Selleriesalz (siehe Seite 268 oder aus dem Laden)
2 Scheiben gegarter Bacon, fein zerkrümelt
2 EL rote Zwiebel, gewürfelt
¼ TL schwarzer Pfeffer, gemahlen
½ TL Balsamicoessig
½ TL Senf
Frische Petersilie, gehackt

Die Eier schälen, halbieren und die Eigelbe in eine Schüssel geben. Die Mayonnaise mit den Eigelben zu einer weichen Masse verarbeiten. Selleriesalz, Baconkrümel, Zwiebelwürfel, Pfeffer, Essig und Senf hinzugeben und gründlich unterarbeiten.
Die Eigelbmasse mit einem Spritzbeutel in die Eiweißhälften füllen. Mit Petersilie garnieren.

NÄHRWERTANALYSE PRO PORTION:
142 Kalorien; 12 g Fett; 8 g Protein; 2 g Kohlenhydrate; 0 g Ballaststoffe; 2 g Nettokohlenhydrate

CHICKEN WINGS

FÜR 10 PORTIONEN:
1,75 kg Hähnchenflügel
90 g Schweinekrustenpanade (siehe Seite 35)
90 g Mandelmehl
2 EL getrocknete Petersilie
1 EL getrockneter Oregano
2 TL Paprikapulver
½ TL Salz
½ TL schwarzer Pfeffer, gemahlen
100 g Schmalz oder Baconspeck

Den Ofen auf 180 °C vorheizen (Gas Stufe 4). Ein Backblech mit nicht haftender Alufolie auslegen.
Wenn die Hähnchenflügel noch nicht zurechtgeschnitten sind, an den Gelenken teilen. Die spitzen Enden für Brühe aufheben.
Schweinekrustenpanade mit Mandelmehl und Gewürzen mischen.
Das Schmalz zerlassen. Die Flügel nacheinander erst in das Fett tunken, dann in der Panade wenden. Auf das ausgekleidete Backblech legen.
Eine Stunde im Ofen backen und heiß servieren.

NÄHRWERTANALYSE PRO PORTION:
156 Kalorien; 12 g Fett; 10 g Protein; 2 g Kohlenhydrate; 0 g Ballaststoffe; 2 g Nettokohlenhydrate

BUFFALO WINGS

Buffalo Wings werden in der Regel mit Weizenmehl paniert, in Pflanzenöl frittiert und mit Butter und Chilisauce gereicht. Hier eine gesunde Variante.

FÜR 10 PORTIONEN:
10 Hähnchenflügel
6 EL Kokosmehl
¼ TL Paprikapulver
¼ TL Cayennepfeffer
¼ TL Salz
Schmalz zum Braten (alternativ halb Schmalz, halb Baconfett)
2 EL Schmalz extra oder je 1 EL Schmalz und zerlassenes Baconfett
1 Knoblauchzehe, zerdrückt
4 EL Chilisauce

Die Hähnchenflügel an den Gelenken teilen. Die spitzen Enden für Brühe aufheben.
Das Kokosmehl mit Paprikapulver, Cayennepfeffer und eventuell Salz mischen. Die Flügel in dieser Gewürzmischung wenden. Etwa 30 Minuten ruhen lassen.
Eine große Pfanne auf mittlerer Stufe erhitzen und einen halben Zentimeter hoch mit Fett füllen. Wenn das Fett richtig heiß ist, die Flügel darin portionsweise rundum knusprig braun anbraten. Achtung, wenn sie zu eng liegen, wird die Panade eher matschig.
Parallel dazu die zwei Esslöffel zusätzliches Fett in einem kleinen Topf auf mittlerer bis hoher Stufe erhitzen und den Knoblauch darin eine gute Minute

anbraten. Die scharfe Sauce unterrühren und unter Rühren kochen lassen, bis alle Hähnchenflügel gebraten sind.
Die Flügel in eine große Schüssel geben, mit der Sauce übergießen, wenden und servieren.

NÄHRWERTANALYSE PRO PORTION:
84 Kalorien; 6 g Fett; 5 g Protein;
3 g Kohlenhydrate; 2 g Ballaststoffe;
1 g Nettokohlenhydrate

SENF-WINGS

FÜR 12 PORTIONEN:
900 g Hähnchenflügel
Saft von 1 Zitrone
4 EL Olivenöl
2 EL Senf
2 Knoblauchzehen, zerdrückt
¼ TL schwarzer Pfeffer, gemahlen
¼ TL Chilisauce

Die Hähnchenflügel an den Gelenken teilen. Die spitzen Enden für Brühe aufheben.
Die Flügel in einen großen Zip-Beutel füllen. Alle übrigen Zutaten verrühren und über die Flügel gießen. Den Beutel verschließen und dabei möglichst alle Luft herausdrücken. Die Flügel im Beutel gründlich in der Marinade wenden, dann ein bis zwei Stunden in den Kühlschrank legen.
Zum Garen gibt es zwei Möglichkeiten: Die Flügel bei 190 °C (Gas Stufe 5) etwa 45 Minuten im Backofen backen und dabei ein- oder zweimal mit der Marinade aus dem Beutel bepinseln; oder die Flügel mit etwa zehn Zentimeter Abstand unter den Backofengrill schieben und immer wieder wenden, auch hierbei mehrfach mit Marinade bepinseln. Nach dem letzten Bepinseln noch fünf bis zehn Minuten weitergaren, damit die Hitze eventuell verbliebene Keime aus der Marinade abtöten kann.

NÄHRWERTANALYSE PRO PORTION:
81 Kalorien; 7 g Fett; 5 g Protein;
1 g Kohlenhydrate; 0 g Ballaststoffe;
1 g Nettokohlenhydrate

GRAPEFRUIT WINGS

FÜR 10 PORTIONEN:
10 Hähnchenflügel
Salz
Pfeffer
Paprika, edelsüß
4 EL Grapefuit-Balsamico (siehe Seite 267)
1 Knoblauchzehe, zerdrückt

Den Ofen auf 180 °C vorheizen (Gas Stufe 4). Die Hähnchenflügel im Gelenk auseinanderbrechen und die spitzen Enden für Brühe aufheben.
Die anderen Hälften leicht mit Salz, Pfeffer und Paprika würzen und auf einem Backblech ausbreiten. In den Ofen schieben.
In der Zwischenzeit die Knoblauchzehe mit dem Grapefruit-Essig verrühren und ziehen lassen.
Nach 30 Minuten Backzeit die Flügel beidseitig mit der Knoblauch-Essig-

Mischung bestreichen. 15 Minuten weiterbacken, dann erneut bepinseln. Noch einmal zehn bis 15 Minuten backen. Falls noch Essig übrig ist, vor dem Servieren über die Chicken Wings träufeln.

NÄHRWERTANALYSE PRO PORTION:
56 Kalorien; 4 g Fett; 5 g Protein; 0 g Ballaststoffe; 4 g Nettokohlenhydrate

ENTENLEBERPASTETE

Da wir die Paste nicht auf Toast essen, könnte man sie in Selleriestangen streichen. Pur schmeckt sie aber auch!

FÜR 2 PORTIONEN:
2 EL Entenfett
½ große Schalotte, gehackt
1 Entenleber
¼ TL getrockneter Majoran
¼ TL getrockneter Thymian
¼ TL getrocknetes Bohnenkraut
1 Prise gemahlener Rosmarin
2 TL Cognac
1 Prise schwarzer Pfeffer
1 Prise Salz

Das Entenfett auf kleiner bis mittlerer Stufe in einer Pfanne mit dickem Boden zerlassen und die Schalottenwürfel darin anschwitzen.
In der Zwischenzeit die Entenleber in 2,5 Zentimeter große Würfel schneiden. Wenn die Schalotte nach etwa fünf Minuten weich ist, die Leber hinzufügen und mitbraten, bis kein roter Saft mehr herausläuft und die Oberfläche an Farbe verliert. Die Leberstücke sollten in der Mitte noch rosa sein. Die Kräuter unterziehen und etwa eine halbe Minute mitbraten.
Alles in die Küchenmaschine geben und Cognac, Pfeffer und Salz hinzufügen. Zu einer Paste zerkleinern und einige Stunden kalt stellen.

NÄHRWERTANALYSE PRO PORTION:
159 Kalorien; 14 g Fett; 4 g Protein; 2 g Kohlenhydrate; 0 g Ballaststoffe; 1 g Nettokohlenhydrate

HÜHNERLEBERPASTETE

FÜR 4 PORTIONEN:
140 g Hühnerleber
160 g Zwiebel, sehr fein gewürfelt
3 EL Schmalz (am besten von Geflügel) oder Olivenöl
Salz
Pfeffer
2 hartgekochte Eier
1 EL Mayonnaise (siehe Seite 262)
2 Frühlingszwiebeln, in kleinen Ringen

Einen kleinen Topf mit Wasser zum Kochen bringen. Die Hühnerleber hineingeben, herunterschalten, bis es gerade noch siedet. Nach fünf Minuten den Herd abschalten, die Leber aber noch mindestens zehn bis 15 Minuten im heißen Wasser lassen.
In der Zwischenzeit die Zwiebel auf mittlerer Stufe in Schmalz oder Öl

anbraten, dabei dezent salzen und pfeffern. Regelmäßig umrühren, bis die Zwiebelwürfel schön braun sind. Währenddessen die Eier schälen und würfeln, nicht in die Küchenmaschine geben – für diese Spezialität benötigen wir kleine Stückchen Eiweiß und Eigelb.
Die gebratenen Zwiebeln mit dem Messereinsatz in der Küchenmaschine zerkleinern (einige Male pulsieren).
Die Leber gut abtropfen lassen und mit der Mayonnaise in die Küchenmaschine geben. Pulsierend zu einer noch stückigen, nicht zu feinen Pastete verarbeiten. Mit dem Teigschaber in eine Schüssel umfüllen.
Die Eierstückchen und die Frühlingszwiebelringe unterziehen und mit Salz und Pfeffer abschmecken.
In Selleriestangen streichen, in Salatblätter wickeln oder auf den Sonnenblumencrackern (siehe Seite 80) anbieten. Alternativ kann man die Pastete auch einfach mit der Gabel essen.

NÄHRWERTANALYSE PRO PORTION:
125 Kalorien; 7 g Fett; 10 g Protein; 5 g Kohlenhydrate; 1 g Ballaststoffe; 4 g Nettokohlenhydrate

GRUSS AUS SINGAPUR

FÜR 4 PORTIONEN:
370 g frische Ananasstücke
4 EL Coconut Aminos (siehe Seite 17)
Chiliflocken

Die Ananasstücke auf einem Teller aufschichten, die Coconut Aminos in ein Schüsselchen füllen und die Chiliflocken auf einen Teller geben.
Die Gäste spießen mit einem Zahnstocher ein Stück Ananas auf und stippen damit erst in die Coconut Aminos, dann in die Chiliflocken. Den Schärfegrad bestimmt somit jeder selbst.

NÄHRWERTANALYSE PRO PORTION:
38 Kalorien; ein bisschen Fett; ein paar Proteine; 10 g Kohlenhydrate; 1 g Ballaststoffe; 9 g Nettokohlenhydrate

ANTICUCHOS

Haben Sie bei dieser beliebten peruanischen Vorspeise keine falsche Scheu vor Herz. Schließlich ist es bestes Muskelfleisch.

FÜR 4 PORTIONEN:
2 Chipotleschoten, getrocknet, oder andere Chilischoten
450 g Rinderherz
4 EL Apfelessig
4 EL Olivenöl
1 EL gemahlener Kreuzkümmel
¼ TL schwarzer Pfeffer, gemahlen
2 Knoblauchzehen, zerdrückt

1 EL frische Petersilie, gehackt
1 EL frischer Koriander, gehackt

Die Chipotles in eine feuerfeste Form legen und mit kochendem Wasser bedecken. Eine Weile im Wasser liegen lassen.
Inzwischen die dickeren Venen und Fettschichten aus dem Fleisch entfernen. Das Herz in 20 Würfel schneiden.
Alle übrigen Zutaten mischen.
Die Chipotles müssten jetzt so weich sein, dass man sie mit dem Stabmixer oder in der Küchenmaschine pürieren kann. Danach zu den übrigen Zutaten geben.
Die Fleischwürfel in einen großen Zip-Beutel füllen und die Marinade zugießen. Den Beutel verschließen und dabei möglichst alle Luft herausdrücken. In den Kühlschrank legen und die Würfel mindestens zehn bis zwölf Stunden, am besten 24 Stunden marinieren.
Zum Zubereiten Grill oder Backofengrill anheizen.
Die Marinade in eine Schüssel abgießen. Je fünf Fleischwürfel auf einen Schaschlikspieß stecken. Die Spieße auf den Grill legen oder mit zehn bis zwölf Zentimeter Abstand unter den Backofengrill schieben. Fünf bis sieben Minuten pro Seite grillen und dabei mehrfach mit dem Rest Marinade einpinseln. Nicht zu lange garen! Das Fleisch soll innen noch pinkrosa sein. Heiß servieren.

NÄHRWERTANALYSE PRO PORTION:
247 Kalorien; 17 g Fett; 17 g Protein; 7 g Kohlenhydrate; 1 g Ballaststoffe; 6 g Nettokohlenhydrate

GEFÜLLTE SOMMERCHAMPIGNONS

FÜR 20 PORTIONEN:
110 g Bacon
450 g frische Champignons
100 g Walnüsse
1 mittelgroße Zwiebel, geachtelt
55 g sonnengetrocknete Tomaten in Öl
1 Knoblauchzehe, zerdrückt
½ TL Salz
½ TL schwarzer Pfeffer, gemahlen
2 EL frische Petersilie, gehackt
1 TL Olivenöl

Den Ofen auf 180 °C vorheizen (Gas Stufe 4).
Den Bacon auf kleiner bis mittlerer Stufe in einer großen Pfanne anbraten, ab und zu wenden.
In der Zwischenzeit die Pilze säubern, die Stiele entfernen, aber aufheben – sie kommen in die Füllung.
Die Walnüsse auf einem Backblech verteilen und in den Ofen schieben.
Den Messereinsatz in die Schüssel der Küchenmaschine setzen, die Zwiebelstücke hinzugeben und ein paar Mal pulsieren. Die Pilzstiele zufügen und alles mit weiteren Impulsen hacken.
Der Bacon sollte inzwischen mittelgar sein. Aus der Pfanne auf einen Teller geben und die gehackten Zwiebeln mit den Pilzstielen in der Pfanne im Baconfett anbraten.
Nun die Walnüsse zusammen mit den abgetropften sonnengetrockneten Tomaten und dem Bacon in der Küchenmaschine pulsierend nicht zu fein

hacken. Die Walnuss-Tomaten-Bacon-Mischung zur Zwiebelmischung in die Pfanne geben und alles gut verrühren. Den zerdrückten Knoblauch, Salz und Pfeffer hinzufügen und alles ein bis zwei Minuten anbraten. Zum Schluss die Petersilie unterrühren.
Den Boden einer Auflaufform (23 x 33 cm) mit Olivenöl ausstreichen. Die Pilzkappen gleichmäßig mit der Masse füllen und in die Form setzen. Mit Alufolie abdecken und 30 Minuten backen, danach die Folie abnehmen, weitere zehn Minuten backen und heiß servieren.

NÄHRWERTANALYSE PRO PORTION:
47 Kalorien; 4 g Fett; 2 g Protein; 2 g Kohlenhydrate; 0 g Ballaststoffe; 2 g Nettokohlenhydrate

SPECK-ENOKI

FÜR 4 PORTIONEN:
450 g frische Enoki-Pilze (aus dem Asiamarkt)
6 Scheiben Bacon (Frühstücksspeck)
Öl
½ Zitrone, in Schnitzen

Zwölf Zahnstocher in Wasser einweichen. Die Wurzeln der Pilze vorsichtig kürzen, ohne die Stiele zu trennen. Die Pilzbündel in zwölf etwa gleich große Portionen aufteilen.
Die Baconscheiben jeweils quer halbieren, so dass zwölf Stücke entstehen. Vorsichtig jedes Pilzbündel etwa drei Zentimeter über dem Ansatz mit einem Stück Bacon umwickeln. Abgefallene Pilzchen in das Bündel stecken.
Den Bacon mit den eingeweichten Zahnstochern feststecken.
Den Backofengrill vorheizen, die Bündel auf den gefetteten Grillrost legen und zehn bis zwölf Minuten grillen, dabei mindestens einmal vorsichtig wenden.
Die Pilze herausnehmen und auf ein Schneidbrett legen. Die Bündel mit einem sehr scharfen Messer mit feiner Klinge quer halbieren – dadurch entsteht immer ein Bündel mit Stielen und ein Bündel mit Pilzköpfchen. Je drei Bündel von beiden Sorten auf einem Teller arrangieren. Die Päckchen mit den Stielen legen, die Pilzkopfpäckchen aufstellen – so machen es die Japaner.
Auf jeden Teller einen Zitronenschnitz legen und frisch servieren.

NÄHRWERTANALYSE PRO PORTION:
89 Kalorien; 5 g Fett; 5 g Protein; 7 g Kohlenhydrate; 2 g Ballaststoffe; 5 g Nettokohlenhydrate

TIPP

Dieses Rezept funktioniert auch mit kleinen Champignons: In Bacon wickeln und mit einem eingeweichten Zahnstocher feststecken. Grillen, bis der Bacon knusprig ist.

PILZE MIT CHICKENCHUTNEY

FÜR 8 PORTIONEN:

16 mittelgroße Champignonkappen
2 EL Kokosöl, zerlassen
Chickenchutney (siehe Seite 180)
1 EL frischer Koriander, sehr fein gehackt

Den Ofen auf 180 °C vorheizen (Gas Stufe 4).
Die Pilze leicht mit Kokosöl bepinseln und in eine Auflaufform setzen (etwa 20 x 20 cm). In den Ofen schieben und etwa fünf Minuten backen.
Aus dem Ofen holen und mit Chickenchutney füllen. Weitere zwölf bis 15 Minuten backen.
Mit Koriander bestreuen (alternativ mit Petersilie) und heiß servieren.

NÄHRWERTANALYSE PRO PORTION:
97 Kalorien; 5 g Fett; 4 g Protein; 10 g Kohlenhydrate; 2 g Ballaststoffe; 8 g Nettokohlenhydrate

GURKE MIT MANDELKREBSFÜLLUNG

FÜR ETWA 40 SCHEIBEN:

4 EL Olivenöl, extra vergine
4 EL Mandeln, gehackt
170 g frisches Krebsfleisch, gedünstet, abgetropft und abgekühlt
2 Frühlingszwiebeln, in Stücken
2 EL frische Petersilie, gehackt
2 EL trockener Weißwein
2 EL Mayonnaise (siehe Seite 262)
1 Spritzer Chilisauce
Salz
2 große Salatgurken

Das Olivenöl in einer kleinen Pfanne auf mittlerer Stufe erhitzen und die Mandeln darin goldbraun rösten. Abkühlen lassen.
Das Krebsfleisch nach Schalenresten durchsuchen und in die Küchenmaschine geben. Mandeln, Frühlingszwiebeln, Petersilie und Wein hinzufügen.
Die Maschine laufen lassen, bis eine weiche Masse entstanden ist.
Nun esslöffelweise die Mayonnaise zufügen. Sie soll die Mischung nur binden, ohne dass diese zu weich wird.
Mit Chilisauce und Salz abschmecken.
Von den Gurken die Enden abschneiden und mit einem Apfelentkerner oder einem Messer die Samen entfernen, so dass ein Tunnel entsteht. Die Krebsfleischfüllung vollständig in die Höhlung geben. In einer Plastiktüte einige Stunden kalt stellen.
Unmittelbar vor dem Verzehr aus dem Kühlschrank holen und in zentimeterdicke Scheiben schneiden. Eventuell noch einmal leicht salzen und gleich anbieten.

NÄHRWERTANALYSE PRO SCHEIBE:
30 Kalorien; 2 g Fett; 1 g Protein; 1 g Kohlenhydrate; ein paar Ballaststoffe; 1 g Nettokohlenhydrate

VENUSMUSCHELN AUS DER SCHALE

FÜR 4 PORTIONEN:

24 Venusmuscheln
Crushed Ice
Florida-Cocktailsauce (siehe Seite 259)
Zitronensaft

Bitten Sie Ihren Fischhändler, Ihnen die Schalen zu öffnen. Anschließend auf Crushed Ice setzen. Das Muschelfleisch sollte immer in der tieferen Hälfte der Schale sitzen.
Beim Verzehr nach Belieben mit Cocktailsauce oder Zitronensaft würzen.

NÄHRWERTANALYSE PRO PORTION:

64 Kalorien; 1 g Fett; 11 g Protein;
2 g Kohlenhydrate; 0 g Ballaststoffe;
2 g Nettokohlenhydrate

FRISCHE AUSTERN

FÜR 4 PORTIONEN:

24 Austern
Crushed Ice
Florida-Cocktailsauce (siehe Seite 259)
Zitronensaft

Bitten Sie Ihren Fischhändler, Ihnen die Schalen zu öffnen. Anschließend auf Crushed Ice setzen. Das Muschelfleisch sollte immer in der tieferen Hälfte der Schale sitzen.
Beim Verzehr nach Belieben mit Cocktailsauce oder Zitronensaft würzen.

NÄHRWERTANALYSE PRO PORTION:

34 Kalorien; 1 g Fett; 4 g Protein;
2 g Kohlenhydrate; 0 g Ballaststoffe;
2 g Nettokohlenhydrate

CHICKEN CHIPS

Hühnerhaut (alles, was da ist)
Salz oder andere Gewürze

Den Ofen auf 180 °C vorheizen (Gas Stufe 4).
Die Hühnerhaut flach auf dem Grillrost ausbreiten. Falls noch Fettklümpchen vom Hühnchen übrig sind, dazupacken. Im heißen Ofen in circa 15 Minuten knusprig braun rösten. Nach Belieben würzen oder pur essen.

NÄHRWERTANALYSE:

Nährstoffangaben konnte ich nicht ausfindig machen. Auf jeden Fall sind die Chips frei von Kohlenhydraten.

TIPP

Werfen Sie beim Braten einen Blick in die Pfanne. Sehen Sie das goldgelbe Fett? Bewahren Sie es in einem Schraubglas im Kühlschrank auf – perfekt zum Anbraten.

AVOCADO-DIP

FÜR 6 PORTIONEN:
2 Avocados
110 g Kokosbutter (siehe Seite 36)
1 große Schalotte, in groben Stücken
Saft von ½ Zitrone
3 Knoblauchzehen, zerdrückt
½ TL Chilipulver
Salz (auf Wunsch)
2 EL frische Petersilie, gehackt
4 EL Pistazien, gehackt

Die Avocados halbieren, den Kern entnehmen und das Fruchtfleisch in die Küchenmaschine mit Messereinsatz geben. Die Kokosbutter hinzufügen und beides zu einer glatten Creme verarbeiten. Zwischendurch immer wieder mit einem Teigschaber die Seiten der Rührschüssel nach unten abfahren.
Die Schalotte dazugeben. Pulsierend nicht zu fein hacken. Es sollen noch Stückchen erkennbar sein.
Zitronensaft mit Knoblauch, Chilipulver und Salz zur Creme geben. Erneut zerkleinern, dabei mindestens einmal die Seiten der Schüssel nach unten abstreichen.
Petersilie und Pistazien zufügen und kurz unterrühren. Die Pistazien sollen stückig bleiben!
Am besten schmeckt die Creme bei Zimmertemperatur als Dip, oder man füllt sie in eine Sturzform. Gut kalt stellen, stürzen, in Scheiben schneiden und auf Salat anrichten.

NÄHRWERTANALYSE PRO PORTION:
216 Kalorien; 20 g Fett; 3 g Protein; 11 g Kohlenhydrate; 4 g Ballaststoffe; 7 g Nettokohlenhydrate

GUACAMOLE

Schmeckt statt zu Tortillachips auch mit Schweinekrusten, in Tomaten oder auf Steak. Oder einfach gelöffelt.

FÜR 4 PORTIONEN:
2 EL rote Zwiebel, gewürfelt
1 Knoblauchzehe, zerdrückt
2 kleine reife Avocados (Hass)
½ Limette
4 Spritzer Chilisauce
2 Prisen Salz
1 EL frischer Koriander, gehackt (auf Wunsch)

Zwiebelwürfel und Knoblauch in eine Schüssel geben. Die Avocados halbieren und das Fruchtfleisch in die Schüssel löffeln. Mit einer Gabel zerdrücken. Die Avocado kann ruhig leicht stückig bleiben.
Die Limette ausdrücken und den Saft mit Chilisauce, Salz und eventuell Koriander zu der Creme geben. Umrühren und gleich servieren.

NÄHRWERTANALYSE PRO PORTION:
167 Kalorien; 15 g Fett; 2 g Protein; 9 g Kohlenhydrate; 3 g Ballaststoffe; 6 g Nettokohlenhydrate

LACHSDIP

FÜR 4 PORTIONEN:
225 g Lachsfilet
3 Frühlingszwiebeln, gehackt
1½ EL Zitronensaft
4 EL ungesüßte Kokosmilch
2 EL frischer Dill, gehackt
½ TL Salz
¼ TL schwarzer Pfeffer, gemahlen
1 Spritzer Chilisauce

Den Lachs in eine Pfanne legen und mit Wasser auffüllen, bis das Filet noch zur Hälfte aus dem Wasser ragt. Zum Sieden bringen, Deckel aufsetzen, Hitzezufuhr abschalten und abkühlen lassen.
Den abgekühlten Lachs abgießen.
Die Haut nach Belieben abziehen und das Fleisch in die Küchenmaschine mit Messereinsatz geben. Die übrigen Zutaten hinzufügen und pulsierend zu einem Dip verarbeiten.
In eine Servierschüssel umfüllen, mehrere Stunden kalt stellen und mit rohen Gemüsestreifen zum Dippen servieren.

NÄHRWERTANALYSE PRO PORTION:
99 Kalorien; 5 g Fett; 12 g Protein;
2 g Kohlenhydrate; ein paar Ballaststoffe;
2 g Nettokohlenhydrate

GARNELENDIP

FÜR 8 PORTIONEN:
280 g Garnelen, geschält
125 ml ungesüßte Kokosmilch
8 EL Mayonnaise (siehe Seite 262)
3 EL Zitronensaft
1 EL frische Petersilie, gehackt
1 EL frischer Dill, gehackt
½–1 Knoblauchzehe, zerdrückt
1–3 EL Sriracha (siehe Seite 261)
Salz (optional)

Zuerst die Garnelen etwa fünf Minuten in siedendem Wasser pochieren, bis sie fest und pinkrosa sind. Sehr gut abtropfen lassen. Diesen Schritt am besten etwas früher durchführen und die Garnelen 30 Minuten auf mehreren Lagen Küchenkrepp ausbreiten.
Alle Zutaten in die Küchenmaschine mit Messereinsatz geben und pulsieren, bis die Garnelen gehackt, aber nicht püriert sind. Die Konsistenz soll weich genug zum Dippen sein, aber noch Garnelenstückchen aufweisen. Mit Salz abschmecken.
Kalt stellen und mit Gemüsestreifen zum Dippen anbieten.

NÄHRWERTANALYSE PRO PORTION:
172 Kalorien; 16 g Fett; 8 g Protein;
2 g Kohlenhydrate; ein paar Ballaststoffe;
2 g Nettokohlenhydrate

PERUANISCHER DIP

FÜR 10 PORTIONEN:

1 EL Kokosöl
1 große Zwiebel, gehackt
3 Knoblauchzehen, zerdrückt
350 ml Hühnerbrühe (siehe Seite 240)
200 g Mandelbutter
1 EL ungesüßte Kokosmilch
1 EL Limettensaft
2 Jalapeños, entkernt und gehackt

Das Kokosöl in einer großen Pfanne auf mittlerer Stufe zerlassen. Die Zwiebel unter häufigem Rühren darin zehn bis 15 Minuten anbraten, bis sie weich und braun ist. Den Knoblauch zerdrücken und unterrühren. Noch eine gute Minute braten.
Hitze herunterstellen und die restlichen Zutaten zufügen. Die Hände wegen der Chilis danach gründlich mit Seife waschen!
Die Mischung zum Sieden bringen und etwa zehn Minuten köcheln lassen. Dann alles in den Mixer geben und glatt pürieren. In eine Schüssel umfüllen, mit Frischhaltefolie abdecken und mehrere Stunden kalt stellen.
Dieser Dip schmeckt mit Kirschtomaten, blanchiertem Spargel und vielen anderen Gemüsesorten.

NÄHRWERTANALYSE PRO PORTION:
141 Kalorien; 12 g Fett; 5 g Protein; 5 g Kohlenhydrate; 3 g Ballaststoffe; 2 g Nettokohlenhydrate

PRÄHISTORISCHER DILLDIP

FÜR 8 PORTIONEN:

1 Mayonnaise (siehe Seite 262)
1 Saurer Kokosrahm (siehe Seite 35)
2 Prisen Paprikapulver
1 Knoblauchzehe, zerdrückt
1 EL rote Zwiebel, gewürfelt
½ TL Salz
1 EL frischer Dill, gehackt

Alle Zutaten in die Küchenmaschine geben und etwa 30 Sekunden zerkleinern.
Umfüllen, in den Kühlschrank stellen und 24 Stunden ziehen lassen. Zu Gemüsesticks servieren.

NÄHRWERTANALYSE PRO PORTION:
295 Kalorien; 34 g Fett; 1 g Protein; 2 g Kohlenhydrate; ein paar Ballaststoffe; 2 g Nettokohlenhydrate

ZWIEBELDIP

FÜR 8 PORTIONEN:

2 EL Schweineschmalz
1 Zwiebel, gehackt
1 Saurer Kokosrahm (siehe Seite 35)
2 TL Coconut Aminos (siehe Seite 17)
2 EL Demi-glace aus dem Schongarer (siehe Seite 32)
½ TL schwarzer Pfeffer, gemahlen
Salz

Das Schmalz auf mittlerer Stufe in einer großen Pfanne zerlassen und die Zwiebel darin anbraten, bis sie karamellisiert.
Die anderen Zutaten untermischen und kurz anbraten.
Dann mehrere Stunden kalt stellen, damit die Geschmäcker sich verbinden können.
Lecker mit Gemüsestreifen oder Schweinekrusten.

NÄHRWERTANALYSE PRO PORTION:
234 Kalorien; 23 g Fett; 2 g Protein;
4 g Kohlenhydrate; ein paar Ballaststoffe;
4 g Nettokohlenhydrate

PILZKAVIAR

FÜR 4 PORTIONEN:
225 g Champignons, geputzt
4 Schalotten
3 EL Baconfett
2 EL Pinienkerne
1 EL trockener Rotwein
1 Knoblauchzehe, zerdrückt
2 EL ungesüßte Kokosmilch
1½ TL Weinessig
Salz
Pfeffer

Die Pilze in die Küchenmaschine mit Messereinsatz geben. Pulsierend fein hacken. Aus der Küchenmaschine nehmen und beiseitestellen.
Jetzt die Schalotten in der Küchenmaschine fein hacken.
Das Fett auf mittlerer bis hoher Stufe in einer Pfanne mit dickem Boden zerlassen. Pilze und Schalotten darin fünf bis sieben Minuten anschwitzen, bis die Pilze ihre Farbe ändern.
In der Zwischenzeit die Pinienkerne in einer beschichteten Pfanne bei mittlerer Hitze unter häufigem Wenden anrösten, bis sie gerade eben golden werden und duften. Gleich vom Herd nehmen!
Wein und Knoblauch unter die Pilzmischung rühren und eine gute Minute mitkochen. Die Masse in eine Schüssel umfüllen. Kokosmilch und Essig unterrühren und mit Salz und Pfeffer abschmecken. Vorsichtig die Pinienkerne unterziehen und alles zugedeckt im Kühlschrank durchkühlen.
Auf Salatblättern anrichten oder in Selleriestangen streichen.

NÄHRWERTANALYSE PRO PORTION:
155 Kalorien; 14 g Fett; 3 g Protein;
6 g Kohlenhydrate; 1 g Ballaststoffe;
5 g Nettokohlenhydrate

AUBERGINENAUFSTRICH

FÜR 3 BIS 4 PORTIONEN:

1 Aubergine
1 Bund Frühlingszwiebeln, gehackt
2 TL Steinzeitketchup (siehe Seite 258)
1 EL Olivenöl, extra vergine
3 Knoblauchzehen, zerdrückt
1 TL Zitronensaft
1 EL Rotweinessig
Salz
Pfeffer

Den Ofen auf 190 °C vorheizen (Gas Stufe 5).
Die Aubergine von allen Seiten einstechen, auf dem Grillrost über der Fettpfanne in den Ofen schieben und in etwa einer Stunde weich backen.
Ausreichend abkühlen lassen, dann aufschneiden, das Innere in eine Schüssel löffeln und mit den restlichen Zutaten vermengen.
In den Kühlschrank stellen und gut abkühlen lassen. Zum Dippen Gurkenscheiben, Paprika und Sellerie reichen.

NÄHRWERTANALYSE PRO PORTION:
90 Kalorien; 5 g Fett; 2 g Protein; 12 g Kohlenhydrate; 4 g Ballaststoffe; 8 g Nettokohlenhydrate

AVOCADO-COCOYO-DIP

FÜR 6 PORTIONEN:

250 ml Cocoyo (siehe Seite 33)
1 große, reife Avocado, in Stücken
2 Schalotten, gehackt
3 Frühlingszwiebeln, gehackt
3 TL frischer Estragon
3 EL Zitronensaft
3 TL frischer Oregano
1 TL Chilisauce
Salz
Pfeffer

Alle Zutaten in der Küchenmaschine gleichmäßig zerkleinern. In eine Schüssel umfüllen und Frischhaltefolie unmittelbar auf die Oberfläche drücken, damit die Avocado nicht braun wird. Ein paar Stunden kalt stellen und zu Gemüse anbieten.

NÄHRWERTANALYSE PRO PORTION:
61 Kalorien; 5 g Fett; 1 g Protein; 4 g Kohlenhydrate; 1 g Ballaststoffe; 3 g Nettokohlenhydrate

EIER

Eier sind ausgesprochen nahrhaft, und gute Freilandeier sind immer noch deutlich günstiger als Fleisch aus Weidehaltung. Zudem sind Eier schnell zubereitet, und es geht selten etwas schief – perfekt, wenn man viel um die Ohren hat.
Gut zu wissen: Frische Eier sind zum Hartkochen eher ungeeignet, denn ihre Schale sitzt noch sehr fest um das Eiweiß. Also am besten solche verwenden, die nach dem Legen zwei Wochen gelagert wurden. (Keine Sorge. Die Mindesthaltbarkeit von Eiern liegt für Güteklasse A bei 28 Tagen. Was nicht heißt, dass ein älteres Ei sofort verdorben ist.)

HARTGEKOCHTE EIER FÜR PERFEKTIONISTEN

12 Eier
2 EL Salz

Die Eier in einem Topf gerade eben mit kaltem Wasser bedecken. Das Salz etwas unterrühren und auf mittlerer bis hoher Stufe zum Kochen bringen. Sobald das Wasser kocht, den Herd abschalten und den Deckel aufsetzen.
Nach 15 bis 20 Minuten das heiße Wasser abgießen und die Eier sofort mehrfach unter kaltem Wasser abschrecken. In einen alten Eierkarton setzen, mit dem Permanentmarker »GEKOCHT« auf den Karton schreiben und im Kühlschrank lagern.

NÄHRWERTANALYSE PRO PORTION:
65 Kalorien; 5 g Fett; 6 g Protein; 0,5 g Kohlenhydrate; 0 g Ballaststoffe; 0,5 g Nettokohlenhydrate

GRUNDREZEPT OMELETT

Gemüse, gewürfelt, oder Reste nach Wahl
2–3 Eier
Fett

Gemüse kurz in einer beschichteten Pfanne anbraten. Zur Resteverwertung die Zutaten in der Mikrowelle aufwärmen und bereitstellen.
Die Eier in eine Schüssel aufschlagen und mit einer Gabel durchrühren.
Die Pfanne wieder erhitzen; sie ist heiß genug, wenn ein Spritzer Wasser zischend verdampft. Ein wenig Fett hineingeben (geschmacklich auf die übrigen Zutaten abstimmen) und die Pfanne gleichmäßig damit ausschwenken. Jetzt die Eier hineingießen. Sobald die Unterseite bis zu den Rändern erstarrt ist, den Rand mit einem Pfannenwender leicht anheben und die Pfanne neigen, damit rohes Ei zur Unterseite fließen kann. Rundherum am ganzen Rand wiederholen, bis nichts mehr abfließt.
Beim Gasherd auf kleinste Flamme stellen. Beim Elektroherd sollte eine Wärmeplatte bereitstehen, weil die Restwärme in der Regel zu stark ist.
Eine Hälfte des Omeletts mit der Füllung belegen, Deckel aufsetzen und auf sehr kleiner Stufe maximal zwei Minuten nachgaren lassen, bis das Ei auf der Oberseite nicht mehr glänzend roh ist.
Nun die Hälfte ohne Füllung mit einem Pfannenwender anheben, über die Füllung klappen und alles auf einen Teller umsetzen.

SPINAT-PILZ-OMELETT

FÜR 1 PORTION:
2 TL Pinienkerne
2 EL Olivenöl
1 Handvoll Champignons, in Scheiben
½ Schalotte, gehackt
2 sonnengetrocknete Tomaten in Öl, grob gehackt
2 Handvoll frischer Spinat, geputzt
2 Eier

Die Pinienkerne ohne Fettzugabe auf mittlerer Stufe in der Omelettpfanne goldbraun anrösten, bis sie duften. Herausnehmen und beiseitestellen.
Einen Esslöffel Olivenöl in die noch heiße Pfanne geben und die Pilze mit den Schalottenwürfeln darin anbraten, bis die Pilze ihre Farbe verändern. Die sonnengetrockneten Tomaten unterrühren und eine Minute mitbraten. Den Spinat hinzufügen und mitgaren, bis er zusammenfällt. Das Gemüse in eine Schüssel umfüllen.
Die Pfanne auswischen und die Eier kräftig verrühren. Die Pfanne auf mittlerer bis hoher Stufe erneut erhitzen. Den zweiten Esslöffel Olivenöl hineingeben und das Omelett zubereiten (siehe Seite 60). Mit der Pilz-Tomaten-Spinat-Mischung füllen, Pinienkerne darüberstreuen, zuklappen und gleich servieren!

NÄHRWERTANALYSE PRO PORTION:
436 Kalorien; 40 g Fett; 14 g Protein; 7 g Kohlenhydrate; 2 g Ballaststoffe; 5 g Nettokohlenhydrate

CURRYLAMM-OMELETT

FÜR 1 PORTION:

50–60 g gebratenes Lammfleisch (Reste)
1 kleine Schalotte, in Stücken
1 EL Mayonnaise (siehe Seite 262)
1 EL Cocoyo (siehe Seite 33) oder 1 EL Mayonnaise)
½ TL Currypulver
1 EL frischer Koriander, gehackt
1 Prise schwarzer Pfeffer, gemahlen
Salz (optional)
½ EL Kokosöl
2 Eier

Die Lammreste in Stücke schneiden und mit der Schalotte in der Küchenmaschine pulsierend fein zerkleinern. Mayonnaise, Cocoyo, Currypulver, Koriander, Pfeffer und Salz unterrühren.
Eine Pfanne auf mittlerer bis hoher Stufe erhitzen, das Kokosöl darin zerlassen. Die Eier kräftig verrühren und das Omelett zubereiten (siehe Seite 60). Zum Füllen die Lammmischung gleichmäßig auf eine Hälfte des Omeletts streichen, Deckel aufsetzen, Hitze herunterschalten und einige Minuten garen lassen. Danach zusammenfalten und nach Belieben mit etwas Mango-Chilisauce servieren.

NÄHRWERTANALYSE PRO PORTION:
403 Kalorien; 35 g Fett; 20 g Protein; 4 g Kohlenhydrate; ein paar Ballaststoffe; 4 g Nettokohlenhydrate

PILZCREME-OMELETT

FÜR 1 PORTION:

1 Schalotte, gehackt
1 Handvoll Champignons, gehackt
1 EL Schweineschmalz
1 EL frische Petersilie, gehackt
Salz
Pfeffer
¼ TL Paprikapulver
2 EL saurer Kokosrahm (siehe Seite 35)
2 Eier

Die Schalotte mit den Pilzen in einem halben Esslöffel Schmalz anbraten, bis die Pilze weich werden.
Petersilie, Gewürze und Kokosrahm unterrühren. Die Pilzmischung in eine Schüssel umfüllen.
Die Pfanne auswischen, die Eier verquirlen und im restlichen Schmalz das Omelett (siehe Seite 60) zubereiten.
Mit den Pilzen füllen.

NÄHRWERTANALYSE PRO PORTION:
364 Kalorien; 32 g Fett; 13 g Protein; 7 g Kohlenhydrate; 1 g Ballaststoffe; 6 g Nettokohlenhydrate

TOMATEN-AVOCADO-OMELETT

FÜR 1 PORTION:
¼ mittelgroße Tomate, fein gewürfelt
½ Avocado, fein gewürfelt
1 EL rote Zwiebel, gewürfelt
½ Knoblauchzehe, zerdrückt
½ TL Limettensaft
1 EL frischer Koriander, gehackt
½ TL Jalapeño, fein gehackt (optional)
2 Eier
½ EL Fett

Tomaten-, Avocado- und Zwiebelwürfel mit Knoblauch, Limettensaft, Koriander und eventuell Jalapeño vermischen.
Die Avocado dabei nicht zerquetschen.
Die Eier verquirlen und im Fett das Omelett zubereiten (siehe Seite 60).
Mit der Mischung füllen.
Schmeckt gut mit Chilisauce oder saurem Kokosrahm (oder beidem).

NÄHRWERTANALYSE PRO PORTION:
364 Kalorien; 31 g Fett; 13 g Protein; 12 g Kohlenhydrate; 3 g Ballaststoffe; 9 g Nettokohlenhydrate

MEXIKO-OMELETT

FÜR 2 PORTIONEN:
1 Avocado
2 EL rote Zwiebel, gewürfelt
1 Knoblauchzehe, zerdrückt
2 TL Limettensaft
Salz
4 Eier
2 Prisen gemahlener Kreuzkümmel
2 Prisen getrockneter Oregano
2 EL Kokosöl oder anderes Fett
50–60 g gegartes Hähnchenfleisch, gewürfelt
4 EL frischer Koriander, fein gehackt

Für die Guacamole die Avocado halbieren und den Kern entnehmen. Das Avocadofleisch mit einem Löffel herausheben und in eine Schüssel geben. Zwiebel, Knoblauch und Limettensaft hinzufügen und mit einer Gabel nicht zu fein zerdrücken. Mit Salz abschmecken.
Auf je zwei Eier beim Verquirlen eine Prise Kreuzkümmel und Oregano geben und im Kokosöl das Omelett (siehe Seite 60) zubereiten. Beim Füllen zuerst das Hähnchenfleisch auflegen, dann die Guacamole daraufstreichen. Einen Esslöffel Koriander darüberstreuen, Deckel aufsetzen und bis zur gewünschten Garstufe stocken lassen. Zusammenklappen, auf einem Teller anrichten,

mit einem zweiten Esslöffel Koriander bestreuen und abdecken, bis das zweite Omelett fertig ist.
Nach Belieben mit Chilisauce abschmecken.

NÄHRWERTANALYSE PRO PORTION:
468 Kalorien; 39 g Fett; 22 g Protein; 10 g Kohlenhydrate; 3 g Ballaststoffe; 7 g Nettokohlenhydrate

INFO

Warum zwei Portionen? Weil sich sonst die andere halbe Avocado im Kühlschrank schwarz ärgert. Wenn niemand mitisst, lässt sich diese Hälfte aber retten: Mit Zitronen- oder Limettensaft bestreichen, in einen Zip-Beutel geben und beim Verschließen die Luft entweichen lassen. So ist sie im Kühlschrank bis zu einem Tag haltbar.

AVOCADO-BACON-OMELETT

FÜR 2 PORTIONEN:
4 Scheiben Bacon (Frühstücksspeck)
1 Avocado
2 EL rote Zwiebel, gewürfelt
1 EL frischer Koriander, gehackt
4 Eier
1 Spritzer Chilisauce

Den Speck in der Pfanne kross anbraten. In der Zwischenzeit die Avocado halbieren, den Kern entnehmen und das Fruchtfleisch in eine Schüssel löffeln.
Mit einer Gabel nicht zu fein zerdrücken und mit Zwiebel und Koriander mischen.
Wenn der Bacon fertig ist, abtropfen lassen und in die Avocadocreme krümeln oder schneiden. Alles verrühren.
Die Eier verquirlen und nach dem Grundrezept Omelett (siehe Seite 60) nacheinander im Baconfett zwei Omeletts backen. Für jedes eine Hälfte der Füllung verwenden und mit Chilisauce abschmecken.

NÄHRWERTANALYSE PRO PORTION:
370 Kalorien; 30 g Fett; 17 g Protein; 9 g Kohlenhydrate; 3 g Ballaststoffe; 6 g Nettokohlenhydrate

AVOCADO-OMELETT

FÜR 1 PORTION:
2 Eier
½ Avocado, in Scheiben
2 TL rote Zwiebel, gewürfelt
½ TL Limettensaft
2 EL frischer Koriander, gehackt (auf Wunsch)
Chilisauce

Eine beschichtete Pfanne erhitzen, die Eier verquirlen und das Omelett (siehe Seite 60) zubereiten.
Eine Hälfte mit Avocadoscheiben und Zwiebelwürfeln belegen. Einen halben Teelöffel Limettensaft über die Avocado

träufeln und mit Koriander bestreuen. Mit Chilisauce abschmecken.

NÄHRWERTANALYSE PRO PORTION:
316 Kalorien; 24 g Fett; 14 g Protein; 16 g Kohlenhydrate; 3 g Ballaststoffe; 13 g Nettokohlenhydrate

HÜHNERLEBER-TOMATEN-OMELETT

FÜR 1 PORTION:
2 EL Schinkenfett oder Schmalz
2 Hühnerlebern, in Stücken
1 Prise getrockneter Thymian
1 Prise gemahlener Rosmarin
2 Eier
⅛ kleine rote Zwiebel, in hauchdünnen Ringen
4 EL Tomaten, fein gewürfelt

Eine Omelettpfanne auf mittlerer bis hoher Stufe erhitzen und einen Esslöffel Fett hineingeben. Die Hühnerlebern darin unter ständigem Rühren anbraten, bis sich die Poren geschlossen haben und kein roter Saft mehr austritt – in der Mitte soll sie aber noch rosa sein. Mit Thymian und Rosmarin würzen und auf einen Teller legen.
Die Pfanne auswischen und erneut gut erhitzen. Das restliche Fett hineingeben, die Eier verrühren und das Omelett zubereiten (siehe Seite 60). Für die Füllung erst die Leber, dann die Zwiebel, dann die Tomate auflegen.

NÄHRWERTANALYSE PRO PORTION:
465 Kalorien; 38 g Fett; 23 g Protein; 7 g Kohlenhydrate; 1 g Ballaststoffe; 6 g Nettokohlenhydrate

RESTE-LAMMLETT

FÜR 2 PORTIONEN:
80–90 g gebratenes Lammfleisch (Reste), in Stücken
2 Frühlingszwiebeln, in Stücken
2 sonnengetrocknete Tomaten in Öl
2 EL Mayonnaise (siehe Seite 262)
1 TL Paleo-Worcestershire-Sauce (siehe Seite 275)
½ TL Zitronensaft
1 kleine Knoblauchzehe, zerdrückt
2 Spritzer Chilisauce
4 Eier
1 EL Schweineschmalz

Die Lammreste mit den Frühlingszwiebeln in der Küchenmaschine mit Messereinsatz pulsierend grob hacken. Alle anderen Zutaten bis zur Chilisauce hinzufügen und zu einer stückigen Paste verarbeiten.
Eine Omelettpfanne erhitzen, die Eier verquirlen und im Schmalz zwei Omeletts (siehe Seite 60) zubereiten. Mit der Lammmischung füllen und servieren.

NÄHRWERTANALYSE PRO PORTION:
392 Kalorien; 34 g Fett; 17 g Protein; 4 g Kohlenhydrate; 1 g Ballaststoffe; 3 g Nettokohlenhydrate

TIPP

Man kann die Füllung auch in Selleriestangen streichen, in Salatblätter rollen oder Tomaten damit füllen.

RÜHREI MIT GRÜNEN BOHNEN UND TOMATEN

FÜR 4 PORTIONEN:

100 g grüne Bohnen, in 1 cm langen Stücken
2 EL Schinkenfett oder Kokosöl
2 mittelgroße Tomaten, gewürfelt
4 Frühlingszwiebeln, in feinen Ringen
10 Eier

Die grünen Bohnen auf hoher Stufe in fünf bis sechs Minuten in der Mikrowelle zart dünsten.
Das Fett in einer großen Pfanne auf mittlerer Stufe zerlassen. Die Bohnen ein bis zwei Minuten darin anbraten. Dann die Tomaten in die Pfanne geben und weiterbraten, bis die Stücke so weich werden, dass man sie mit einer Gabel zerdrücken könnte. Wenn die Tomaten weich sind, die Frühlingszwiebeln unterziehen und maximal zwei Minuten mitbraten.
Die Eier kräftig durchschlagen und in die Pfanne gießen. Unter ständigem Rühren stocken lassen und gleich servieren.

NÄHRWERTANALYSE PRO PORTION:
249 Kalorien; 18 g Fett; 15 g Protein; 7 g Kohlenhydrate; 2 g Ballaststoffe; 5 g Nettokohlenhydrate

RÜHREI MIT MEERRETTICH

FÜR 2 PORTIONEN:

4 etwas dickere Scheiben roher Bacon (Frühstücksspeck)
6 Eier
1 TL Meerrettich

Eine große Pfanne auf mittlerer Stufe erhitzen. Den Bacon mit der Küchenschere über der Pfanne in Stücke schneiden und knusprig anbraten. Parallel dazu die Eier mit dem Meerrettich verrühren.
Sobald der Speck kross ist, aus der Pfanne nehmen und auf einem Teller beiseitestellen.
Das Fett bis auf etwa einen Esslöffel abgießen. Die Eier in die Pfanne gießen und unter Rühren stocken lassen. Kurz vor Erreichen der gewünschten Festigkeit den Bacon hinzufügen und unterziehen.

NÄHRWERTANALYSE PRO PORTION:
450 Kalorien; 39 g Fett; 20 g Protein; 2 g Kohlenhydrate; ein paar Ballaststoffe; 2 g Nettokohlenhydrate

MENEMEN

Ein türkischer Klassiker, der sich unendlich variieren lässt. Die Grundzutaten sind Tomaten, Paprika, Zwiebeln und Eier.

FÜR 1 PORTION:

1 EL Olivenöl
4 EL rote Zwiebel, fein gehackt
1 mittelgroße Tomate, fein gewürfelt
1 Handvoll grüne Paprika, gehackt
1 Knoblauchzehe, zerdrückt
¼ TL gemahlener Kreuzkümmel
¼ TL schwarzer Pfeffer, gemahlen
¼ TL Kurkuma
¼ TL Chiliflocken
¼ TL Salz
3 Eier
1 EL frische Petersilie, gehackt

Das Olivenöl in einer großen Pfanne auf kleiner bis mittlerer Stufe erhitzen. Zwiebel, Tomate und Paprika darin anbraten. Den Knoblauch und die Gewürze hinzugeben. Unter ständigem Rühren garen, bis das Gemüse weich wird und Saft ausschwitzt, so dass eine stückige Sauce entsteht.
Parallel dazu die Eier in einer Schüssel durchschlagen, dann zugießen und rühren, bis sie gerade eben gestockt sind. Die Masse soll cremig bleiben.
Auf einem Teller anrichten und mit Petersilie garnieren.

NÄHRWERTANALYSE PRO PORTION:
388 Kalorien; 28 g Fett; 19 g Protein; 18 g Kohlenhydrate; 4 g Ballaststoffe; 14 g Nettokohlenhydrate

INFO

Statt der eher süßen roten Zwiebel kann man auch eine normale gelbe oder Frühlingszwiebeln nehmen, anstelle der grünen Gemüsepaprika Peperoni oder gelbe Paprika. Auch die Gewürze sind variabel, ob gemahlener Koriander, Ingwer, Zimt oder Kurkuma.

RÜHREI MIT SPINAT UND PILZEN

FÜR 2 PORTIONEN:

2 EL Schinkenfett
1 mittelgroße Zwiebel, fein gehackt
2 Handvoll Champignons, gehackt
6 Eier
4 Handvoll frischer Spinat, geputzt und grob gehackt

Das Fett in einer großen Pfanne auf mittlerer Stufe erhitzen. Zwiebel und Pilze darin anbraten.
In der Zwischenzeit die Eier verquirlen. Sobald die Zwiebeln glasig sind, den Spinat hinzufügen. Alles braten, bis der Spinat zusammenfällt.
Die Eier zugießen, unter Rühren stocken lassen und auf zwei Tellern anrichten.

NÄHRWERTANALYSE PRO PORTION:
346 Kalorien; 27 g Fett; 19 g Protein; 8 g Kohlenhydrate; 2 g Ballaststoffe; 6 g Nettokohlenhydrate

PIKANTE RÜHREIER

Handelsübliche Chipotle-Salsa enthält häufig etwas Zucker. Alternativ schmeckt das Gericht auch mit einem Esslöffel Chipotles in Adobo (siehe Seite 276).

FÜR 2 PORTIONEN:

2 EL Schweineschmalz oder Kokosöl
1 mittelgroße Zwiebel, fein gehackt
1 Handvoll rote Paprika, fein gewürfelt
½ mittelgroße Tomate, fein gewürfelt
6 Eier
2 TL Chipotle-Salsa
1 TL Oregano
½ TL gemahlener Kreuzkümmel
2 Knoblauchzehen, gehackt
1 TL Koriander, gehackt

Das Fett in einer großen Pfanne auf mittlerer Stufe erhitzen und das Gemüse darin anbraten.
In der Zwischenzeit die Eier mit der Chipotle-Salsa, den Gewürzen und dem Knoblauch verrühren.
Sobald das Gemüse weich ist, die Eier dazugießen und rühren, bis die Masse stockt. Mit Koriander bestreut servieren.

NÄHRWERTANALYSE PRO PORTION:
353 Kalorien; 26 g Fett; 18 g Protein; 11 g Kohlenhydrate; 2 g Ballaststoffe; 9 g Nettokohlenhydrate

KUNTERBUNTE RÜHREIER

FÜR 2 PORTIONEN:

1 EL Fett
4 Pilze, gehackt
½ rote Paprika, gehackt
2 Frühlingszwiebeln, in feinen Ringen
6 Eier
6 EL ungesüßte Kokosmilch
1 EL Senf

Das Fett in einer Pfanne auf mittlerer Stufe zerlassen und das Gemüse darin anbraten.
Währenddessen die Eier mit der Kokosmilch und dem Senf verrühren.
Sobald das Gemüse weich ist, die Eier zugießen und rühren, bis die Masse stockt. Heiß servieren.

NÄHRWERTANALYSE PRO PORTION:
367 Kalorien; 29 g Fett; 19 g Protein; 8 g Kohlenhydrate; 1 g Ballaststoffe; 7 g Nettokohlenhydrate

FRÜHSTÜCK FÜR STRESSIGE TAGE

FÜR 2 PORTIONEN:
6 Scheiben Bacon (Frühstücksspeck)
1 mittelgroße Karotte, geschält und fein gewürfelt
1 mittelgroße Zwiebel, fein gehackt
½ grüne oder rote Paprika, gehackt
6 Eier

Die Pfanne auf kleiner bis mittlerer Stufe erhitzen und den Bacon mit der Küchenschere hineinschneiden.
Während der Bacon bräunt, die Karotte in eine mikrowellenfeste Schüssel geben, ein bis zwei Teelöffel Wasser hinzufügen und mit einem Tellerchen abdecken.
Auf hoher Stufe drei Minuten in der Mikrowelle garen.
Den Bacon dabei immer im Blick behalten und beim Wenden die Stückchen voneinander trennen. Sobald er knusprig ist, herausnehmen und auf einem Teller beiseitestellen.
Die Zwiebel und die Paprika mit der vorgegarten Karotte in die Pfanne geben.
Auf mittlerer Stufe anbraten, bis das Gemüse angebräunt ist.
Die Eier verquirlen. Den Bacon zum Gemüse geben, die Eier darübergießen und alles unter Rühren garen, bis die Eier fest genug sind. Auf zwei Tellern anrichten.

NÄHRWERTANALYSE PRO PORTION:
346 Kalorien; 23 g Fett; 23 g Protein; 11 g Kohlenhydrate; 2 g Ballaststoffe; 9 g Nettokohlenhydrate

RÜHREIER MIT LAUCH UND GARNELEN

FÜR 1 PORTION:
2 EL Olivenöl
½ Stange Lauch (nur das Weiße), in dünnen Scheiben
140 g Garnelen, geschält
2 Eier
2 EL ungesüßte Kokosmilch
1 kleine Knoblauchzehe, gehackt
1 Spritzer Chilisauce (am besten Lousiana Style)
1 Spritzer flüssiges Umami (auf Wunsch)

Das Olivenöl in einer mittelgroßen Pfanne auf kleiner bis mittlerer Stufe erwärmen und den Lauch darin anbraten. Rohe Garnelen dazugeben, sobald der Lauch weich wird. Vorgegarte Garnelen zunächst noch liegen lassen.
In der Zwischenzeit die Eier mit Kokosmilch, Knoblauch, Chilisauce und eventuell Umami verrühren.
Vorgegarte Garnelen erst hinzufügen, wenn der Lauch richtig weich ist, und kurz miterhitzen. Bei rohen Garnelen bitte abwarten, bis sie fest und pinkrosa sind.
Die Eier dazugießen und auf niedriger Stufe unter langsamem Rühren allmählich stocken lassen. Das Gericht ist perfekt, wenn die Eier noch etwas feucht sind.

NÄHRWERTANALYSE PRO PORTION:
607 Kalorien; 44 g Fett; 41 g Protein; 10 g Kohlenhydrate; 1 g Ballaststoffe; 9 g Nettokohlenhydrate

CREMIGE KOKOSEIER

FÜR 1 PORTION:

3 Eier
4 EL ungesüßte Kokosmilch
2 TL Fett

Eine beschichtete Pfanne auf kleiner bis mittlerer Stufe erhitzen.
Die Eier in eine Schüssel aufschlagen, Kokosmilch hinzugeben und 30 bis 60 Sekunden lang kräftig durchschlagen.
Das Fett in der heißen Pfanne schmelzen, die Pfanne damit ausschwenken und die Eier zugießen. Langsam rühren, bis sie gerade eben gestockt und noch nicht zu trocken sind. Heiß servieren.

NÄHRWERTANALYSE PRO PORTION:
385 Kalorien; 34 g Fett; 18 g Protein; 3 g Kohlenhydrate; 0 g Ballaststoffe; 3 g Nettokohlenhydrate

GRÜNE EIER

FÜR 1 PORTION:

½ EL Kokosöl oder Schmalz
2 Frühlingszwiebeln, in feinen Ringen
3 Eier
3 EL ungesüßte Kokosmilch
½ TL frischer Dill, gehackt

Eine Pfanne auf kleiner Stufe erhitzen, Fett hinzugeben und die Frühlingszwiebeln darin anbraten.
Die Eier in eine Schüssel aufschlagen, Kokosmilch und Dill hinzufügen und kräftig verrühren.
Alles über die Frühlingszwiebeln gießen und unter langsamem Rühren nicht zu fest stocken lassen. Heiß servieren.

NÄHRWERTANALYSE PRO PORTION:
348 Kalorien; 29 g Fett; 18 g Protein; 5 g Kohlenhydrate; 1 g Ballaststoffe; 4 g Nettokohlenhydrate

RÜHREI PROVENÇALE

FÜR 2 PORTIONEN:

1 EL Fett
1 mittelgroße Zwiebel, fein gehackt
1 mittelgroße Tomate, gewürfelt
½ grüne Paprika, gewürfelt
1 kleine scharfe Peperoni, gehackt
6 Eier
1 Knoblauchzehe, zerdrückt
1 TL gemahlener Kreuzkümmel
½ TL gemahlener Koriander
1 TL getrockneter Oregano
Chilisauce (optional)

Das Fett in einer großen Pfanne auf kleiner bis mittlerer Stufe erhitzen und die Zwiebel darin anbraten.
Tomate, Paprika und Peperoni zu der Zwiebel in die Pfanne geben. Wegen der Peperoni die Hände gründlich mit Seife waschen.
Die Eier mit den Gewürzen verrühren. Sobald das Gemüse weich, aber noch bissfest ist, die Eier dazugießen und rühren, bis die Masse gut gestockt ist. Auf Wunsch bei Tisch mit Chilisauce würzen und sofort servieren.

NÄHRWERTANALYSE PRO PORTION:
309 Kalorien; 20 g Fett; 19 g Protein; 14 g Kohlenhydrate; 3 g Ballaststoffe; 11 g Nettokohlenhydrate

SRI-LANKA-EIER

FÜR 2 PORTIONEN:
2 EL Kokosöl
½ rote Zwiebel, in Ringen
1 kleine Tomate, fein gewürfelt
½ TL Kreuzkümmel
½ TL gemahlener Koriander
2 Prisen Cayennepfeffer (auf Wunsch)
½ TL Kurkuma
2 TL Currypulver
2 Knoblauchzehen, zerdrückt
6 Eier
6 EL ungesüßte Kokosmilch

Das Kokosöl in einer großen Pfanne auf kleiner bis mittlerer Stufe erhitzen. Zwiebel und Tomate darin anbraten. Sobald das Gemüse weich ist, die Gewürze und den Knoblauch unterziehen.
Die Hitze auf kleinste Stufe stellen und die Eier mit der Kokosmilch verrühren. In die Pfanne gießen, rühren, bis das Ei gestockt ist, und anrichten.

NÄHRWERTANALYSE PRO PORTION:
441 Kalorien; 36 g Fett; 19 g Protein; 12 g Kohlenhydrate; 2 g Ballaststoffe; 10 g Nettokohlenhydrate

MACHACA-EIER

»Huevos con machaca« sind ein traditionelles Gericht aus Mexiko mit getrocknetem und dann extrem zart gekochtem Rindfleisch. Hier meine Variante.

FÜR 3 PORTIONEN:
1 EL Schweineschmalz
1 mittelgroße Tomate, fein gewürfelt
½ Zwiebel, fein gewürfelt
1 Jalapeño, entkernt und gehackt
6 Eier
110 g knusprige Rinderfetzen (siehe Seite 208)
2 EL frischer Koriander, gehackt
1 Avocado, entkernt und in Schnitzen

Das Schmalz in einer großen Pfanne auf mittlerer Stufe erhitzen. Tomate, Zwiebel und Jalapeño darin anbraten. Wegen der Jalapeño die Hände danach gründlich mit Seife waschen.
Die Eier verrühren.
Wenn das Gemüse weich ist, Eier und Fleisch in die Pfanne geben und rühren, bis die Masse die gewünschte Konsistenz hat.
Auf drei Tellern anrichten und mit Koriander und Avocado garnieren.

NÄHRWERTANALYSE PRO PORTION:
529 Kalorien; 42 g Fett; 28 g Protein; 11 g Kohlenhydrate; 3 g Ballaststoffe; 8 g Nettokohlenhydrate

FU-YONG-EIER

Wenn noch Fleischreste im Kühlschrank sind – würfeln, dazugeben und als Hauptmahlzeit verzehren.

FÜR 1 PORTION:

4 Eier
2 TL Coconut Aminos (siehe Seite 17)
½ TL Ingwer, frisch gerieben
1 TL trockener Sherry
1 EL Kokosöl
1 Handvoll Weißkohl, geraspelt
3 Frühlingszwiebeln, in feinen Ringen
2–3 Champignons, gehackt
1 Handvoll Bohnensprossen

Die Eier in eine Schüssel aufschlagen und mit Coconut Aminos, Ingwer und Sherry verrühren. Beiseitestellen.
Pfanne oder Wok auf höchster Stufe vorheizen, das Kokosöl hineingeben. Sobald es heiß ist, Gemüse hinzufügen und unter Rühren bissfest anbraten.
Die traditionelle Methode im Wok geht so: Das gebratene Gemüse und die Eier in einer großen Schüssel verrühren, in den Wok zurückgeben und kellenweise garen. In der Pfanne ist es einfacher, das Gemüse gleichmäßig zu verteilen, die Eier darüberzugießen und eine Minute garen zu lassen. Danach den Rand der Eimasse anheben, damit das rohe Ei darunterlaufen kann. Auf einem Teller anrichten.

NÄHRWERTANALYSE PRO PORTION:
439 Kalorien; 32 g Fett; 25 g Protein; 13 g Kohlenhydrate; 3 g Ballaststoffe; 10 g Nettokohlenhydrate

SPARGEL-SHIITAKE-FRITTATA

FÜR 4 PORTIONEN:

1 Spargel-Shiitake-Hähnchenpfanne (siehe Seite 178)
9 Eier
1 TL getrockneter Thymian

Die Spargel-Shiitake-Hähnchenpfanne zubereiten, aber die Coconut Aminos streichen.
Die Eier mit dem Thymian verrühren. Sobald der Spargel zart und das Fleisch nicht mehr rosa ist, die Eier hineingießen und rühren, bis sich ein Teil am Boden abgesetzt hat. Alles glatt streichen, Hitzezufuhr drosseln und Deckel aufsetzen.
Nach fünf Minuten prüfen. Wenn die Oberfläche fest ist, ist die Frittata fertig. Gleich servieren.

NÄHRWERTANALYSE PRO PORTION:
355 Kalorien; 15 g Fett; 29 g Protein; 29 g Kohlenhydrate; 5 g Ballaststoffe; 24 g Nettokohlenhydrate

TIPP

Das Gericht schmeckt auch mit Champignons oder anderen Pilzen, die deutlich weniger Kohlenhydrate als Shiitake liefern.

CAJUN-EIER

FÜR 1 PORTION:
1 EL Olivenöl
2 EL Zwiebel, gewürfelt
1 kleine Knoblauchzehe, zerdrückt
1 kleine Tomate, fein gewürfelt
¼ grüne Paprika, gewürfelt
1 TL Cajungewürz (siehe Seite 269)
1 TL getrocknetes Basilikum
1 TL Chilisauce
3 Eier

Das Olivenöl in einer Pfanne auf kleiner Stufe erwärmen. Zwiebel und Knoblauch langsam darin anbraten, dann Tomate und Paprika zugeben und mit Cajungewürz, Basilikum und Chilisauce würzen. Das Gemüse in etwa fünf Minuten nicht zu weich garen.
Die Eier in die Pfanne aufschlagen, Deckel aufsetzen und rund fünf Minuten bis zum gewünschten Grad garen lassen. Zum Anrichten den Pfanneninhalt vorsichtig auf einen Teller gleiten lassen.

NÄHRWERTANALYSE PRO PORTION:
373 Kalorien; 27 g Fett; 19 g Protein; 15 g Kohlenhydrate; 3 g Ballaststoffe; 12 g Nettokohlenhydrate

EIER IN SENFSAUCE

FÜR 1 PORTION:
½ EL Kokosöl
2 EL Zwiebel, gewürfelt
1 Knoblauchzehe, zerdrückt
1 kleine Tomate, gewürfelt
1 EL grüne Chili, fein gehackt, oder etwas Chilisauce
4 EL ungesüßte Kokosmilch
1 EL Senf
3 Eier

Das Kokosöl in einer Pfanne auf kleiner bis mittlerer Stufe erhitzen. Zwiebel, Knoblauch, Tomate und Chili darin anbraten.
Sobald das Gemüse weich ist, Kokosmilch und Senf unterrühren. Falls keine Chili zur Hand war, jetzt mit etwas Chilisauce würzen. Die Sauce kurz aufkochen, damit sie etwas andickt.
Die Eier in die Sauce aufschlagen, Hitzezufuhr auf kleine Stufe stellen, Deckel aufsetzen und etwa fünf Minuten in der Sauce pochieren. Die Eier mit einem Schlitzlöffel auf einen Teller umsetzen und mit der Sauce anrichten.

NÄHRWERTANALYSE PRO PORTION:
422 Kalorien; 34 g Fett; 20 g Protein; 13 g Kohlenhydrate; 2 g Ballaststoffe; 11 g Nettokohlenhydrate

EIER IN CHAMPIGNONS

FÜR 4 PORTIONEN:
4 EL Olivenöl
2 Knoblauchzehen, zerdrückt
4 große Kappen von braunen Champignons
4 Frühlingszwiebeln, in feinen Ringen
4 Eier

Den Ofen auf 180 °C vorheizen (Gas Stufe 4).
Das Olivenöl in eine Tasse abmessen und den Knoblauch hineindrücken.
Die Pilzköpfe mit einem Messer oder einem Löffel aushöhlen und rundherum mit dem Knoblauchöl einpinseln. Mit der ausgehöhlten Seite nach oben auf ein Backblech setzen und in den Ofen schieben.
Nach zehn Minuten das Blech herausholen und jeden Pilz mit den Ringen einer Frühlingszwiebel bestreuen. Mit einem Löffel etwas Knoblauch aus dem Knoblauchöl entnehmen und auch diesen auf die Pilze verteilen.
In jede Pilzkappe ein Ei aufschlagen.
Im Ofen weitere zehn bis 15 Minuten backen, bis die gewünschte Garstufe erreicht ist. Ich persönlich bevorzuge das Eiweiß fest und das Eigelb flüssig. Mit einem großen Löffel auf Teller setzen und servieren.

NÄHRWERTANALYSE PRO PORTION:
223 Kalorien; 18 g Fett; 8 g Protein; 8 g Kohlenhydrate; 2 g Ballaststoffe; 6 g Nettokohlenhydrate

ÖTZI-EIER

FÜR 4 PORTIONEN:
4 große Champignonkappen
2 EL Baconfett
4 Scheiben Bacon (Frühstücksspeck)
4 Eier
1 Portion Steinzeit-Hollandaise (siehe Seite 263)
1 TL Petersilie, gehackt

Den Ofen auf 180 °C vorheizen (Gas Stufe 4).
Die Pilzköpfe mit einem Messer oder einem Löffel aushöhlen.
Das Fett in einer Pfanne zerlassen und die Pilzkappen rundherum damit bepinseln. Mit der Unterseite nach oben auf ein Backblech setzen.
Den Bacon mit der Küchenschere über den Kappen in Stücke schneiden, und die Stücke gleichmäßig auf die Pilze verteilen.
Die Pilzkappen zehn bis 15 Minuten im Ofen backen. Nach der Hälfte der Backzeit die Flüssigkeit, die sich in den Pilzen ansammelt, abgießen, damit der Bacon besser garen kann.
Sobald der Bacon fertig, wenn auch nicht unbedingt kross ist, in jede Pilzkappe ein Ei aufschlagen. Die gefüllten Pilze in den Ofen zurückschieben und weitere zehn bis 15 Minuten garen.
Währenddessen die Steinzeit-Hollandaise zubereiten.
Jeweils einen Pilz auf einem Teller anrichten und mit einigen Löffeln Hollandaise beträufeln. Mit Petersilie bestreuen.

NÄHRWERTANALYSE PRO PORTION:
238 Kalorien; 18 g Fett; 12 g Protein;
7 g Kohlenhydrate; 2 g Ballaststoffe;
5 g Nettokohlenhydrate

CHAMPIGNONS MIT GUACAMOLE UND EI

FÜR 6 PORTIONEN:
3 EL Baconfett oder anderes Fett
6 große Champignonkappen (10 cm Durchmesser)
2 EL Essig
1 Rezept Guacamole (siehe Seite 53)
6 sehr frische Eier
1 mittelgroße Tomate, fein gewürfelt
2 EL frischer Koriander, gehackt (auf Wunsch)

Den Ofen auf 180 °C vorheizen (Gas Stufe 4).
Das Fett in einer Pfanne zerlassen.
Die Pilzköpfe mit einem Messer oder einem Löffel aushöhlen und rundherum mit dem Fett bepinseln, dann mit der Unterseite nach oben auf ein Backblech setzen. Für zehn Minuten in den Ofen schieben.
Einen großen Topf fünf Zentimeter hoch mit Wasser füllen, Essig hinzugeben und erhitzen. Das Wasser soll gerade eben sieden, nicht kochen.
In der Zwischenzeit die Guacamole zubereiten.
Nach Ablauf der Backzeit die Pilze aus dem Ofen nehmen.
Die Eier nacheinander in eine Tasse aufschlagen und vorsichtig in das siedende Wasser gießen. (Eier aussortieren, bei denen das Eigelb zerlaufen ist.) Während des Pochierens die Pilze auf sechs Teller setzen und mit etwas Guacamole füllen. In der Mitte soll jeweils eine Mulde für ein Ei bleiben.
Sobald die Eier die gewünschte Garstufe erreicht haben, vorsichtig entnehmen und eines auf je einen Pilz setzen. Mit Tomatenwürfeln bestreuen und auf Wunsch mit Koriander garnieren.

NÄHRWERTANALYSE PRO PORTION:
272 Kalorien; 22 g Fett; 10 g Protein;
13 g Kohlenhydrate; 4 g Ballaststoffe;
9 g Nettokohlenhydrate

EIER AUF MEDITERRANEM GEMÜSE

FÜR 1 PORTION:
2 EL Olivenöl
2 EL Zwiebel, gewürfelt
2 EL grüne Paprika, gehackt
2 sonnengetrocknete Tomaten in Öl, gehackt
1 Artischockenherz aus dem Glas, abgetropft und in Scheiben
1 Knoblauchzehe, zerdrückt
1 TL getrockneter Oregano
3 Eier

Einen Esslöffel Öl in einer Pfanne auf mittlerer Stufe erhitzen und Gemüse samt Knoblauch darin anschwitzen. Mit Oregano würzen. Sobald die Zwiebelwürfel glasig sind und die Paprika weich ist, das Gemüse auf einen Teller geben.

Die Pfanne wieder auf den Herd setzen, den zweiten Esslöffel Öl hineingeben und die Eier in die Pfanne schlagen. Deckel aufsetzen und fünf Minuten garen lassen, bis das Eiweiß fest, das Eigelb aber noch flüssig ist. (Der Deckel reflektiert die Hitze, so dass man die Eier nicht wenden muss, um das Eiweiß auch von der Oberseite zu garen.)
Die Eier auf dem Gemüsebett anrichten und servieren.

NÄHRWERTANALYSE PRO PORTION:
513 Kalorien; 41 g Fett; 21 g Protein; 19 g Kohlenhydrate; 7 g Ballaststoffe; 12 g Nettokohlenhydrate

EIER MIT CURRYSAUCE

FÜR 2 PORTIONEN:
6 hartgekochte Eier, halbiert
2 EL Mandelblättchen
1 EL Kokosöl
1 TL Kurkuma
2 Knoblauchzehen, zerdrückt
1 TL Chilipulver
¼ Limette
125 ml Cocoyo (siehe Seite 33)
1 EL konzentrierte Hühnerbrühe (siehe Seite 32)
1 EL frischer Koriander, gehackt

Wenn die Eier frisch aus dem Kühlschrank kommen, etwas anwärmen, beispielsweise 90 Sekunden in der Mikrowelle (Stufe 3). Je sechs Hälften strahlenförmig auf zwei Teller setzen.
Eine beschichtete Pfanne auf mittlerer Stufe erhitzen und die Mandelblättchen darin goldbraun anrösten. Auf einem Teller beiseitestellen.
Die Hitze auf kleinste Stufe stellen.
Das Kokosöl schmelzen, Kurkuma, Knoblauch und Chilipulver hinzugeben und kurz anrösten. Den Limettensaft hineindrücken und Cocoyo und konzentrierte Hühnerbrühe einrühren. Auf sehr kleiner Stufe unter Rühren einige Minuten köcheln lassen.
Die Sauce sollte eine goldbraune Farbe haben, bevor sie über die Eier gelöffelt wird. Mit Mandelblättchen und Koriander garnieren.

NÄHRWERTANALYSE PRO PORTION:
734 Kalorien; 68 g Fett; 25 g Protein; 12 g Kohlenhydrate; 1 g Ballaststoffe; 11 g Nettokohlenhydrate

PILZE STROGANOFF MIT EI

FÜR 4 PORTIONEN:
1 Blumenkohlreis (siehe Seite 90)
4 EL Kokosöl oder Baconfett
4 Scheiben Bacon (Frühstücksspeck)
450 g Champignons, in Scheiben
1 mittelgroße Zwiebel, fein gehackt
4 Knoblauchzehen, geschält
8 TL Paleo-Worcestershire-Sauce (siehe Seite 275)
250 ml Cocoyo (siehe Seite 33)
4 EL frische Petersilie, gehackt
Salz
Pfeffer
8 hartgekochte Eier

Den Blumenkohlreis zubereiten.
Das Fett in einer großen Pfanne auf mittlerer Stufe zerlassen und den Speck hineinschneiden. Den Speck schön kross braten, dann auf einem Teller beiseitestellen.
Pilze und Zwiebeln in die Pfanne geben und im Baconfett anbraten. (Bei Bedarf noch etwas Kokosöl oder Baconfett ergänzen.)
Wenn die Pilze ihre Farbe verändern und die Zwiebel glasig ist, Knoblauch, Worcestershire-Sauce und Cocoyo einrühren. Auf sehr kleiner Stufe leicht andicken lassen. Petersilie unterrühren und mit Salz und Pfeffer abschmecken. Zwischendurch die Eier pellen.
Zum Anrichten auf vier Tellern ein Nest aus Blumenkohlreis setzen. Je zwei hartgekochte Eier aufschneiden und darauf arrangieren. Die Pilzmischung darüberlöffeln und mit Speckstückchen bestreuen.

NÄHRWERTANALYSE PRO PORTION:
495 Kalorien; 40 g Fett; 20 g Protein; 18 g Kohlenhydrate; 4 g Ballaststoffe; 14 g Nettokohlenhydrate

EI AUS DER MIKROWELLE

FÜR 1 PORTION:
3 EL Pilze, gehackt
1 EL Zwiebel, gewürfelt
1 TL Fett
Salz
Pfeffer
1 Ei
1 TL ungesüßte Kokosmilch

Pilze, Zwiebelwürfel und Fett in ein kleines, mikrowellenfestes Gefäß geben, beispielsweise ein Souffléförmchen. Nach Geschmack salzen und pfeffern. Auf hoher Stufe eine Minute in der Mikrowelle garen. Umrühren und weitere 30 Sekunden garen.
Jetzt das Ei aufschlagen, darübergeben und das Eigelb mit einem spitzen Messer leicht anstechen. Die Kokosmilch über das Eiweiß löffeln.
Locker mit Küchenkrepp abdecken und noch eine bis eineinhalb Minuten in der Mikrowelle garen. In der Form servieren.

NÄHRWERTANALYSE PRO PORTION:
120 Kalorien; 10 g Fett; 6 g Protein; 2 g Kohlenhydrate; ein paar Ballaststoffe; 2 g Nettokohlenhydrate

PINK-GRÜNE EIER

FÜR 1 PORTION:

1 EL Olivenöl
4 Handvoll Mangold, geputzt und in dünnen Streifen
¼ Zwiebel, fein gewürfelt
1 Knoblauchzehe, zerdrückt
1 Prise Chiliflocken
Saft von ¼ Zitrone
3 Eier

Das Olivenöl in einer großen Pfanne auf mittlerer bis hoher Stufe erhitzen. Mangold und Zwiebel unter Rühren etwa fünf Minuten darin anbraten, bis der Mangold zusammenfällt und die Zwiebel glasig ist. Dann Knoblauch und Chiliflocken unterrühren und mit Zitronensaft beträufeln. Alles gut verrühren.
Die Eier aufschlagen und direkt auf den Mangold geben. Deckel aufsetzen, die Hitzezufuhr auf kleine Stufe schalten und garen, bis das Eiweiß fest, das Eigelb aber in der Mitte noch weich ist. Auf einem Teller anrichten.

NÄHRWERTANALYSE PRO PORTION:
343 Kalorien; 27 g Fett; 18 g Protein; 8 g Kohlenhydrate; 2 g Ballaststoffe; 6 g Nettokohlenhydrate

POCHIERTE EIER AUF HÜHNERLEBER

FÜR 1 PORTION:

2 sehr frische Eier
1 Scheibe Bacon (Frühstücksspeck)
¼ kleine Zwiebel, in feinen Ringen
55 g Champignons, in dünnen Scheiben
1 Hühnerleber, in mundgerechten Stücken
Salz
Pfeffer

Einen kleinen Topf dreieinhalb Zentimeter hoch mit Wasser füllen und auf mittlerer bis hoher Stufe erhitzen. Auf einer zweiten Platte eine beschichtete Pfanne auf mittlerer Stufe erhitzen. Die Eier in zwei Tassen aufschlagen und am Herd bereitstellen.
Den Bacon mit der Küchenschere über der Pfanne in Stücke schneiden und unter gelegentlichem Rühren garen. Dann auf einem Teller beiseitestellen. Zwiebelringe und Pilze in die Pfanne geben und weich braten. Die Zwiebeln sollen glasig sein, die Pilze dunkel. Inzwischen müsste auch das Wasser kochen. So weit herunterregulieren, dass es gerade noch siedet. Die Eier ins Wasser gleiten lassen.
Die Hühnerleber in die Pfanne geben. Unter Rühren braten, bis kein Saft mehr austritt, sie in der Mitte aber noch rosa ist. Speck unterrühren, mit Salz und Pfeffer würzen, alles auf einem Teller anrichten und warmhalten, bis die Eier pochiert sind. Dann die Eier herausheben und auf das Gemüse mit der Leber setzen.

NÄHRWERTANALYSE PRO PORTION:
232 Kalorien; 13 g Fett; 20 g Protein; 7 g Kohlenhydrate; 1 g Ballaststoffe; 6 g Nettokohlenhydrate

PILZPFANNE MIT EI

FÜR 1 PORTION:

½ EL Olivenöl
½ Tomate, gewürfelt
1 Handvoll Champignons, gehackt
1 EL Zwiebel, gewürfelt
150 g Artischockenherzen (frisch, aus der Dose, TK), gehackt
1 Knoblauchzehe, gehackt
3 Eier

Eine nicht zu große Pfanne auf mittlerer Stufe erhitzen. Das Olivenöl sowie Tomate, Pilze und Zwiebelwürfel hinzugeben. Alles anbraten, bis die Pilze weich werden und ihre Farbe verändern, dann die Artischocken und den Knoblauch hinzugeben. Noch etwas garen, damit sich die verschiedenen Geschmacksnoten verbinden können. Dann das Gemüse gleichmäßig in der Pfanne verteilen und die Eier darüber aufschlagen. Deckel aufsetzen, auf kleine Stufe schalten und die Eier bis zum gewünschten Grad garen lassen. Heiß servieren.

NÄHRWERTANALYSE PRO PORTION:
325 Kalorien; 20 g Fett; 21 g Protein; 17 g Kohlenhydrate; 6 g Ballaststoffe; 11 g Nettokohlenhydrate

MÜSLI, KEKSE UND PFANNKUCHEN

Dieses Kapitel fällt kurz aus, weil wir uns bei der Paleo-Ernährung ganz auf tierische Nahrungsmittel und Gemüse konzentrieren. Es geht also nicht um Alternativrezepte für Muffins, Müsli und dergleichen. Dennoch ist die hier vorgestellte Sammlung lecker und weitaus gesünder als alles, was es zu kaufen gibt.

SONNENBLUMENCRACKER

FÜR 30 PORTIONEN:

150 g Sonnenblumenkerne
½ TL Salz
1 Prise Backpulver
Salz

Den Ofen auf 180 °C vorheizen (Gas Stufe 4).
Die Sonnenblumenkerne mit Salz und Backpulver in der Küchenmaschine mit Messereinsatz fein zerkleinern. Drei Esslöffel Wasser bei laufendem Betrieb hinzugießen. Es soll ein weicher, klebriger Teig entstehen.
Ein Backblech mit Backpapier auslegen. Die Hälfte des Teigs auf die Mitte des Backblechs setzen. Ein zweites Stück Backpapier darauflegen und mit einem Nudelholz so dünn wie irgend möglich ausrollen. Der Teig soll dabei gleichmäßig bleiben und keine Löcher aufweisen. Das obere Blatt Papier vorsichtig abziehen und den Teig mit einem scharfen Messer mit glatter Schneide oder einem Pizzaroller in Quadrate oder Rauten von etwa drei Zentimeter Durchmesser schneiden. Mit einem zweiten Blech und der anderen Hälfte des Teigs wiederholen.
Die Cracker in den Ofen schieben und nach zwölf Minuten Backzeit prüfen. Auf Wunsch bis zu fünf Minuten länger backen, bis sie goldbraun sind.
Aus dem Ofen nehmen, auseinanderbrechen und auf einem Kuchengitter auskühlen lassen. Luftdicht verschlossen aufbewahren.

NÄHRWERTANALYSE PRO PORTION:
27 Kalorien; 2 g Fett; 1 g Protein; 1 g Kohlenhydrate; 1 g Ballaststoffe; 0 g Nettokohlenhydrate

UMAMI-CRACKER

FÜR 30 PORTIONEN:

Sonnenblumencracker (siehe Seite 80)
2 TL Paleo-Umamigewürz (siehe Seite 270)

Den Teig wie im Rezept für Sonnenblumencracker herstellen, ausrollen und backen, aber beim Zerkleinern der Kerne das Umamigewürz hinzufügen.

NÄHRWERTANALYSE PRO PORTION:
31 Kalorien; 2 g Fett; 1 g Protein; 2 g Kohlenhydrate; 1 g Ballaststoffe; 1 g Nettokohlenhydrate

TOMATENCRACKER

FÜR 30 PORTIONEN:

2 sonnengetrocknete Tomaten, halbiert
Sonnenblumencracker (siehe Seite 80)

Die sonnengetrockneten Tomaten in einer kleinen Schüssel mit drei Esslöffeln kochendem Wasser übergießen und etwa 15 Minuten einweichen lassen. Die Cracker wie im Rezept für Sonnenblumencracker herstellen, aber die eingeweichten Tomaten mit dem Einweichwasser hinzufügen. Das Messer so lange laufen lassen, bis die Tomaten gut untergearbeitet sind.

Wie Sonnenblumencracker ausrollen und backen.

NÄHRWERTANALYSE PRO PORTION:
28 Kalorien; 2 g Fett; 1 g Protein;
1 g Kohlenhydrate; 1 g Ballaststoffe;
0 g Nettokohlenhydrate

EIER-WRAPS

FÜR 6 PORTIONEN:
5 Eier
2 EL gemahlene Mandeln
1 EL Kokosmehl
¼ TL Salz

Alle Zutaten in der Küchenmaschine gleichmäßig zerkleinern.
Eine schwere, beschichtete Pfanne auf mittlerer bis hoher Stufe erhitzen. So viel Teig hineingießen, dass ein etwa zehn Zentimeter großer Kreis entsteht. Mit einem Teigverteiler für Crêpes den Teig in der Pfanne auf etwa die doppelte Größe verstreichen. Er soll möglichst dünn sein, aber nicht reißen.
Deckel aufsetzen, drei Minuten garen lassen. Die Ränder sollten sich am Pfannenrand leicht nach oben wölben. Den Wrap mit einem Pfannenheber vorsichtig vom Pfannenboden lösen, wenden und noch ein paar Minuten garen. Auf einen Teller heben und so lange wiederholen, bis der Teig ausgeht. Nach dem Abkühlen in einem Frischhaltebeutel im Kühlschrank aufbewahren und bei Bedarf mit Thunfischsalat, Eiersalat oder Gyros füllen.

NÄHRWERTANALYSE PRO PORTION:
77 Kalorien; 4 g Fett; 6 g Protein;
3 g Kohlenhydrate; 1 g Ballaststoffe;
2 g Nettokohlenhydrate

PALEOMÜSLI MIT ZIMT UND HONIG

Schmeckt mit Kokosmilch, Mandelmilch oder allem, was Sie sonst gern zu Müsli essen.

FÜR 16 PORTIONEN:
100 g gemahlener Leinsamen
160 g geraspeltes Kokosfleisch
4 EL Sesamsamen (auf Wunsch)
½ TL Salz
1 TL gemahlener Zimt
125 ml Kokosöl, zerlassen
80 ml Honig (Menge nach Geschmack)
220 g Pekannüsse, gehackt
1 Handvoll Sonnenblumenkerne
1 Handvoll Walnüsse, gehackt
1 Handvoll Kürbiskerne, geschält
1 Handvoll Mandelblättchen

Den Ofen auf 120 °C vorheizen (Gas Stufe 1/2).
Leinsamen, Kokosraspel, Sesamsamen, Salz und Zimt in eine große Schüssel geben und gleichmäßig verrühren.
125 Milliliter Wasser, Kokosöl und Honig gründlich durchschlagen. Über die trockenen Zutaten gießen und mit dem Schneebesen oder dem Handrührgerät gleichmäßig verrühren.
Ein Backblech mit Backpapier auslegen und die Mischung darauf ausgießen.

Gleichmäßig festdrücken, in den Ofen schieben und eine Stunde backen.
Das Backblech aus dem Ofen holen und die Masse mit einem Pizzaroller in zwei Zentimeter große Stücke teilen.
Die Stücke vom Blech lösen und mehrfach wenden. Dabei zerkrümeln sie und lassen sich in kleinere Stücke brechen. Beiseitestellen.
Die Nüsse und Samen auf dem Backblech in den Ofen schieben, nach 20 Minuten alles gründlich wenden und das Blech erneut in den Ofen schieben. So lange wiederholen, bis die Nüsse und Samen geröstet sind. Aus dem Ofen holen, abkühlen lassen und in einem fest verschlossenen Behälter aufbewahren.

NÄHRWERTANALYSE PRO PORTION:
396 Kalorien; 35 g Fett; 10 g Protein; 18 g Kohlenhydrate; 8 g Ballaststoffe; 10 g Nettokohlenhydrate

PALEOMÜSLI MIT VANILLE

FÜR 16 PORTIONEN:
Paleomüsli mit Zimt und Honig (siehe Seite 81)
2 TL Vanille
80 ml Ahornsirup (Menge nach Geschmack)

Alles wie im Rezept Paleomüsli mit Zimt und Honig zubereiten, lediglich den Honig durch Ahornsirup ersetzen.

NÄHRWERTANALYSE PRO PORTION:
394 Kalorien; 35 g Fett; 10 g Protein; 17 g Kohlenhydrate; 8 g Ballaststoffe; 9 g Nettokohlenhydrate

STEINZEITBREI

FÜR 1 PORTION:
1½ EL gemahlene Mandeln
1½ EL geraspeltes Kokosfleisch
1 EL gemahlener Leinsamen
1 TL Chiasamen
¼ TL Glucomannan (Konjakmehl)
1 Prise Salz
½ TL Vanilleextrakt
½ TL Honig (ersatzweise Steviaextrakt, Trockenfrüchte oder Ahornsirup)

Alle trockenen Zutaten in einer Müslischale verrühren.
125 Milliliter kochendes Wasser und Vanilleextrakt hinzugeben und die Schale abdecken (zum Beispiel mit einer Untertasse). Fünf Minuten stehen lassen. Mit einem halben Teelöffel Honig, etwas Stevia, Trockenfrüchten oder Ahornsirup süßen.

NÄHRWERTANALYSE PRO PORTION:
177 Kalorien; 11 g Fett; 10 g Protein; 12 g Kohlenhydrate; 5 g Ballaststoffe; 7 g Nettokohlenhydrate

INFO

Um größere Mengen vorzubereiten, mischen Sie:

80 g Mandelmehl
80 g Kokosraspel
80 g gemahlener Leinsamen
60 g Chiasamen
3 TL Glucomannan (Konjakmehl)

Alles gut verrühren und luftdicht verschlossen im Kühlschrank aufbewahren. Zum Frühstück jeweils vier bis sechs Esslöffel in eine Müslischale geben und wie oben zubereiten.

LEINSAATMUFFIN

Geschmacklich können Muskat oder Ingwer für Abwechslung sorgen. Wenn die Kohlenhydrate kein Problem darstellen, schmeckt so ein Muffin mit ein paar Teelöffeln Ahornsirup ganz wunderbar.

FÜR 1 PORTION:

1½ TL Kokosöl
1 Ei
20 Tropfen Steviaextrakt, Vanille
2 EL gemahlener Leinsamen
2 EL geraspeltes Kokosfleisch
½ TL Backpulver
⅛ TL Salz
1 TL gemahlener Zimt

Eine Kaffeetasse mit etwas Kokosöl ausstreichen. Den restlichen Teelöffel Kokosöl hineingeben und zehn Sekunden in der Mikrowelle zerlassen.
Ei und Stevia zufügen und mit einer Gabel gründlich verschlagen.
Alles andere in einer Schüssel gut verrühren, damit sich eventuelle Backpulverklümpchen auflösen. Die Trockenmischung in die Tasse geben und alles gut verrühren.
Auf hoher Stufe eine Minute in der Mikrowelle garen, dann prüfen. Der Muffin ist fertig, wenn er sich von den Seiten der Tasse löst.
Auf einen Teller stürzen, zerteilen und gleich verzehren. Wer mit den Kohlenhydraten zurechtkommt, kann ein paar zerdrückte Beeren oder etwas Honig darüberträufeln.

NÄHRWERTANALYSE PRO PORTION:
296 Kalorien; 23 g Fett; 13 g Protein; 17 g Kohlenhydrate; 14 g Ballaststoffe; 3 g Nettokohlenhydrate

HEIDELBEERPFANNKUCHEN

FÜR 10 PORTIONEN:

90 g Mandelmehl
2 EL gemahlener Leinsamen
2 EL Kokosmehl
¼ TL Salz
½ TL Natron
4 EL Kokosraspel
125 ml Cocoyo (siehe Seite 33)
2 EL Kokosöl, zerlassen
10 Tropfen Steviaextrakt, Vanille

3 Eier
145 g Heidelbeeren
Kokosöl (nach Bedarf)
Ahornsirup (optional)

Alle trockenen Zutaten bis zu den Kokosraspeln in eine Schüssel geben und gut vermischen.
Eine große Pfanne auf mittlerer bis hoher Stufe erhitzen.
Cocoyo, zerlassenes Kokosöl, zwei Esslöffel Wasser und Stevia verrühren und die Eier in die Mischung aufschlagen. Gut untermengen, zu der Trockenmischung gießen und so lange rühren, bis keine trockenen Reste mehr übrig sind. Jetzt die Heidelbeeren unterheben. Gerade so viel Kokosöl in die heiße Pfanne geben, dass ein feiner Film entsteht, und eine Kelle Teig pro Pfannkuchen hineinsetzen. Warten, bis sich bei der ersten Seite die Ränder heben und die platzenden Bläschen kleine Löcher hinterlassen. Wenden, von der anderen Seite backen und gleich servieren. Nach Belieben Ahornsirup dazu reichen.

NÄHRWERTANALYSE PRO PORTION:
127 Kalorien; 8 g Fett; 7 g Protein; 8,5 g Kohlenhydrate; 3 g Ballaststoffe; 5,5 g Nettokohlenhydrate

SCHWEINEKRUSTEN-PFANNKUCHEN

Schweinekrusten gibt es fertig abgepackt zu kaufen.

FÜR 8 PORTIONEN:
55 g Schweinekrusten
3 Eier
4 EL ungesüßte Kokosmilch
½ TL Backpulver
½ TL Steviaextrakt, Vanille
½ TL gemahlener Zimt
Honig oder Ahornsirup (auf Wunsch)

Den Messereinsatz wählen und die Schweinekrusten in der Küchenmaschine fein zerkleinern.
Die Eier in einer zweiten Schüssel mit Kokosmilch, Backpulver, Stevia und Zimt verrühren. Schweinekrusten hinzugeben und unterrühren.
Den Teig etwa zehn Minuten quellen lassen, damit er schön breiig wird – wenn er zu dick gerät, etwas Wasser einrühren. Währenddessen die Pfanne aufsetzen und auf mittlerer bis hoher Stufe erhitzen. Teig in die Pfanne geben und wie normale Pfannkuchen ausbacken.
Auf Wunsch mit ein klein wenig Honig oder Ahornsirup anrichten. Auch Beeren schmecken gut dazu – kurz in etwas Wasser dünsten, mit Stevia süßen und mit einer Gabel leicht zerdrücken.

NÄHRWERTANALYSE PRO PORTION:
78 Kalorien; 5 g Fett; 7 g Protein; 1 g Kohlenhydrate; ein paar Ballaststoffe; 1 g Nettokohlenhydrate

TIPP

Bei den Schweinekrusten kommt es darauf an, dass das Produkt luftig ist, nicht unbedingt super knackig, und nicht zu stark gesalzen.

BANANENKÜCHLEIN

FÜR 4 KÜCHLEIN:

1 reife Banane, geschält
2 Eier
4 EL ungesüßte Kokosmilch
½ TL gemahlener Zimt
¼ TL gemahlener Muskat
½ TL Backpulver
90 g Schweinekrustenpanade (siehe Seite 35)
5 Tropfen Steviaextrakt (Menge nach Geschmack)
4 EL Walnüsse, gehackt
Kokosöl oder Schmalz
Honig oder Ahornsirup (auf Wunsch)

Die Banane in eine Schüssel geben und mit einer Gabel breiig zerdrücken. Eier und Kokosmilch hinzufügen und verrühren. Zimt, Muskat und Backpulver unterziehen. Zuletzt die Schweinekrusten gründlich unterrühren. Den Teig etwa fünf Minuten quellen lassen.
Währenddessen eine beschichtete Pfanne auf mittlerer bis hoher Stufe erhitzen.
Den Teig mit rund zwei Esslöffeln Wasser verdünnen. Er soll aber weiterhin schön dickflüssig bleiben. Eventuell mit etwas Stevia abschmecken und die Walnüsse einrühren.
Etwa einen Esslöffel Kokosöl in der Pfanne zerlassen und mit rund zwei Esslöffeln Teig pro Küchlein Pfannkuchen backen.
Wer mag, kann ein wenig Honig, Ahornsirup oder Kokosschlagsahne (siehe Seite 278) darübergeben.

NÄHRWERTANALYSE PRO PORTION:
298 Kalorien; 20 g Fett; 20 g Protein; 12 g Kohlenhydrate; 2 g Ballaststoffe; 10 g Nettokohlenhydrate

BEILAGEN

Wer Getreide und Kartoffeln aufgibt, stellt sich in der Regel eine Dauerfrage: »Womit fülle ich dieses Drittel meines Tellers?« Nun, natürlich mit Gemüse. Dieses Kapitel enthält eine Riesenauswahl an interessanten Rezepten, denn Gemüse ist extrem vielseitig!

BLUMENKOHLPÜREE

FÜR 4 PORTIONEN:
½ großer Kopf Blumenkohl

Die Blätter und das untere Ende des Strunks abschneiden. Den Blumenkohl in Röschen teilen, den Stiel in gleichmäßige Würfel schneiden. Den Blumenkohl weich dünsten – ich gare ihn in zwölf bis 15 Minuten auf hoher Stufe in der Mikrowelle.
Dann den Kohl in eine hohe Rührschüssel geben und mit dem Stabmixer gleichmäßig zerkleinern. In der Küchenmaschine geht es natürlich auch.
Falls ein Fleischgericht mit einer guten Sauce vorliegt, einfach die Sauce über das Püree geben. Ansonsten (zum Beispiel bei einem Steak) das Pfannenfett einschließlich aller Krusten über den Blumenkohl gießen. Fett oder Sauce mit dem Mixer einarbeiten und mit Salz und Pfeffer abschmecken. Alternativ passt dazu ein großer Klecks saurer Kokosrahm (siehe Seite 35) mit ein wenig Schnittlauch.

NÄHRWERTANALYSE PRO PORTION:
18 Kalorien; etwas Fett; 1 g Protein; 4 g Kohlenhydrate; 2 g Ballaststoffe; 2 g Nettokohlenhydrate

MEERRETTICHPÜREE

FÜR 4 PORTIONEN:
1 Blumenkohlpüree (siehe Seite 88)
4 EL saurer Kokosrahm (siehe Seite 35)
2 EL Meerrettich
1 TL Walnussöl (optional)
Salz
Pfeffer

Das Blumenkohlpüree nach Rezept zubereiten.
Nach dem Pürieren den sauren Kokosrahm, Meerrettich und eventuell Walnussöl zufügen und unterarbeiten. Mit Salz und Pfeffer abschmecken.

NÄHRWERTANALYSE PRO PORTION:
80 Kalorien; 6 g Fett; 2 g Protein; 5 g Kohlenhydrate; 2 g Ballaststoffe; 3 g Nettokohlenhydrate

BLUMENKOHLPÜREE MIT SAUERRAHM

FÜR 6 PORTIONEN:
1 Blumenkohlpüree, doppelte Menge (siehe Seite 88)
4 EL saurer Kokosrahm (siehe Seite 35)
2 Frühlingszwiebeln, gehackt
Salz
Pfeffer

Das Blumenkohlpüree nach Rezept in doppelter Menge zubereiten.
Nach dem Pürieren den sauren Kokosrahm und die Frühlingszwiebeln zufügen. Mit Salz und Pfeffer abschmecken.

NÄHRWERTANALYSE PRO PORTION:
58 Kalorien; 4 g Fett; 2 g Protein; 6 g Kohlenhydrate; 3 g Ballaststoffe; 3 g Nettokohlenhydrate

BLUMENKOHLPÜREE MIT PILZEN UND ZWIEBELN

FÜR 4 PORTIONEN:

1 Blumenkohlpüree (siehe Seite 88)
1 EL Schweineschmalz oder anderes Fett
½ mittelgroße Zwiebel, fein gewürfelt
1 Handvoll Champignons, gehackt
4 EL saurer Kokosrahm (siehe Seite 35)
1 EL konzentrierte Rinderbrühe (siehe Seite 32)
¼ EL schwarzer Pfeffer
Salz

Das Blumenkohlpüree nach Rezept zubereiten und warm stellen.
Die Hälfte des Fetts in einer Pfanne auf kleiner Stufe zerlassen. Die Zwiebel hinzufügen und langsam schön braun anrösten. Die gebräunten Zwiebelwürfel aus der Pfanne holen und beiseitestellen.
Das restliche Fett zerlassen und die Pilze darin anbraten, bis sie weich werden und ihre Farbe ändern.
Zum pürierten Blumenkohl den sauren Kokosrahm und die konzentrierte Brühe geben. Die fertig gebratenen Pilze mit den Zwiebeln und dem Pfeffer hineinrühren und mit Salz abschmecken.

NÄHRWERTANALYSE PRO PORTION:
55 Kalorien; 3 g Fett; 2 g Protein; 6 g Kohlenhydrate; 2 g Ballaststoffe; 4 g Nettokohlenhydrate

MEERRETTICHPUFFER

Zu Kartoffelpuffern reicht man gern Apfelmus, das schmeckt auch zu Meerrettichpuffern.

FÜR 5 PORTIONEN:

250 g Blumenkohl- oder Meerrettichpüree vom Vortag (siehe Seite 88)
2 Eier
1 EL Kokosmehl
1 EL Fett (Menge nach Bedarf)

Das Püree in eine Rührschüssel geben, Eier und Kokosmehl zufügen und gründlich durchmixen.
Das Fett (zum Beispiel Schmalz) in einer großen Pfanne auf mittlerer Stufe zerlassen. Wenn die Pfanne schön heiß ist, den Teig kellenweise hineinsetzen. Erst von einer Seite schön braun braten, dann wenden und von der anderen Seite braten.

NÄHRWERTANALYSE PRO PORTION:
62 Kalorien; 5 g Fett; 3 g Protein; 2 g Kohlenhydrate; 1 g Ballaststoffe; 1 g Nettokohlenhydrate

TOPINAMBURPUFFER

FÜR 4 PORTIONEN:

225 g Topinambur
½ kleine Zwiebel, fein gehackt
¼ TL Salz
¼ TL schwarzer Pfeffer, gemahlen
1 Ei
2 EL Kokosmehl
Kokosöl (Menge nach Bedarf)

Topinambur mit einem rauen Schwamm oder der Gemüsebürste gründlich schrubben, aber nicht schälen. Mit der Küchenmaschine oder auf der Reibe raspeln, die Raspel auf eine doppelte Lage Küchenkrepp legen und trockentupfen. In eine Rührschüssel umfüllen und die Zwiebel dazugeben. Salzen, pfeffern und gründlich wenden.
Danach zuerst das Ei, dann das Kokosmehl unterrühren. Den Teig ein bis zwei Minuten quellen lassen.
Zwei Esslöffel Kokosöl in einer großen Pfanne auf mittlerer Stufe zerlassen. Sobald die Pfanne heiß ist, einen gehäuften Esslöffel pro Puffer ins Fett setzen. Mit dem Löffel etwas flach drücken. Die Puffer braun ausbacken. Vorsicht beim Wenden, sie fallen leicht auseinander. Bei Bedarf etwas mehr Fett in die Pfanne geben und auch von der anderen Seite bräunen. Auf einem Teller warm halten, bis der Rest des Teigs gebacken ist.

NÄHRWERTANALYSE PRO PORTION:
97 Kalorien; 2 g Fett; 4 g Protein;
17 g Kohlenhydrate; 4 g Ballaststoffe;
13 g Nettokohlenhydrate

BLUMENKOHLREIS

FÜR 4 PORTIONEN:

½ Kopf Blumenkohl

Die Blätter und das untere Ende des Strunks abschneiden. Den Blumenkohl in gleichmäßige Stücke schneiden und mit der Küchenmaschine raspeln.
Die Blumenkohlraspel leicht dünsten, zum Beispiel im Mikrowellendämpfer: Einen Esslöffel Wasser hinzufügen, zudecken und sechs Minuten auf hoher Stufe garen. Man kann dafür jedes mikrowellenfeste Geschirr verwenden. Man kann den Blumenkohl natürlich auch auf dem Herd dünsten, was etwas länger dauert. Auf jeden Fall im Auge behalten, denn der Blumenkohl soll auf keinen Fall breiig werden.
Solange der Blumenkohl noch körnig ist, kann man vieles damit anstellen. Blumenkohlreis eignet sich für sämtliche warmen oder kalten Rezepte, für die man sonst Reis, Couscous oder Bulgur verwendet, als Beilage zu Pfannengerichten oder für alles, was eine gute Sauce erzeugt.

NÄHRWERTANALYSE PRO PORTION:
3 Kalorien; etwas Fett; etwas Protein;
1 g Kohlenhydrate; ein paar Ballaststoffe;
1 g Nettokohlenhydrate

MOGELREIS MIT MANDELN

FÜR 3 PORTIONEN:

Blumenkohlreis (siehe Seite 90)
2 TL Kokosöl
4 EL Mandelblättchen
(gehobelte Mandeln)
1 Bund Frühlingszwiebeln, in Ringen
4 EL frische Petersilie, gehackt
1 EL konzentrierte Hühnerbrühe
(siehe Seite 32)

Zuerst den Blumenkohlreis nach Rezept zubereiten.
Parallel dazu das Öl in einer großen Pfanne auf mittlerer Stufe erhitzen und die Mandeln darin anrösten, zwischendurch wenden, bis sie goldbraun sind.
Den Blumenkohl abgießen und zu den Mandeln in die Pfanne geben. Alle übrigen Zutaten dazugeben und wenden, bis alles gut vermischt ist.

NÄHRWERTANALYSE PRO PORTION:
130 Kalorien; 9 g Fett; 6 g Protein; 8 g Kohlenhydrate; 3 g Ballaststoffe; 5 g Nettokohlenhydrate

MOGELREIS MIT BACON

Den Knoblauch rechtzeitig vorab anbraten und abkühlen lassen.

FÜR 5 PORTIONEN:

1 Knoblauchknolle
2 EL Olivenöl
Blumenkohlreis (siehe Seite 90)
5 Scheiben Bacon (Frühstücksspeck)
1 kleine Zwiebel, gewürfelt
4 EL Coconut Aminos (siehe Seite 17)
4 Frühlingszwiebeln, in feinen Ringen
Salz
Pfeffer

Den Ofen auf 180 °C vorheizen (Gas Stufe 4).
Die ganze Knoblauchknolle auf ein Stück Alufolie legen, mit Olivenöl beträufeln und fest einwickeln. Eine gute Stunde backen, bis der Knoblauch weich ist. Abkühlen lassen.
Den Blumenkohlreis nach Rezept zubereiten.
In der Zwischenzeit den Speck in einer großen Pfanne auf mittlerer Stufe kross braten und auf einen Teller geben. Das Fett bis auf wenige Esslöffel abgießen.
Die Zwiebelwürfel im Rest weich braten.
Wenn der Blumenkohl gerade eben gar ist (er muss bissfest bleiben), abgießen und mit der Zwiebel in der Pfanne mischen.
Jetzt kommt der Knoblauch ins Spiel!
Die Spitze abschneiden und das weiche, karamellisierte Fruchtfleisch herausdrücken, unter den Blumenkohlreis heben und anschließend die Coconut Aminos einrühren.
Die Frühlingszwiebeln unterrühren.
Den Speck darüberbröseln und alles mit Salz und Pfeffer abschmecken.

NÄHRWERTANALYSE PRO PORTION:
112 Kalorien; 9 g Fett; 4 g Protein; 6 g Kohlenhydrate; 2 g Ballaststoffe; 4 g Nettokohlenhydrate

MOGELREIS MIT PEKANNÜSSEN UND TOMATEN

FÜR 6 PORTIONEN:

Blumenkohlreis (siehe Seite 90)
½ EL Baconfett (oder anderes Fett)
4 EL Pekannüsse, gehackt
3 Scheiben Bacon (Frühstücksspeck)
1 kleine Zwiebel, gehackt
1 EL Demi-glace aus dem Schongarer (siehe Seite 32) oder konzentrierte Rinderbrühe (siehe Seite 32)
1 EL Paleo-Worcestershire-Sauce (siehe Seite 275)
½ TL schwarzer Pfeffer, gemahlen
4 EL sonnengetrocknete Tomaten in Öl, gehackt
4 EL frische Petersilie, gehackt

Den Blumenkohlreis nach Rezept zubereiten.
In der Zwischenzeit das Fett auf mittlerer bis hoher Stufe in einer Pfanne zerlassen und die Pekannüsse darin anrösten.
Eine weitere große Pfanne auf mittlerer Stufe erhitzen und den Speck kross braten.
Wenn der Blumenkohl gar ist, sofort den Deckel abnehmen, damit er nicht weiter gart und matschig wird.
Den Speck aus der Pfanne heben und beiseitestellen.
Die Hälfte des Fetts abgießen, im Rest die Zwiebel glasig dünsten.
Den Blumenkohlreis abgießen und mit konzentrierter Brühe, Worcestershire-Sauce und Pfeffer in die Pfanne geben. Vorsichtig wenden, bis Gewürze und Zwiebel gleichmäßig verteilt sind.
Pekannüsse, Tomaten, Petersilie und Speck unterheben und sofort servieren.

NÄHRWERTANALYSE PRO PORTION:
97 Kalorien; 7 g Fett; 3 g Protein; 7 g Kohlenhydrate; 2 g Ballaststoffe; 5 g Nettokohlenhydrate

ORANGEN-PEKAN-MOGELREIS

FÜR 4 PORTIONEN:

Blumenkohlreis (siehe Seite 90)
1½ EL Kokosöl
4 EL Pekannüsse, gehackt
1 mittelgroße Zwiebel, gehackt
2 EL rote Paprika, gehackt
½ TL Navel-Orangenschale, gerieben
Saft von ½ Navel-Orange
4 EL frische Petersilie, gehackt
2 EL konzentrierte Hühnerbrühe (siehe Seite 32)
Salz
Pfeffer

Den Blumenkohlreis nach Rezept zubereiten.
Währenddessen einen halben Esslöffel Kokosöl in einer großen Pfanne auf kleiner bis mittlerer Stufe zerlassen.
Die gehackten Nüsse unter häufigem Wenden darin anrösten, bis sie duften. Dann aus der Pfanne nehmen und auf einem Teller beiseitestellen.
Die Kochstelle auf mittlere bis hohe Stufe schalten und das restliche Kokosöl in der Pfanne zerlassen. Zwiebel und Paprika darin anbraten und regelmäßig umrühren. Den Blumenkohl abgießen und in

die Pfanne geben. Alles verrühren. Orangenschale unterheben, den Saft einer halben Orange hinzufügen sowie die Hühnerbrühe. Mit der Petersilie unterrühren. Pekannüsse unterheben und mit Salz und Pfeffer abschmecken.

NÄHRWERTANALYSE PRO PORTION:
141 Kalorien; 11 g Fett; 4 g Protein; 9 g Kohlenhydrate; 3 g Ballaststoffe; 6 g Nettokohlenhydrate

TOPINAMBURFRITTEN

FÜR 4 PORTIONEN:
225 g Topinambur (möglichst lange und gerade Knollen)
Kokosöl (Menge nach Bedarf)
Salz

Topinamburknollen gründlich schrubben, dann längs in Streifen schneiden, etwa so groß wie Pommes frites.
Eine große Pfanne auf mittlerer Stufe erhitzen und etwa sechs Millimeter hoch mit Kokosöl füllen. Wenn das Öl heiß genug ist, die Topinamburstreifen darin frittieren. Mehrfach wenden, damit sie rundherum goldbraun werden.
Auf Küchenkrepp abtropfen und salzen.

NÄHRWERTANALYSE PRO PORTION:
43 Kalorien; etwas Fett; 1 g Protein; 10 g Kohlenhydrate; 1 g Ballaststoffe; 9 g Nettokohlenhydrate

BROKKOLI MIT KNOBLAUCH UND ZITRONE

FÜR 5 PORTIONEN:
450 g Brokkoli
2 EL Olivenöl (Menge nach Bedarf)
3 Knoblauchzehen, zerdrückt
1 Zitrone, in Schnitzen

Die Brokkoliröschen abtrennen, Stiele schälen und alles in gleich große Stücke schneiden. Auf hoher Stufe in etwa fünf Minuten in der Mikrowelle leuchtend hellgrün dünsten. Sofort den Deckel abnehmen und angesammeltes Wasser abgießen.
Das Olivenöl in einer großen Pfanne auf mittlerer bis hoher Stufe erhitzen. Den Brokkoli in das heiße Fett geben und ein bis zwei Minuten anbraten. Knoblauch hinzufügen und kurz mitbraten, dabei alles gleichmäßig verteilen.
Auf fünf Tellern anrichten und je einen Schnitz Zitrone zum Ausdrücken dazu reichen.

NÄHRWERTANALYSE PRO PORTION:
68 Kalorien; 6 g Fett; 2 g Protein; 5 g Kohlenhydrate; 2 g Ballaststoffe; 3 g Nettokohlenhydrate

BROKKOLI MIT ZITRONENHONIG

FÜR 4 PORTIONEN:

450 g Brokkoli
3 EL Olivenöl
1 kleine Schalotte, fein gehackt
2 EL Zitronensaft
½ TL Honig

Die Brokkoliröschen abtrennen, Stiele schälen und alles in gleich große Stücke schneiden. Auf hoher Stufe in etwa fünf Minuten in der Mikrowelle leuchtend hellgrün dünsten. Sofort den Deckel abnehmen und angesammeltes Wasser abgießen.
In der Zwischenzeit Olivenöl in einer großen Pfanne erhitzen und die Schalotte darin auf mittlerer Stufe ein paar Minuten anbraten. Zitronensaft und Honig in die Pfanne geben und gründlich verrühren. Den Brokkoli hinzufügen und wenden. Auf vier Tellern anrichten und die restliche Glasur mit einem Teigschaber aus der Pfanne entnehmen und darübergeben.

NÄHRWERTANALYSE PRO PORTION:
115 Kalorien; 10 g Fett; 2 g Protein; 5 g Kohlenhydrate; 2 g Ballaststoffe; 3 g Nettokohlenhydrate

GRÜNES BLATTGEMÜSE MIT TOMATEN

Das Rezept funktioniert mit Mangold, Senfblättern, Weißkohl, Grünkohl oder jeglicher Kombination daraus.

FÜR 6 PORTIONEN:

4 EL Baconfett oder anderes Fett
1 mittelgroße Zwiebel, gehackt
3 Knoblauchzehen, zerdrückt
2 Jalapeños, entkernt und gehackt
900 g grünes Blattgemüse (ohne Stängel und feste Blattrippen), grob gehackt
3 mittelgroße Tomaten, gewürfelt
2 EL Apfelessig
Salz
Pfeffer

Das Fett in einer großen Pfanne auf mittlerer Stufe zerlassen. Zwiebel, Knoblauch und Jalapeños anbraten, bis die Zwiebel glasig ist. Nach dem Berühren der Jalapeños unbedingt gründlich die Hände waschen.
Das Blattgemüse hinzufügen und wenden, bis es zusammenfällt. Tomatenwürfel, Essig und 125 Milliliter Wasser hinzufügen. Auf kleine Stufe stellen, Deckel aufsetzen und das Gemüse unter gelegentlichem Umrühren zart dünsten. Mit Salz und Pfeffer würzen.

NÄHRWERTANALYSE PRO PORTION:
142 Kalorien; 9 g Fett; 5 g Protein; 13 g Kohlenhydrate; 6 g Ballaststoffe; 7 g Nettokohlenhydrate

GRÜNKOHLCHIPS MIT ZITRONENDIP

FÜR 5 PORTIONEN:

4 EL Olivenöl, extra vergine
2 Knoblauchzehen, zerdrückt
450 g Grünkohl, in handtellergroße Stücke gerupft
250 ml Cocoyo (siehe Seite 33)
1 TL Zitronenschale, gerieben
Saft von 1 Zitrone
2 Frühlingszwiebeln, gehackt
Salz
Pfeffer

Den Ofen auf 190 °C vorheizen (Gas Stufe 5).
Das Olivenöl in eine Tasse abmessen und den Knoblauch hineindrücken.
Den Grünkohl in eine große Schüssel geben.
Einen Esslöffel vom Knoblauchöl aus der Tasse mit etwas Knoblauch in eine separate Schale geben. Den Rest vom Öl über den Grünkohl gießen und diesen gründlich wenden, bis alle Blätter gut überzogen sind.
Grünkohl auf mehreren Backblechen verteilen und bei Umluft in 20 bis 30 Minuten kross backen. Die Bleche unter Umständen zwischendurch tauschen, damit alle Stücke gleichmäßig rösten.
In der Zwischenzeit den Cocoyo in die Schale mit dem restlichen Knoblauchöl geben. Zitronenschale und Saft zufügen, die Frühlingszwiebeln unterheben.
Mit Salz und Pfeffer abschmecken.
Wenn der Grünkohl fertig ist, die Blätter leicht salzen und mit dem Dip servieren.

NÄHRWERTANALYSE PRO PORTION:
147 Kalorien; 11 g Fett; 3 g Protein; 11 g Kohlenhydrate; 2 g Ballaststoffe; 41 mg Natrium

GEBACKENER ROSENKOHL

FÜR 4 PORTIONEN:

2 EL Baconfett, Schmalz oder Olivenöl
400 g Rosenkohl, geputzt und halbiert
Salz
Pfeffer

Den Ofen auf 200 °C vorheizen (Gas Stufe 6).
Das Fett auf ein Backblech geben (festes Fett kurz im Ofen zerlassen).
Die Rosenkohlhälften auf das Blech legen und gründlich im Fett wenden. Salzen, pfeffern, erneut wenden und unter gelegentlichem Wenden 35 bis 40 Minuten backen. Wenn alles gleichmäßig braun ist, eventuell nachsalzen und servieren.

NÄHRWERTANALYSE PRO PORTION:
103 Kalorien; 7 g Fett; 3 g Protein; 9 g Kohlenhydrate; 4 g Ballaststoffe; 5 g Nettokohlenhydrate

ROSENKOHL MIT KNOBLAUCH

FÜR 4 PORTIONEN:
400 g Rosenkohl, geputzt und halbiert
2 EL Baconfett oder Schmalz
2 Knoblauchzehen, geschält
¼ TL Chiliflocken
Salz (optional)

Den Rosenkohl in der Mikrowelle oder auf dem Herd in ein paar Minuten in Wasser dünsten. Abgießen und trocken tupfen.
Das Fett in einer großen Pfanne auf hoher Stufe erhitzen. Den Rosenkohl vorsichtig hinzufügen (je trockener er ist, desto weniger spritzt das Öl). Eine Minute ohne Umrühren anbraten, danach wenden und erneut anbraten.
Mit Knoblauch und Chili würzen und kurz weiterbraten, dabei ständig rühren. Auf Wunsch nachsalzen.

NÄHRWERTANALYSE PRO PORTION:
105 Kalorien; 7 g Fett; 4 g Protein; 10 g Kohlenhydrate; 4 g Ballaststoffe; 6 g Nettokohlenhydrate

TIPP

Wer mag, kann den Kohl auch im Backofen zubereiten: Mit dem Fett bei 230 °C (Gas Stufe 8) 20 bis 25 Minuten backen, dabei gelegentlich wenden. Nach dem Karamellisieren (rundum braune Tupfen) mit Knoblauch und Chiliflocken würzen, noch eine Minute nachbacken und eventuell salzen.

KNOBLAUCHCHAMPIGNONS

FÜR 4 PORTIONEN:
3 EL Olivenöl
225 g Champignons (möglichst gleich groß), geputzt
2 Knoblauchzehen, zerdrückt
Saft von ½ Zitrone
2 EL frische Petersilie, gehackt
Salz
Pfeffer

Das Olivenöl in einer großen Pfanne auf kleiner bis mittlerer Stufe erhitzen und die Pilze darin weich braten. Eventuell mehr Öl hinzufügen, aber nur so viel, dass am Ende fast alles aufgesogen ist.
Den zerdrückten Knoblauch unterrühren, einige Minuten weiterbraten und dabei immer wieder wenden. Zitronensaft zufügen, Petersilie unterrühren und mit Salz und Pfeffer abschmecken.

NÄHRWERTANALYSE PRO PORTION:
108 Kalorien; 10 g Fett; 1 g Protein; 4 g Kohlenhydrate; 1 g Ballaststoffe; 3 g Nettokohlenhydrate

CHAMPIGNONS IN KNOBLAUCHCREME

FÜR 4 PORTIONEN:

4 EL Kokosöl
225 g weiße Champignons, in Scheiben
225 g braune Champignons, in Scheiben
225 g Minichampignons, in Scheiben
4 EL trockener Weißwein
4 Knoblauchzehen, zerdrückt
4 EL ungesüßte Kokosmilch
2 EL frische Petersilie, gehackt
Salz
Pfeffer

Das Fett auf mittlerer bis hoher Stufe in einer großen Pfanne zerlassen und die Pilze hinzugeben. Die Pilze braten, bis sie weich werden und ihre Farbe ändern. Wein und Knoblauch hinzufügen und weitergaren, bis die Hälfte des Weins verkocht ist. Kokosmilch und Petersilie unterrühren und mit Salz und Pfeffer abschmecken.

NÄHRWERTANALYSE PRO PORTION:
189 Kalorien; 17 g Fett; 3 g Protein; 7 g Kohlenhydrate; 1 g Ballaststoffe; 6 g Nettokohlenhydrate

PIKANTE PILZE

Perfekt für ein Omelett, zu Steak oder Hähnchenbrust. Man kann auch ein paar Fleischreste dazugeben und das Ganze mit Blumenkohlreis (siehe Seite 90) servieren.

FÜR 3 PORTIONEN:

2 EL Schweineschmalz
1 große Schalotte, gehackt
225 g Pilze in Scheiben (Minichampignons, Champignons)
2 TL Paprikapulver, geräuchert
2 EL sonnengetrocknete Tomaten in Öl, gehackt
2 EL Demi-glace aus dem Schongarer (siehe Seite 32)
4 EL saurer Kokosrahm (siehe Seite 35)
¼ TL schwarzer Pfeffer, gemahlen
2 EL frische Petersilie, gehackt

Das Schmalz in einer großen Pfanne erhitzen und die Schalotte samt Pilzen darin anbraten. Wenn die Pilze weich sind, mit Paprikapulver würzen und eine weitere Minute garen.
Die restlichen Zutaten unterrühren, die Hitze auf kleine Stufe stellen und alles fünf Minuten köcheln lassen. Sofort servieren.

NÄHRWERTANALYSE PRO PORTION:
183 Kalorien; 17 g Fett; 3 g Protein; 7 g Kohlenhydrate; 2 g Ballaststoffe; 5 g Nettokohlenhydrate

GEGRILLTE CHAMPIGNONS

Lecker zu Filet Mignon mit Senfsauce (siehe Seite 201); dann kann die Dipsauce entfallen.

FÜR 4 PORTIONEN:

4 große braune Champignonkappen (10 cm Durchmesser)
4 Knoblauchzehen, zerdrückt
2 EL Coconut Aminos (siehe Seite 17)
2 Tropfen Steviaextrakt
¼ TL schwarzer Pfeffer, gemahlen
6 EL Weißweinbalsamico
1 Knoblauchzehe, zerdrückt
½ TL Salz (Salzmenge auf die Chilis abstimmen)
1 kleine rote Chilischote oder Peperoni, entkernt
4 EL frischer Koriander, fein gehackt

Die Pilze in einen großen Zip-Beutel packen. Den zerdrückten Knoblauch mit Coconut Aminos, Stevia und Pfeffer mischen und zu den Pilzen geben, dann den Beutel verschließen und dabei möglichst alle Luft herausdrücken.
Eine Stunde marinieren.
In der Zwischenzeit die Dipsauce zubereiten. Balsamico, Knoblauchzehe, Salz und Chili in den Mixer oder die Küchenmaschine mit Messereinsatz geben und pulverisieren.
Zum Essen den Grill vorheizen. Die Marinade in eine kleine Schüssel abgießen und die Pilze über Holzkohle etwa drei Minuten, auf dem Elektrogrill etwa vier Minuten pro Seite grillen. Dabei hin und wieder mit der Marinade bepinseln.
Mit Koriander bestreuen und die Sauce dazu reichen.

NÄHRWERTANALYSE PRO PORTION:
54 Kalorien; 1 g Fett; 3 g Protein;
12 g Kohlenhydrate; 2 g Ballaststoffe;
10 g Nettokohlenhydrate

ÜBERBACKENER BLUMENKOHL

FÜR 5 PORTIONEN:

½ TL gemahlener Koriander
¼ TL schwarzer Pfeffer, gemahlen
½ TL Chiliflocken
½ TL Kurkuma
6 Knoblauchzehen, zerdrückt
4 EL Kokosöl, zerlassen
1 großer Kopf Blumenkohl, in kleinen Stücken
1 mittelgroße Schalotte, gehackt
4 EL frischer Koriander, fein gehackt
Salz (optional)

Den Ofen auf 200 °C vorheizen (Gas Stufe 6).
Gewürze, Knoblauch und Kokosöl in einer Schüssel verrühren.
Blumenkohlstücke auf ein Backblech legen und mit dem Gewürzöl übergießen. Wenden, bis er vollständig überzogen ist.
30 bis 35 Minuten backen und dabei mehrfach wenden.
Wenn der Blumenkohl gar ist, mit Schalottenwürfeln und Koriander mischen, mit Salz abschmecken und gleich servieren.

NÄHRWERTANALYSE PRO PORTION:
134 Kalorien; 11 g Fett; 3 g Protein;
8 g Kohlenhydrate; 3 g Ballaststoffe;
5 g Nettokohlenhydrate

FENCHELPFANNE MIT PAPRIKA

Passt gut zu Schweinebraten oder Huhn.

FÜR 4 PORTIONEN:
4 EL Olivenöl
2 Fenchelknollen, in dünnen Scheiben
1 rote Paprika, in dünnen Streifen
1 kleine Zwiebel, in schmalen Scheiben
2 Knoblauchzehen, zerdrückt
Saft von ½ Limette
1 TL körniger Senf
1 EL frische Thymianblättchen
Salz
Pfeffer

Das Olivenöl in einer großen Pfanne auf mittlerer bis hoher Stufe erhitzen. Das Gemüse in das heiße Fett geben. Alles anbraten, so dass es noch bissfest ist. Knoblauch hinzufügen und einige Minuten mitbraten.
Limettensaft zugeben und mit Senf würzen. Alles gründlich wenden. Den Thymian unterrühren und zum Schluss mit Salz und Pfeffer abschmecken.

NÄHRWERTANALYSE PRO PORTION:
180 Kalorien; 14 g Fett; 2 g Protein;
14 g Kohlenhydrate; 5 g Ballaststoffe;
9 g Nettokohlenhydrate

GEBACKENE AUBERGINEN

FÜR 5 PORTIONEN:
Olivenöl (Menge nach Bedarf)
1 Aubergine, in zentimeterdicken Scheiben
Salz
Pfeffer

Das Olivenöl fünf Millimeter hoch in einer großen Pfanne auf mittlerer bis hoher Stufe erhitzen.
Je drei bis vier Auberginenscheiben auf beiden Seiten goldbraun ausbacken. Vorsicht, sie saugen sich schnell mit dem Öl voll, also muss man ständig nachgießen.
Die ausgebackenen Scheiben mit Salz und Pfeffer bestreuen und heiß servieren.

NÄHRWERTANALYSE:
Die Kalorien sind wegen der schwankenden Ölmenge schwer zu schätzen.
Das Rezept enthält jedenfalls reichlich Energie. Bei fünf Essern bekommt jeder zudem 6 g Kohlenhydrate; 2 g Ballaststoffe; 4 g Nettokohlenhydrate.

BACKSPARGEL MIT ANCHOVIS-ZITRONEN-SAUCE

FÜR 3 BIS 4 PORTIONEN:
380 g Spargel, geschält
2 EL Olivenöl
Salz
Pfeffer
4 EL Anchovis-Zitronen-Sauce
(siehe Seite 264)

Den Ofen auf 200 °C vorheizen (Gas Stufe 6).
Spargel auf ein Backblech legen, mit Olivenöl beträufeln und gründlich wenden. Zehn bis 15 Minuten backen, bis der Spargel von kleinen braunen Punkten übersät ist. Salzen und pfeffern.
Den Spargel entweder in der Anchovis-Zitronen-Sauce anrichten, die Sauce einige Minuten vor Ende der Backzeit über den Spargel gießen oder zum Dippen auf den Tisch stellen.

NÄHRWERTANALYSE PRO PORTION BEI 3 PORTIONEN:
221 Kalorien; 22 g Fett; 3 g Protein; 4 g Kohlenhydrate; 2 g Ballaststoffe; 2 g Nettokohlenhydrate

SPARGELPFANNE MIT PEKANNUSS

FÜR 3 PORTIONEN:
380 g Spargel, geschält
1 EL Baconfett
1 EL Olivenöl
4 EL Pekannüsse, sehr fein gehackt
1 TL frischer Estragon, fein gehackt
2 EL Weißweinessig
Salz
Pfeffer

Den Spargel weich dünsten, zum Beispiel in fünf Minuten in der Mikrowelle. In der Zwischenzeit Baconfett und Olivenöl in einer großen Pfanne auf mittlerer Stufe erhitzen. Pekannüsse hinzufügen und anrösten, bis sie gut duften. Dann den Estragon unterziehen und etwa 20 Sekunden mitbraten. Essig auffüllen und noch eine Minute mitgaren. Mit Salz und Pfeffer abschmecken.
Zum Spargel servieren.

NÄHRWERTANALYSE PRO PORTION:
165 Kalorien; 16 g Fett; 3 g Protein; 6 g Kohlenhydrate; 2 g Ballaststoffe; 4 g Nettokohlenhydrate

TIPP

Es ist wichtig, die Pekannüsse sehr fein zu hacken – sie sollen am Spargel kleben bleiben.

PFANNENSPARGEL MIT PILZEN

FÜR 3 PORTIONEN:
1 EL geschmacksneutrales Fett (zum Beispiel Schmalz)
400 g grüner Spargel, geschält und in 5 cm langen Stücken
115 g Shiitake-Pilze, in Stücken
½ TL Orangenschale, gerieben
Saft von 1 Orange

Eine große Pfanne auf mittlerer bis hoher Stufe erhitzen. Das Fett darin zerlassen, danach den Spargel und die Pilze hineingeben. Unter Rühren anbraten, bis der Spargel bissfest und leuchtend grün ist.
Orangenschale und den Saft zufügen.

Noch eine Minute garen und auf Tellern anrichten.

NÄHRWERTANALYSE PRO PORTION:
179 Kalorien; 5 g Fett; 6 g Protein; 35 g Kohlenhydrate; 6 g Ballaststoffe; 29 g Nettokohlenhydrate

SPARGEL MIT MANDELN UND BALSAMICO

FÜR 3 PORTIONEN:
½ Rezept weiße Balsamico-Vinaigrette (siehe Seite 136)
400 g grüner Spargel, geschält
60 g Mandelmehl

Die Balsamico-Vinaigrette nach Rezept zubereiten.
Die Spargelstangen speichenförmig mit den Spitzen zur Mitte in ein mikrowellengeeignetes Gefäß legen – ich nehme den Mikrowellendämpfer. Einen Esslöffel Wasser hinzufügen und mit einem Teller abdecken. Auf hoher Stufe drei bis vier Minuten garen.
In der Zwischenzeit das Mandelmehl in einer Pfanne auf mittlerer Stufe erwärmen und dabei rühren, bis es duftet.
Wenn der Spargel zart und leuchtend grün ist, auf drei Tellern anrichten. Vinaigrette und ein Häufchen Mandelmehl zum Dippen dazustellen.

NÄHRWERTANALYSE PRO PORTION:
193 Kalorien; 13 g Fett; 11 g Protein; 11 g Kohlenhydrate; 2 g Ballaststoffe; 9 g Nettokohlenhydrate

SPARGELKUCHEN

FÜR 6 PORTIONEN:
Fett für die Form
2 EL Olivenöl
400 g grüner Spargel, geschält und in 2,5 cm langen Stücken
2 EL Zwiebel, gewürfelt
1 Knoblauchzehe, gehackt
4 Eier
4 EL ungesüßte Kokosmilch
¼ TL schwarzer Pfeffer, gemahlen
¼ TL Salz
Schale von ¼ Zitrone, gerieben
Saft von ¼ Zitrone
2 Spritzer Chilisauce

Den Ofen auf 180 °C vorheizen (Gas Stufe 4). Eine runde Auflaufform von 22,5 Zentimetern Durchmesser fetten.
Das Olivenöl in einer großen Pfanne auf mittlerer Stufe erhitzen. Den Spargel und die Zwiebelwürfel anbraten, bis der Spargel leuchtend grün ist. Knoblauch hinzufügen und kurz mitbraten. Dann das Gemüse in die Auflaufform umfüllen.
Die Eier in den Mixer aufschlagen. Kokosmilch, Pfeffer und Salz hinzufügen. Zitronenschale und Saft dazugeben, mit Chilisauce abrunden. Etwa 30 Sekunden mixen, dann die Eimischung über den Spargel gießen. 45 Minuten im Ofen backen. Vor dem Aufschneiden eine Viertelstunde abkühlen lassen.

NÄHRWERTANALYSE PRO PORTION:
114 Kalorien; 9 g Fett; 5 g Protein; 3 g Kohlenhydrate; 2 g Ballaststoffe; 1 g Nettokohlenhydrate

PFANNENKOHL

FÜR 4 PORTIONEN:

2 EL Kokosöl
280 g Weißkohl, geraspelt
½ kleine Zwiebel, gewürfelt
2 Knoblauchzehen, zerdrückt
½ TL Chiliflocken

Kokosöl in einer großen Pfanne auf hoher Stufe erhitzen. Kohl und Zwiebel im heißen Fett unter Rühren anbraten, bis der Kohl gerade eben nachgibt. Mit Knoblauch und Chili würzen und noch ein oder zwei Minuten weiterbraten. Heiß servieren.

NÄHRWERTANALYSE PRO PORTION:

84 Kalorien; 7 g Fett; 1 g Protein; 5 g Kohlenhydrate; 2 g Ballaststoffe; 3 g Nettokohlenhydrate

ROSENKOHL MIT SPECK UND SENF

FÜR 4 PORTIONEN:

2 etwas dickere Scheiben roher Bacon (Frühstücksspeck)
400 g Rosenkohl, geputzt
1 EL Baconfett oder Kokosöl
1½ EL Senf
1 TL Apfelessig
½ TL Honig

Eine große Pfanne auf mittlerer Stufe erhitzen. Den Speck in der Pfanne knusprig anbraten. Rosenkohl in der Küchenmaschine raspeln.

Speck entnehmen, das Fett aber in der Pfanne belassen. Den Speck beiseitestellen.

Das zusätzliche Fett in die Pfanne geben und den Rosenkohl darin unter Rühren anbraten. Der Kohl ist fertig, wenn er viele kleine braune Punkte aufweist und weich, aber noch bissfest ist.

Senf, Essig und Honig miteinander verrühren. Die Mischung in die Pfanne geben und gründlich unterheben. Zum Schluss die Speckwürfel unterheben und gleich servieren.

NÄHRWERTANALYSE PRO PORTION:

144 Kalorien; 10 g Fett; 5 g Protein; 10 g Kohlenhydrate; 4 g Ballaststoffe; 6 g Nettokohlenhydrate

MANGOLD MIT BALSAMICO

FÜR 4 PORTIONEN:

2 EL Schweineschmalz
1 mittelgroße Zwiebel, fein gehackt
1 Knoblauchzehe, zerdrückt
440 g Mangoldblätter, geputzt und ohne Stiele, in zentimeterbreiten Streifen
2 EL Balsamicoessig
Salz
Pfeffer

Eine große Pfanne auf mittlerer Stufe erhitzen, das Schmalz darin zerlassen. Zwiebel und Knoblauch einige Minuten anbraten, dann den Mangold hinzufügen. Deckel aufsetzen und nach ein paar Minuten gründlich wenden. Deckel wieder aufsetzen, abwarten und erneut wenden, bis die Blätter zusammengefallen sind. Einige Minuten weiterkochen, dabei immer wieder umrühren. Wenn der Mangold gar ist, den Balsamico unterziehen, mit Salz und Pfeffer abschmecken und servieren.

NÄHRWERTANALYSE PRO PORTION:
82 Kalorien; 7 g Fett; 2 g Protein;
5 g Kohlenhydrate; 2 g Ballaststoffe;
3 g Nettokohlenhydrate

MANGOLD MIT KNOBLAUCH UND INGWER

FÜR 6 PORTIONEN:
4 EL Kokosöl, zerlassen
900 g Mangold, geputzt und in zentimeterbreiten Streifen
2 EL Ingwer, fein gehackt
4 Knoblauchzehen, fein gehackt
Chilisauce oder Sriracha (siehe Seite 261)

Einen großen Topf mit Sandwichboden stark erhitzen. Das Kokosöl darin zerlassen und die Mangoldstiele in fünf bis zehn Minuten weich braten. Die Blätter hinzufügen und Ingwer sowie Knoblauch dazugeben. Alles unter ständigem Rühren anbraten.
Wenn die Blätter zusammengefallen sind, mit Chilisauce abschmecken und gleich anrichten.

NÄHRWERTANALYSE PRO PORTION:
109 Kalorien; 9 g Fett; 3 g Protein;
6 g Kohlenhydrate; 2 g Ballaststoffe;
4 g Nettokohlenhydrate

SENFBLÄTTER

FÜR 4 PORTIONEN:
1,3 kg Senfblätter, geputzt, ohne Stiele
2 EL Olivenöl, extra vergine
4 Knoblauchzehen, in dünnen Scheiben
¾ TL rote Peperoni, gehackt
2 EL Rotweinessig
Salz
Pfeffer

Einen großen Topf mit Wasser zum Kochen bringen. Die Senfblätter darin drei Minuten blanchieren, dabei hin und wieder umrühren. Herausheben und gut abtropfen lassen. Mit einem Löffel ausdrücken. Dann die blanchierten Blätter grob hacken.
Das Olivenöl in einer großen Pfanne auf mittlerer bis hoher Stufe erhitzen. Knoblauch und Peperoni hinzufügen und eine Minute anbraten. Die gehackten Senfblätter dazugeben und alles gut verrühren. Deckel aufsetzen und drei Minuten garen. Umrühren, Deckel wieder aufsetzen und wiederholen, insgesamt neun Minuten lang.
Den Essig unterziehen, salzen und pfeffern und heiß oder kalt servieren.

NÄHRWERTANALYSE PRO PORTION:
154 Kalorien; 7 g Fett; 9 g Protein;
18 g Kohlenhydrate; 7 g Ballaststoffe;
11 g Nettokohlenhydrate

ROSENKOHL MIT ZWIEBEL UND CHILI

FÜR 4 PORTIONEN:

6 EL Kokosöl
400 g Rosenkohl, geputzt
½ kleine Zwiebel, fein gewürfelt
½ TL Chiliflocken

Das Kokosöl in einer großen Pfanne auf mittlerer Stufe zerlassen. Den Rosenkohl unter gelegentlichem Rühren etwa zehn Minuten anbraten, bis er gerade eben gar und mit braunen Punkten übersät ist. Die Zwiebelwürfel unterrühren und mitgaren, bis sie glasig sind. Zum Schluss mit Chiliflocken abschmecken.

NÄHRWERTANALYSE PRO PORTION:

225 Kalorien; 21 g Fett; 4 g Protein; 10 g Kohlenhydrate; 4 g Ballaststoffe; 6 g Nettokohlenhydrate

CHIPOTLE-MOGELREIS

Hervorragend zu Steak oder Schnitzel.

FÜR 6 PORTIONEN:

Blumenkohlreis (siehe Seite 90)
2 EL Fett
1 Chipotle-Chili in Adobo-Sauce (siehe Seite 276), gehackt
½ Zwiebel, gehackt
½ grüne Paprika, gehackt
1 Tomate, gewürfelt
1 große Knoblauchzehe, zerdrückt
2 EL konzentrierte Rinderbrühe (siehe Seite 32)
2 TL getrockneter Oregano
2 TL gemahlener Kreuzkümmel
Salz
Pfeffer
4 EL frischer Koriander, fein gehackt

Den Blumenkohlreis nach Rezept zubereiten.
Das Fett in einer großen Pfanne auf mittlerer Stufe erhitzen und Chili, Zwiebel sowie Paprika darin anbraten. Sobald die Zwiebel weich ist, die Tomate hinzufügen und weiterbraten. Zuletzt Knoblauch hinzufügen.
Den Blumenkohl in die Pfanne geben und gründlich unterziehen. Rinderbrühe, Oregano und Kreuzkümmel hinzufügen. Auf kleinste Stufe stellen und noch einige Minuten köcheln lassen.
Mit Salz und Pfeffer abschmecken und mit Koriander garniert servieren.

NÄHRWERTANALYSE PRO PORTION:

56 Kalorien; 5 g Fett; 1 g Protein; 4 g Kohlenhydrate; 1 g Ballaststoffe; 3 g Nettokohlenhydrate

TIPP

Chipotles in Adobo findet man mitunter auch in Deutschland im Spezialitätenregal. Einfacher ist aber das Selbermachen nach meinem Rezept auf Seite 276.

BROKKOLI MIT ZITRONEN-BALSAMICO-MAYO

FÜR 4 PORTIONEN:

½ Rezept Zitronen-Balsamico-Mayonnaise (siehe Seite 262)
500 g Brokkoli

Die Mayonnaise nach Rezept anrühren. Die Brokkoliröschen abtrennen, die Stiele schälen. Stiele und Röschen fünf bis sieben Minuten in Wasser dünsten, bis der Brokkoli leuchtend grün und noch bissfest ist.
Die Mayonnaise in Portionsschälchen zum Dippen dazu servieren.

NÄHRWERTANALYSE PRO PORTION:
512 Kalorien; 53 g Fett; 6 g Protein; 9 g Kohlenhydrate; 5 g Ballaststoffe; 4 g Nettokohlenhydrate

SELLERIEPÜREE

Von der Konsistenz her ganz ähnlich wie Kartoffelbrei.

FÜR 4 PORTIONEN:

2 große Knollen Sellerie, geschält und in fingerdicken Würfeln
4 EL saurer Kokosrahm (Menge nach Bedarf, siehe Seite 35)
Salz
Pfeffer

Sellerie weich dünsten, zum Beispiel 15 Minuten auf hoher Stufe in der Mikrowelle. Dann in einen hohen Rührbecher füllen und mit dem Stabmixer pürieren. Den sauren Kokosrahm unterrühren. Die Menge hängt von der Größe der Knollen ab und wie viel davon nach dem Putzen noch übrig ist. Mit Salz und Pfeffer abschmecken.

NÄHRWERTANALYSE PRO PORTION:
10 Kalorien; etwas Fett; etwas Protein; 1 g Kohlenhydrate; 1 g Ballaststoffe; 1 g Nettokohlenhydrate

CHIPOTLE-ZWIEBELN

Perfekt zu Burgern, Steaks oder gegrilltem Lachs.

FÜR 3 PORTIONEN:

1 EL Baconfett oder Schmalz
1 große milde Gemüsezwiebel, in Ringen
2 EL Chipotle-Chili in Adobo-Sauce (siehe Seite 276), gehackt
Salz

Das Fett in einer großen Pfanne auf mittlerer Stufe erhitzen und die Zwiebelringe darin nicht zu heiß anbraten.
Sie sollen schön braun karamellisieren, also immer wieder umrühren.
Die Chipotle unterziehen, sobald die Zwiebeln weich sind. Auf Wunsch noch etwas nachsalzen und servieren.

NÄHRWERTANALYSE PRO PORTION:
53 Kalorien; 4 g Fett; 1 g Protein; 3 g Kohlenhydrate; 1 g Ballaststoffe; 2 g Nettokohlenhydrate

CREMIGER SPINAT

FÜR 2 PORTIONEN:

1 EL Kokosöl
4 EL Zwiebel, gewürfelt
200 g Spinat, geputzt und gehackt
1 Knoblauchzehe, zerdrückt
125 ml ungesüßte Kokosmilch
¼ TL schwarzer Pfeffer, gemahlen
¼ TL gemahlener Muskat
¼ TL Salz
Glucomannan (Konjakmehl, auf Wunsch)

Das Kokosöl in einer Pfanne zerlassen. Die Zwiebel darin anbraten, den Spinat hinzufügen und verrühren. Knoblauch zufügen und unter häufigem Wenden weiterbraten, bis der Spinat zusammenfällt. Kokosmilch, Pfeffer, Muskat und Salz unterrühren. Alles ein paar Minuten garen.
Eventuell etwas Glucomannan zum Andicken unterziehen und gleich servieren.

NÄHRWERTANALYSE PRO PORTION:
207 Kalorien; 19 g Fett; 5 g Protein; 8 g Kohlenhydrate; 4 g Ballaststoffe; 4 g Nettokohlenhydrate

SPINAT MIT SESAM

FÜR 4 PORTIONEN:

1 EL Sesamsamen
3 EL Olivenöl
1 Knoblauchzehe, zerdrückt
200 g junger Spinat, geputzt
1 TL Coconut Aminos (siehe Seite 17)

Eine Pfanne auf kleiner bis mittlerer Stufe erhitzen und die Sesamsamen hineingeben. Umrühren oder rütteln, bis sie goldbraun sind. Vom Herd nehmen und beiseitestellen.
Das Olivenöl in einer großen Pfanne auf mittlerer bis hoher Stufe erhitzen, den Knoblauch hinzugeben. Spinat zufügen, kurz anbraten und immer wieder wenden, bis er zusammenfällt. Dann die Coconut Aminos einrühren.
Auf vier Tellern anrichten und mit den gerösteten Sesamsamen bestreuen.

NÄHRWERTANALYSE PRO PORTION:
114 Kalorien; 11 g Fett; 2 g Protein; 2 g Kohlenhydrate; 1 g Ballaststoffe; 1 g Nettokohlenhydrate

FENCHEL MIT PINIENKERNEN UND ROSINEN

FÜR 3 PORTIONEN:

1 EL Pinienkerne
1½ EL Rosinen
2 TL Schweineschmalz oder Kokosöl
½ Fenchelknolle, geputzt und gehobelt
½ mittelgroße Zwiebel, gehobelt
¼ TL gemahlener Zimt
¼ TL Anchovispaste

Eine beschichtete Pfanne auf mittlerer Stufe erhitzen und die Pinienkerne unter ständigem Wenden goldbraun anrösten. Aus der Pfanne nehmen und beiseitestellen.
Die Rosinen in einer kleinen Schale mit kochendem Wasser bedecken.

Die Pfanne auf mittlerer bis hoher Stufe erneut erhitzen und das Fett zerlassen. Fenchel und Zwiebel darin unter häufigem Wenden in zehn bis 15 Minuten bissfest garen.
Die Rosinen mit einer Gabel aus dem Wasser heben und in die Pfanne geben. Zimt und Anchovispaste unter Rühren im restlichen Rosinenwasser auflösen, unterrühren und noch eine oder zwei Minuten mitgaren, bis die Flüssigkeit verkocht ist.
Zum Schluss die Pinienkerne unterheben.

NÄHRWERTANALYSE PRO PORTION:
76 Kalorien; 4 g Fett; 2 g Protein;
9 g Kohlenhydrate; 2 g Ballaststoffe;
7 g Nettokohlenhydrate

SÜSSKARTOFFEL MIT INGWER UND WALNUSS

FÜR 4 PORTIONEN:
2 große Süßkartoffeln
8 TL Walnussöl (40 ml)
1 TL gemahlener Ingwer

Den Ofen auf 180 °C (Gas Stufe 4) vorheizen.
Die Kartoffeln bürsten und etwa eine Stunde im Ofen backen.
In vier Portionen teilen und mit der Gabel direkt in der Schale zerdrücken. Je zwei Teelöffel Walnussöl und etwas Ingwer unterziehen und frisch servieren.

NÄHRWERTANALYSE PRO PORTION:
150 Kalorien; 9 g Fett; 1 g Protein;
16 g Kohlenhydrate; 2 g Ballaststoffe;
14 g Nettokohlenhydrate

ORANGENKARTOFFELN AUS DEM OFEN

FÜR 5 PORTIONEN:
Fett für die Form
380 g Süßkartoffeln, geschält, in 0,5 cm dicken Scheiben
Salz
Pfeffer
½ TL gemahlener Rosmarin
1 Orange, ungeschält in sehr dünne Streifen gehobelt
2 EL Kokosöl

Den Ofen auf 180 °C vorheizen (Gas Stufe 4). Eine Auflaufform von 20 x 20 Zentimetern fetten.
Eine Lage Süßkartoffelscheiben in die vorbereitete Form setzen. Mit Salz, Pfeffer und etwas Rosmarin würzen. Eine Lage Orangenscheiben darüberlegen. Diesen Aufbau wiederholen. Das Kokosöl in einer Pfanne zerlassen und mit dem restlichen Rosmarin würzen. Den Auflauf damit beträufeln.
Mit Alufolie abdecken und eine Stunde backen, dann die Folie abnehmen und weitere 15 Minuten backen. Heiß servieren.

NÄHRWERTANALYSE PRO PORTION:
128 Kalorien; 6 g Fett; 1 g Protein;
19 g Kohlenhydrate; 3 g Ballaststoffe;
16 g Nettokohlenhydrate

SÜSSKARTOFFELN MIT RÖSTZWIEBELN UND SPECK

FÜR 4–6 PORTIONEN:

4 kleine Süßkartoffeln
4 Scheiben Bacon (Frühstücksspeck)
1 mittelgroße Zwiebel, fein gehackt
1 TL Cajungewürz (Menge nach Geschmack)

Die Süßkartoffeln schrubben, von allen Seiten mit einer Gabel einstechen und in der Mikrowelle rund sieben Minuten (die Backzeit kann je nach Größe der Süßkartoffeln variieren) garen.
Den Speck in einer Pfanne auf kleiner Stufe anbraten und, sobald er kross ist, auf einen Teller geben. Im verbliebenen Fett die Zwiebel langsam anbraten, bis sie braun ist.
Die Süßkartoffel pellen – die Schale lässt sich ganz leicht abziehen – und in großen Stücken oder Scheiben in die Pfanne schneiden. Mit einer Gabel zerdrücken, bis Zwiebel und Fett gleichmäßig eingearbeitet sind. Zum Schluss den Speck darüberbröseln, mit Cajungewürz abschmecken und noch einmal durcharbeiten. Heiß servieren.

NÄHRWERTANALYSE PRO PORTION BEI 6 PORTIONEN:
127 Kalorien; 2 g Fett; 3 g Protein; 24 g Kohlenhydrate; 3 g Ballaststoffe; 21 g Nettokohlenhydrate

CURRYKARTOFFELN AUS DEM OFEN

FÜR 4 PORTIONEN:

4 EL Kokosöl
2 TL Salz
1 TL Currypulver
2 Süßkartoffeln, gewaschen und in Stücken

Den Ofen auf 190 °C vorheizen (Gas Stufe 5). Das Kokosöl auf ein Backblech geben und beim Vorheizen in den Ofen stellen.
Das Salz mit dem Currypulver verrühren. Das Backblech aus dem Ofen holen und die Süßkartoffeln mit einem Pfannenwenden mehrfach im Fett wenden, bis sie rundum überzogen sind. Mit Currysalz bestreuen und erneut gründlich wenden. Das Blech wieder in den Ofen schieben. Die Kartoffeln nach zehn Minuten wenden und weitere zehn Minuten backen.
Inzwischen müssten sie goldbraun und weich sein. Wenn nicht, noch einmal wenden und fünf Minuten länger backen. Heiß servieren.

NÄHRWERTANALYSE PRO PORTION:
187 Kalorien; 14 g Fett; 1 g Protein; 16 g Kohlenhydrate; 2 g Ballaststoffe; 14 g Nettokohlenhydrate

GEGRILLTE TOMATEN

FÜR 4 PORTIONEN:

4 mittelgroße Tomaten, in zentimeter-dicken Scheiben
2 EL Olivenöl
Salz
Pfeffer
1 EL Balsamicoessig
2 TL frischer Rosmarin, gehackt

Den Grill oder eine Grillpfanne vorheizen. Die Tomaten mit Olivenöl bepinseln und etwa fünf Minuten grillen, dabei einmal wenden, damit schöne braune Grill-streifen entstehen.
Die Scheiben auf Tellern anrichten, mit Salz und Pfeffer würzen und mit Balsamicoessig beträufeln. Mit Rosmarin bestreuen und gleich servieren.

NÄHRWERTANALYSE PRO PORTION:
86 Kalorien; 7 g Fett; 1 g Protein; 6 g Kohlenhydrate; 1 g Ballaststoffe; 5 g Nettokohlenhydrate

GRÜNE BOHNEN MIT ZWIEBELN UND PILZEN

FÜR 4 PORTIONEN:

400 g zarte grüne Bohnen, geputzt
2 EL Schweineschmalz oder Kokosöl
4 EL Zwiebel, gewürfelt
1 Handvoll Champignons, gehackt

Die grünen Bohnen dünsten (in der Mikrowelle oder auf dem Herd). Sie sollen gerade eben gar sein.
Die Hälfte des Fetts in einer großen Pfanne auf mittlerer Stufe zerlassen. Die Zwiebelwürfel unter gelegentlichem Rühren langsam anbraten, bis sie gleichmäßig gebräunt sind. Dann auf einem Teller beiseitestellen.
Das restliche Fett in die Pfanne geben und die Pilze darin anbraten, bis sie weich werden und ihre Farbe ändern.
Die Bohnen zu den Pilzen geben, auch die Zwiebeln wieder hinzufügen. Alles verrühren und anrichten.

NÄHRWERTANALYSE PRO PORTION:
95 Kalorien; 7 g Fett; 2 g Protein; 8 g Kohlenhydrate; 4 g Ballaststoffe; 4 g Nettokohlenhydrate

GRÜNE BOHNEN MIT PILZEN UND ZWIEBELN

FÜR 4 PORTIONEN:

2 EL Kokosöl oder anderes Fett nach Wahl
½ mittelgroße Zwiebel, gehackt
115 g kleine, feste Champignons, in Scheiben
400 g grüne Bohnen, geputzt und halbiert (auf Wunsch TK)
125 ml Hühnerbrühe (siehe Seite 240)
Salz
Pfeffer

Die Hälfte des Fetts in einer großen Pfanne auf kleiner Stufe erhitzen.
Die Zwiebel unter gelegentlichem Rühren schön braun anbraten.
Das restliche Fett in die Pfanne geben und die Pilze hinzufügen. Anbraten, bis

die Pilze weich werden und ihre Farbe verändern.
Die grünen Bohnen zufügen und alles verrühren. Hühnerbrühe angießen, Deckel aufsetzen und 20 Minuten garen. Wenn die Bohnen noch zu fest sind, weitere fünf Minuten garen. Heiß servieren.

NÄHRWERTANALYSE PRO PORTION:
107 Kalorien; 7 g Fett; 3 g Protein; 10 g Kohlenhydrate; 4 g Ballaststoffe; 6 g Nettokohlenhydrate

GRÜNE BOHNEN MIT SCHALOTTEN UND SELLERIE

FÜR 4 PORTIONEN:
3 EL Olivenöl, extra vergine
400 g junge grüne Bohnen, geputzt
3 Schalotten, dünn gehobelt
2 Stangen Sellerie, in 0,5 cm dünnen Scheiben
Saft von ¼ Zitrone
2 EL frische Petersilie, gehackt
Salz
Pfeffer

Das Olivenöl in einer großen Pfanne auf mittlerer bis hoher Stufe erhitzen. Die grünen Bohnen fünf Minuten darin anbraten. Schalottenringe und Sellerie hinzufügen und mitbraten, bis die Bohnen gerade eben weich sind. Zitronensaft zufügen, Petersilie unterrühren und mit Salz und Pfeffer abschmecken. Heiß oder kalt servieren.

NÄHRWERTANALYSE PRO PORTION:
130 Kalorien; 10 g Fett; 2 g Protein; 10 g Kohlenhydrate; 4 g Ballaststoffe; 6 g Nettokohlenhydrate

GRÜNE BOHNEN, MEDITERRAN

FÜR 4 PORTIONEN:
2 mittelgroße Karotten, geschält und in Scheiben
2 EL Olivenöl
340 g grüne Bohnen, geputzt und halbiert
¼ TL Orangenschale, gerieben
Saft von ½ Orange
2 TL frischer Rosmarin, gehackt
Salz (auf Wunsch)

Die Karotten mit einem Teelöffel Wasser in ein mikrowellenfestes Gefäß mit Deckel geben und auf hoher Stufe drei bis vier Minuten in der Mikrowelle garen.
Das Olivenöl auf mittlerer bis hoher Stufe in einer großen Pfanne erhitzen und die Bohnen darin anbraten. Die gegarten Karotten in die Pfanne geben. Zehn bis zwölf Minuten anbraten, bis alles gerade eben zart ist.
Orangenschale und Saft zugeben, Rosmarin hinzufügen. Unter häufigem Rühren noch eine gute Minute anbraten, bis der Saft leicht glasiert ist. Auf Wunsch salzen und anrichten.

NÄHRWERTANALYSE PRO PORTION:
106 Kalorien; 7 g Fett; 2 g Protein; 11 g Kohlenhydrate; 4 g Ballaststoffe; 7 g Nettokohlenhydrate

GRÜNE BOHNEN, PIKANT

FÜR 4 PORTIONEN:

4 Scheiben Bacon (Frühstücksspeck)
450 g grüne Bohnen, geputzt
3 Frühlingszwiebeln, gehackt
225 g Champignons, gehackt
2 EL frische Salbeiblätter, gehackt
2 EL frische Petersilie, gehackt
1 EL Zitronensaft
1 EL heller Apfelessig
2 Tropfen Steviaextrakt
¼ TL schwarzer Pfeffer, gemahlen

Den Speck in einer großen Pfanne anbraten.
Die grünen Bohnen bissfest dünsten, entweder neun bis zehn Minuten auf hoher Stufe in der Mikrowelle oder auf dem Herd.
Den kross gebratenen Speck auf einem Teller beiseitestellen. Das Fett bis auf zwei Esslöffel aus der Pfanne entnehmen und Zwiebeln und Pilze im restlichen Fett anbraten. Wenn die Pilze weich sind und ihre Farbe geändert haben, grüne Bohnen, Salbei und Petersilie unterheben. Zitronensaft, Essig, Stevia und Pfeffer verrühren, in die Pfanne gießen und das Gemüse darin wenden.
Den Speck zerkrümeln, unterheben und alles anrichten.

NÄHRWERTANALYSE PRO PORTION:

216 Kalorien; 14 g Fett; 12 g Protein; 13 g Kohlenhydrate; 5 g Ballaststoffe; 8 g Nettokohlenhydrate

GEGRILLTE ARTISCHOCKEN

FÜR 2 PORTIONEN:

4 EL Olivenöl, extra vergine
3 Knoblauchzehen, zerdrückt
2 Artischocken
1 Zitrone

Einen großen Topf mit Wasser zum Kochen bringen.
Das Olivenöl in eine Tasse abmessen und den Knoblauch hineindrücken.
Die Artischocken halbieren. Wenn Sie sich die Mühe machen möchten, die Blätter zu trimmen, nur zu. Den feinen »Pelz« mit einem Löffel abschaben, anschließend gründlich unter fließendem Wasser abspülen, um alle Härchen zu entfernen.
Die Artischocken ins kochende Wasser legen, Hitze herunterschalten, so dass das Wasser nur noch siedet, und einen Deckel aufsetzen. 20 Minuten garen.
Fünf Minuten vor Ende der Garzeit den Grill vorheizen und den Grillrost dicht daruntersetzen.
Die Artischocken mit einer Zange aus dem Wasser heben und die aufgeschnittene Seite über dem Topf abtropfen.
Mit der Schnittseite nach oben auf den Grillrost legen. Am besten so arrangieren, dass alle Stücke gleichzeitig gegrillt werden.
Das Knoblauchöl mit einem Löffel in die Hohlräume und zwischen die Blätter der Artischocke träufeln. Dabei etwa die Hälfte des Öls verbrauchen. Auch ein bisschen Knoblauch über die Artischocken streuen.

Dicht unter den Grillstäben für fünf Minuten in den Ofen schieben, dann herausnehmen und die Zitrone über den Artischocken ausdrücken. Die Artischocken neu ausrichten, damit sie gleichmäßig garen – jetzt kommen die Außenränder nach innen –, und weitere zwei bis drei Minuten unter den Grill schieben. Auf zwei Tellern anrichten, den Rest des Knoblauchöls darüberträufeln und gleich servieren.

NÄHRWERTANALYSE PRO PORTION:
311 Kalorien; 27 g Fett; 5 g Protein; 18 g Kohlenhydrate; 7 g Ballaststoffe; 11 g Nettokohlenhydrate

INGWERKAROTTEN

FÜR 5 PORTIONEN:
450 g Babykarotten (ersatzweise normale Karotten)
½ EL Schweineschmalz
½ EL Olivenöl
1 TL Walnussöl
1 EL Honig
Saft von ½ Zitrone
2 TL Ingwer, frisch gerieben
½ TL gemahlener Kreuzkümmel

Bei Babykarotten nur das Grün abschneiden und die Wurzeln schrubben, bei größeren Karotten die dünnsten heraussuchen, schälen und in 0,5 Zentimeter dicke Streifen schneiden (Juliennes). In fünf bis sechs Minuten in etwas Wasser in der Mikrowelle zart dünsten. Schmalz und Olivenöl in einer Pfanne auf mittlerer bis hoher Stufe erhitzen. Die Karotten abtropfen, in die Pfanne geben und einige Minuten anbraten. Walnussöl, Honig und Zitronensaft hinzufügen, Ingwer und Kreuzkümmel unterziehen. Alles noch einige Minuten sautieren, also kurz braten bei hoher Temperatur, bis die Karotten glasiert sind. Heiß servieren.

NÄHRWERTANALYSE PRO PORTION:
81 Kalorien; 4 g Fett; 1 g Protein; 13 g Kohlenhydrate; 3 g Ballaststoffe; 10 g Nettokohlenhydrate

GLASIERTE KAROTTEN

FÜR 4 PORTIONEN:
450 g Babykarotten (ersatzweise normale Karotten)
½ EL Schweineschmalz
½ EL Olivenöl
1 TL Walnussöl
1 EL Ahornsirup
Saft von ½ Zitrone

Bei Babykarotten nur das Grün abschneiden und die Wurzeln schrubben, bei größeren Karotten die dünnsten heraussuchen, schälen und in 0,5 Zentimeter dicke Streifen schneiden (Juliennes). In fünf bis sechs Minuten in etwas Wasser in der Mikrowelle zart dünsten. Schmalz und Olivenöl in einer Pfanne auf mittlerer bis hoher Stufe erhitzen. Die Karotten abtropfen, in die Pfanne geben und einige Minuten anbraten. Walnussöl, Ahornsirup und Zitronensaft hinzufügen. Alles noch einige Minuten sautieren, also kurz braten bei hoher Temperatur, bis die Karotten glasiert sind. Heiß servieren.

NÄHRWERTANALYSE PRO PORTION:
97 Kalorien; 5 g Fett; 1 g Protein;
14 g Kohlenhydrate; 3 g Ballaststoffe;
11 g Nettokohlenhydrate

FRITTIERTE BANANEN

FÜR 2 PORTIONEN:
Schmalz oder Kokosöl
1 große Kochbanane, geschält und in dünnen Scheiben
Salz

Das Fett in einer großen Pfanne auf mittlerer bis hoher Stufe erhitzen.
Es sollte gut einen halben Zentimeter hoch in der Pfanne stehen.
Wenn das Fett heiß ist, die Bananenscheiben auf beiden Seiten goldbraun backen. Eine braune Papiertüte auf die Arbeitsplatte legen. Sobald die Bananenstücke schön braun sind, mit einem Pfannenwender auf die Tüte setzen, alle auf eine Seite. Die andere Seite der Tüte über die Scheiben falten und leicht andrücken.
Wieder ins heiße Fett setzen und weiterbraten, bis sie noch knuspriger sind.
Auf Küchenkrepp abtropfen und dazu Salz und eventuell Steinzeitketchup (siehe Seite 258) servieren.

NÄHRWERTANALYSE PRO PORTION:
109 Kalorien; etwas Fett; 1 g Protein;
29 g Kohlenhydrate; 2 g Ballaststoffe;
27 g Nettokohlenhydrate

OFENKÜRBIS MIT ALLEM

FÜR 6 PORTIONEN:
2 EL Kokosöl
350 g Kürbis, geschält und in zentimeterdicken Würfeln
4 EL Kürbiskerne, geschält
4 Scheiben Bacon (Frühstücksspeck)
1 Rezept Blumenkohlreis (siehe Seite 90)
1 mittelgroße Zwiebel, gehackt
1½ EL getrockneter Salbei oder 3 EL frischer Salbei, gehackt
2 EL Coconut Aminos (siehe Seite 17)
2 EL konzentrierte Hühnerbrühe (siehe Seite 32)
Schale von ½ Orange, gerieben
Saft von ½ Orange
½ TL schwarzer Pfeffer, gemahlen
Salz

Den Ofen auf 180 °C vorheizen (Gas Stufe 4). Das Kokosöl auf ein Backblech geben und während der Vorheizphase im Ofen schmelzen lassen.
Das Blech aus dem Ofen holen und die Kürbiswürfel gründlich im heißen Fett wenden. In einer Lage ausbreiten, wieder in den Ofen schieben und zehn Minuten backen.
Die geschälten Kerne auf einem zweiten Blech ebenfalls in den Ofen schieben.
Den Speck in einer großen Pfanne auf mittlerer Stufe knusprig braten.

Den Blumenkohlreis nach Rezept zubereiten und nach Ende der Garzeit den Deckel abnehmen, damit er nicht zu weich wird.
Nach der Backzeit die Kürbiskerne aus dem Ofen holen und den Kürbis prüfen – wenn er weich genug ist, entnehmen, ansonsten noch fünf Minuten Backzeit hinzugeben.
Den krossen Speck aus der Pfanne holen und beiseitestellen. Das Fett bis auf zwei Esslöffel abgießen und die Zwiebel in der Pfanne glasig braten.
Den Blumenkohlreis und den gebackenen Kürbis in die Pfanne geben und gut mit der Zwiebel verrühren. Salbei, Coconut Aminos und konzentrierte Hühnerbrühe hinzufügen. Orangenschale und Saft zugeben und alles gut verrühren, ohne dabei den Kürbis zu sehr zu zerdrücken.
Die gerösteten Kürbiskerne unterziehen. Den Bacon mit der Küchenschere über der Pfanne in Stücke schneiden, pfeffern, erneut durchrühren, eventuell salzen und servieren.

NÄHRWERTANALYSE PRO PORTION:
198 Kalorien; 14 g Fett; 8 g Protein; 14 g Kohlenhydrate; 3 g Ballaststoffe; 9 g Nettokohlenhydrate

RÜBENPFANNE

Eine feine Beilage zu Braten aller Art.

FÜR 4 PORTIONEN:
4 mittelgroße Steckrüben, geschält und in fingerdicken Scheiben
Bratensaft

45 Minuten vor Ende der vorgesehenen Bratzeit den Braten aus dem Ofen ziehen und die Rübenschnitze auf dem Blech in den Bratensaft legen. Sie sollten mit der flachen Seite auf dem Blech ruhen, so werden sie am besten braun. Auch von oben mit Bratensaft bepinseln.
Den Braten wieder in den Ofen schieben, nach gut 20 Minuten noch einmal herausholen und die Rübenschnitze wenden. Falls der Braten (wie bei mir) auf dem Grillrost liegt, am besten den Rost mitsamt der Fettpfanne herausheben.
Nach Ende der Garzeit die Rüben als Beilage mit der Sauce servieren.

NÄHRWERTANALYSE PRO PORTION:
33 Kalorien; etwas Fett; 1 g Protein; 8 g Kohlenhydrate; 2 g Ballaststoffe; 6 g Nettokohlenhydrate; das Fett, das die Rüben aus dem Bratensaft aufsaugen, ist nicht berechnet, weil schlichtweg unkalkulierbar.

TIPP

Wenn die Rüben ungefähr tennisballgroß sind, rechnet man eine Rübe pro Esser. Bei jungen Rübchen sind es eher drei pro Nase.

RÜBENSCHNITZE

Auch mit Resten von Roter Bete lecker. Einfach klein hacken und die Garzeit etwas verkürzen.

FÜR 2 PORTIONEN:

2 mittelgroße Steckrüben, in Stücken
½ mittelgroße Zwiebel, in Stücken
4 EL Baconfett oder Schmalz (Menge nach Bedarf)

Die Rüben in der Küchenmaschine raspeln. In eine Schüssel leeren und die Raspelscheibe gegen den Messereinsatz tauschen. Die halbe Zwiebel pulsierend in der Maschine fein hacken.

Das Fett in einer großen Pfanne auf mittlerer Stufe zerlassen. Rübenschnitze und Zwiebel hineingeben, gut verrühren und gleichmäßig ausbreiten. Deckel aufsetzen und alles fünf Minuten garen. Umrühren, wieder zudecken und weitere fünf Minuten garen. So lange wiederholen, bis die Rüben gar sind. Bei Bedarf esslöffelweise mehr Fett hinzufügen. Sobald die Rübenschnitze zart sind, den Deckel nach dem Umrühren einen Spalt breit offen lassen, damit der Dampf entweichen kann. Die Schnitze müssten inzwischen von unten anbräunen.

Mit dem Pfannenwender die Krusten vom Boden lösen und alles umdrehen. Nach drei- bis viermaligem Wenden sollten die Rübenschnitze schön kross sein. Erneut durchrühren, gleichmäßig ausbreiten und ohne weiteres Rühren noch fünf Minuten ohne Deckel rösten. Auf zwei Tellern anrichten.

NÄHRWERTANALYSE PRO PORTION:

280 Kalorien; 26 g Fett; 1 g Protein; 10 g Kohlenhydrate; 3 g Ballaststoffe; 7 g Nettokohlenhydrate

SALATE ALS BEILAGE

Ich liebe Salate jeglicher Art, am besten mit Gemüse und einem köstlichen Dressing.
Salat ist natürlich immer paleokonform; die meisten fertigen Salatsaucen hingegen nicht, weil sie fragwürdige Öle und häufig auch Milchprodukte enthalten, wie Sahne oder Käse. Hinzu kommt der Zucker.
In diesem Kapitel finden Sie eine Vielzahl an Salaten. Außerdem habe ich paleokonforme Dressings für jede Geschmacksrichtung und jegliche Salatkombination zusammengestellt.

GRÜNER SALAT MIT AVOCADO UND GRAPEFRUIT

FÜR 4 PORTIONEN:

1 Vinaigrette mit Weißweinbalsamico (siehe Seite 136)
1 rote Grapefruit
1 großer Kopfsalat, geputzt
1 Avocado, in Schnitzen

Die Vinaigrette nach Rezept zubereiten. Vor der Verarbeitung jedoch noch die Grapefruit halbieren, die einzelnen Stücke mit einem scharfen, spitzen Messer von den Häutchen lösen und in eine Schüssel legen. Wenn alle Stücke herausgelöst sind, den Saft aus der leeren Schale in das Dressing drücken. Jetzt die Zutaten im Mixer zu einer gleichmäßigen Sauce verarbeiten.
Den Salat in eine große Schüssel füllen und mit dem Dressing übergießen. Das Dressing gründlich unterheben und den Salat auf vier Tellern anrichten. Die Grapefruitstückchen und die Avocadoschnitze dekorativ auf dem Salat arrangieren und sofort servieren.

NÄHRWERTANALYSE PRO PORTION:
364 Kalorien; 35 g Fett; 3 g Protein; 14 g Kohlenhydrate; 4 g Ballaststoffe; 10 g Nettokohlenhydrate

KRÄUTERGARTENSALAT

FÜR 4 PORTIONEN:

24 frische Zuckerschoten
½ Kopf Romanasalat, geputzt
1 Tüte Pflücksalat
4 Frühlingszwiebeln, in dünnen Ringen
4 EL frische Petersilie, gehackt
4 EL frische Thymianblättchen, gehackt
4 EL frischer Majoran, gehackt
2 EL frischer Estragon, gehackt
125 ml Dilldressing (siehe Seite 141)
4 EL Sonnenblumenkerne, geröstet (gesalzen oder ungesalzen)

Die Enden der Zuckerschoten abknipsen, die Fäden entfernen. In eine mikrowellengeeignete Schüssel geben, abdecken und 45 Sekunden auf hoher Stufe garen. Sofort den Deckel abnehmen und abkühlen lassen. Diesen Schritt kann man vorab durchführen und die Erbsen im Kühlschrank aufbewahren.
Kurz vor dem Essen den Salat in einer Schüssel anrichten. Die weißen Teile der Frühlingszwiebeln zum Salat geben.
Die grünen Zwiebelringe hacken und mit den Kräutern in einer separaten Schale mischen.
Das Dressing über den Salat gießen und den Salat sehr gründlich wenden. Auf vier Salattellern anrichten und jeweils eine gute Handvoll Kräuter darüberstreuen.
Je sechs Zuckerschoten sternförmig daraufsetzen und jede Portion mit einem Esslöffel Sonnenblumenkerne bestreuen.

NÄHRWERTANALYSE PRO PORTION:
233 Kalorien; 19 g Fett; 6 g Protein; 14 g Kohlenhydrate; 7 g Ballaststoffe; 7 g Nettokohlenhydrate

FERNWEHSALAT

FÜR 4 PORTIONEN:

4 EL Walnüsse, gehackt
4 Scheiben Bacon (Frühstücksspeck)
½ Rezept Meerrettich-Vinaigrette mit Vanille (siehe Seite 137)
1 große Tüte junger Blattsalat oder Feldsalat, geputzt
2 Frühlingszwiebeln, in feinen Ringen
6 Erdbeeren, in Scheiben

Den Ofen auf 180 °C vorheizen (Gas Stufe 4).
Die gehackten Walnüsse auf einem Backblech ausbreiten und acht bis zehn Minuten im Ofen backen.
Eine Pfanne erhitzen und den Speck darin kross braten. Herausnehmen und beiseitestellen.
Das Dressing nach Rezept zubereiten.
Den Salat in eine große Schüssel geben.
Das Dressing darübergießen und zügig wenden, bis alles gleichmäßig verteilt ist.
Auf vier Salattellern anrichten.
Über jeder Portion einen Streifen Speck zerkrümeln, die Frühlingszwiebeln darüberstreuen und obenauf die Erdbeerscheiben arrangieren. Zum Schluss mit je einem Esslöffel Walnüsse bestreuen und gleich servieren.

NÄHRWERTANALYSE PRO PORTION:
287 Kalorien; 28 g Fett; 5 g Protein; 6 g Kohlenhydrate; 3 g Ballaststoffe; 3 g Nettokohlenhydrate

SPINATSALAT

FÜR 3 PORTIONEN:

2 Scheiben Bacon (Frühstücksspeck)
5 Handvoll frischer Spinat oder Feldsalat, geputzt
1 Rezept 1960er-Jahre-Dressing (siehe Seite 140)
4 EL rote Zwiebel, in feinen Ringen
2 hartgekochte Eier, in Scheiben

Eine Pfanne erhitzen und den Speck schön kross anbraten.
Den Salat in eine große Schüssel geben.
Das Dressing nach Rezept anrühren, über den Salat gießen und alles gründlich wenden.
Salat auf drei Tellern verteilen, Bacon darüberbröseln, mit Zwiebelringen und dem Ei dekorieren und gleich servieren.

NÄHRWERTANALYSE PRO PORTION:
171 Kalorien; 15 g Fett; 7 g Protein; 4 g Kohlenhydrate; 1 g Ballaststoffe; 3 g Nettokohlenhydrate

SPINATSALAT MIT PFLAUME

FÜR 6 PORTIONEN:

320 g junger Spinat oder Feldsalat, geputzt
2 EL Olivenöl
2 EL Weißweinbalsamico
1 TL Coconut Aminos (siehe Seite 17)
½ TL Ingwer, frisch gerieben
2 rote Pflaumen, gewürfelt
2 Frühlingszwiebeln, in feinen Ringen

Den Spinat in eine Salatschüssel geben. Olivenöl, Balsamico, Coconut Aminos und Ingwer in einer separaten Schüssel verrühren. Das Dressing über den Spinat gießen und gut unterheben.
Den Salat auf sechs Tellern anrichten, mit Pflaumenwürfeln und Frühlingszwiebeln garnieren und gleich servieren.

NÄHRWERTANALYSE PRO PORTION:
68 Kalorien; 5 g Fett; 2 g Protein; 6 g Kohlenhydrate; 2 g Ballaststoffe; 4 g Nettokohlenhydrate

SPINATSALAT MIT EI

FÜR 5 PORTIONEN:
4 EL Olivenöl, extra vergine
1 große Knoblauchzehe, zerdrückt
2 EL Coconut Aminos (siehe Seite 17)
70 g frische Wasserkastanien (aus dem Asiamarkt), in Streifen geschnitten
Saft von ½ Zitrone
450 g junger Spinat oder Feldsalat, geputzt
2 hartgekochte Eier, in dünnen Streifen

Das Olivenöl in einem großen Topf auf mittlerer Stufe erhitzen. Den Knoblauch kurz darin anbraten. Coconut Aminos, Wasserkastanien und Zitronensaft zufügen. Einmal umrühren, dann den Spinat zugeben. Wenden, bis er leicht zusammenfällt.
Alles in eine Salatschüssel umfüllen und die Eier darauf dekorieren. Sofort servieren.

NÄHRWERTANALYSE PRO PORTION:
170 Kalorien; 13 g Fett; 6 g Protein; 9 g Kohlenhydrate; 3 g Ballaststoffe; 6 g Nettokohlenhydrate

SPINATSALAT MIT FRÜCHTEN

FÜR 6 PORTIONEN:
150 g junger Spinat, geputzt
150 g Wassermelone, in Stücken
170 g Erdbeeren, in Scheiben
180 g Kiwi, in dünnen Scheiben
60 g Salatgurke, erst längs geviertelt, dann in dünnen Scheiben
4 EL rote Zwiebel, in papierdünnen Ringen
80 ml Vinaigrette mit Weißweinbalsamico (siehe Seite 136)

Spinat, Früchte und Gemüse in eine Salatschüssel geben.
Das Dressing nach Rezept zubereiten, darübergeben, wenden und gleich servieren.

NÄHRWERTANALYSE PRO PORTION:
206 Kalorien; 19 g Fett; 2 g Protein; 11 g Kohlenhydrate; 3 g Ballaststoffe; 8 g Nettokohlenhydrate

VALENTINSSALAT

FÜR 2 PORTIONEN:
3 EL Mandelblättchen
8 Handvoll junger Blattspinat, geputzt
4 EL Mohnsamendressing (siehe Seite 139)
1 Frühlingszwiebel, in feinen Ringen
5 Erdbeeren, in Scheiben

Eine beschichtete Pfanne auf kleiner bis mittlerer Stufe erhitzen und die Mandelblättchen darin goldbraun anrösten.
Vom Herd nehmen und beiseitestellen.
Den Spinat in eine Schüssel geben.
Das Dressing nach Rezept zubereiten, über den Spinat gießen und gründlich wenden. Zwiebelringe, Erdbeeren und Mandelblättchen darüberstreuen und gleich servieren.

NÄHRWERTANALYSE PRO PORTION:
274 Kalorien; 26 g Fett; 5 g Protein;
9 g Kohlenhydrate; 4 g Ballaststoffe;
5 g Nettokohlenhydrate

GRAPEFRUIT-AVOCADO-SALAT

FÜR 4 PORTIONEN:
2 rote Grapefruits
1 EL Limettensaft
2 EL Olivenöl, extra vergine
1 EL Weißweinbalsamico
3 Tropfen Steviaextrakt
1 mittelgroße Schalotte, in Stücken
einige große Salatblätter
2 kleine schwarze Avocados, in Scheiben
Salz
Pfeffer
2 EL frischer Koriander, gehackt

Eine Grapefruit über einer Schüssel schälen (um den Saft aufzufangen) und alles Weiße vollständig entfernen. Die einzelnen Stücke durchschneiden und in eine zweite Schüssel geben; den restlichen Saft in die erste Schüssel pressen. In einer Schüssel ist also der Saft, in der anderen sind die Grapefruitstückchen.
Mit der zweiten Grapefruit wiederholen.
Den Grapefruitsaft mit Limettensaft, Olivenöl, Balsamico, Stevia und Schalottenstücken in einen Mixer gießen und pürieren, bis die Schalotte pulverisiert ist.
Vier Salatteller mit Blattsalat auslegen.
Die Avocadoscheiben sternförmig auf dem Salat arrangieren. Grapefruitstücke dazwischensetzen, so dass sich ein pink-grünes Muster ergibt.
Das Dressing noch einmal durchschlagen und über den Salat träufeln. Mit Salz und Pfeffer würzen und mit Koriander bestreut servieren.

NÄHRWERTANALYSE PRO PORTION:
266 Kalorien; 22 g Fett; 3 g Protein;
19 g Kohlenhydrate; 4 g Ballaststoffe;
15 g Nettokohlenhydrate

MANGO-AVOCADO-SALAT

FÜR 4 PORTIONEN:
2 Avocados, in Scheiben
2 reife Mangos, in Scheiben
¼ TL Salz
¼ TL Cayennepfeffer
Saft von 1 Limette
2 EL Habanero-Limetten-Balsamico
(siehe Seite 267)
80 ml Olivenöl, extra vergine
Schale von 1 Limette, gerieben

Avocado- und Mangoscheiben sternförmig auf vier Tellern arrangieren.
Salz und Cayennepfeffer mischen und gleichmäßig darüberstreuen.

Den Limettensaft direkt in den Mixer drücken. Habanero-Limetten-Balsamico und Olivenöl hinzugeben und 30 Sekunden mixen.
Die Scheiben mit dem Dressing beträufeln, mit Limettenschale bestreuen und gleich servieren.

NÄHRWERTANALYSE PRO PORTION:
398 Kalorien; 34 g Fett; 3 g Protein;
28 g Kohlenhydrate; 5 g Ballaststoffe;
23 g Nettokohlenhydrate

KLASSISCHER KRAUTSALAT

FÜR 12 PORTIONEN:
1 mittelgroßer Weißkohl, geraspelt
2 Karotten, geschält und geraspelt
6 EL rote Zwiebel, fein gehackt
1 Rezept Krautsalatdressing (siehe Seite 140)

Weißkohl, Karotten und Zwiebel in eine große Schüssel füllen.
Das Dressing nach Rezept zubereiten, den Salat damit begießen, gründlich wenden und servieren.
Der Salat hält sich auch einige Tage im Kühlschrank.

NÄHRWERTANALYSE PRO PORTION:
155 Kalorien; 15 g Fett; 2 g Protein;
7 g Kohlenhydrate; 2 g Ballaststoffe;
5 g Nettokohlenhydrate

KRAUTSALAT MIT APFEL UND WALNUSS

FÜR 6 PORTIONEN:
1 Handvoll Walnüsse, gehackt
280 g Weißkohl, geraspelt
1 Apfel, in feinen Streifen
3 EL Walnussöl
2 EL Apfelessig
¼ TL Dijonsenf
2 EL Mayonnaise (siehe Seite 262)
¼ TL schwarzer Pfeffer, gemahlen
Salz (auf Wunsch)

Den Ofen auf 180 °C vorheizen (Gas Stufe 4).
Die Walnüsse auf einem Backblech ausbreiten und für acht bis zehn Minuten im Ofen garen.
Weißkohl mit Apfel in einer großen Schüssel mischen.
Die restlichen Zutaten in einer separaten Schüssel vermengen.
Nach Ende der Backzeit die Walnüsse zum Weißkrautsalat geben, das Dressing darübergießen und alles wenden. Frisch servieren.

NÄHRWERTANALYSE PRO PORTION:
183 Kalorien; 17 g Fett; 3 g Protein;
8 g Kohlenhydrate; 2 g Ballaststoffe;
6 g Nettokohlenhydrate

KRAUTSALAT FÜR ALLE

FÜR 4 PORTIONEN:
80 ml Habanero-Limetten-Dressing (siehe Seite 139)
350 g Chinakohl, fein geraspelt
100 g frische Zuckerschoten, geputzt und gedrittelt
1 Bund Frühlingszwiebeln, in Ringen
½ rote Paprika, fein gewürfelt
1 Orange, geschält und in Stücken

Das Dressing nach Rezept zubereiten. Die übrigen Zutaten in eine große Salatschüssel geben. Das Dressing darübergießen und alles wenden.
Vor dem Verzehr eine Stunde im Kühlschrank durchziehen lassen.

NÄHRWERTANALYSE PRO PORTION:
304 Kalorien; 25 g Fett; 1 g Protein; 7 g Kohlenhydrate; 1 g Ballaststoffe; 6 g Nettokohlenhydrate

TIPP

Wer mag, kann die Zuckerschoten blanchieren. Dazu 45 bis 60 Sekunden zugedeckt mit einem Teelöffel Wasser in die Mikrowelle stellen.

KRAUTSALAT, SÜSSSAUER

Eine tolle Beilage zu gegrilltem Huhn!

FÜR 8 PORTIONEN:
½ Weißkohl, geraspelt
1 mittelgroßer Apfel, fein gewürfelt
150 g Trauben, geviertelt
1 große rote Zwiebel, fein gehackt
1 Handvoll Walnüsse, gehackt
1 Rezept Mayonnaise (siehe Seite 262)
3 Spritzer Chilisauce
1 EL scharfer Senf

Kohl, Apfel, Trauben, Zwiebel und Walnüsse in einer großen Schüssel mischen.
Mayonnaise, Chilisauce und Senf in einer zweiten Schüssel verrühren. Über den Salat geben, gründlich wenden und frisch servieren.

NÄHRWERTANALYSE PRO PORTION:
269 Kalorien; 28 g Fett; 3 g Protein; 7 g Kohlenhydrate; 1 g Ballaststoffe; 6 g Nettokohlenhydrate

KRAUTSALAT MIT VINAIGRETTE

FÜR 5 PORTIONEN:
8 EL Mayonnaise (siehe Seite 262)
4 EL Cocoyo (siehe Seite 33)
1 EL Meerrettich
1 EL scharfer Senf
2 EL Weißweinbalsamico
1½ TL schwarzer Pfeffer, gemahlen
1 TL Honig (auf Wunsch)

½ Weißkohl, geraspelt
2 EL rote Zwiebel, fein gehackt

Alle Zutaten bis auf den Kohl und die Zwiebel verrühren. Wer es süß(er) mag, ergänzt das Dressing um einen Teelöffel Honig.
Kohl und Zwiebel in eine große Schüssel füllen, mit dem Dressing begießen und gründlich wenden.
Der Salat ist sofort verzehrbereit, schmeckt aber am besten, wenn er eine Nacht im Kühlschrank durchgezogen hat.

NÄHRWERTANALYSE PRO PORTION:
189 Kalorien; 19 g Fett; 2 g Protein;
7 g Kohlenhydrate; 2 g Ballaststoffe;
5 g Nettokohlenhydrate

SOUTHWESTERN SLAW

FÜR 8 PORTIONEN:
1 Weißkohl, geraspelt
1 große Karotte, geschält und geraspelt
6 EL rote Zwiebel, fein gehackt
250 g Limetten-Chipotle-Mayonnaise (siehe Seite 138)
4 EL Apfelessig
1 TL gemahlener Kreuzkümmel
½ kleine Chipotle-Chili in Adobo-Sauce (siehe Seite 267)
¼ TL Senfkörner, gemahlen
3 Tropfen Steviaextrakt (Menge nach Geschmack)

Weißkohl, Karotte und Zwiebel in eine große Schüssel geben.
Die restlichen Zutaten im Mixer oder in der Küchenmaschine zerkleinern, bis die Chili vollständig pulverisiert ist.
Das Dressing nach Rezept zubereiten, über den Salat gießen und gründlich wenden.
Im Kühlschrank mehrere Stunden durchziehen lassen.

NÄHRWERTANALYSE PRO PORTION:
235 Kalorien; 24 g Fett; 2 g Protein;
9 g Kohlenhydrate; 3 g Ballaststoffe;
6 g Nettokohlenhydrate

DAUERKRAUTSALAT

Gut auf Vorrat zu machen; so hat man immer etwas Essbares.

FÜR 10 PORTIONEN:
1 mittelgroßer Weißkohl, geraspelt
1 mittelgroße rote Zwiebel, fein gewürfelt
2 große Karotten, geschält und geraspelt
2 Stangen Sellerie, fein gehackt
235 ml Weißweinbalsamico
175 ml Olivenöl
1 TL Senfkörner, gemahlen
¼ TL schwarzer Pfeffer, gemahlen
4 Tropfen Steviaextrakt
Salz (optional)

Das Gemüse in eine große Schüssel geben.
Alle anderen Zutaten gut verrühren, zum Salat gießen und gründlich wenden.
Schmeckt nach einigen Tagen luftdicht verschlossen im Kühlschrank am besten.

NÄHRWERTANALYSE PRO PORTION:
184 Kalorien; 17 g Fett; 2 g Protein;
10 g Kohlenhydrate; 3 g Ballaststoffe;
7 g Nettokohlenhydrate

SPARGELSALAT MIT BALSAMICODRESSING

FÜR 6 PORTIONEN:
80 g Pekannüsse, gehackt
2 EL Balsamicoessig
4 EL Olivenöl, extra vergine
½ TL Dijonsenf
½ EL Mayonnaise (siehe Seite 262)
1 Knoblauchzehe, zerdrückt
800 g grüner Spargel, geschält
Salz
Pfeffer

Den Ofen auf 180 °C vorheizen (Gas Stufe 4).
Die Pekannüsse auf einem Backblech verteilen und im Ofen acht Minuten backen.
Für das Dressing Essig, Olivenöl, Senf, Mayonnaise und Knoblauch im Mixer verarbeiten, bis der Knoblauch pulverfein ist. Die Emulsion im Mixer beiseitestellen.
Mit einem Sparschäler den Spargel in lange, dünne Streifen hobeln, direkt in eine Salatschüssel.
Den Mixer noch einmal pulsieren lassen. Das Dressing über den Spargel gießen und unterheben. Nach Geschmack mit Salz und Pfeffer würzen und mit den Pekannüssen garnieren.

NÄHRWERTANALYSE PRO PORTION:
152 Kalorien; 15 g Fett; 2 g Protein;
5 g Kohlenhydrate; 2 g Ballaststoffe;
3 g Nettokohlenhydrate

TIPP

Wer beim Schälen des weichen Spargels Probleme hat, verwendet statt eines messerförmigen Schälers besser einen Y-förmigen. Vier Stangen Spargel nebeneinander auf ein Schneidbrett legen und am holzigen Ende festhalten. Mit festem Druck den Spargel in lange, dünne Streifen hobeln.

SELLERIESALAT MIT RADIESCHEN

FÜR 4 PORTIONEN:
4 EL Haselnüsse
1 EL Apfelessig
3 EL Olivenöl
1 EL Walnussöl
6 Stangen Sellerie (das helle Innere), in Streifen
3 Radieschen, in dünnen Scheiben
4 EL frische Petersilie, gehackt
Salz
Pfeffer

Den Ofen auf 180 °C vorheizen (Gas Stufe 4).
Die Haselnüsse auf einem Backblech verteilen und acht Minuten backen.

Den Essig mit den Ölen verrühren und beiseitestellen.
Sellerie, Radieschen und Petersilie in eine Salatschüssel geben.
Die Nüsse aus dem Ofen holen und einige Minuten abkühlen lassen. Sobald sie nicht mehr zu heiß dazu sind, zwischen den Handflächen rollen, um das braune Häutchen weitgehend abzurubbeln. Die Nüsse hacken und in den Salat geben.
Das Dressing darübergießen, alles wenden und mit Salz und Pfeffer abschmecken.
Frisch oder am nächsten Tag aus dem Kühlschrank servieren.

NÄHRWERTANALYSE PRO PORTION:
187 Kalorien; 19 g Fett; 2 g Protein; 4 g Kohlenhydrate; 2 g Ballaststoffe; 2 g Nettokohlenhydrate

APFEL-FENCHEL-SALAT

FÜR 4 PORTIONEN:
½ Fenchelknolle, gewürfelt
1 Apfel, gewürfelt
¼ rote Paprika, gewürfelt
4 EL Mayonnaise (siehe Seite 262)
Schale von ½ Limette, gerieben
Saft von ½ Limette
1 TL Senf
3 Tropfen Steviaextrakt oder ½ TL Honig
1 TL Currypulver

Fenchel, Apfel und Paprika in eine Salatschüssel geben.
In einer separaten Schüssel Mayonnaise, geriebene Limettenschale und Saft, Senf, Stevia oder Honig und Curry verrühren.
Das Dressing über den Salat gießen, gründlich wenden und sofort servieren.

NÄHRWERTANALYSE PRO PORTION:
135 Kalorien; 12 g Fett; 1 g Protein; 9 g Kohlenhydrate; 2 g Ballaststoffe; 7 g Nettokohlenhydrate

Salate mit Blumenkohlreis

Blumenkohlreis ersetzt in Salaten nicht nur Reis, sondern auch Kritharáki beziehungsweise Orzo oder Risi, Bulgur, Tabouleh, Couscous – was auch immer. Wenn ein Salat ein körniges Getreide erfordert, ist Blumenkohlreis einen Versuch wert.

STEINZEIT-TABOULEH

FÜR 5 PORTIONEN:
1 Rezept Blumenkohlreis (siehe Seite 90)
1 mittelgroße Tomate, fein gewürfelt
½ Salatgurke, fein gewürfelt
¼ kleine rote Zwiebel, fein gewürfelt
½ grüne Paprika, fein gewürfelt
2 Handvoll frische Minze (nur die Blätter), gehackt
4 EL Olivenöl, extra vergine
4 EL Zitronensaft
1 Knoblauchzehe, sehr fein gehackt
Salz
Pfeffer

Den Blumenkohlreis nach Rezept zubereiten.
Sobald der Blumenkohl kalt genug ist, mit dem restlichen Gemüse und der Minze in eine große Schüssel geben. Alles gut mischen.
Olivenöl, Zitronensaft und Knoblauch verrühren. Über den Salat gießen und gründlich unterheben. Mit Salz und Pfeffer abschmecken und bis zum Servieren kalt stellen.

NÄHRWERTANALYSE PRO PORTION:
137 Kalorien; 11 g Fett; 2 g Protein;
9 g Kohlenhydrate; 3 g Ballaststoffe;
6 g Nettokohlenhydrate

AVOCADO-TOMATEN-MOGELREISSALAT

FÜR 4 PORTIONEN:
½ Rezept Blumenkohlreis (siehe Seite 90)
180 g Tomaten, gewürfelt
1 Avocado, gewürfelt
2 Frühlingszwiebeln, in feinen Ringen
4 EL Olivenöl
2 EL Apfelessig
¼ TL getrockneter Oregano
¼ TL gemahlener Kreuzkümmel
¼ TL Chilisauce
¼ TL Salz
4 EL frische Petersilie, gehackt

Das halbe Rezept Blumenkohlreis zubereiten.
Tomate, Avocado und Zwiebelringe in eine große Salatschüssel geben.
Wenn der Blumenkohlreis fertig ist, aus der Mikrowelle holen und den Deckel abnehmen. Abgießen und einige Minuten abkühlen lassen, dabei gelegentlich umrühren, damit die Hitze entweichen kann.
Die übrigen Zutaten bis auf die Petersilie verrühren. Das Dressing über Tomate, Avocado und Frühlingszwiebeln gießen und vorsichtig wenden, damit die Avocado nicht verletzt wird.
Den abgekühlten Blumenkohl unter den Salat heben. Zuletzt die Petersilie unterziehen und sofort servieren.

NÄHRWERTANALYSE PRO PORTION:
217 Kalorien; 21 g Fett; 2 g Protein;
7 g Kohlenhydrate; 2 g Ballaststoffe;
5 g Nettokohlenhydrate

BASILIKUMSALAT

FÜR 6 PORTIONEN:
½ Rezept Blumenkohlreis (siehe Seite 90)
3 EL Mayonnaise (siehe Seite 262)
3 EL saurer Kokosrahm (siehe Seite 35)
⅛ TL schwarzer Pfeffer, gemahlen
Salz (optional)
4 EL frisches Basilikum, sehr fein gehackt
2 EL frische Petersilie, fein gehackt
3 EL rote Zwiebel, sehr fein gewürfelt
1 mittelgroße Tomate, fein gewürfelt

Das halbe Rezept Blumenkohlreis zubereiten.
Mayonnaise und Kokosrahm abmessen und verrühren. Mit Pfeffer und auf Wunsch mit Salz abschmecken.
Sobald der Blumenkohl fertig ist,

abgießen und in eine große Salatschüssel umfüllen. Etwas abkühlen lassen, dann die Kräuter, die Zwiebel und das Dressing hinzugeben und alles gründlich wenden. Mit Pfeffer und auf Wunsch mit Salz abschmecken. Zuletzt die Tomatenwürfel unterheben.
Der Salat kann sofort verzehrt werden, schmeckt aber nach einer Nacht im Kühlschrank noch besser.

NÄHRWERTANALYSE PRO PORTION:
87 Kalorien; 9 g Fett; 1 g Protein; 3 g Kohlenhydrate; 1 g Ballaststoffe; 2 g Nettokohlenhydrate

POTLUCK-MOGELREIS

FÜR 12 PORTIONEN:
1 Rezept Blumenkohlreis (siehe Seite 90), doppelte Menge
1 kleine rote Zwiebel, gewürfelt
1 rote Paprika, gewürfelt
1 Bund Frühlingszwiebeln, in Ringen
1 Handvoll frische Petersilie, gehackt
2 EL frischer Oregano, gehackt
8 EL Mayonnaise (siehe Seite 262)
125 ml Cocoyo (siehe Seite 33)
125 ml Olivenöl
1 EL Weißweinessig
2 EL Zitronensaft
Salz
Pfeffer

Den Blumenkohlreis nach Rezept in doppelter Menge zubereiten. Nach der Garzeit den Blumenkohl herausnehmen und abkühlen lassen.
Zwiebel, Paprika und Frühlingszwiebeln, Petersilie und Oregano in eine große Salatschüssel geben.
Mayonnaise, Cocoyo, Olivenöl, Essig und Zitronensaft zu einem Dressing verrühren.
Den abgekühlten Blumenkohl in die Salatschüssel füllen, alles gründlich wenden und das Dressing zugeben. Unterheben und mit Salz und Pfeffer abschmecken.
Der Salat ist sofort verzehrfertig, schmeckt aber nach ein paar Stunden im Kühlschrank am besten.

NÄHRWERTANALYSE PRO PORTION:
292 Kalorien; 30 g Fett; 3 g Protein; 7 g Kohlenhydrate; 2 g Ballaststoffe; 5 g Nettokohlenhydrate

ENSALADA DE MUCHOS COLORES

FÜR 6 PORTIONEN:
1 Rezept Blumenkohlreis (siehe Seite 90)
125 ml Olivenöl
1–2 Jalapeños, entkernt und fein gehackt
Saft von 1 Limette
½ TL gemahlener Kreuzkümmel
4 EL frischer Koriander, fein gehackt
⅓ grüne Paprika, gewürfelt
⅓ rote Paprika, gewürfelt
⅓ gelbe Paprika, gewürfelt
1 mittelgroße Tomate, gewürfelt
1 Karotte, geschält und geraspelt
1 Bund Frühlingszwiebeln, in dünnen Ringen
Salz
Pfeffer

Den Blumenkohlreis nach Rezept zubereiten.
In der Zwischenzeit aus Olivenöl, Jalapeños, Limettensaft, Kreuzkümmel und Koriander ein Dressing herstellen. Beiseitestellen, damit die Geschmacksnoten sich verbinden können.
Den Blumenkohl nach der Garzeit in eine große Salatschüssel umfüllen und etwas abkühlen lassen. Das Gemüse zum Blumenkohl geben und das Dressing unterheben. Mit Salz und Pfeffer abschmecken und gleich verzehren oder einen Tag kalt stellen.

NÄHRWERTANALYSE PRO PORTION:
195 Kalorien; 18 g Fett; 2 g Protein; 8 g Kohlenhydrate; 2 g Ballaststoffe; 6 g Nettokohlenhydrate

KONFETTISALAT

FÜR 5 PORTIONEN:
½ Rezept Blumenkohlreis (siehe Seite 90)
2 Stangen Sellerie, gehackt
½ grüne Paprika, gewürfelt
½ rote Paprika, gewürfelt
1 Bund Frühlingszwiebeln, in feinen Ringen
150 g Artischockenherzen, gehackt (frisch, TK oder Dose)
1 Handvoll Pinienkerne
4 EL Olivenöl, extra vergine
2 EL Mayonnaise (siehe Seite 262)
2 EL Weißweinbalsamico
½ TL Currypulver
1 TL getrockneter Thymian
¼ TL schwarzer Pfeffer, gemahlen
Salz
½ Knoblauchzehe, zerdrückt

Das halbe Rezept Blumenkohlreis zubereiten. Nach der Garzeit den Blumenkohl herausnehmen und etwas abkühlen lassen.
Das restliche Gemüse in eine Salatschüssel geben.
Eine beschichtete Pfanne auf mittlerer Stufe erhitzen und die Pinienkerne unter ständigem Wenden goldbraun anrösten. Ebenfalls in die Salatschüssel geben.
Aus den übrigen Zutaten ein Dressing herstellen.
Den abgekühlten Blumenkohlreis zum restlichen Salat geben, das Dressing darübergießen und gleichmäßig unterheben.
Gleich servieren oder, besser noch, einige Zeit in den Kühlschrank stellen.

NÄHRWERTANALYSE PRO PORTION:
241 Kalorien; 23 g Fett; 5 g Protein; 8 g Kohlenhydrate; 3 g Ballaststoffe; 5 g Nettokohlenhydrate

TOMATENTELLER

FÜR 5 PORTIONEN:

1 mittelgroße rote Zwiebel, in groben Ringen
4 mittelgroße Tomaten, in dicken Scheiben
Selleriesalz (siehe Seite 268 oder aus dem Laden)
Schwarzer Pfeffer
2 EL frischer Schnittlauch, gehackt
2 EL frischer Dill, gehackt
4 EL frisches Basilikum, fein gehackt

Die Zwiebelringe voneinander lösen und einen großen Teller vollständig so damit auslegen, dass sich die Ringe berühren, aber nicht überlappen. Das Ziel ist eine Unterlage aus Zwiebeln, auf der die Tomatenscheiben ruhen können. Die Tomaten auf den Zwiebeln ausbreiten. Auch die Tomatenscheiben sollen sich nicht überlappen.

Leicht mit Selleriesalz und Pfeffer würzen. Danach mit Schnittlauch, Dill und Basilikum bestreuen.

Mit Folie abdecken und mehrere Stunden kalt stellen.

Vor dem Servieren etwas Folie zu einer kleinen Öffnung aufzupfen. Alles angesammelte Wasser vom Teller abgießen und frisch servieren.

NÄHRWERTANALYSE PRO PORTION:

37 Kalorien; etwas Fett; 2 g Protein; 8 g Kohlenhydrate; 2 g Ballaststoffe; 6 g Nettokohlenhydrate

SPARGELSALAT MIT AVOCADO

FÜR 4 PORTIONEN

400 g grüner Spargel, geschält und in 5 cm langen Stücken
1 Avocado, gewürfelt
2 EL rote Zwiebel, gewürfelt
2 EL Olivenöl, extra vergine
2 EL Zitronensaft
3 EL Weißweinbalsamico
1/8 TL schwarzer Pfeffer, gemahlen

Den Spargel in rund vier Minuten in der Mikrowelle dünsten, bis er leuchtend grün ist.

Die Avocadowürfel in eine Salatschüssel geben, den gegarten Spargel und die Zwiebelwürfel hinzufügen.

Alle anderen Zutaten verrühren, über den Spargel und die Avocado gießen, wenden und gleich servieren.

NÄHRWERTANALYSE PRO PORTION:

160 Kalorien; 15 g Fett; 2 g Protein; 8 g Kohlenhydrate; 3 g Ballaststoffe; 5 g Nettokohlenhydrate

AVOCADO-TOMATEN-SALAT

FÜR 4 PORTIONEN:

1 reife Avocado, gewürfelt
1 große Tomate, gewürfelt
4 EL rote Zwiebel, fein gehackt
4 EL frischer Koriander, fein gehackt
Saft von ½ Limette
2 Spritzer Chilisauce

Avocado, Tomatenwürfel, Zwiebel und Koriander in eine große Schüssel geben. Den Limettensaft zufügen, mit Chilisauce würzen und alles mit einem Löffel vorsichtig wenden. Sofort servieren.

NÄHRWERTANALYSE PRO PORTION:
94 Kalorien; 8 g Fett; 1 g Protein; 7 g Kohlenhydrate; 2 g Ballaststoffe; 5 g Nettokohlenhydrate

AVOCADOSALAT MIT GURKE UND TOMATE

FÜR 4 PORTIONEN:
1 kleine Salatgurke, längs in dünne Scheiben geschnitten, dann quer
½ Avocado, gewürfelt
½ mittelgroße Tomate, gewürfelt
4 EL rote Zwiebel, fein gehackt
2 EL Olivenöl, extra vergine
Saft von ¼ Zitrone
Saft von ¼ Limette
Salz
2 EL frischer Koriander, gehackt

Das Gemüse in eine Salatschüssel geben. Das Olivenöl hinzufügen und vorsichtig unterheben, ohne die Avocado zu zerdrücken. Zitronen- und Limettensaft zufügen. Erneut wenden. Mit einer Prise Salz abschmecken, mit Koriander bestreuen, noch einmal wenden und gleich servieren.

NÄHRWERTANALYSE PRO PORTION:
119 Kalorien; 11 g Fett; 1 g Protein; 6 g Kohlenhydrate; 2 g Ballaststoffe; 4 g Nettokohlenhydrate

WALDORFSALAT

FÜR 4 PORTIONEN:
1 Apfel, klein gewürfelt
2 große Stangen Sellerie, gewürfelt
40 g Walnüsse, gehackt
3 EL Mayonnaise (siehe Seite 262)
1 TL Walnussöl

Apfel und Sellerie in eine Salatschüssel geben. Die Walnüsse hinzufügen. Mayonnaise mit dem Walnussöl verrühren, zum Salat geben, alles wenden und frisch servieren.

NÄHRWERTANALYSE PRO PORTION:
171 Kalorien; 16 g Fett; 3 g Protein; 7 g Kohlenhydrate; 2 g Ballaststoffe; 5 g Nettokohlenhydrate

WINTERSALAT

FÜR 5 PORTIONEN:
4 EL Haselnusskerne
2 große Stangen Sellerie, gehobelt
1 Fenchelknolle, gehobelt
1 Apfel, in streichholzgroßen Streifen
80 ml Olivenöl
2 EL Senf
2 EL Weißweinbalsamico
1 EL Zitronensaft
¼ TL Salz
1 Knoblauchzehe, zerdrückt

Die Haselnüsse auf hoher Stufe zwei Minuten in der Mikrowelle garen. Sellerie, Fenchel und Apfel in eine große Salatschüssel geben.

Nach Ende der Garzeit die Haselnüsse herausholen und einige Minuten abkühlen lassen.
Olivenöl, Senf, Essig, Zitronensaft, Salz und Knoblauch verrühren, dann über den Salat gießen. Gründlich unterheben.
Die Haselnüsse zwischen beiden Händen reiben, um den Großteil der braunen Häutchen zu entfernen. Grob hacken und zum Salat geben, unterheben und frisch servieren.

NÄHRWERTANALYSE PRO PORTION:
213 Kalorien; 19 g Fett; 2 g Protein; 11 g Kohlenhydrate; 3 g Ballaststoffe; 8 g Nettokohlenhydrate

KLASSISCHER ANTIKARTOFFELSALAT

FÜR 6 PORTIONEN:
400 g Blumenkohl, in zentimetergroßen Würfeln
2 Handvoll Staudensellerie, gewürfelt
1 große rote Zwiebel, fein gehackt
150 g Mayonnaise (siehe Seite 262)
1½ EL Apfelessig
½ TL Salz
5 Tropfen Steviaextrakt (auf Wunsch)
¼ TL schwarzer Pfeffer, gemahlen
2 hartgekochte Eier, gehackt

Den Blumenkohl in der Mikrowelle acht bis zehn Minuten bissfest dünsten. Danach sofort den Deckel abnehmen, um den Garprozess abzubrechen. In eine große Salatschüssel umfüllen und etwas abkühlen lassen.
Sellerie und Zwiebelwürfel zum Blumenkohl geben.
Mayonnaise, Essig, Salz, Stevia und Pfeffer verrühren. Das Dressing über den Salat gießen und gründlich wenden.
Die Eier vorsichtig unterheben, damit das Eigelb nicht zerfällt.
Vor dem Verzehr ein paar Stunden kalt stellen.

NÄHRWERTANALYSE PRO PORTION:
227 Kalorien; 23 g Fett; 4 g Protein; 6 g Kohlenhydrate; 2 g Ballaststoffe; 4 g Nettokohlenhydrate

ANTIKARTOFFELSALAT MIT DILL

FÜR 6 PORTIONEN:
½ großer Kopf Blumenkohl, geputzt und gewürfelt
150 g Mayonnaise (siehe Seite 262)
3 EL Cocoyo (siehe Seite 33)
1½ EL scharfer Senf
4 EL frischer Dill, gehackt
schwarzer Pfeffer, frisch gemahlen
1–2 Stangen Staudensellerie, gewürfelt
1 große rote Zwiebel, fein gehackt
Salz (auf Wunsch)

Den Blumenkohl in acht bis zehn Minuten in der Mikrowelle bissfest dünsten.
In der Zwischenzeit die Mayonnaise mit Cocoyo, Senf, Dill und Pfeffer zu einem Dressing verrühren.
Sobald der Blumenkohl fertig ist, abgießen und in eine große Salatschüssel füllen. Abkühlen lassen, bis er nur noch

lauwarm ist. Die restlichen Zutaten hinzufügen und gründlich wenden. Vor dem Servieren mehrere Stunden (oder über Nacht) kalt stellen.

NÄHRWERTANALYSE PRO PORTION:
199 Kalorien; 21 g Fett; 2 g Protein; 5 g Kohlenhydrate; 2 g Ballaststoffe; 3 g Nettokohlenhydrate

ANTIKARTOFFELSALAT AUS DER TEX-MEX-KÜCHE

FÜR 6 PORTIONEN:
1 kleiner Kopf Blumenkohl, geputzt und gewürfelt
8 EL Mayonnaise (siehe Seite 262)
8 EL Cocoyo (siehe Seite 33)
2 EL Limettensaft
1 EL Chipotle-Chili in Adobo-Sauce (siehe Seite 276), gehackt
2 Knoblauchzehen, zerdrückt
¼ TL Cayennepfeffer
1 Tomate, fein gewürfelt
4 EL frischer Koriander, fein gehackt
2 Frühlingszwiebeln, in feinen Ringen

Den Blumenkohl in acht bis zehn Minuten in der Mikrowelle garen.
In der Zwischenzeit Mayonnaise mit Cocoyo, Limettensaft, Chili, Knoblauch und Cayennepfeffer in der Küchenmaschine oder im Mixer zu einem Dressing verarbeiten.
Sobald der Blumenkohl fertig ist, sofort den Deckel abnehmen und in eine große Salatschüssel umfüllen. Etwas abkühlen lassen, dann das restliche Gemüse hinzufügen. Das Dressing darübergießen und gleichmäßig unterheben.
Vor dem Verzehr einige Stunden kalt stellen.

NÄHRWERTANALYSE PRO PORTION:
370 Kalorien; 37 g Fett; 5 g Protein; 10 g Kohlenhydrate; 3 g Ballaststoffe; 7 g Nettokohlenhydrate

FALSCHER KARTOFFELSALAT MIT TOMATE

FÜR 4 PORTIONEN:
½ Blumenkohl, geputzt und gewürfelt
1 EL scharfer Senf
1 EL Rotweinessig
3 EL Olivenöl, extra vergine
¼ TL schwarzer Pfeffer, gemahlen
½ TL frischer Estragon, fein gehackt
1 rote Zwiebel, sehr fein gewürfelt
1 mittelgroße Tomate, fein gewürfelt

Den Blumenkohl in acht bis zehn Minuten in der Mikrowelle bissfest dünsten.
Senf, Essig, Olivenöl, Pfeffer und Estragon in einer Schale zu einem Dressing verrühren.
Wenn der Blumenkohl fertig ist, den Deckel abnehmen, um den Garprozess abzubrechen. Einige Minuten abkühlen lassen.
Den abgekühlten Blumenkohl mit Zwiebel und Tomate in eine Schüssel geben, das Dressing darübergeben und gründlich unterheben.
Schmeckt warm wie kalt.

NÄHRWERTANALYSE PRO PORTION:
109 Kalorien; 11 g Fett; 1 g Protein; 4 g Kohlenhydrate; 1 g Ballaststoffe; 3 g Nettokohlenhydrate

SÜSSKARTOFFELSALAT

FÜR 4 PORTIONEN:

380 g Süßkartoffel, geschält und in 2,5 cm großen Würfeln
1 kleiner Apfel, gewürfelt
1 EL Zitronensaft
3 Stangen Sellerie, in feinen Ringen
3 Frühlingszwiebeln, in feinen Ringen
80 ml gehackte Pekannüsse
2 Köpfe Endiviensalat, geputzt
4 EL Olivenöl, extra vergine
1 Knoblauchzehe, gehackt
2 EL Weißweinbalsamico
2 TL frischer Thymian

Die Süßkartoffeln in fünf Minuten bissfest garen. Abkühlen lassen.
Den mit einem halben Teelöffel Zitronensaft beträufelten Apfel, Sellerie und Frühlingszwiebel in eine Salatschüssel geben. Die Pekannüsse und die abgekühlten Süßkartoffelwürfel hinzufügen. Gründlich wenden.
Vier Salatteller dekorativ mit den Endivienblättern auslegen.
Olivenöl, Knoblauch, Balsamico und den restlichen Zitronensaft im Mixer verarbeiten, bis der Knoblauch pulverisiert ist. Über das Gemüse gießen und die Thymianblättchen hinzufügen. Gründlich wenden.
Je ein Viertel des Süßkartoffelsalats in die Mitte der Endivienblätter setzen und gleich servieren.

NÄHRWERTANALYSE PRO PORTION:
347 Kalorien; 21 g Fett; 6 g Protein; 39 g Kohlenhydrate; 13 g Ballaststoffe; 26 g Nettokohlenhydrate

ERBSENSALAT

FÜR 4 PORTIONEN:

450 g TK-Erbsen, aufgetaut
1 EL Schalotten, gewürfelt
1 EL frische Petersilie, gehackt
1 TL frischer Estragon, gehackt
3 EL Standardvinaigrette (siehe Seite 136)
einige Salatblätter

Die aufgetauten Erbsen in eine Salatschüssel geben. Schalottenwürfel, Petersilie und Estragon hinzufügen.
Die Vinaigrette anrühren und drei Esslöffel an den Salat geben. Unterheben und alles ein bis zwei Stunden durchziehen lassen.
Vier Teller appetitlich mit Salatblättern auslegen und je eine Portion Erbsen darauf anrichten.

NÄHRWERTANALYSE PRO PORTION:
334 Kalorien; 28 g Fett; 6 g Protein; 17 g Kohlenhydrate; 5 g Ballaststoffe; 12 g Nettokohlenhydrate

KALEIDOSKOP-SALAT

FÜR 4 PORTIONEN:

4 Scheiben Bacon (Frühstücksspeck)
1 rote Paprika, in dünnen Streifen
1 gelbe Paprika, in dünnen Streifen
8 Radieschen, in dünnen Scheiben
1 mittelgroße Stange Sellerie, in dünnen Scheiben
2 mittelgroße Tomaten, gewürfelt
3 EL Olivenöl, extra vergine
1 EL Weißweinessig
1 EL frische Thymianblättchen
Salz
Pfeffer

Eine große Pfanne auf mittlerer Stufe erhitzen, den Speck hineinschneiden und knusprig ausbraten. Herausnehmen, abtropfen lassen und beiseitestellen. Paprikastreifen, Radieschen, Sellerie und Tomaten in eine Salatschüssel geben. Olivenöl, Essig und Thymian zu einem Dressing verschlagen, über den Salat geben, wenden und mit Salz und Pfeffer abschmecken.
Auf vier Tellern anrichten und mit krossem Speck bestreuen.

NÄHRWERTANALYSE PRO PORTION:
159 Kalorien; 14 g Fett; 3 g Protein; 8 g Kohlenhydrate; 2 g Ballaststoffe; 6 g Nettokohlenhydrate

GRÜNER MANGOSALAT

FÜR 4 PORTIONEN:

1 grüne, harte Mango, geschält
3 Schalotten, in sehr feinen Ringen
2 kleine thailändische Chilischoten (sehr scharf), fein gehackt
1 EL Fischsauce
1½ TL Limettensaft
Honig oder Steviaextrakt (auf Wunsch)
4 EL frischer Koriander, fein gehackt

Die Mango in der Küchenmaschine raspeln. Die Raspel in eine Schüssel umfüllen, Schalotten und Chili zugeben. Fischsauce, Limettensaft und eventuell das Süßungsmittel verrühren und unterheben. Die Geschmackrichtungen süß, sauer, salzig und scharf sollten zu gleichen Teilen vertreten sein. Eventuell nachwürzen. Mit Koriander bestreuen und frisch servieren.

NÄHRWERTANALYSE PRO PORTION:
54 Kalorien; 1 g Fett; 1 g Protein; 13 g Kohlenhydrate; 2 g Ballaststoffe; 11 g Nettokohlenhydrate

HABANERO-GURKENSALAT

FÜR 4 PORTIONEN:

1 große Salatgurke, in dünnen Scheiben
6 EL rote Zwiebel, fein gehackt
1 kleine Knoblauchzehe, zerdrückt
4 EL Habanero-Limetten-Balsamico
(siehe Seite 267)
Salz (optional)
2 EL frischer Koriander, gehackt
(nach Belieben)

Gurke und Zwiebel in eine große Schüssel geben.
Den Knoblauch in den Habanero-Limetten-Balsamico drücken. Gut verrühren und über den Salat gießen. Abschmecken, eventuell leicht salzen und mit Koriander garnieren.
Schmeckt frisch oder einige Stunden kalt gestellt.

NÄHRWERTANALYSE PRO PORTION:
25 Kalorien; etwas Fett; 1 g Protein; 7 g Kohlenhydrate; 1 g Ballaststoffe; 6 g Nettokohlenhydrate

STANDARDVINAIGRETTE

FÜR 4 PORTIONEN:

8 EL Olivenöl, extra vergine
4 EL Weinessig
2 TL Dijonsenf
1 Knoblauchzehe, zerdrückt
¼ TL schwarzer Pfeffer, gemahlen
2 Prisen Salz

Alle Zutaten mit dem Schneebesen kräftig durchschlagen.

NÄHRWERTANALYSE PRO PORTION:
244 Kalorien; 27 g Fett; eine Spur Protein; 1 g Kohlenhydrate; ein paar Ballaststoffe; 1 g Nettokohlenhydrate

VINAIGRETTE MIT WEISSWEINBALSAMICO

FÜR 4 PORTIONEN:

8 EL Olivenöl, extra vergine
1 TL Senf
4 EL Weißweinbalsamico
¼ TL schwarzer Pfeffer, gemahlen

Alle Zutaten mit dem Schneebesen kräftig durchschlagen.

NÄHRWERTANALYSE PRO PORTION:
243 Kalorien; 27 g Fett; eine Spur Protein; 1 g Kohlenhydrate; ein paar Ballaststoffe; 1 g Nettokohlenhydrate

VINAIGRETTE ITALIA

FÜR 8 PORTIONEN:

8 EL Olivenöl, extra vergine
8 EL Rotweinessig
3 Knoblauchzehen, gehackt
2 TL getrockneter Oregano
2 TL getrocknetes Basilikum
2 TL schwarzer Pfeffer
4 EL Zwiebel, gewürfelt
2 TL Dijonsenf

Alles im Mixer verarbeiten, bis Knoblauch und Zwiebel vollständig pulverisiert sind.

NÄHRWERTANALYSE PRO PORTION:
129 Kalorien; 14 g Fett; eine Spur Proteine; 3 g Kohlenhydrate; 1 g Ballaststoffe; 2 g Nettokohlenhydrate

ITALIENISCHES DRESSING

FÜR 8 PORTIONEN:
1 Ei
1 TL italienische Kräuter
1 Knoblauchzehe, gehackt
¼ TL Senfkörner, gemahlen
4 EL Rotweinessig
¼ TL Salz
⅛ TL schwarzer Pfeffer, gemahlen
160 ml Olivenöl, extra vergine

Alle Zutaten bis auf das Öl in den Mixer geben. Während der Mixer läuft, das Öl langsam in einem dünnen Strahl hinzugießen. Das Dressing ist fertig, wenn das Öl vollständig eingearbeitet ist. Auf Wunsch individuell nachwürzen. In einem luftdicht verschlossenen Gefäß ist das Dressing im Kühlschrank einige Tage haltbar.

NÄHRWERTANALYSE PRO PORTION:
170 Kalorien; 19 g Fett; 1 g Protein; 1 g Kohlenhydrate; ein paar Ballaststoffe; 1 g Nettokohlenhydrate

GRIECHISCHE VINAIGRETTE

FÜR 10 PORTIONEN:
8 EL Olivenöl, extra vergine
3 Knoblauchzehen, gehackt
1 EL getrockneter Oregano
1 EL getrocknetes Basilikum
1 EL schwarzer Pfeffer
1 EL Salz
4 EL Zwiebel, gewürfelt
1 EL Dijonsenf
8 EL Rotweinessig

Alle Zutaten in den Mixer geben und etwa 30 Sekunden verarbeiten.

NÄHRWERTANALYSE PRO PORTION:
134 Kalorien; 14 g Fett; eine Spur Protein; 2 g Kohlenhydrate; ein paar Ballaststoffe; 2 g Nettokohlenhydrate

MEERRETTICH-VINAIGRETTE MIT VANILLE

FÜR 8 PORTIONEN:
4 EL Weißweinbalsamico
⅛ TL Vanilleextrakt
¼ TL schwarzer Pfeffer, gemahlen
175 ml Olivenöl
⅛ TL Senfkörner, gemahlen
2 EL Meerrettichcreme (siehe Seite 271)

Alle Zutaten im Mixer verarbeiten.

NÄHRWERTANALYSE PRO PORTION:
182 Kalorien; 20 g Fett; eine Spur Protein; 1 g Kohlenhydrate; ein paar Ballaststoffe; 1 g Nettokohlenhydrate

LIMETTEN-CHIPOTLE-MAYONNAISE

FÜR 250 ML:

2 Eigelbe
2 EL Limettensaft
2 TL Chipotle-Chilis in Adobo (siehe Seite 276)
1/8 TL gemahlener Kreuzkümmel
1 Prise Salz
235 ml Olivenöl

Eier, Limettensaft, Chili, Kreuzkümmel und Salz in ein gut ausgewaschenes, großes Schraubglas geben. Den Stabmixer in das Glas stellen und anstellen. Langsam das Öl in dünnem Strahl hinzugießen. Wenn die Mayonnaise dick ist und sich obenauf Öl sammelt, ist sie fertig. Das Glas zuschrauben und im Kühlschrank aufbewahren.

NÄHRWERTANALYSE PRO PORTION:
127 Kalorien; 14 g Fett; 3 g Protein; 3 g Kohlenhydrate; 0 g Ballaststoffe; 3 g Nettokohlenhydrate

RANCH-DRESSING

FÜR 160 ML:

8 EL Mayonnaise (siehe Seite 262)
3 EL Cocoyo (siehe Seite 33)
2 Frühlingszwiebeln, gehackt
½ EL frische Petersilie, gehackt
½ EL frischer Dill, gehackt
½ Knoblauchzehe, gehackt
1/8 TL schwarzer Pfeffer, gemahlen
1 Prise Salz

Alle Zutaten im Mixer verarbeiten, bis die Frühlingszwiebel und der Knoblauch pulverisiert sind.
In einem fest verschlossenen Behälter kalt stellen und als Dressing oder Dip verwenden.

NÄHRWERTANALYSE PRO PORTION:
149 Kalorien; 17 g Fett; eine Spur Protein; 1 g Kohlenhydrate; ein paar Ballaststoffe; 1 g Nettokohlenhydrate

TIPP

Mit saurem Kokosrahm (siehe Seite 35) wird die Konsistenz dicker und das Ganze ist besser zum Dippen geeignet.

CHIPOTLE-DRESSING

FÜR 250 ML:

8 EL Mayonnaise (siehe Seite 262)
3 EL Cocoyo (siehe Seite 33)
2 Frühlingszwiebeln, gehackt
½ EL frische Petersilie, gehackt
½ EL frischer Dill, gehackt
½ Knoblauchzehe, gehackt
1/8 TL schwarzer Pfeffer, gemahlen
Salz
1 EL Limettensaft
1 EL Chipotle-Chili in Adobo (siehe Seite 276)
1 EL Adobo-Gewürz (siehe Seite 269)
¼ TL gemahlener Kreuzkümmel
1 EL frischer Koriander, gehackt

Alle Zutaten im Mixer verarbeiten, bis Frühlingszwiebel, Knoblauch und Chili pulverisiert sind.
In einem fest verschlossenen Behälter kalt stellen und als Dressing oder Dip verwenden.

NÄHRWERTANALYSE PRO PORTION:
120 Kalorien; 14 g Fett; 1 g Protein; 1 g Kohlenhydrate; ein paar Ballaststoffe; 1 g Nettokohlenhydrate

HIMBEERVINAIGRETTE

FÜR 6 PORTIONEN:

2 EL Himbeeressig (ohne Zucker)
2 EL Weißweinbalsamico
8 EL Olivenöl, extra vergine
2 TL Dijonsenf
1/8 TL schwarzer Pfeffer, gemahlen
1 Prise Salz
6 Tropfen Steviaextrakt (Menge nach Geschmack)

Alle Zutaten im Mixer zu einer Emulsion verarbeiten.

NÄHRWERTANALYSE PRO PORTION:
162 Kalorien; 18 g Fett; eine Spur Protein; 1 g Kohlenhydrate; ein paar Ballaststoffe; 1 g Nettokohlenhydrate

MOHNSAMENDRESSING

FÜR 6 PORTIONEN:

8 EL Olivenöl, extra vergine
4 EL Weißweinbalsamico
1 EL Mohnsamen
¼ TL Paprikapulver
¼ TL Paleo-Worcestershire-Sauce (siehe Seite 275)
1 EL Zwiebel, gewürfelt

Alle Zutaten im Mixer verarbeiten, bis die Zwiebel pulverisiert ist.
Vor der Verwendung ein bis zwei Stunden im Kühlschrank ziehen lassen.

NÄHRWERTANALYSE PRO PORTION:
170 Kalorien; 19 g Fett; eine Spur Protein; 1 g Kohlenhydrate; ein paar Ballaststoffe; 1 g Nettokohlenhydrate

HABANERO-LIMETTEN-DRESSING

FÜR 4 PORTIONEN:

4 EL Mayonnaise (siehe Seite 262)
2 EL Habanero-Limetten-Balsamico (siehe Seite 267)
4 EL Olivenöl
4 Knoblauchzehen, fein gehackt
2 TL Senf
4 TL Zitronensaft

Alle Zutaten gründlich mit dem Schneebesen verrühren.

NÄHRWERTANALYSE PRO PORTION:
226 Kalorien; 25 g Fett; 1 g Protein;
2 g Kohlenhydrate; ein paar Ballaststoffe;
2 g Nettokohlenhydrate

ZITRONEN-THYMIAN-DRESSING

Süßsauer und mild – passt zu gemischtem Salat mit superfein gehobelten Zwiebelringen und Avocadostückchen.

FÜR 6 PORTIONEN:
8 EL Olivenöl, extra vergine
1 Knoblauchzehe, gehackt
Schale von ½ Zitrone, gerieben
Saft von ½ Zitrone
2 EL Apfelessig
1 TL frische Thymianblättchen oder
⅓ TL getrockneter Thymian
⅛ TL Pfeffer
⅛ TL Salz
10 Tropfen Steviaextrakt

Alle Zutaten in einen Mixer geben. Verarbeiten, bis der Knoblauch pulverisiert ist.

NÄHRWERTANALYSE PRO PORTION:
162 Kalorien; 18 g Fett; 1 g Kohlenhydrate; ein paar Ballaststoffe;
1 g Nettokohlenhydrate

KRAUTSALATDRESSING

FÜR 8 PORTIONEN (250 ML):
8 EL Mayonnaise (siehe Seite 262)
½ Rezept Cocoyo (siehe Seite 33)
2 EL Apfelessig
2 TL Senf
6 Tropfen Steviaextrakt

Alles verrühren und zu einem geraspelten Kohlkopf geben.

NÄHRWERTANALYSE PRO PORTION:
194 Kalorien; 22 g Fett; 1 g Protein;
2 g Kohlenhydrate; ein paar Ballaststoffe;
2 g Nettokohlenhydrate

1960ER-JAHRE-DRESSING

FÜR 4 PORTIONEN:
8 EL Olivenöl
4 EL Steinzeitketchup (siehe Seite 258)
4 EL Apfelessig
2 Knoblauchzehen, zerdrückt
1 TL Senf
½ TL schwarzer Pfeffer, gemahlen

Alle Zutaten im Mixer zu einer Emulsion verarbeiten.

NÄHRWERTANALYSE PRO PORTION:
251 Kalorien; 27 g Fett; eine Spur Protein; 3 g Kohlenhydrate; ein paar Ballaststoffe; 3 g Nettokohlenhydrate

BALSAMICO-SENFCREME

FÜR 3 PORTIONEN:

2 Eigelbe
1 EL Weißweinbalsamico
2 Knoblauchzehen, zerdrückt
2 TL Senf
8 EL Olivenöl, extra vergine

Alle Zutaten bis auf das Öl im Mixer verarbeiten. Das Öl langsam hinzulaufen lassen, bis alles untergearbeitet ist.

NÄHRWERTANALYSE PRO PORTION:
365 Kalorien; 40 g Fett; 2 g Protein; 1 g Kohlenhydrate; ein paar Ballaststoffe; 1 g Nettokohlenhydrate

DILLDRESSING

FÜR 12 PORTIONEN:

80 ml Weißweinessig
8 EL frischer Dill, gehackt
2 Schalotten, gehackt
1 EL Dijonsenf
175 ml Olivenöl, extra-vergine
1 Prise Salz
¼ TL Pfeffer

Essig, Dill, Schalotten und Senf in die Küchenmaschine mit Messereinsatz geben und verarbeiten, bis die Schalotten fein gehackt sind. Bei laufender Maschine das Olivenöl hinzugießen. Salzen, pfeffern und in einer luftdicht verschlossenen Dosierflasche im Kühlschrank lagern.

NÄHRWERTANALYSE PRO PORTION:
123 Kalorien; 14 g Fett; eine Spur Protein; 1 g Kohlenhydrate; ein paar Ballaststoffe; 1 g Nettokohlenhydrate

AVOCADOMAYONNAISE

Mild und süß – passt zu Salaten, die Früchte enthalten.

FÜR 8 PORTIONEN:

1 Hass-Avocado
1 Eigelb
1 EL Zitronensaft
1 EL Weißweinbalsamico
¼ TL Senfkörner, gemahlen
½ TL Salz

Avocadofleisch in die Küchenmaschine mit Messereinsatz geben. Die restlichen Zutaten hinzufügen und zu einer Emulsion verarbeiten. Umgehend verbrauchen!

NÄHRWERTANALYSE PRO PORTION:
49 Kalorien; 5 g Fett; 1 g Protein; 2 g Kohlenhydrate; 1 g Ballaststoffe; 1 g Nettokohlenhydrate

GRÜNE GÖTTIN

Schmeckt mit Salat, als Dip zu Gemüsesticks oder als Steaksauce.

FÜR 4 PORTIONEN:

1 reife Avocado
3 Frühlingszwiebeln, in Scheiben
1 Knoblauchzehe, gehackt
2 Anchovisfilets oder ½ EL Anchovispaste
1 EL Weißweinessig
1 EL Zitronensaft
4 EL frische Petersilie, gehackt (auf Wunsch)
2 Spritzer Chilisauce

Avocadofleisch in die Küchenmaschine löffeln. Die restlichen Zutaten hinzufügen und alles zu einer glatten Creme verarbeiten. Sofort servieren.

NÄHRWERTANALYSE PRO PORTION:
93 Kalorien; 8 g Fett; 2 g Protein;
6 g Kohlenhydrate; 2 g Ballaststoffe;
2 mg Cholesterin; 4 g Nettokohlenhydrate

INFO

Die Mengenverhältnisse gelten für eine kleine Avocado. Wer eine große Avocado verwendet, muss die restlichen Zutaten verdoppeln bis verdreifachen.

SALATE ALS HAUPTGERICHT

Als Hauptgericht sind Salate unübertrefflich: köstlich, nährstoffreich und vielseitig. Häufig bereite ich gleich mehr Hähnchen oder Steaks zu, damit ich am nächsten Tag einen Salat daraus machen kann. Deshalb bringe ich an dieser Stelle Salate zum Sattessen für jeden Geschmack. Und weil bei mir das Ei vor der Henne kommt, beginnen wir natürlich mit Eiern.

EIERSALAT FÜR ALLE FÄLLE

FÜR 2 BIS 3 PORTIONEN:

½ grüne Paprika, gewürfelt
2 große Stangen Sellerie, gewürfelt (auch die frischen Blätter)
4 Frühlingszwiebeln, in feinen Ringen
2 EL frische Petersilie, gehackt
6 hartgekochte Eier, gewürfelt
6 EL Mayonnaise (siehe Seite 262)
1 EL Senf
Salz
Pfeffer

Gemüse und Eier in eine Salatschüssel geben.
Mayonnaise und Senf verrühren, unterheben und mit Salz und Pfeffer abschmecken.
Besonders lecker: in Salatblätter gewickelt oder als Tomatenfüllung.

NÄHRWERTANALYSE PRO PORTION BEI 3 PORTIONEN:
374 Kalorien; 35 g Fett; 14 g Protein; 5 g Kohlenhydrate; 1 g Ballaststoffe; 4 g Nettokohlenhydrate

EIERSALAT FÜRS SONNTAGSFRÜHSTÜCK

FÜR 2 BIS 3 PORTIONEN:

6 hartgekochte Eier, gewürfelt
2 Stangen Sellerie, gehackt
4 Frühlingszwiebeln, gehackt
4 EL frische Petersilie, gehackt
¼ Rezept weiße Balsamico-Vinaigrette (siehe Seite 136)

Eier, Sellerie, Frühlingszwiebeln und Petersilie in eine Schüssel geben. Das Dressing zubereiten und unterheben. Man kann den Salat dekorativ in Salatblätter wickeln.

NÄHRWERTANALYSE PRO PORTION BEI 3 PORTIONEN:
248 Kalorien; 20 g Fett; 13 g Protein; 4 g Kohlenhydrate; 1 g Ballaststoffe; 3 g Nettokohlenhydrate

EIERSALAT FÜR KÜNSTLER

FÜR 2 PORTIONEN:

4 hartgekochte Eier, grob gehackt
¼ grüne Paprika, gehackt
¼ rote Paprika, gehackt
4 Frühlingszwiebeln, in Ringen
2 EL frische Petersilie, gehackt
2 EL Mayonnaise (siehe Seite 262)
1 TL Senf
½ TL Zitronensaft
1 Spritzer Chilisauce
Salz
schwarzer Pfeffer

Eier, Paprika, Frühlingszwiebeln und Petersilie in eine Salatschüssel geben. Mayonnaise, Senf, Zitronensaft und Chilisauce verrühren. Das Dressing über den Salat gießen und unterheben. Mit Salz und Pfeffer abschmecken.

NÄHRWERTANALYSE PRO PORTION:
275 Kalorien; 23 g Fett; 14 g Protein; 6 g Kohlenhydrate; 1 g Ballaststoffe; 5 g Nettokohlenhydrate

EIERSALAT MIT BACON

FÜR 2 PORTIONEN:

1 mittelgroße Tomate, gehackt
4 Frühlingszwiebeln, in feinen Ringen
4 Scheiben gegarter Bacon, fein zerkrümelt
6 hartgekochte Eier, gewürfelt
4 EL Mayonnaise (siehe Seite 262)

Alle Zutaten gründlich verrühren. Zum Anrichten in Salatblätter wickeln oder einfach mit der Gabel essen.

NÄHRWERTANALYSE PRO PORTION:
452 Kalorien; 40 g Fett; 20 g Protein; 7 g Kohlenhydrate; 1 g Ballaststoffe; 6 g Nettokohlenhydrate

EIERSALAT MIT HÜHNERLEBER

FÜR 2 PORTIONEN:

3 EL Habanero-Limetten-Dressing (siehe Seite 267)
330 g gemischter Salat, geputzt
3 EL Kokosmehl
¼ TL Paprikapulver
1 Prise Cayennepfeffer
Salz
Pfeffer
4 Hühnerlebern, in mundgerechten Stücken
3 EL Kokosöl oder anderes Fett nach Wahl
2 sehr frische Eier
⅛ rote Zwiebel, in papierdünnen Ringen
½ Avocado, in mundgerechten Stücken
½ kleine Tomate, gewürfelt

Das Dressing nach Rezept anrühren.
Den Salat in eine Schüssel geben.
Einen kleinen Topf zur Hälfte mit Wasser füllen und aufkochen.
Das Kokosmehl in einem tiefen Teller mit Paprikapulver, Cayennepfeffer und je einer Prise Salz und Pfeffer mischen. Die Leber in dem gewürzten Mehl wenden.
Das Fett in einer Pfanne auf mittlerer bis hoher Stufe erhitzen.
Die Eier einzeln in eine Tasse aufschlagen und nacheinander in das siedende (nicht sprudelnd kochende) Wasser gleiten lassen. Das Wasser knapp unter dem Siedepunkt halten.
Die Leber im heißen Fett kurz anbräunen. Sofort aus der Pfanne nehmen, sobald die Stücke braun sind.
Das Dressing über den Salat gießen und gründlich unterheben. Auf zwei Tellern anrichten. Mit je der Hälfte der Zwiebelringe, Avocado und Tomatenstückchen belegen. Die Leber auf beide Portionen aufteilen. Sobald bei den pochierten Eiern das Eiweiß geronnen ist (das Eigelb soll weich bleiben), aus dem Wasser heben, eines auf jeden Teller setzen und gleich servieren.

NÄHRWERTANALYSE PRO PORTION:
639 Kalorien; 52 g Fett; 22 g Protein; 27 g Kohlenhydrate; 11 g Ballaststoffe; 16 g Nettokohlenhydrate

ROT-GRÜNER GEFLÜGELSALAT

FÜR 2 PORTIONEN:

140 g gegartes Hühnerfleisch, gewürfelt
1 Handvoll rote Paprika, fein gewürfelt
1 Artischockenherz, gehackt (Dose oder frisch und gegart)
2 Frühlingszwiebeln, in feinen Ringen
1 EL frische Petersilie, gehackt
8 EL Zitronen-Balsamico-Mayonnaise (siehe Seite 262)

Alle Zutaten bis auf die Mayonnaise in eine Schüssel geben. Die Mayonnaise nach Rezept zubereiten, zu den übrigen Zutaten geben und unterheben.

NÄHRWERTANALYSE PRO PORTION:

698 Kalorien; 64 g Fett; 24 g Protein; 9 g Kohlenhydrate; 3 g Ballaststoffe; 6 g Nettokohlenhydrate

KRAUTSALAT MIT HUHN, ERDBEEREN UND MANDELN

FÜR 4 PORTIONEN:

1 Rezept Mohnsamendressing (siehe Seite 139)
55 g Mandelblättchen (gehobelte Mandeln)
560 g Weißkohl, geraspelt
8 Frühlingszwiebeln, in feinen Ringen
8–12 Erdbeeren, in Scheiben
340 g gegartes Hühnerfleisch, gewürfelt

Das Dressing nach Rezept zubereiten.
Die Mandelblättchen in einer beschichteten Pfanne auf kleiner bis mittlerer Stufe goldbraun anrösten, dabei regelmäßig wenden, bis sie duften. Sofort entnehmen und beiseitestellen.
Kohl, Frühlingszwiebeln, Erdbeeren und Fleisch in eine große Schüssel geben. Das Dressing darübergießen und alles wenden.
Den Salat auf vier Tellern anrichten und mit Mandelblättchen bestreuen.

NÄHRWERTANALYSE PRO PORTION:

559 Kalorien; 42 g Fett; 33 g Protein; 17 g Kohlenhydrate; 6 g Ballaststoffe; 11 g Nettokohlenhydrate

LUNCH FÜR DREI

FÜR 4 PORTIONEN:

1 Blumenkohlreis (siehe Seite 90)
8 getrocknete Aprikosen, gewürfelt
2 EL Limettensaft
2 EL Habanero-Limetten-Balsamico (siehe Seite 267)
6 EL Olivenöl, extra vergine
2 EL Mayonnaise (siehe Seite 262)
½ TL Senf
1 Knoblauchzehe, zerdrückt
450 g Hühnerbrust
Salz
Pfeffer
4 EL frische Minze, fein gehackt
4 EL frischer Koriander, fein gehackt
4 EL frische Petersilie, gehackt
3 große Frühlingszwiebeln, in Ringen
4 EL Pistazien, geröstet und gesalzen, ohne Schale
½ Kopfsalat, geputzt

Den Blumenkohlreis nach Rezept zubereiten. Sobald er gar ist, den Deckel abnehmen und in eine große Salatschüssel umfüllen. Die Aprikosenstückchen hinzufügen und unterrühren. Die Hitze und die Feuchtigkeit lassen sie aufquellen.
Für das Dressing Limettensaft, Balsamico, Olivenöl, Mayonnaise, Senf und Knoblauch im Mixer zu einer Emulsion verarbeiten.
Die Hühnerbrust leicht salzen und pfeffern und auf dem elektrischen Tischgrill oder in der Pfanne in vier bis fünf Minuten pro Seite garen.
Das Dressing über den Blumenkohlreis gießen. Kräuter und Frühlingszwiebeln hinzufügen und unterheben, dann die Pistazien zugeben.
Das gegarte Huhn quer zur Faser in Streifen schneiden.
Vier Teller mit Salatblättern auslegen. Den Mogelreissalat darauf anrichten und die Hähnchenstreifen obenauf setzen.

NÄHRWERTANALYSE PRO PORTION:
475 Kalorien; 33 g Fett; 30 g Protein; 19 g Kohlenhydrate; 5 g Ballaststoffe; 14 g Nettokohlenhydrate

SOMMERLICHER GEFLÜGELSALAT

FÜR 4 PORTIONEN:
4 EL Mandelblättchen
3 EL Olivenöl
1½ EL Weißweinbalsamico
1½ EL Zitronensaft
5 Tropfen Steviaextrakt
1 EL Ingwer, frisch gerieben
¼ TL gemahlener Zimt
450 g Hähnchenbrust
Salz
Pfeffer
300 g junger Spinat oder Feldsalat, geputzt
3 Stangen Sellerie, in feinen Scheiben
½ Salatgurke, in dünnen Scheiben
2 Frühlingszwiebeln, in feinen Ringen
1 Handvoll frische Petersilie, gehackt

Eine beschichtete Pfanne auf kleiner bis mittlerer Stufe erhitzen und die Mandelblättchen darin goldbraun anrösten. Wenn sie duften, vom Herd nehmen und beiseitestellen.
Für das Dressing Olivenöl, Balsamico, Zitronensaft, Stevia, Ingwer und Zimt im Mixer zu einer Emulsion verarbeiten.
Den elektrischen Tischgrill oder eine Pfanne vorheizen.
Einen Esslöffel vom Dressing in eine kleine Schale gießen und die Hähnchenbrust rundum damit bestreichen. Leicht salzen und pfeffern. Danach vier bis fünf Minuten von jeder Seite grillen oder in der Pfanne braten.
In der Zwischenzeit den Spinat mit Sellerie, Gurke, Frühlingszwiebeln und Petersilie in einer Salatschüssel mischen.
Das gegarte Hähnchenfleisch quer zur Faser in dünne Scheiben schneiden.
Das Dressing über den Salat gießen und gründlich unterheben. Auf vier Salattellern anrichten, je ein Viertel des Hähnchens obenauf setzen und mit einem Esslöffel gerösteten Mandeln bestreuen.

NÄHRWERTANALYSE PRO PORTION:
314 Kalorien; 18 g Fett; 30 g Protein;
9 g Kohlenhydrate; 4 g Ballaststoffe;
5 g Nettokohlenhydrate

GEFLÜGELSALAT AUF AVOCADO

FÜR 2 PORTIONEN:
140 g gegartes Hähnchenfleisch, gewürfelt
1 dicke Stange Sellerie, fein gehackt
2 Frühlingszwiebeln, in feinen Ringen
4 EL Mayonnaise (siehe Seite 262)
½ TL Senf
½ TL Zitronensaft
2 Spritzer Chipotle-Sauce
1 Eisbergsalat oder Kopfsalat, gerupft
1 Avocado, in Schnitzen

Hühnerfleisch, Sellerie und Frühlingszwiebeln in einer Schüssel mischen. Mayonnaise, Senf, Zitronensaft und Chipotle-Sauce verrühren. Zum Hähnchen geben und unterheben.
Den gerupften Salat auf zwei Tellern anrichten. Die Avocado obenauf verteilen, den Geflügelsalat darauf anrichten.

NÄHRWERTANALYSE PRO PORTION:
627 Kalorien; 56 g Fett; 25 g Protein;
12 g Kohlenhydrate; 5 g Ballaststoffe;
7 g Nettokohlenhydrate

HÜHNERALLERLEI

FÜR 3 PORTIONEN:
½ Kopf Blumenkohl, in zentimetergroßen Würfeln
225 g Hähnchenbrust
Salz
Pfeffer
1 Handvoll Tiefkühlerbsen
1 Stange Sellerie, gehackt
½ rote oder gelbe Paprika, gewürfelt
1 kleine rote Zwiebel, fein gewürfelt
8 EL Ranchdressing für Jäger und Sammler (siehe Seite 138)
½ TL schwarzer Pfeffer, gemahlen
1 Knoblauchzehe, zerdrückt

Den Blumenkohl in acht bis zehn Minuten in der Mikrowelle oder auf dem Herd bissfest dünsten.
Den Tischgrill oder eine Pfanne erhitzen. Die Hähnchenbrust in einen großen Zip-Beutel geben, den Beutel verschließen und dabei möglichst alle Luft herausdrücken. Mit einem Fleischhammer oder einer Flasche gleichmäßig flach klopfen. Das Fleisch soll etwa zentimeterdick werden. Etwas salzen und pfeffern, dann vier bis fünf Minuten von jeder Seite grillen oder in der Pfanne anbraten.
Den gegarten Blumenkohl sofort in eine große Schüssel geben und einige Minuten abkühlen lassen. Währenddessen das gegarte Huhn in Würfel schneiden.
Die Erbsen zum Blumenkohl füllen. Sie brauchen nicht erst aufzutauen, sondern helfen dem Blumenkohl beim Abkühlen!
Das restliche Gemüse und das Huhn hinzufügen.

Das Dressing anrühren und mit Pfeffer und Knoblauch würzen. Den Salat anmachen, warm oder kalt servieren.

NÄHRWERTANALYSE PRO PORTION:
465 Kalorien; 39 g Fett; 22 g Protein; 14 g Kohlenhydrate; 5 g Ballaststoffe; 9 g Nettokohlenhydrate

MEDITERRANER HÄHNCHENSALAT

FÜR 3 PORTIONEN:
100 g grüne Bohnen, geputzt, in 2,5 cm langen Stücken
200 g Blumenkohl, in zentimetergroßen Würfeln
175 g gegartes Hähnchenfleisch, gewürfelt
1 Rezept Standardvinaigrette (siehe Seite 136)
¼ TL Anchovispaste
3 EL Kapern, abgetropft
1½ EL frisches Basilikum, fein gehackt

Die grünen Bohnen und den Blumenkohl in der Mikrowelle oder auf dem Herd in wenigen Minuten dünsten. Die Bohnen sollen dabei bissfest, der Blumenkohl zart, aber nicht breiig werden. Danach in eine Salatschüssel umfüllen.
Das Hähnchenfleisch zu den Bohnen und dem Blumenkohl geben.
Die Vinaigrette anrühren und die Anchovispaste unterziehen. Das Dressing über den Salat gießen und alles wenden.
Zuletzt Kapern und Basilikum unterheben.
Warm oder kalt servieren.

NÄHRWERTANALYSE PRO PORTION:
559 Kalorien; 51 g Fett; 20 g Protein; 8 g Kohlenhydrate; 3 g Ballaststoffe; 5 g Nettokohlenhydrate

HÜHNERSALAT FLORIDA

FÜR 3 PORTIONEN:
4 EL Kürbiskerne
210 g gegartes Hühnerfleisch, gewürfelt
6 EL rote Zwiebel, gewürfelt
60 g Selleriestangen (das helle Innere), gewürfelt
¼ TL Orangenschale, gerieben
Saft von ½ Navel-Orange
2 TL Limettensaft
1 TL gemahlener Kreuzkümmel
½ TL Cayennepfeffer
1 Knoblauchzehe, zerdrückt
6 EL Mayonnaise
Salz (optional)

Die Kürbiskerne in einer beschichteten Pfanne auf mittlerer Stufe rösten, bis sie etwas aufgehen und leicht gebräunt sind. Abkühlen lassen.
Das gewürfelte Hühnerfleisch, die Zwiebelwürfel und den Sellerie in eine Schüssel geben.
Orangenschale und Saft in eine kleine Schüssel geben, Limettensaft, Kreuzkümmel, Cayennepfeffer, Knoblauch und Mayonnaise hinzufügen. Gut verrühren und über den Salat gießen. Gründlich wenden und nach Belieben salzen.
Die gerösteten Kürbiskerne unterziehen und frisch servieren.

NÄHRWERTANALYSE PRO PORTION:
534 Kalorien; 46 g Fett; 28 g Protein;
6 g Kohlenhydrate; 2 g Ballaststoffe;
4 g Nettokohlenhydrate

HÜHNERSALAT MIT BIRNE

FÜR 4 PORTIONEN:
340 g Hähnchenbrust
6 EL Olivenöl
1 Handvoll Walnüsse, grob gehackt
1 Kopfsalat oder eine große Tüte Blattsalat, geputzt
2 EL Apfelessig
Salz
Pfeffer
1 Birne, entkernt und gewürfelt
2 Frühlingszwiebeln, in feinen Ringen
2 EL Kapern, abgetropft und gehackt

Die Hähnchenbrust mit etwas Olivenöl bepinseln und im elektrischen Tischgrill garen; alternativ in etwas mehr Öl in der Pfanne anbraten.
Den Ofen auf 180 °C vorheizen (Gas Stufe 4).
Die Walnüsse auf einem Backblech ausbreiten, in den Ofen schieben und in acht Minuten garen.
Den Salat in eine große Schüssel füllen und mit dem restlichen Olivenöl übergießen. Das Öl gründlich unterheben. Den Essig hinzufügen und ebenfalls unterheben.
Das fertig gebratene Hühnerfleisch in Scheiben schneiden.
Den Salat mit Salz und Pfeffer abschmecken und erneut wenden.
Auf vier Tellern anrichten.
Jede Portion mit Huhn, Birnenstücken, Walnüssen, Frühlingszwiebeln und einem halben Esslöffel Kapern garnieren und sofort servieren.

NÄHRWERTANALYSE PRO PORTION:
414 Kalorien; 32 g Fett; 24 g Protein;
11 g Kohlenhydrate; 3 g Ballaststoffe;
8 g Nettokohlenhydrate

HÜHNERSALAT MIT ERDBEEREN

FÜR 4 PORTIONEN:
4 EL Walnüsse, gehackt
340 g Hähnchenbrust
125 ml Olivenöl, extra vergine
Salz
Pfeffer
80 ml Balsamessig
1 EL Coconut Aminos (siehe Seite 17)
1 Knoblauchzehe, geschält
½ EL Ingwer, frisch gerieben
1 Kopf Blattsalat oder eine große Tüte Blattsalat, geputzt
12 Erdbeeren, geviertelt
2 Frühlingszwiebeln, in feinen Ringen

Den Ofen auf 180 °C vorheizen (Gas Stufe 4).
Die gehackten Walnüsse auf einem Backblech ausbreiten und in acht Minuten im Ofen garen.
Das Hühnerfleisch mit etwas Olivenöl bepinseln, salzen und pfeffern und in wenigen Minuten grillen oder auf mittlerer Stufe in der Pfanne braten.

Das restliche Öl, Balsamico, Coconut Aminos, Knoblauch und Ingwer im Mixer zu einem gleichmäßigen Dressing verarbeiten.
Den Salat in eine große Schüssel geben. Das gebratene Hühnerfleisch in Scheiben schneiden.
Das Dressing über den Salat gießen und alles gründlich wenden. Die Erdbeeren und die Frühlingszwiebeln hinzufügen und erneut wenden. Auf vier Tellern anrichten.
Jede Portion mit einem Viertel vom Huhn und einem Esslöffel Walnüssen garnieren und frisch servieren.

NÄHRWERTANALYSE PRO PORTION:
420 Kalorien; 34 g Fett; 23 g Protein; 8 g Kohlenhydrate; 3 g Ballaststoffe; 5 g Nettokohlenhydrate

HÜHNERSALAT ITALIA

FÜR 2 PORTIONEN:

1 Portion Blumenkohlreis (siehe Seite 90)
2 EL Pinienkerne
140 g gegartes Hühnerfleisch, gewürfelt
4 EL Erbsen (TK und aufgetaut oder gartenfrisch, dann kurz gedünstet)
2 EL rote Zwiebel, gewürfelt
2 EL sonnengetrocknete Tomaten in Öl, gehackt
2 EL frisches Basilikum, fein gehackt
3 EL Zitronen-Balsamico-Mayonnaise (siehe Seite 262)
Salz
Pfeffer

Den Blumenkohlreis nach Rezept zubereiten.
In der Zwischenzeit die Pinienkerne in einer kleinen beschichteten Pfanne auf mittlerer Stufe anrösten. Huhn, Gemüse und Basilikum in eine Schüssel geben. Dabei die Pinienkerne im Auge behalten und häufig wenden!
Den Blumenkohl direkt aus der Mikrowelle zum Salat geben.
Die Mayonnaise zubereiten und unterrühren, mit Salz und Pfeffer abschmecken.
Gleich warm verzehren oder eine Weile kalt stellen, damit sich die Geschmacksnoten verbinden.

NÄHRWERTANALYSE PRO PORTION:
586 Kalorien; 49 g Fett; 27 g Protein; 12 g Kohlenhydrate; 4 g Ballaststoffe; 8 g Nettokohlenhydrate

ENTENSALAT MIT HIMBEEREN

Lecker mit Resten der Delikaten Ente *(siehe Seite 197).*

FÜR 1 PORTION:

3 EL Himbeervinaigrette (siehe Seite 139)
3 EL Walnüsse, gehackt
115 g gebratene Entenreste
250 g gemischter Salat, geputzt
2 Frühlingszwiebeln, in feinen Ringen
12 Himbeeren

Zuerst die Himbeervinaigrette nach Rezept anrühren.
Den Ofen auf 180 °C vorheizen (Gas Stufe 4).

Die Walnüsse auf einem Backblech ausbreiten und im Ofen in acht Minuten garen.
Von den Entenresten die Haut abziehen und in eine kleine Pfanne geben, nach Belieben auch das übrige Fleisch. Auf kleiner bis mittlerer Stufe kross braten, dabei eventuelle Fettklümpchen immer wieder mit der Gabel aufstechen. Danach herausnehmen und in mundgerechte Stücke schneiden.
Den Salat in eine Schüssel füllen. Das Dressing über den Salat geben und unterheben. Auf einem großen Teller anrichten. Frühlingszwiebeln, Himbeeren, Entenfleisch und Walnüsse dekorativ darauf verteilen. Die knusprige Haut mit der Küchenschere darüber in Stücke schneiden und gleich verzehren.

NÄHRWERTANALYSE PRO PORTION:
871 Kalorien; 85 g Fett; 20 g Protein; 10 g Kohlenhydrate; 4 g Ballaststoffe; 6 g Nettokohlenhydrate

ASIATISCHER ENTENSALAT

FÜR 2 PORTIONEN:
140 g gegartes Entenfleisch, gewürfelt
65 g frische Zuckerschoten, geputzt und halbiert
1 Handvoll Mungbohnensprossen
2 Frühlingszwiebeln, in feinen Ringen
2 EL Coconut Aminos (siehe Seite 17)
2 EL Weißweinbalsamico
1 kleine Knoblauchzehe, zerdrückt
½ TL dunkles Sesamöl
einige Salatblätter

Die Entenreste in eine Salatschüssel füllen. Zuckerschoten, Bohnensprossen und Frühlingszwiebeln dazugeben.
Alle anderen Zutaten bis auf die Salatblätter gut verrühren, über das Fleisch gießen und gründlich unterheben.
Auf zwei mit Salatblättern ausgelegten Tellern anrichten.

NÄHRWERTANALYSE PRO PORTION:
528 Kalorien; 46 g Fett; 16 g Protein; 12 g Kohlenhydrate; 3 g Ballaststoffe; 9 g Nettokohlenhydrate

FRUCHTIGER GARNELENSALAT

FÜR 3 PORTIONEN:
½ TL Salz
340 g kleine Garnelen, geschält
Saft von 2 Zitronen
8 EL Mayonnaise (siehe Seite 262)
2 EL Olivenöl
2 EL Steinzeitketchup (siehe Seite 258)
1 Apfel, gewürfelt
2 große Stangen Sellerie, gewürfelt
½ Salatgurke, gewürfelt
125 g frische Ananas, gewürfelt
1 Handvoll rote oder blaue Trauben, halbiert
1 Avocado, gewürfelt
1 Romanasalat, gerupft

Einen Liter Wasser in einem großen Topf aufkochen. Einen halben Teelöffel Salz darin auflösen. Die Garnelen hineingeben, Hitzezufuhr abstellen und vier bis fünf Minuten im Wasser garen. Abtropfen und kalt stellen.

Für das Dressing den Zitronensaft mit Mayonnaise, Olivenöl und Ketchup verrühren. Beiseitestellen.
Apfel, Sellerie, Gurke, Ananas und Trauben in eine Salatschüssel geben.
Die Garnelen und das Dressing hinzufügen und alles wenden. Zum Schluss die Avocado vorsichtig unterheben.
Drei Teller mit Romanasalat auslegen und den Garnelensalat darauf anrichten.

NÄHRWERTANALYSE PRO PORTION:
589 Kalorien; 43 g Fett; 27 g Protein; 34 g Kohlenhydrate; 7 g Ballaststoffe; 27 g Nettokohlenhydrate

FISCHTACO-SALAT 1

Fischtacos werden normalerweise in Tortillas gewickelt und mit Weißkraut garniert. Meine Idee: den Fisch gleich auf das Kraut legen.

FÜR 4 PORTIONEN:
450 g Goldmakrelenfilet, in vier Portionen geteilt
125 ml mildes Olivenöl
Saft von 2 Limetten
2 EL Chilipulver
1 Jalapeño, entkernt und gehackt
1 Handvoll frischer Koriander, gehackt
560 g Weißkohl, geraspelt
4 EL rote Zwiebel, gehackt
2 mittelgroße Tomaten, gewürfelt
Salz
Pfeffer
125 ml saurer Kokosrahm (siehe Seite 35)
Salsa (siehe Seite 265)

Den Fisch in eine gerade eben ausreichend große Keramik- oder Glasschüssel legen.
Olivenöl, Limettensaft, Chilipulver, Jalapeño und Koriander verrühren. Die Hälfte davon über den Fisch gießen und die Filets mehrfach wenden. Eine halbe Stunde marinieren lassen.
In der Zwischenzeit Kohlraspel, Zwiebel und Tomatenwürfel in eine Schüssel füllen, die zweite Hälfte der Sauce dazugießen, unterheben und mit Salz und Pfeffer abschmecken. Den Salat auf vier Tellern anrichten.
Den Grill auf mittlerer Stufe vorheizen.
Den Fisch fünf Minuten grillen, dabei ein- bis zweimal mit der Marinade bestreichen. Er soll weiß werden und in Flocken zerfallen. (Wegen eventueller Keime eine Minute vor Ende der Grillzeit mit dem Bestreichen aufhören.)
Je ein Filet auf einen Teller setzen und mit saurem Kokosrahm und Salsa garnieren.

NÄHRWERTANALYSE PRO PORTION:
536 Kalorien; 40 g Fett; 26 g Protein; 26 g Kohlenhydrate; 7 g Ballaststoffe; 19 g Nettokohlenhydrate

FISCHTACO-SALAT 2

FÜR 4 PORTIONEN:

450 g Goldmakrelen- oder Kabeljaufilet, in vier Portionen
Tacogewürz (siehe Seite 270)
1 EL Schweineschmalz
½ Rezept Southwestern Slaw (siehe Seite 124)
2 mittelgroße Tomaten, gewürfelt
4 EL frischer Koriander, gehackt
1 Limette, in Schnitzen
Chilisauce (optional)

Den Fisch mit Tacogewürz bestreuen. Fünf Minuten ruhen lassen. Danach entweder in der Pfanne in Schmalz braten oder im Tischgrill grillen.
Den Krautsalat nach Rezept zubereiten und auf vier Tellern anrichten. In der Mitte eine Mulde formen. Tomaten und Koriander auf die Teller verteilen.
Den gegarten Fisch obenauf setzen. Mit Limettenschnitzen garnieren und Chilisauce dazu reichen.

NÄHRWERTANALYSE PRO PORTION:
404 Kalorien; 29 g Fett; 24 g Protein; 18 g Kohlenhydrate; 5 g Ballaststoffe; 13 g Nettokohlenhydrate

STEAKSALAT

FÜR 2 PORTIONEN:

1 Handvoll Walnüsse, gehackt
125 ml Olivenöl
4 EL Rotweinessig
4 TL Paleo-Worcestershire-Sauce (siehe Seite 275)
4 EL Senf
2 Knoblauchzehen, zerdrückt
1–2 Köpfe Romanasalat, geputzt
4 EL frische Petersilie, gehackt
170 g gegarte Steakreste
1 kleine Salatgurke, längs geviertelt und in dünnen Scheiben
½ grüne Paprika, in dünnen Streifen
1 große rote Zwiebel, in papierdünnen Ringen

Den Ofen auf 180 °C vorheizen (Gas Stufe 4).
Die Walnüsse auf einem Backblech verteilen und für acht Minuten im Ofen garen.
Olivenöl, Essig, Worcestershire-Sauce, Senf und Knoblauch im Mixer zu einer Emulsion verarbeiten.
Den Salat und die Petersilie in eine große Schüssel geben.
Das Steak quer zur Faser in dünne Scheiben aufschneiden.
Den Salat mit dem Dressing begießen, alles gründlich wenden. Auf zwei Salattellern anrichten und mit Gurke, Paprikastreifen, Zwiebeln und Steak belegen.
Die Walnüsse über den Salat streuen und gleich servieren.

NÄHRWERTANALYSE PRO PORTION:
933 Kalorien; 84 g Fett; 31 g Protein; 25 g Kohlenhydrate; 8 g Ballaststoffe; 17 g Nettokohlenhydrate

KOPFSALAT MIT STEAK

FÜR 2 PORTIONEN:
6 Scheiben Bacon (Frühstücksspeck)
6 EL Standardvinaigraitte (siehe Seite 136)
2 große Portionen gemischter Salat (wie Romana, Eisberg, Feldsalat, Radicchio, Kresse), geputzt und in schmalen Streifen
4 EL frische Petersilie, gehackt
170 g gegarte Steakreste
2 hartgekochte Eier, gewürfelt
½ Avocado, gewürfelt
1 mittelgroße Tomate, gewürfelt
4 EL rote Zwiebel, fein gewürfelt

Zuerst den Bacon garen, entweder in der Mikrowelle oder in der Pfanne. Dann das Dressing nach Rezept zubereiten.
Den Salat in eine große Salatschüssel geben, die Petersilie hinzufügen.
Das Steak würfeln, den Speck abtropfen lassen und zerkrümeln. Das Dressing über den Blattsalat gießen und gründlich unterheben. Anrichten; Steak, Ei, Avocado, Tomate, Zwiebel und Speck dekorativ darauf auslegen und frisch verzehren.

NÄHRWERTANALYSE PRO PORTION:
744 Kalorien; 60 g Fett; 38 g Protein; 22 g Kohlenhydrate; 10 g Ballaststoffe; 12 g Nettokohlenhydrate

HUMMERSALAT IN TOMATEN

FÜR 4 PORTIONEN:
750 g gegartes Hummerfleisch, gewürfelt
4 EL frische Petersilie, gehackt
1 EL frischer Estragon, gehackt
2 Frühlingszwiebeln, in feinen Ringen
1 Rezept Mayonnaise (siehe Seite 262)
Salz
4 Tomaten
Einige Salatblätter

Den Hummer in einer Schüssel mit Petersilie, Estragon und Frühlingszwiebeln mischen. Die Mayonnaise hinzufügen und gründlich wenden. Mit Salz abschmecken.
Die Tomaten aushöhlen und senkrecht achteln, ohne die Schale am Boden zu verletzen.
Vier Teller mit Salatblättern auslegen. Je eine Tomate daraufsetzen und zu einer Blüte öffnen. Je einen Löffel Hummersalat in die Tomaten geben, den Rest dekorativ darum verteilen. Mit ein paar Zwiebelringen und etwas Petersilie garnieren.

NÄHRWERTANALYSE PRO PORTION:
533 Kalorien; 48 g Fett; 24 g Protein; 8 g Kohlenhydrate; 2 g Ballaststoffe; 6 g Nettokohlenhydrate

> **TIPP**
>
> Wer sich keinen Hummer leisten mag, kann nach diesem Rezept auch Garnelensalat zubereiten. Estragon lässt sich durch frischen Dill oder Basilikum ersetzen.

THUNFISCHSALAT

Thunfischsalat geht auch mit Dosenthunfisch, was aber nicht ganz paleomäßig ist. Diese Version ist mit frischem Fisch.

FÜR 2 PORTIONEN:

115 g Thunfischsteak
1 Handvoll Sellerie, fein gewürfelt
4 EL rote Zwiebel, fein gehackt
½ Apfel (Granny Smith), fein gewürfelt
2 hartgekochte Eier, fein gehackt
8 EL Mayonnaise (siehe Seite 262)
Salz
Pfeffer

Den Thunfisch in eine Pfanne legen und mit Wasser auffüllen, bis das Filet zur Hälfte herausragt. Auf kleiner Stufe zum Sieden bringen. Deckel aufsetzen, Hitzezufuhr abstellen und zehn Minuten ruhen lassen.
Sellerie, Zwiebel, Apfel und Eier in eine Schüssel geben.
Den gegarten Thunfisch trocken tupfen und ebenfalls fein würfeln.
Zu den restlichen Zutaten geben.
Die Mayonnaise hinzufügen und unterheben. Nach persönlicher Vorliebe salzen und pfeffern.
Den Salat kann man in eine Tomate füllen, auf Salat anrichten oder pur genießen.

NÄHRWERTANALYSE PRO PORTION:
450 Kalorien; 39 g Fett; 20 g Protein; 7 g Kohlenhydrate; 2 g Ballaststoffe; 5 g Nettokohlenhydrate

FISCH UND MEERESFRÜCHTE

Dieses Kapitel fällt recht umfangreich aus, weil Fischgerichte so schön schnell gehen.
Sind bestimmte Fische und Meeresfrüchte steinzeittypischer als andere? Meiner Ansicht nach durchaus. Muscheln stehen vermutlich schon ewig auf dem menschlichen Speisezettel, weil man sie einfach aufklauben oder ausgraben kann. Austern und Miesmuscheln lassen sich bequem von ihren Muschelbänken absammeln. Krebse und Krabben mögen zwar beißen, doch mit ein wenig Geschick kann man sie mit der Hand fangen.
Was Fische angeht, haben unsere Vorfahren sicherlich kleinere Fische in Ufernähe bevorzugt. Für Thunfisch und Schwertfisch brauchte man schließlich hochseetüchtige Boote. Deshalb habe ich diverse Rezepte für kleinere Fischarten zusammengestellt. Das Gute daran ist, dass diese Sorten meist auch weniger quecksilberhaltig sind.
Fragen Sie beim Fischhändler, welche Fische aus Wildfang stammen und welche aus Fischfarmen. Wann immer möglich sollte man sich wild gefangene Fische leisten.

LACHS AUF ORANGENFENCHEL

FÜR 8 PORTIONEN:

1 ganzer Lachs (ca. 3,6 kg)
4 EL Olivenöl
Salz
Pfeffer
1 Fenchelknolle, papierdünn gehobelt
1½ Orangen, in dünnen Scheiben
1 Bund Frühlingszwiebeln, in dünnen Streifen
Saft von ½ Orange

Den Ofen auf 180 °C vorheizen (Gas Stufe 4).
Den Fisch auf ein ausreichend großes Backblech legen. Mit einem scharfen Messer mit schmaler Klinge auf beiden Seiten im Abstand von fünf Zentimetern jeweils bis auf die Gräten durchschneiden. Den Lachs von innen und außen leicht mit Olivenöl massieren und mit Salz und Pfeffer würzen.
Die Fenchelstreifen in den Lachs schieben und mit ein bis zwei Lagen Orangenscheiben und Frühlingszwiebeln bedecken. Den Lachs schließen, mit überlappenden Orangenscheiben belegen und den restlichen Fenchel und die restlichen Orangenscheiben auf dem Blech ausbreiten. Alles mit dem Saft aus der verbliebenen Orangenhälfte beträufeln. Im Backofen 30 bis 45 Minuten backen, sofort servieren.

NÄHRWERTANALYSE PRO PORTION:
606 Kalorien; 22 g Fett; 91 g Protein; 5 g Kohlenhydrate; 1 g Ballaststoffe; 4 g Nettokohlenhydrate

GLASIERTER ORANGENLACHS

FÜR 4 PORTIONEN:

680 g Lachsfilet
Saft von ½ Orange
½ TL Selleriesalz (siehe Seite 268 oder gekauft)
1 TL gemahlener Rosmarin oder ½ EL frischer Rosmarin, gehackt
2 Knoblauchzehen, fein gehackt
2 EL Olivenöl
schwarzer Pfeffer

Den Lachs in eine flache Schale oder einen tiefen Teller legen. Orangensaft über den Lachs geben, dann den Fisch wenden. Fünf bis zehn Minuten stehen lassen.
Das Selleriesalz mit dem Rosmarin mischen. Den Knoblauch in eine Tasse geben und mit Olivenöl bedecken.
Eine Pfanne auf mittlerer Stufe erhitzen. Das Knoblauchöl hineingeben und den Lachs darin anbraten. Dabei die Oberseite mit der Hälfte der Rosmarin-Salz-Mischung würzen und etwas pfeffern.
Je nach Dicke drei bis fünf Minuten garen, dann wenden. Die gebratene Seite ebenfalls mit Rosmarinsalz und Pfeffer würzen.
Den Orangensaft dazugießen, in dem er mariniert wurde. Ein- bis zweimal darin wenden und noch eine Minute garen lassen, um eventuelle Keime abzutöten.
Anrichten und mit dem restlichen Fett und Saft aus der Pfanne übergießen.

NÄHRWERTANALYSE PRO PORTION:
275 Kalorien; 13 g Fett; 34 g Protein; 4 g Kohlenhydrate; 1 g Ballaststoffe; 3 g Nettokohlenhydrate

GLASIERTER LACHS MIT MEERRETTICHHONIG

Wer mit Kohlenhydraten kein Problem hat, kann mehr Honig nehmen – dann wird es eher eine Glasur denn eine Sauce oder Marinade.

FÜR 4 PORTIONEN:
680 g Lachsfilet
3 EL Baconfett oder Kokosöl, zerlassen
Salz
1 TL schwarzer Pfeffer, grob zerstoßen
2 EL Senf
2 EL Meerrettich (frisch gerieben oder aus der Tube)
1 EL Honig
4 EL frische Petersilie, gehackt

Den Grill auf 180 °C vorheizen.
Den Lachs von beiden Seiten mit zerlassenem Fett bepinseln. Sparsam mit Salz und Pfeffer würzen. (Bei Verwendung von Baconfett ist das Salz nicht unbedingt notwendig.)
Senf, Meerrettich und Honig verrühren und bereitstellen.
Den Fisch von beiden Seiten jeweils drei Minuten grillen. Mit der Marinade bestreichen, wenden und auch die andere Seite bestreichen. Nach einer weiteren Minute vom Grill nehmen und anrichten. Mit Pfeffer und Petersilie bestreuen und dazu die verbliebene Marinade reichen. (Die Marinade aus hygienischen Gründen vorher einige Minuten erhitzen.)

NÄHRWERTANALYSE PRO PORTION:
313 Kalorien; 16 g Fett; 35 g Protein; 6 g Kohlenhydrate; ein paar Ballaststoffe; 6 g Nettokohlenhydrate

GEMÜSEPFANNE MIT LACHS

FÜR 5 PORTIONEN:
450 g Steckrüben, in zentimetergroßen Würfeln
450 g Blumenkohl, in zentimetergroßen Würfeln
6 Scheiben Bacon (Frühstücksspeck)
1 mittelgroße Zwiebel, gehackt
½ Apfel, gewürfelt
1 Rezept Glasierter Orangenlachs (siehe Seite 158) oder Glasierter Lachs mit Meerrettichhonig (siehe Seite 159) und alle Marinadenreste
Salz
Pfeffer

Rüben und Blumenkohl dünsten, zum Beispiel zehn bis zwölf Minuten in der Mikrowelle. Das Ergebnis soll weich, aber nicht breiig sein.
Eine große Pfanne auf mittlerer bis hoher Stufe erhitzen und den Bacon kross braten, dann herausnehmen und beiseitestellen.
Das Fett bis auf wenige Esslöffel abgießen. Zwiebel- und Apfelwürfel auf kleiner bis mittlerer Stufe darin anbraten.

Die Rüben und den Blumenkohl nach dem Garen in die Pfanne geben und alles vermengen. Gleichmäßig auf dem Boden der Pfanne ausbreiten und fünf Minuten anrösten. Alles wenden, wiederholen, dann ein drittes Mal wiederholen, damit sich eine schöne goldene Kruste bilden kann.
In der Zwischenzeit den Glasierten Orangenlachs oder Lachs mit Meerrettichhonig nach Rezept zubereiten, dann den Lachs würfeln.
Wenn das Gemüse schön braun ist, die restliche Marinade und den Lachs unterheben. Einmal durcherhitzen und mit Salz und Pfeffer abschmecken.

NÄHRWERTANALYSE PRO PORTION:
353 Kalorien; 17 g Fett; 33 g Protein; 18 g Kohlenhydrate; 5 g Ballaststoffe; 13 g Nettokohlenhydrate

BASILIKUMFORELLE

FÜR 1 BIS 2 PORTIONEN:
1 Knoblauchzehe, zerdrückt
2 EL Olivenöl, extra vergine
1 ganze Forelle (etwa 350 g)
Salz
Pfeffer
½ Zitrone, in dünnen Scheiben
1 TL getrocknetes Basilikum oder
1 EL frisches Basilikum, gehackt

Den Ofen auf 180 °C vorheizen (Gas Stufe 4).
Den Knoblauch in eine Tasse geben. Mit Olivenöl übergießen und ziehen lassen.
Ein Stück Alufolie, das gut 20 bis 25 Zentimeter länger ist als die Forelle, auf der Arbeitsfläche auslegen und die Forelle darauflegen. Den Fisch innen und außen sparsam mit Salz und Pfeffer würzen. Das Innere mit etwas Knoblauchöl auspinseln, dann von einem Ende zum anderen mit Zitronenscheiben auslegen. Mit der Hälfte des Basilikums bestreuen.
Die restlichen Zitronenscheiben auf die Forelle legen und das übrige Basilikum darüberstreuen. Die Alufolie an den Rändern hochklappen, die Forelle mit dem restlichen Knoblauchöl übergießen, die Folie schließen und die Ränder fest zusammendrücken.
Im Ofen 20 bis 25 Minuten backen.
Auf einem großen Teller direkt in der Folie servieren.

NÄHRWERTANALYSE PRO PORTION BEI 2 PORTIONEN:
378 Kalorien; 25 g Fett; 36 g Protein; 3 g Kohlenhydrate; ein paar Ballaststoffe; 3 g Nettokohlenhydrate

GOLFSCHNAPPER

FÜR 3 PORTIONEN:
4 EL Olivenöl
1 Bund Frühlingszwiebeln, in feinen Ringen
3 mittelgroße Tomaten, fein gewürfelt
1 Jalapeño, entkernt und gehackt
4 EL frischer Koriander, gehackt
2 Knoblauchzehen, zerdrückt
2 Limetten, geviertelt

Schale von ¼ Limette, gerieben
710 g Red Snapper-Filet
1/8 TL schwarzer Pfeffer, gemahlen
Salz

Eine große Pfanne auf mittlerer Stufe erhitzen. Das Olivenöl hineingeben und Zwiebeln, Tomaten, Jalapeño, die Hälfte des Korianders und den Knoblauch darin weich braten. Danach gründlich die Hände waschen.
Den Saft und die geriebene Schale von einer viertel Limette zum Gemüse geben und alles fünf Minuten leicht kochen lassen.
Den Fisch innen und außen sparsam mit Salz und Pfeffer würzen. Auf das Gemüse legen, Deckel aufsetzen und zehn Minuten garen, bis der Fisch sich in weiße Flocken teilen lässt. Alles auf drei Teller verteilen, Gemüsesauce darauf anrichten, mit dem restlichen Koriander bestreuen und je ein Stück Limette dazu reichen.

NÄHRWERTANALYSE PRO PORTION:
210 Kalorien; 18 g Fett; 2 g Protein; 14 g Kohlenhydrate; 2 g Ballaststoffe; 12 g Nettokohlenhydrate

SCHOLLENFILET MIT GRAPEFRUIT

FÜR 3 PORTIONEN:
6 EL Kokosmehl
1/8 TL Salz
1/8 TL Pfeffer
1 Prise Cayennepfeffer
450 g Schollenfilet
2 EL Schweineschmalz oder Kokosöl
1 rote Grapefruit
2 Schalotten, gehackt
1 EL Balsamicoessig
1/8 TL schwarzer Pfeffer, gemahlen

Das Kokosmehl in einem tiefen Teller mit den Gewürzen mischen. Die Filets gründlich darin wenden.
Eine große beschichtete Pfanne auf mittlerer bis hoher Stufe erhitzen.
Das Fett in der heißen Pfanne zerlassen, die Pfanne gut damit ausschwenken und die panierten Filets hineinlegen. Maximal vier Minuten pro Seite garen, dann wenden.
Die Grapefruit halbieren. Mit einem scharfen, spitzen Messer über einer Schüssel (um den Saft aufzufangen) alle Stücke herausschneiden und jeweils halbieren. Den Rest des Safts über der Schüssel ausdrücken.
Wenn der Fisch eine schöne Kruste hat, auf einen vorgewärmten Teller setzen.
Die Schalotten in der Fischpfanne ein bis zwei Minuten sautieren, also kurz braten bei hoher Temperatur; dafür eventuell etwas mehr Fett hinzufügen. Grapefruitsaft, Essig und schwarzen Pfeffer unterrühren und eine Minute aufkochen

lassen, damit die Sauce andicken kann. Die Grapefruitstückchen in der Sauce erwärmen und dann über den Fisch löffeln. Sofort servieren.

NÄHRWERTANALYSE PRO PORTION:
360 Kalorien; 13 g Fett; 33 g Protein; 27 g Kohlenhydrate; 12 g Ballaststoffe; 15 g Nettokohlenhydrate

ORANGENSCHOLLE AUF SPINAT

FÜR 4 PORTIONEN:
8 Handvoll junger Blattspinat, geputzt
680 g Schollenfilet
2 Schalotten, in feinen Ringen
Saft von 2 Orangen
1 TL gemahlener Kreuzkümmel
Salz
Pfeffer

Den Ofen auf 180 °C vorheizen (Gas Stufe 4).
Ausreichend große Stücke Alufolie vorbereiten, um die Scholle vollständig einzuwickeln. Jeweils so viel Spinat auf ein Stück Folie setzen, dass ein Filet darauf passt. Den Fisch auf den Spinat legen und die Schalotten darauf ausbreiten.
Orangensaft in einer Schüssel mit Kreuzkümmel verrühren. Gleichmäßig über die Schollen gießen und mit Pfeffer und Salz würzen.
Die Ränder der Folie längs schließen, nach unten rollen, dann die Enden nach oben abknicken und ebenfalls fest zusammenrollen, so dass dicke Päckchen entstehen.
Zwölf bis 15 Minuten im Ofen backen, dann auf einem großen Teller in der Folie servieren.

NÄHRWERTANALYSE PRO PORTION:
198 Kalorien; 2 g Fett; 34 g Protein; 10 g Kohlenhydrate; 2 g Ballaststoffe; 8 g Nettokohlenhydrate

FLUNDER IN CURRYSAUCE

FÜR 4 PORTIONEN:
680 g Schollenfilet
Salz
Pfeffer
6 EL Cocoyo (siehe Seite 33)
2 EL Mayonnaise (siehe Seite 262)
1 TL Currypulver
Saft von ¼ Zitrone
2 Frühlingszwiebeln, fein gehackt

Den Ofen auf 180 °C vorheizen (Gas Stufe 4).
Eine Backform fetten, deren Größe für die Fischfilets ausreicht.
Die Schollen salzen, pfeffern und ansprechend zusammenrollen. In die Backform setzen.
Alle übrigen Zutaten bis auf die Frühlingszwiebeln verrühren und über den Fisch löffeln. Im Ofen 25 bis 30 Minuten backen.
Den fertigen Fisch auf Tellern anrichten und die Sauce aus der Form darübergeben. Mit den Frühlingszwiebeln garnieren.

NÄHRWERTANALYSE PRO PORTION:
583 Kalorien; 48 g Fett; 36 g Protein;
6 g Kohlenhydrate; ein paar Ballaststoffe;
6 g Nettokohlenhydrate

BARSCH MIT SPECK

FÜR 4 PORTIONEN:

6 Scheiben Bacon (Frühstücksspeck)
1 große Zwiebel, in feinen Ringen
schwarzer Pfeffer
Kokosöl
680 g Barschfilet, in vier Portionen

Eine große Pfanne auf mittlerer Stufe erhitzen. Den Bacon direkt hineinschneiden und schön kross anbraten. Dann herausnehmen und beiseitestellen. Die Zwiebel in der Pfanne glasig braten und zum Bacon geben. Alles leicht pfeffern.
Falls nicht mehr ausreichend Fett in der Pfanne ist, etwas Kokosöl zerlassen und den Barsch darin von jeder Seite drei bis vier Minuten braten. Vorsichtig wenden. Auf vier Tellern anrichten, mit Speck und Zwiebeln belegen und servieren.

NÄHRWERTANALYSE PRO PORTION:
220 Kalorien; 6 g Fett; 36 g Protein;
2 g Kohlenhydrate; ein paar Ballaststoffe;
2 g Nettokohlenhydrate

SCHWARZER WELS

Am schnellsten geht dieses Gericht, wenn das Schwarzmachergewürz bereits fertig vorbereitet ist.

FÜR 4 PORTIONEN:

4 Welsfilets (je 170 g)
Saft von 1 Zitrone
4 EL Schwarzmachergewürz (siehe Seite 269)
2 EL Schweineschmalz oder anderes Fett (nach Bedarf)

Den Fisch waschen, trocken tupfen und auf einen Teller legen. Von beiden Seiten gleichmäßig mit Zitronensaft beträufeln. Fünf Minuten ruhen lassen.
Eine große Pfanne auf mittlerer bis hoher Stufe erhitzen.
Den Fisch einseitig mit der Hälfte des Schwarzmachergewürzes bestreuen.
So viel Fett in die heiße Pfanne geben, dass der Boden bedeckt ist. Filets mit der gewürzten Seite nach unten in die Pfanne legen, die Oberseite mit dem restlichen Gewürz bestreuen.
Nach drei bis vier Minuten vorsichtig wenden und eventuell noch einmal Fett nachlegen. Weitere drei bis vier Minuten braten und frisch servieren.

NÄHRWERTANALYSE PRO PORTION:
222 Kalorien; 11 g Fett; 28 g Protein;
2 g Kohlenhydrate; ein paar Ballaststoffe;
2 g Nettokohlenhydrate

WELS MIT PEKANNÜSSEN

FÜR 4 PORTIONEN:
4 Welsfilets (je 170 g)
Saft von 2 Zitronen
4 EL Olivenöl
1 Handvoll Pekannüsse, gehackt
2 EL frische Petersilie, gehackt
2 TL Paleo-Worcestershire-Sauce (siehe Seite 275)

Den Ofen auf 200 °C vorheizen (Gas Stufe 6).
Eine Auflaufform oder ein Backblech fetten.
Die Filets in die Form oder auf das Blech setzen. Saft von einer Zitrone über die Filets geben, dabei den Fisch auch wenden. Mit der Hälfte des Olivenöls beträufeln. Locker mit Alufolie abdecken und im Ofen zehn Minuten backen.
In der Zwischenzeit eine große Pfanne auf kleiner Stufe erhitzen und im restlichen Olivenöl die Pekannüsse vier bis fünf Minuten anrösten. Den Saft der zweiten Zitrone über die gerösteten Nüsse geben. Petersilie und Worcestershire-Sauce unterziehen.
Nach Ende der Garzeit die Alufolie abnehmen, die Nüsse über dem Fisch verteilen und vor dem Verzehr weitere drei bis fünf Minuten backen.

NÄHRWERTANALYSE PRO PORTION:
389 Kalorien; 28 g Fett; 29 g Protein; 6 g Kohlenhydrate; 1 g Ballaststoffe; 5 g Nettokohlenhydrate

GEBACKENE MAKRELE

Makrelen stammen fast immer aus Wildfang, zählen zu den fetten Fischen mit hohem Omega-3-Anteil und sind obendrein relativ günstig.

FÜR 2 PORTIONEN:
450 g Makrele, küchenfertig ausgenommen
2 TL Olivenöl
Pfeffer
Salz
1 TL Paprikapulver
1 kleine Zwiebel, in hauchdünnen Ringen
Zitronenschnitze

Den Ofen auf 180 °C vorheizen (Gas Stufe 4).
Eine ausreichend große Backform fetten.
Die Bauchhöhle der Makrele gut auswaschen und mit einem scharfen Messer den Fisch auf beiden Seiten im Abstand von 2,5 Zentimetern mehrfach bis auf die Gräten einschneiden. So gart er schneller und gleichmäßiger. Rundum mit Olivenöl einreiben, von beiden Seiten pfeffern und eventuell salzen. Gleichmäßig mit Paprika bestreuen.
Die Hälfte der Zwiebelringe in der gefetteten Backform zu einem Zwiebelbett ausbreiten. Die Makrele darauflegen und mit den restlichen Zwiebeln belegen.
Im Ofen 20 bis 25 Minuten backen.
Vorsichtig auf einer Platte anrichten, alle Zwiebeln aus der Form schöpfen und auf dem Fisch verteilen. Zitronenschnitze dazu reichen.

NÄHRWERTANALYSE PRO PORTION:
302 Kalorien; 35 g Fett; 47 g Protein;
5 g Kohlenhydrate; 1 g Ballaststoffe;
4 g Nettokohlenhydrate

GEGRILLTE SARDINEN

FÜR 4 PORTIONEN:
900 g Sardinen, küchenfertig ausgenommen
3–4 EL Olivenöl
Pfeffer
Salz
Zitronenschnitze

Die Sardinen unter fließendem Wasser vorsichtig abreiben und die Bauchhöhle auswaschen.
Den Backofengrill auf 180 °C vorheizen und den Rost so dicht wie möglich unter dem Grill platzieren.
Die Sardinen nebeneinander in eine beschichtete Form setzen, mit Olivenöl beträufeln.
Grillen und nach fünf Minuten prüfen, wie weit sie sind. Nicht wenden – die Sardinen garen auch so vollständig durch und können beim Umdrehen leicht brechen.
Nach Ende der Garzeit mit Pfeffer und eventuell Salz würzen und Zitrone dazu reichen.

NÄHRWERTANALYSE PRO PORTION:
472 Kalorien; 26 g Fett; 56 g Protein;
0 g Kohlenhydrate; 0 g Ballaststoffe;
1 g Nettokohlenhydrate

TIPP

Sardinen haben relativ viele Gräten. Das Filetieren ist aber nicht schwer: Den Bauch längs aufschneiden, wie ein Buch aufschlagen und die Wirbelsäule vollständig herausziehen. Die meisten Gräten hat man damit bereits erwischt.

FRITTIERTE STINTE

Die weichen Gräten der kleinen Stinte isst man einfach mit, genau wie die Haut.

FÜR 2 BIS 3 PORTIONEN:
135 g Pekannüsse
3 EL Kokosmehl
2 EL Cajun-Gewürz
2 Eier
225 g Stint, ausgenommen und ohne Köpfe
Fett zum Braten (Kokosöl oder Schmalz)
1 Zitrone, in Schnitzen

Die Pekannüsse mit Kokosmehl und Gewürzmischung in einer Küchenmaschine zu feinem Mehl verarbeiten. Auf einen tiefen Teller leeren.
In einem zweiten Teller die Eier mit einem Esslöffel Wasser gleichmäßig verschlagen. Es sollen keine Eiweißklümpchen mehr zu sehen sein.
Die Stinte erst in Ei, dann in Pekan-Kokos-Panade wenden und auf einem großen Teller ausbreiten. Etwa 20 Minuten liegen lassen.

Eine große Pfanne etwa 2,5 Zentimeter hoch mit Fett füllen und gut erhitzen.
Dann immer fünf bis sechs Fischlein auf einmal in drei bis vier Minuten frittieren.
Fett bei Bedarf nachlegen.
Die Fische heiß mit einem Schnitz Zitrone dazu servieren.

NÄHRWERTANALYSE PRO PORTION BEI 2 PORTIONEN:
826 Kalorien; 65 g Fett; 36 g Protein; 36 g Kohlenhydrate; 16 g Ballaststoffe; 20 g Nettokohlenhydrate (Die Kalorienzahl liegt wohl höher, da das Bratfett nicht kalkuliert werden kann.)

GEBACKENER KABELJAU MIT ANCHOVIS-ZITRONEN-SAUCE

Wer mag, kann auch Lachs verwenden.

Für 4 Portionen:
680 g Kabeljaufilet, in vier Portionen
4 EL Olivenöl
4 EL Anchovis-Zitronen-Sauce (siehe Seite 264)

Den Ofen auf 190 °C vorheizen (Gas Stufe 5).
Eine ausreichend große Backform fetten.
Die Fischfilets in die Form legen und mit Olivenöl beträufeln.
Zehn Minuten backen. Jedes Filet mit einem Esslöffel Anchovis-Zitronen-Sauce bestreichen und den Fisch weitere sieben bis zehn Minuten backen.
Auf vier Tellern anrichten und eventuell noch extra Sauce dazu reichen.

NÄHRWERTANALYSE PRO PORTION:
351 Kalorien; 24 g Fett; 31 g Protein; 1 g Kohlenhydrate; ein paar Ballaststoffe; 1 g Nettokohlenhydrate

TOMATENKABELJAU AUF SPINAT

FÜR 4 PORTIONEN:
Fett für die Form
4 Handvoll frischer Spinat, geputzt
450 g Kabeljaufilet
4 TL Olivenöl
Saft von 1 Zitrone
Pfeffer
Salz (optional)
4 Prisen Cayennepfeffer
2 kleine Tomaten, in dünnen Scheiben

Den Ofen auf 180 °C vorheizen (Gas Stufe 4).
Falls passende Gratinschalen vorhanden sind, diese für den Fisch einfetten.
Ansonsten eine passende Auflaufform fetten.
Spinatbetten von der Größe der Filets formen. Die Filets mit Öl bestreichen und auf den Spinat setzen. Zitronensaft darübergeben. Etwas pfeffern, auf Wunsch salzen und mit Cayennepfeffer bestreuen.
Den Fisch mit Tomatenscheiben belegen, 15 Minuten backen und heiß servieren.

NÄHRWERTANALYSE PRO PORTION:
152 Kalorien; 6 g Fett; 21 g Protein; 5 g Kohlenhydrate; 1 g Ballaststoffe; 4 g Nettokohlenhydrate

GEBRATENER KABELJAU MIT CHERMOULA

FÜR 4 PORTIONEN:

1 Rezept Chermoula, doppelte Menge (siehe Seite 267)
6 EL Kokosmehl
¼ TL schwarzer Pfeffer, gemahlen
⅛ TL Salz
¼ TL Paprikapulver
680 g Kabeljaufilet, in vier Portionen
8 EL Schweineschmalz (nach Bedarf)

Die Chermoula nach Rezept in doppelter Menge zubereiten.
Eine große Pfanne auf mittlerer bis hoher Stufe erhitzen.
Kokosmehl, Pfeffer, Salz und Paprika auf einem Teller gründlich mischen. Die Kabeljaufilets in der Panade wenden. Sie sollen nur leicht bestäubt sein.
In der heißen Pfanne einige Esslöffel Fett zerlassen und die Pfanne damit ausschwenken.
Das dickste Stück Fisch zuerst in die Pfanne geben. Zwischen den Filets einen Fingerbreit Abstand lassen und dickere Stücke mindestens drei Minuten von jeder Seite braten, sehr dünne hingegen nur eine Minute pro Seite. Nach Bedarf mehr Fett hinzugeben.
Den goldbraunen Fisch auf vier Tellern anrichten und mit jeweils mehreren Esslöffeln Chermoula garnieren.

NÄHRWERTANALYSE PRO PORTION:
581 Kalorien; 43 g Fett; 34 g Protein; 16 g Kohlenhydrate; 9 g Ballaststoffe;

SCHARFER KABELJAU

FÜR 2 PORTIONEN:

2 EL Kokosmehl
2 Prisen schwarzer Pfeffer
2 Prisen Salz
2 Prisen Paprikapulver
340 g Kabeljaufilet
4 EL Schweineschmalz
6 Anchovisfilets, gehackt
2 TL Olivenöl
Saft von ½ Zitrone
1 TL getrockneter Oregano
½ TL Senfkörner, gemahlen
2 Prisen Cayennepfeffer
4 EL trockener Weißwein

Kokosmehl, Pfeffer, Salz und Paprika auf einem Teller gründlich mischen. Die Fischfilets in dieser Panade wenden und rundum bestäuben.
Das Schweineschmalz in einer großen Pfanne auf mittlerer bis hoher Stufe zerlassen. Den Fisch ins heiße Fett geben und je nach Dicke etwa drei Minuten pro Seite braten. Er soll auf beiden Seiten schön braun sein.
In der Zwischenzeit die Anchovisfilets zusammen mit Olivenöl, Zitronensaft, Oregano, Senf und Cayennepfeffer in eine Schüssel geben und alles gut verrühren.
Den fertigen Fisch auf zwei Tellern anrichten.
Den Wein in die Pfanne geben und unter Rühren alle Krusten lösen. Die Anchovismischung in den Wein rühren. Ein bis zwei Minuten einkochen lassen, über den Fisch gießen und frisch servieren.

NÄHRWERTANALYSE PRO PORTION:
527 Kalorien; 34 g Fett; 36 g Protein;
13 g Kohlenhydrate; 7 g Ballaststoffe;
6 g Nettokohlenhydrate

GEBACKENER WOLFSBARSCH

Lassen Sie den Fisch beim Händler ausnehmen. Aus Kopf und Gräten kann man Fischbrühe kochen.

FÜR 2 PORTIONEN:
Fett für die Form
1 ganzer Wolfsbarsch (etwa 450 g), küchenfertig ausgenommen
2 EL Olivenöl
Salz
Pfeffer
1 EL frischer Oregano, gehackt
½ Zitrone, in sehr feinen Scheiben
Saft von ½ Zitrone

Eine ausreichend große Backform oder ein Backblech fetten. Den Ofen auf 180 °C vorheizen (Gas Stufe 4).
Fisch in die Form oder aufs Blech legen, rundum mit Olivenöl einreiben, auch die Bauchhöhle. Von innen und außen sparsam mit Salz und Pfeffer würzen.
Die Hälfte des Oreganos in die Bauchhöhle streuen. Mit überlappenden Zitronenscheiben auslegen und den restlichen Oregano darüberstreuen.
Den Zitronensaft über den Wolfsbarsch geben. Die Oberseite des Fischs dekorativ mit weiteren Zitronenscheiben belegen.
20 Minuten im Ofen backen, bei größeren Fischen noch einige Minuten länger.

NÄHRWERTANALYSE PRO PORTION:
346 Kalorien; 18 g Fett; 42 g Protein;
3 g Kohlenhydrate; ein paar Ballaststoffe;
3 g Nettokohlenhydrate

GARNELENPFANNE MIT GRAPEFRUITSAUCE

Bourbon wird aus Getreide gebrannt. Puristen können ihn weglassen, aber dieses Rezept profitiert definitiv davon.

FÜR 4 PORTIONEN:
2 EL Schweineschmalz oder Kokosöl
680 g Garnelen, geschält
1 Bund Frühlingszwiebeln, in feinen Ringen
125 ml Grapefruit-Barbecue-Sauce (siehe Seite 260)
2 EL Bourbon

Das Fett in einer großen Pfanne auf mittlerer bis hoher Stufe erhitzen.
Garnelen und Zwiebeln hineingeben und unter häufigem Wenden anschwitzen, bis die Garnelen pinkrosa und fest sind.
Die Grapefruitsauce und den Bourbon zufügen. Noch einige Minuten garen, dann die Garnelen auf vier Tellern anrichten und die Sauce darüberlöffeln.
Mit zusätzlicher Barbecuesauce servieren.

NÄHRWERTANALYSE PRO PORTION:
295 Kalorien; 12 g Fett; 35 g Protein;
5 g Kohlenhydrate; ein paar Ballaststoffe;
5 g Nettokohlenhydrate

GARNELENPFANNE

FÜR 4 PORTIONEN:
6 EL Coconut Aminos (siehe Seite 17)
2 Stück Sternanis
4 Prisen gemahlene Nelken
4 EL Kokosöl (Menge nach Bedarf)
450 g Garnelen, geschält
400 g grüne Bohnen, geputzt und in 5 cm langen Stücken
1 große Zwiebel, in groben Stücken
2 EL Ingwer, frisch gerieben

Coconut Aminos, Sternanis und Nelken in einem kleinen Topf verrühren. Zum Sieden bringen, die Hitzezufuhr abschalten und ziehen lassen.
Einen Wok oder eine große Pfanne auf hoher Stufe erhitzen. Einige Esslöffel Kokosöl erhitzen und die Garnelen darin pinkrosa anbraten, herausheben und auf einem Teller beiseitestellen.
Einen weiteren Esslöffel Kokosöl in die Pfanne geben und die Bohnen und Zwiebeln hinzufügen. Unter Rühren bissfest garen.
Die Garnelen sowie Ingwer und Coconut-Aminos-Mischung hinzufügen. Noch eine Minute unter Rühren garen, dann servieren.

NÄHRWERTANALYSE PRO PORTION:
318 Kalorien; 16 g Fett; 26 g Protein; 18 g Kohlenhydrate; 5 g Ballaststoffe; 13 g Nettokohlenhydrate

ASIA-GARNELEN

FÜR 4 PORTIONEN:
3 EL Kokosöl
4 Knoblauchzehen, gehackt
710 g Garnelen, ungegart, geschält, mit Schwänzen
1 EL Coconut Aminos (siehe Seite 17)
1 EL Fischsauce
1 TL schwarzer Pfeffer
4 EL frischer Koriander, fein gehackt

Das Kokosöl in einer großen Pfanne auf kleiner Stufe zerlassen. Den Knoblauch hinzufügen und unter Rühren zwei bis drei Minuten anbraten – er soll nicht braun werden.
Die Garnelen hinzufügen und in vier bis fünf Minuten kräftig pink anbraten.
Coconut Aminos, Fischsauce und Pfeffer unterrühren und eine Minute mitbraten.
Die Garnelen herausheben, auf Tellern verteilen und die Hitzezufuhr erhöhen.
Die Sauce in der Pfanne ein bis zwei Minuten einkochen und über die Garnelen gießen.
Vor dem Verzehr je einen Esslöffel Koriander darüberstreuen.

NÄHRWERTANALYSE PRO PORTION:
280 Kalorien; 13 g Fett; 35 g Protein; 4 g Kohlenhydrate; ein paar Ballaststoffe; 4 g Nettokohlenhydrate

CEVICHE

Der Fisch muss über Nacht marinieren! Verwenden Sie den frischesten Fisch, der zu haben ist. Das Rezept funktioniert auch mit Garnelen oder Kammmuscheln.

FÜR 8 PORTIONEN:

900 g weißes Fischfilet (zum Beispiel Wolfsbarsch), gewürfelt
Saft von 10 Limetten
8 Knoblauchzehen, gehackt
1 EL frischer Koriander, gehackt
1 Habanero- oder Jalapeño-Chilischote, entkernt und gehackt
1 kleine rote Zwiebel, in papierdünnen Ringen
Salz
Pfeffer
16 große Blätter Romanasalat
2 Avocados, gehackt
2 Tomaten, gehackt
Chilisauce

Fischwürfel in eine Keramikform legen. Limettensaft in die Rührschüssel der Küchenmaschine mit Messereinsatz geben, Knoblauch, Koriander und Chili hinzufügen. Wegen der Chili danach gut die Hände waschen.
Alles zerkleinern, bis Knoblauch und Chili fein gehackt sind. Die Mischung über den Fisch geben und unterheben, dann die Zwiebeln vorsichtig unterziehen. Im Kühlschrank über Nacht marinieren lassen, dabei anfangs noch ein- bis zweimal wenden.
Am nächsten Tag den Limettensaft weitgehend abgießen (nur so viel in der Schüssel lassen, dass der Fisch feucht bleibt) und mit Salz und Pfeffer abschmecken.
Vier Teller mit Salat auslegen. Den Fisch auf dem Salat anrichten, mit Avocado- und Tomatenwürfeln bestreuen und dazu Chilisauce reichen.

NÄHRWERTANALYSE PRO PORTION:
221 Kalorien; 9 g Fett; 23 g Protein; 17 g Kohlenhydrate; 3 g Ballaststoffe; 14 g Nettokohlenhydrate

KÜRBISLINGUINE IN MUSCHELSAUCE

FÜR 4 PORTIONEN:

24 Venusmuscheln, in der Schale
1,5 kg Spaghettikürbis
1 mittelgroße Zwiebel, fein gehackt
20 Knoblauchzehen, zerdrückt
165 ml Olivenöl, extra vergine
1 Bund frische Petersilie, gehackt
4 EL Zitronensaft
60 g Mandelmehl
4 Prisen Knoblauchpulver
4 Prisen Zwiebelpulver
3 EL getrockneter Oregano

Die Muscheln in eine große, tiefe Pfanne geben und 250 Milliliter Wasser hinzufügen. Deckel aufsetzen, auf hoher Stufe zum Sieden bringen und sieben bis zehn Minuten garen, bis die Muscheln offen sind.
Den Spaghettikürbis von allen Seiten mit einer Bratengabel einstechen und zwölf bis 15 Minuten auf hoher Stufe in der

Mikrowelle garen. Dann die Fasern mit einer Gabel oder einem Löffel von der Schale lösen.
In einer zweiten Pfanne die Zwiebel mit Knoblauch in 125 Millilitern Olivenöl glasig braten. Öl, Knoblauch und Zwiebeln über den heißen Spaghettikürbis geben, die Petersilie und den Zitronensaft hinzufügen und warmhalten.
Sobald die Muscheln fertig sind, den Deckel abnehmen und die Platte abschalten.
Das Mandelmehl im restlichen Olivenöl goldbraun anrösten, dabei Knoblauchpulver, Zwiebelpulver und Oregano hinzufügen.
Den Spaghettikürbis auf vier Teller aufteilen. Mit dem gerösteten Mandelmehl bestreuen und mit je sechs Muscheln dekorieren.

NÄHRWERTANALYSE PRO PORTION:
567 Kalorien; 41 g Fett; 22 g Protein; 34 g Kohlenhydrate; 5 g Ballaststoffe; 29 g Nettokohlenhydrate

TIPP

Spaghettikürbis gibt es hierzulande vor allem im Herbst auf dem Wochenmarkt oder in großen Supermärkten.

ÜBERBACKENE VENUSMUSCHELN

FÜR 4 PORTIONEN:
235 ml Olivenöl, extra vergine
16 Knoblauchzehen, zerdrückt
24 frische Venusmuscheln, in der Schale
115 g Mandelmehl
4 EL frische Petersilie, gehackt
1 TL Paprikapulver
4 Prisen schwarzer Pfeffer
Salz

Den Ofen auf 180 °C vorheizen (Gas Stufe 4).
Das Olivenöl in eine Tasse geben und den Knoblauch hineindrücken. Ziehen lassen.
Einen großen Topf mit Wasser erhitzen und die Muscheln in das kochende Wasser geben. Nach fünf Minuten sollten sich alle Schalen geöffnet haben. Die Muscheln herausfischen und auf einem Teller etwas abkühlen lassen.
Währenddessen ein Drittel des Knoblauchöls (ohne Knoblauchstückchen) in einer Pfanne auf mittlerer Stufe erhitzen. Das Mandelmehl darin in etwa fünf Minuten goldbraun anrösten. Petersilie, Paprika, Pfeffer und Salz unterrühren und vom Herd nehmen.
Die jeweils leeren Muschelhälften mit der Küchenschere oder einem Messer abknipsen. Verbliebenes Wasser abgießen und die Muscheln in einer Pfanne arrangieren.
Das restliche Knoblauchöl in die Muscheln löffeln. Mit einem Esslöffel Mandelmehl pro Muschel bestreuen. Das Muschelfleisch sollte vollständig bedeckt sein.

Im Ofen etwa zehn Minuten backen und heiß servieren.

NÄHRWERTANALYSE PRO PORTION:
704 Kalorien; 61 g Fett; 26 g Protein; 17 g Kohlenhydrate; 1 g Ballaststoffe; 16 g Nettokohlenhydrate

GEBACKENE AUSTERN

Frische Austern in der Schale, geputzt
Zitronenschnitze

Den Ofen auf 200 °C vorheizen (Gas Stufe 6).
Geöffnete Exemplare der Austern kräftig anstoßen. Wenn sie sich nicht sofort fest schließen, aussortieren. Die Austern mit der tiefen Seite der Schale nach unten auf ein Backblech setzen.
15 Minuten backen, bis sie etwas aufgehen. Alle Exemplare, die jetzt nicht aufgehen, waren bereits vor dem Backen tot und werden aussortiert.
Die Austern mit Zitronenschnitzen servieren.

NÄHRWERTANALYSE PRO AUSTER:
Laut USDA-Analyse: 51 Kalorien, 6 g Protein, 2 g Fett, 3 g Kohlenhydrate, 0 g Ballaststoffe, 3 g Nettokohlenhydrate

KÖNIGSKRABBENBEINE IN KOKOSMILCH

Reichen Sie Nussknacker, kleine Spießchen oder Schalentierbesteck dazu. Aus den Schalen lässt sich eine Brühe zubereiten.

FÜR 2 PORTIONEN:
235 ml ungesüßte Kokosmilch
235 ml Muschelbrühe (fertig oder selbstgekocht)
Saft von 1 Limette
680 g Alaska-Königskrabbenbeine
½ TL Sriracha (siehe Seite 261)
4 TL frischer Koriander, gehackt

Die Hälfte der Kokosmilch und die gesamte Muschelbrühe in einer großen Pfanne verrühren, in die auch die Krabbenbeine passen. Zum Sieden bringen und Limettensaft zufügen. Einmal umrühren, dann die Krabbenbeine so flach wie möglich in die Muschelmilch legen. Deckel aufsetzen und auf kleiner Stufe zehn bis zwölf Minuten sieden lassen. Danach mit einer Grillzange aus der Pfanne fischen, auf Tellern anrichten und die Teller warmhalten.
Die Pfanne etwas stärker erhitzen und die Sauce sirupartig eindicken lassen.
Die verbliebene Kokosmilch und Sriracha unterziehen, erneut erhitzen und zum Dippen in eine kleine Schüssel füllen.
Mit Koriander bestreuen und zu den Krabbenbeinen servieren.

NÄHRWERTANALYSE PRO PORTION:
572 Kalorien; 31 g Fett; 65 g Protein; 10 g Kohlenhydrate; 3 g Ballaststoffe; 7 g Nettokohlenhydrate

KAMMMUSCHELN MIT WERMUT

FÜR 4 PORTIONEN:

680 g Kammmuscheln, ohne Schale
3 EL Kokosöl oder Schmalz
4 mittelgroße Schalotten, gehackt
2 mittelgroße Zwiebeln, gehackt
4 TL frische Minze, gehackt
4 EL trockener Wermut

Eine große Pfanne auf mittlerer bis hoher Stufe erhitzen.
Die Muscheln mit Küchenkrepp trocken tupfen.
Die Hälfte des Fetts zerlassen und die Muscheln darin von beiden Seiten goldbraun anbraten. Auf vier Teller verteilen und warmhalten.
Das restliche Fett nach Bedarf hinzufügen und die Schalotten samt Zwiebeln darin weich braten. Minze und Wermut zufügen und die Flüssigkeit auf die Hälfte einkochen lassen.
Über die Muscheln gießen und gleich servieren.

NÄHRWERTANALYSE PRO PORTION:
284 Kalorien; 12 g Fett; 29 g Protein; 11 g Kohlenhydrate; 1 g Ballaststoffe; 10 g Nettokohlenhydrate

KAMMMUSCHELN MIT MINZE UND TOMATE

FÜR 4 PORTIONEN:

2 EL Olivenöl
4 Schalotten, gehackt
2 Tomaten, mittelgroß, fein gewürfelt
1 EL frische Minze, gehackt
4 EL trockener Wermut
680 g Kammmuscheln, ohne Schale

Eine Pfanne auf kleiner bis mittlerer Stufe erwärmen. Das Olivenöl zufügen und die Schalotten darin anschwitzen, dann die Tomaten unterrühren. Die Minze dazugeben. Ein paar Minuten garen, bis die Tomaten weich sind und ihren Saft ausschwitzen. Erst den Wermut, dann die Muscheln unterziehen. Deckel aufsetzen, auf kleinste Stufe stellen und die Muscheln etwa fünf Minuten in der Sauce pochieren.
Nach der Hälfte der Garzeit wenden.
Die Sauce auf vier Teller verteilen und die Muscheln darin anrichten.

NÄHRWERTANALYSE PRO PORTION:
248 Kalorien; 8 g Fett; 29 g Protein; 9 g Kohlenhydrate; 1 g Ballaststoffe; 8 g Nettokohlenhydrate

GEBRATENER KAVIAR

FÜR 2 PORTIONEN:

4 EL Schweineschmalz oder anderes Fett
1 Portion Alosakaviar oder Forellenkaviar
2 EL frische Petersilie, gehackt
½ Zitrone, in Schnitzen

Das Fett in einer ausreichend großen Pfanne auf kleinster Stufe erhitzen. Den Kaviar hineinlegen und etwa fünf Minuten behutsam garen, dabei mit größter Vorsicht wenden.
Mit je einem Esslöffel Petersilie bestreuen und einen Schnitz Zitrone zum Ausdrücken dazu reichen.

NÄHRWERTANALYSE PRO PORTION:
235 Kalorien; 26 g Fett; eine Spur Protein; 2 g Kohlenhydrate; ein paar Ballaststoffe; 2 g Nettokohlenhydrate

KAVIAR SPEZIAL

FÜR 2 PORTIONEN:

Gebratener Kaviar (siehe Seite 174)
2 TL Zitronensaft
2 TL Paleo-Worcestershire-Sauce (siehe Seite 275)
2 TL Anchovispaste

Die Zubereitung erfolgt wie beim gebratenen Kaviar. Den Zitronensaft mit Worcestershire-Sauce und Anchovispaste glatt rühren.
Wenn der Kaviar gebraten ist, auf zwei Tellern anrichten. Die Sauce darübergeben, mit Petersilie bestreuen und servieren.

NÄHRWERTANALYSE PRO PORTION:
251 Kalorien; 26 g Fett; 2 g Protein; 2 g Kohlenhydrate; ein paar Ballaststoffe; 2 g Nettokohlenhydrate

HUHN UND ANDERES GEFLÜGEL

Da Masthühner vielfach mit Antibiotika und Hormonen behandelt werden, wählen Sie am besten Hühner aus Freilandhaltung aus der eigenen Region. Solche Tiere schmecken erstaunlich intensiv, und auch ihr Fleisch ist etwas dunkler.

Wer sich mit Fleisch aus dem Supermarkt begnügen muss, sollte wenigstens die Herkunft prüfen und sich über die Marken informieren. Teilweise sind Hühner erhältlich, die ohne Hormone und Antibiotika aufgezogen werden.

Bei Hühnerleber lohnt sich der Preisaufschlag für Bioware aber auf jeden Fall. Immerhin verarbeitet die Leber viele Giftstoffe.

HUHN MIT WALNÜSSEN

FÜR 5 PORTIONEN:

4 EL Olivenöl, extra vergine
1 Knoblauchzehe, zerdrückt
4 EL Walnüsse, fein gehackt
½ TL frischer Rosmarin, gehackt
1 EL frische Petersilie, gehackt
1 ganzes Huhn (1,8 kg)
1 Zitrone, in Scheiben

Den Ofen auf 190 °C vorheizen (Gas Stufe 5).
Drei Esslöffel Olivenöl in einer kleinen Schüssel mit Knoblauch, Walnüssen, Rosmarin und Petersilie verrühren.
Mit beiden Händen vorsichtig die Haut von der Hühnerbrust lösen und die Walnussmischung gleichmäßig darunter verteilen. Die Zitronenschnitze ins Körperinnere schieben. Zum Schluss das Huhn rundum mit Olivenöl einreiben und auf dem Rost über der Fettpfanne in den Ofen schieben.
Etwa 90 bis 105 Minuten backen. Das Huhn ist fertig, wenn der untere Teil des Schlegels sich leicht bewegen lässt und der Bratensaft klar ist, wenn man den Schenkel bis zum Knochen durchsticht. Auf einer Platte anrichten. Die Zitronenstücke herausholen und zum Huhn legen. Vor dem Aufschneiden zehn bis 15 Minuten ruhen lassen, dann mit den Zitronenscheiben servieren.
Aus dem Saft in der Fettpfanne kann man eine einfache Bratensauce kochen (siehe Seite 272.)

NÄHRWERTANALYSE PRO PORTION:

671 Kalorien; 52 g Fett; 48 g Protein; 3 g Kohlenhydrate; ein paar Ballaststoffe; 3 g Nettokohlenhydrate

TANDOORI CHICKEN

Muss über Nacht im Kühlschrank marinieren – also am Vortag vorbereiten.

FÜR 6 PORTIONEN:

250 ml Cocoyo (siehe Seite 33)
3 EL Zitronensaft
3 EL Ingwer, frisch gerieben
4 Knoblauchzehen, zerdrückt
1 EL Weißweinessig
1 EL Garam Masala
1 EL gemahlener Kreuzkümmel
1 EL Paprikapulver
½ TL Cayennepfeffer
¼ TL gemahlener Muskat
½ TL Kurkuma (auf Wunsch)
½ TL Salz
2 EL Olivenöl
1,8 kg Hühnerteile (mit Haut und Knochen)

Cocoyo, Zitronensaft, Ingwer, Knoblauch, Essig, alle Gewürze und das Olivenöl in einer Schüssel verrühren. Die Mischung in einen stabilen, großen Zip-Beutel füllen und die Hühnerteile hinzufügen. Den Beutel verschließen und dabei möglichst alle Luft herausdrücken. Hin und her wenden und leicht massieren, bis das Huhn von allen Seiten mit der Marinade überzogen ist. Über Nacht im Kühlschrank marinieren lassen.

Zum Garen den Ofen auf 220 °C (Gas Stufe 7) vorheizen.
Ein Backblech mit Alufolie auskleiden und den Rost daraufsetzen. Es geht darum, dass das Fleisch nicht in der Marinade gart, sondern von allen Seiten trockener Hitze ausgesetzt ist. Das Huhn so auf dem Rost verteilen, dass sich die Teile nicht berühren.
Im Ofen 20 bis 30 Minuten backen (20 Minuten für eher kleine Stücke, 30 Minuten für dickere). Die Stücke wenden und weitere zehn Minuten backen. Den Ofen abschalten, das Huhn aber noch 20 bis 30 Minuten im Ofen lassen. Während dieser Zeit den Ofen nicht öffnen, damit die Hitze nicht entweicht.
Zum Servieren auf einer Platte anrichten.

NÄHRWERTANALYSE PRO PORTION:
623 Kalorien; 49 g Fett; 40 g Protein; 5 g Kohlenhydrate; 1 g Ballaststoffe; 4 g Nettokohlenhydrate; hier ist die gesamte Marinade enthalten, die jedoch vermutlich nicht ganz verzehrt wird.

TIPP

Garam Masala ist eine beliebte indische Würzmischung. Eine selbst gemischte Variante wäre:
¼ EL gemahlener Kreuzkümmel
¼ EL gemahlener Koriander
¼ EL gemahlener Kardamom
⅛ EL schwarzer Pfeffer
½ TL gemahlener Zimt
1 EL gemahlene Nelken
⅛ TL gemahlener Muskat

HÄHNCHENSPIESSE FÜR DEN GRILL

FÜR 6 PORTIONEN:
Saft von ½ roten Grapefruit
1 EL trockener Sherry
3 EL Coconut Aminos (siehe Seite 17)
4 EL Hühnerbrühe (siehe Seite 240)
2 EL Weißweinbalsamico oder Grapefruit-Balsamico (siehe Seite 267)
1 TL Tomatenmark (Tube)
2 EL Olivenöl
1 TL Ingwer, frisch gerieben
1 Knoblauchzehe, zerdrückt
900 g Hähnchenbrust, ohne Haut und Knochen
1 mittelgroße Zwiebel, in großen Stücken
1 rote Paprika, in großen Stücken
1 grüne Paprika, in großen Stücken

Den Grapefruitsaft mit Sherry, Coconut Aminos, Hühnerbrühe, Balsamico,

Tomatenmark, Olivenöl, Ingwer und Knoblauch verrühren.
Fleisch und Gemüse in einen großen Zip-Beutel legen, die Marinade hinzufügen, den Beutel schließen und dabei möglichst alle Luft herausdrücken.
Das Fleisch im Beutel gründlich in der Marinade wenden, dann mindestens eine halbe Stunde in den Kühlschrank legen.
Währenddessen den Grill vorheizen.
Die Marinade in einen kleinen Topf abgießen und zwei Minuten aufkochen.
Hühnerfleisch und Gemüse locker auf Spieße schieben (Bambusspieße vorher eine halbe Stunde in Wasser einweichen, damit sie auf dem Grill nicht Feuer fangen).
Unter häufigem Wenden zehn bis zwölf Minuten grillen, dabei mehrmals mit der aufgekochten Marinade bestreichen.
Falls noch Marinade übrig ist, zu den Spießen als Sauce reichen.

NÄHRWERTANALYSE PRO PORTION:
257 Kalorien; 9 g Fett; 35 g Protein; 8 g Kohlenhydrate; 1 g Ballaststoffe; 7 g Nettokohlenhydrate

SPARGEL-SHIITAKE-HÄHNCHENPFANNE

FÜR 3 PORTIONEN:
Pfannenspargel mit Pilzen (siehe Seite 100)
½ mittelgroße Zwiebel, gehackt
225 g Hähnchenbrust, ohne Haut und Knochen, gewürfelt
1 EL Coconut Aminos (siehe Seite 17)

Den Pfannenspargel nach Rezept zubereiten, Zwiebel und Hähnchenfleisch dazugeben und mitgaren. Zum Schluss die Coconut Aminos unterrühren.
Wer dazu eine Beilage möchte, nimmt am besten Blumenkohlreis (siehe Seite 90).

NÄHRWERTANALYSE PRO PORTION:
275 Kalorien; 7 g Fett; 23 g Protein; 36 g Kohlenhydrate; 7 g Ballaststoffe; 29 g Nettokohlenhydrate

GEBACKENES ORIENTHUHN

Schön einfach mit vorgeschnittenen Ananasstücken aus der Frischetheke.

FÜR 5 PORTIONEN:
1,3 kg Hühnerteile (beispielsweise Schenkel)
Salz
Pfeffer
1 Knoblauchzehe, zerdrückt
3 EL Kokosöl
1 TL Paprikapulver
70 g Ananas
1 EL Coconut Aminos (siehe Seite 17)

1 EL konzentrierte Hühnerbrühe (siehe Seite 32)
¼ mittelgroße Zwiebel
1 EL Ingwer, frisch gerieben

Die Hühnerteile salzen und pfeffern und mit der Hautseite nach unten in eine gerade eben ausreichend große Pfanne legen.
Alle übrigen Zutaten im Mixer oder in der Küchenmaschine zu einer Paste verarbeiten. Die obere Seite des Huhns damit bestreichen.
Das Huhn bei 190 °C (Gas Stufe 5) eine halbe Stunde backen. Wenden, mit dem Bratensaft und herabgetropfter Sauce bestreichen und eine weitere halbe Stunde backen.
Anrichten, mit Bratensaft und Sauce beträufeln und dazu beispielsweise Blumenkohlreis (siehe Seite 90) reichen.

NÄHRWERTANALYSE PRO PORTION:
483 Kalorien; 36 g Fett; 35 g Protein; 3 g Kohlenhydrate; ein paar Ballaststoffe; 3 g Nettokohlenhydrate

CHICKEN SATAY

FÜR 6 PORTIONEN:
450 g Hähnchenbrust, ohne Haut und Knochen
1 Stängel Zitronengras
1 große Schalotte
2 Knoblauchzehen, gehackt
1½ TL Sriracha (siehe Seite 261)
3,5 cm frischer Ingwer, gehackt
1½ TL gemahlener Koriander
1 TL Kurkuma
2 TL gemahlener Kreuzkümmel
3 EL Coconut Aminos (siehe Seite 17)
3 EL Fischsauce
2 EL mildes Olivenöl
3 EL Honig
3 Tropfen Steviaextrakt

Eine Packung Bambusspieße in Wasser einweichen.
Die Hähnchenbrust einzeln und nacheinander in einen stabilen Zipbeutel legen, Luft herausdrücken und den Beutel schließen. Das Fleisch mit einem schweren, stumpfen Gegenstand auf einen halben Zentimeter flach klopfen. Anschließend alle Fleischstücke in zwei Zentimeter breite Streifen schneiden und wieder in den Zip-Beutel legen.
Die restlichen Zutaten in der Küchenmaschine zu einer Paste verarbeiten und diese zu den Hühnerstreifen in den Beutel füllen, dann schließen und dabei möglichst alle Luft herausdrücken. Die Paste unter ständigem Wenden in das Fleisch einmassieren. Mindestens eine Stunde oder den ganzen Tag im Kühlschrank marinieren.
Den Grill gut vorheizen. Die Fleischstreifen im Zickzack auf die Bambusspieße fädeln und von jeder Seite fünf Minuten grillen.
Dazu passt Pseudo-Erdnusssauce (siehe Seite 261).

NÄHRWERTANALYSE PRO PORTION:
202 Kalorien; 7 g Fett; 19 g Protein; 16 g Kohlenhydrate; 1 g Ballaststoffe; 15 g Nettokohlenhydrate

CHICKEN CHUTNEY

Damit lassen sich Pilze füllen, es passt aber auch gut zu Omelett. Oder man streicht es in Selleriestangen.

FÜR 4 PORTIONEN:

140 g gegartes Huhn, gewürfelt
1 EL Senf
1½ EL Steinzeitketchup (siehe Seite 258)
3 Frühlingszwiebeln, gehackt
1 EL frische Petersilie, gehackt
4 EL Mayonnaise
⅛ TL Salz

Alle Zutaten in der Küchenmaschine zu einer groben Paste verarbeiten. Luftdicht verschlossen ist das Chutney im Kühlschrank maximal zwei Tage haltbar.

NÄHRWERTANALYSE PRO PORTION:

293 Kalorien; 14 g Fett; 14 g Protein; 35 g Kohlenhydrate; 7 g Ballaststoffe; 28 g Nettokohlenhydrate

TACO-FÜLLUNG MIT HÄHNCHENFLEISCH

Man kann mit diesem Rezept bestens Fleischreste verwerten.

FÜR 4 PORTIONEN:

4 Hähnchenschenkel, ohne Haut
Saft von 1 Limette
2 Knoblauchzehen, zerdrückt
1 EL Chilipulver
Salz
Pfeffer

Die Schenkel in eine gerade passende, nicht zu große Pfanne setzen. 125 Milliliter Wasser und den Limettensaft zufügen. Zum Kochen bringen, auf kleine Stufe stellen und den Deckel aufsetzen. 25 bis 30 Minuten leicht köcheln lassen. Den Herd abschalten, die Schenkel aus der Pfanne nehmen und auf dem Schneidbrett etwas abkühlen lassen. Die Flüssigkeit in der Pfanne nicht abgießen! Sobald das Huhn abgekühlt ist, das Fleisch von den Knochen lösen und zentimeterdick würfeln. Die Fleischwürfel wieder in die Pfanne geben und auf kleiner Stufe erhitzen. Knoblauch und Chilipulver unterrühren.
Unter gelegentlichem Rühren kochen lassen, bis die Flüssigkeit verdampft ist. Mit Salz und Pfeffer abschmecken und auf einem Salatbett oder auf Blumenkohlreis (siehe Seite 90) servieren.

NÄHRWERTANALYSE PRO PORTION:

211 Kalorien; 15 g Fett; 17 g Protein; 3 g Kohlenhydrate; 1 g Ballaststoffe; 2 g Nettokohlenhydrate

HÄHNCHEN-TACOS FÜR ALLE

FÜR 6 PORTIONEN:

Taco-Füllung mit Hähnchenfleisch (siehe Seite 180)
Eier-Wraps (siehe Seite 81)
1 kleine rote Zwiebel, fein gewürfelt
1 mittelgroße Tomate, fein gewürfelt
4 EL frischer Koriander, fein gehackt
1 Avocado, gewürfelt
¼ Eisbergsalat, geputzt und in feinen Streifen
125 ml saurer Kokosrahm (siehe Seite 35)
Chilisauce

Taco-Füllung und Eier-Wraps nach Rezept zubereiten.
Alle anderen Zutaten auftischen und die Tacos, also Eier-Wraps, damit füllen.

NÄHRWERTANALYSE PRO PORTION:
354 Kalorien; 26 g Fett; 19 g Protein; 12 g Kohlenhydrate; 3 g Ballaststoffe; 9 g Nettokohlenhydrate

HUHN MIT DILL

FÜR 6 PORTIONEN:

2 EL Fett (zum Beispiel Schmalz)
6 Hähnchenschenkel
½ mittelgroße Zwiebel, fein gewürfelt
1 TL getrockneter Dill oder 2 TL frischer Dill, gehackt
½ TL schwarzer Pfeffer, gemahlen
250 ml Hühnerbrühe (siehe Seite 240)
2 EL frische Petersilie, gehackt

Das Fett in einer großen Pfanne auf mittlerer bis hoher Stufe erhitzen und die Schenkel darin anbraten, bis sie rundum gebräunt sind. Die fertigen Hähnchenschenkel auf einen Teller legen, die Zwiebel in die Pfanne geben und die Hitzezufuhr etwas herunterschalten.
Dill und Pfeffer zur Hühnerbrühe hinzufügen.
Die Zwiebel glasig braten, dann die Hähnchenschenkel auf die Zwiebelwürfel legen und die Brühe darübergießen. Alles mit Petersilie bestreuen. Auf kleinste Stufe stellen, einen Deckel aufsetzen und 25 Minuten garen. Dann den Deckel abnehmen und die Schenkel weiterschmoren lassen, bis die Sauce eine sirupartige Konsistenz erreicht hat.
Zusammen servieren, wer mag, auf Blumenkohlreis (siehe Seite 90).

NÄHRWERTANALYSE PRO PORTION:
250 Kalorien; 19 g Fett; 18 g Protein; 1 g Kohlenhydrate; ein paar Ballaststoffe; 1 g Nettokohlenhydrate

HUHN IN CURRYSAUCE

Als Beilage empfehle ich Blumenkohlreis (siehe Seite 90) mit zerkrümeltem, kross gebratenem Bacon und Pfirsich-Chutney (siehe Seite 263).

FÜR 3 PORTIONEN:

700 g Hähnchenschenkel, ohne Haut
250 ml Hühnerbrühe (siehe Seite 240)
2 TL Kokosöl
1 TL Currypulver
250 ungesüßte Kokosmilch
Salz

Die Hähnchenschenkel in eine große Pfanne mit hohem Rand legen und die Brühe zugießen. Deckel aufsetzen und auf kleiner Stufe zum Kochen bringen. Nach etwa 45 Minuten sollte das Fleisch vollständig durchgegart sein. Die Schenkel herausnehmen und etwas abkühlen lassen.
Die Brühe weiterköcheln lassen, bis sie auf etwa 80 Milliliter reduziert ist. Zur Prüfung in einen Messbecher umgießen. Die Pfanne ausspülen und wieder auf kleiner Stufe erhitzen. Das Kokosöl in die Pfanne geben und das Currypulver unter ständigem Rühren darin anrösten.
Konzentrierte Brühe, Kokosmilch und 125 Milliliter Wasser dazugeben. Alles kräftig durchrühren und salzen.
Das ausreichend erkaltete Hühnerfleisch von den Knochen lösen und würfeln.
In die Sauce rühren und mit passenden Beilagen servieren.

NÄHRWERTANALYSE PRO PORTION:

295 Kalorien; 24 g Fett; 18 g Protein; 3 g Kohlenhydrate; ein paar Ballaststoffe; 3 g Nettokohlenhydrate

HÄHNCHENSCHENKEL, KNUSPRIG-SCHARF

FÜR 5 PORTIONEN:

4 Hähnchenschenkel
60 g Mandelmehl
1 TL Currypulver
1 TL Cayennepfeffer
1 TL Senfkörner, gemahlen
4 EL Olivenöl

Den Ofen auf 180 °C vorheizen (Gas Stufe 4).
Die Unterschenkel von den Keulen lösen.
Das Mandelmehl in einem tiefen Teller mit den Gewürzen mischen.
Alle Hähnchenstücke mit etwas Olivenöl einreiben und in dem gewürzten Mandelmehl wenden. In eine passende Auflaufform legen und in etwa einer Stunde knusprig backen. Wenn man den Schenkel bis zum Knochen durchsticht, sollte klarer Saft herauslaufen.
Heiß servieren.

NÄHRWERTANALYSE PRO PORTION:

405 Kalorien; 30 g Fett; 30 g Protein; 4 g Kohlenhydrate; ein paar Ballaststoffe; 4 g Nettokohlenhydrate

GEBRATENER KAPAUN

Ein Kapaun ist ein kastriertes Masthähnchen mit interessantem Geschmack. Die passende Größe für dieses Rezept erreichen auch manche Poularden oder junge Puten.

FÜR 8 PORTIONEN:

2 EL Olivenöl
2 EL Zitronensaft
1 TL Coconut Aminos (siehe Seite 17)
3 Anchovisfilets
1 TL Senf
½ TL Chiliflocken
1 Kapaun, Poulade oder Pute (2 kg)

Den Ofen auf 180 °C vorheizen (Gas Stufe 4).

Alle Zutaten bis auf den Vogel in den Mixer geben und verarbeiten, bis die Anchovisfilets pulverisiert sind. Mit dem Teigschaber in eine Schüssel umfüllen.

Den Vogel auf einen Grillrost legen und auf die Fettpfanne im Ofen setzen. Zunächst 20 Minuten backen. Danach sorgfältig rundherum mit der Sauce bestreichen. Wieder in den Ofen schieben und weitere 20 Minuten backen. Noch einmal bestreichen. 20 Minuten weiterbacken und beim letzten Bestreichen den Rest der Sauce aufbrauchen. Noch einmal 20 bis 30 Minuten backen. Der Braten ist fertig, wenn beim Anstechen des Oberschenkels bis auf den Knochen nur klarer Saft herausläuft.

Vor dem Aufschneiden zehn Minuten ruhen lassen, dann servieren.

NÄHRWERTANALYSE PRO PORTION:
548 Kalorien; 44 g Fett; 35 g Protein; 1 g Kohlenhydrate; ein paar Ballaststoffe; 1 g Nettokohlenhydrate

KRÄUTERHUHN MIT ORANGE

FÜR 8 PORTIONEN:

2 Orangen
2 EL Olivenöl
5 Knoblauchzehen, zerdrückt
2 TL Geflügelgewürz
1 ganzes Huhn (2 kg)
Pfeffer
Salz
1 große Zwiebel, in großen Stücken
2 Stangen Sellerie, in fingerlangen Streifen
1 Karotte, geschält und in fingerdicken Stücken
350 ml Hühnerbrühe (siehe Seite 240)

Den Ofen auf 180 °C vorheizen (Gas Stufe 4).

Eine Orange halbieren und die Schale der einen Hälfte in eine kleine Schüssel reiben. Den Saft dieser Hälfte ausdrücken und dazugeben. Mit Olivenöl, einer zerdrückten Knoblauchzehe und einem halben Teelöffel Geflügelgewürz verrühren.

Die andere Orangenhälfte hauchdünn aufschneiden und auf einer Seite leicht mit Geflügelgewürz bestreuen.

Mit sauberen Händen vorsichtig die Haut vom Huhn ablösen. Die Orangenscheiben mit der gewürzten Seite zum Huhn hin unter die Haut schieben, möglichst viel Fleisch damit bedecken.

Das Huhn von innen pfeffern und eventuell salzen sowie mit Hähnchengewürz bestäuben. Alles mit den Händen leicht einmassieren.
Die zweite Orange in Achtel schneiden. Das Huhn von innen mit möglichst viel Zwiebelstücken, Orangenstücken und zwei Knoblauchzehen füllen.
Sellerie und Karotte mit dem Rest der Zwiebelstücke und Orangenachtel sowie den übrigen Knoblauchzehen auf ein Backblech geben.
Das Huhn von außen salzen und pfeffern und die Hälfte des Orangenöls einmassieren. Auf das Gemüse im Backblech setzen. Im Ofen 30 Minuten backen, dann mit der Orangenmarinade bestreichen. Weitere 20 bis 30 Minuten backen. Der Vogel ist fertig, wenn beim Anstechen bis zum Hüftgelenk klarer Saft austritt und das Bein sich leicht bewegen lässt. Falls noch Marinade übrig ist, erneut bestreichen, fünf Minuten Backzeit hinzugeben, dann aus dem Ofen holen und ruhen lassen.
Die Orangenscheiben vom Blech absammeln und dabei den Saft über dem Gemüse ausdrücken. Das Gemüse in den Mixer geben. Die Hühnerbrühe ebenfalls in den Mixer gießen und pürieren, bis sich eine cremige Sauce ergibt. Mit Salz und Pfeffer abschmecken und zum Huhn servieren. Wer mag, reicht dazu Blumenkohlreis (siehe Seite 90), der gut die Sauce aufsaugt.

NÄHRWERTANALYSE PRO PORTION:
483 Kalorien; 33 g Fett; 38 g Protein; 7 g Kohlenhydrate; 2 g Ballaststoffe; 5 g Nettokohlenhydrate

BRATHUHN MIT APFEL-MEERRETTICH-SAUCE

FÜR 5 PORTIONEN:

Fett für die Form
1 Apfel, in kleinen Stücken
½ große Zwiebel, in kleinen Stücken
900 g Hähnchenfleisch, aufgeschnitten
Salz
Pfeffer
1 TL Zitronensaft
1 TL Meerrettich
½ TL Paleo-Worcestershire-Sauce (siehe Seite 275)
½ TL Senf

Den Ofen auf 180 °C vorheizen (Gas Stufe 4).
Eine ausreichend große Backform fetten. Die Form zuerst mit einer Lage Apfel, dann mit Zwiebelwürfeln auslegen.
Das Huhn sparsam mit Salz und Pfeffer würzen und auf die Apfel-Zwiebel-Schicht legen. Im Ofen 30 Minuten backen. Danach das Huhn mit dem angesammelten Saft in der Form bestreichen und weitere 30 Minuten backen. Es ist fertig, wenn es schön goldbraun aussieht und die Apfel-Zwiebel-Schicht am Rand zu bräunen beginnt. An diesem Punkt noch einmal bestreichen und zehn Minuten Backzeit hinzugeben.
Das Huhn auf einen Teller setzen und warmstellen.
Den restlichen Inhalt aus der Backform in den Mixer füllen. Zitronensaft, Meerrettich, Worcestershire-Sauce, Senf und einen viertel Teelöffel Pfeffer hinzufügen und zu einer cremigen Sauce verarbeiten.

Auf Wunsch leicht nachsalzen, dann in eine Sauciere gießen und zum Huhn servieren.

NÄHRWERTANALYSE PRO PORTION:
305 Kalorien; 21 g Fett; 23 g Protein;
6 g Kohlenhydrate; 1 g Ballaststoffe;
5 g Nettokohlenhydrate

HÄHNCHENPFANNE MIT INGWER UND ORANGE

FÜR 4 PORTIONEN:
Saft von 1 Navel-Orange
Saft von ¼ Zitrone
3 EL Kokosöl
700 g Hähnchenfleisch (aus dem Schenkel), ohne Haut und Knochen, in 3,5 cm dicken Stücken
1 TL Navel-Orangenschale, gerieben
1 EL Ingwer, frisch gerieben
700 g Pak Choi, geputzt und grob gehackt
125 ml Hühnerbrühe (siehe Seite 240)
1 Bund Frühlingszwiebeln, in 2,5 cm langen Stücken
Salz
Pfeffer
4 TL geröstete Sesamsamen

Orangen- und Zitronensaft in eine kleine Schüssel geben.
Das Kokosöl in einer großen Pfanne auf hoher Stufe erhitzen. Die Hähnchenwürfel portionsweise jeweils drei bis vier Minuten goldbraun anbraten. Zum Schluss alles Hühnerfleisch in die Pfanne geben, Ingwer und Saft sowie die Hühnerbrühe hinzufügen und einige Minuten köcheln lassen.
Den Kohl und die Frühlingszwiebeln unterheben und so lange mitbraten, bis der Pak Choi gerade eben zusammenfällt.
Mit Salz und Pfeffer abschmecken, auf vier Tellern anrichten und mit je einem Teelöffel Sesamsamen bestreuen.

NÄHRWERTANALYSE PRO PORTION:
328 Kalorien; 20 g Fett; 28 g Protein;
9 g Kohlenhydrate; 3 g Ballaststoffe;
6 g Nettokohlenhydrate

ROSMARINHUHN MIT ZITRONE UND PAPRIKA

Auf Blumenkohlreis (siehe Seite 90) anrichten und dazu einen frischen Salat reichen.

FÜR 6 PORTIONEN:
900 g Hähnchenschenkel, mit Haut und Knochen
Salz
Pfeffer
4 EL Olivenöl
1 große Zwiebel, in Ringen
3 milde, gelbe Chilischoten (ersatzweise grüne Paprika), entkernt und in Ringen
8 Knoblauchzehen, gehackt
4 Zweige Rosmarin oder 1 EL getrockneter Rosmarin
1 große Zitrone
250 ml Hühnerbrühe (siehe Seite 240)
2 TL Zitronenschale, gerieben

Das Fleisch rundum mit Salz und Pfeffer einreiben.

Zwei Esslöffel Olivenöl in einer großen Pfanne auf mittlerer bis hoher Stufe erhitzen und das Huhn darin goldbraun anbraten. Aus der Pfanne nehmen, das restliche Öl hineingeben und das Gemüse darin anbraten. Sobald Zwiebeln und Chilis weich genug sind, Knoblauch und Rosmarin hinzufügen.
Die Zitrone halbieren und den Saft in die Brühe pressen. Das Gemüse mit der Zitronenbrühe übergießen und die Hähnchenschenkel darauflegen. Einen Deckel aufsetzen, aber einen Spalt breit offen lassen, damit Dampf entweichen kann.
Alles etwa 40 Minuten schmoren lassen. Zwischendurch gelegentlich prüfen und notfalls einige Esslöffel Brühe hinzufügen. Das Fleisch aus der Pfanne nehmen, wenn es sehr zart ist.
Hitzezufuhr erhöhen und die restliche Brühe stark einkochen lassen. Mit Salz und Pfeffer abschmecken, die Gemüsesauce über das Huhn löffeln und mit geriebener Zitronenschale bestreut servieren.

NÄHRWERTANALYSE PRO PORTION:
406 Kalorien; 32 g Fett; 23 g Protein; 7 g Kohlenhydrate; 2 g Ballaststoffe; 5 g Nettokohlenhydrate

TIPP

Statt milden gelben Chilis eignet sich auch eine feine Peperoni oder milde Anaheim-Chili. Nur allzu scharf sollte es nicht werden, also keine Jalapeños oder Habaneros nehmen.

MAROKKOHUHN

FÜR 4 PORTIONEN:
4 Hähnchenschenkel
Salz
Pfeffer
3 EL Olivenöl
1 große Zwiebel, gehackt
3 Karotten, geschält und in dünnen Scheiben
2 TL Paprikapulver
1 TL schwarzer Pfeffer
1 TL gemahlener Ingwer
¼ TL Kurkuma
¼ TL gemahlener Zimt
1 Knoblauchzehe, zerdrückt
250 ml Hühnerbrühe (siehe Seite 240)
1 Zitrone, in Achteln

Die Schenkel in Ober- und Unterkeule teilen und mit Salz und Pfeffer einreiben. Das Olivenöl auf mittlerer bis hoher Stufe in einer großen Pfanne erhitzen. Das Fleisch hinzufügen und rundherum anbraten, eventuell in mehreren Portionen. Wenn alles schön braun ist, in eine Auflaufform setzen.

Den Ofen auf 180 °C vorheizen (Gas Stufe 4).
Die Hitzezufuhr auf kleine bis mittlere Stufe herunterschalten und die Zwiebel in der Pfanne glasig braten. Die Karotten zugeben und einige Minuten mitbraten. Die Gewürze hinzufügen und noch drei bis vier Minuten garen. Jetzt die Hühnerbrühe auffüllen und unter ständigem Rühren einmal aufkochen.
Die Zitrone rund um die Schenkel in die Auflaufform setzen. Die Gemüsebrühe aus der Pfanne darübergießen. Mit Alufolie abdecken und 30 Minuten backen, dann die Folie abnehmen und weitere 15 Minuten garen.
Auf vier Tellern die Brühe und das Gemüse aus der Form über das Fleisch schöpfen und die gebackenen Zitronenstücke dazulegen. Wer mag, richtet das Ganze auf Blumenkohlreis (siehe Seite 90) an.

NÄHRWERTANALYSE PRO PORTION:
456 Kalorien; 31 g Fett; 33 g Protein; 11 g Kohlenhydrate; 3 g Ballaststoffe; 8 g Nettokohlenhydrate

HÄHNCHENPFANNE MIT PEKANNÜSSEN UND ORANGE

FÜR 4 PORTIONEN:
Blumenkohlreis (siehe Seite 90)
3 EL Schweineschmalz oder anderes Fett
4 EL Pekannüsse, gehackt
450 g Hähnchenbrust, in 1 cm großen Würfeln
½ mittelgroße Zwiebel, gehackt
½ rote Paprika, gehackt
Schale von ½ Orange
Saft von ½ Orange
Saft von 1 Zitrone
2 EL konzentrierte Hühnerbrühe (siehe Seite 32)
4 EL frische Petersilie, gehackt
Salz
Pfeffer

Den Blumenkohlreis nach Rezept zubereiten.
Ein paar Teelöffel Fett in einer großen Pfanne auf mittlerer Stufe zerlassen. Die Pekannüsse darin anrösten, bis sie duften. Unbedingt dabeibleiben und ständig rühren, bis sie fertig sind. Auf einem Teller beiseitestellen.
Die Temperatur auf mittlere bis hohe Stufe stellen. Einen weiteren Esslöffel Fett zerlassen und das Huhn hinzugeben. Anbraten, bis das Fleisch nicht mehr rosa ist. Aus der Pfanne nehmen und ebenfalls beiseitestellen.
Das restliche Fett zerlassen, Zwiebel und Paprika hineingeben und die Zwiebel glasig braten.
Etwa zu diesem Zeitpunkt ist auch der Blumenkohl fertig. Den Deckel abnehmen, um den Garprozess abzubrechen.
Das Hühnerfleisch wieder zum Gemüse geben, dann den Blumenkohlreis hinzufügen. Orangenschale und -saft sowie Zitronensaft und Hühnerbrühe zufügen. Alles sehr gut verrühren.
Zum Schluss die gerösteten Pekannüsse und die Petersilie unterheben. Mit Salz und Pfeffer abschmecken und servieren.

NÄHRWERTANALYSE PRO PORTION:
307 Kalorien; 18 g Fett; 28 g Protein;
10 g Kohlenhydrate; 3 g Ballaststoffe;
7 g Nettokohlenhydrate

SALSA-SENFHUHN

FÜR 3 PORTIONEN:
2 EL Kokosöl
1,3 kg Hähnchenschenkel, zerteilt
125 ml Salsa (130 g)
4 EL Senf
3 EL ungesüßte Kokosmilch
1 EL konzentrierte Hühnerbrühe (siehe Seite 32)

Das Fett in einer großen Pfanne auf mittlerer bis hoher Stufe erhitzen und das Fleisch darin anbraten. Wenn es von allen Seiten goldbraun ist, auf einen Teller legen.
Die Salsa in die Pfanne geben, erhitzen und dabei alle Krusten vom Pfannenboden lösen und einrühren. Garen, bis die Zwiebeln und die Tomaten in der Salsa nachgeben.
Senf, Kokosmilch und Hühnerbrühe hinzufügen und gründlich unterrühren. Die Hitze auf kleinste Stufe stellen.
Das Hühnerfleisch wieder in die Pfanne geben (auf die Sauce), Deckel aufsetzen und 40 Minuten schmoren lassen.
Die Sauce zum Fleisch servieren.

NÄHRWERTANALYSE PRO PORTION:
752 Kalorien; 54 g Fett; 62 g Protein;
3 g Kohlenhydrate; 1 g Ballaststoffe;
2 g Nettokohlenhydrate

KOKOSHUHN

FÜR 6 PORTIONEN:
2 TL gemahlener Kreuzkümmel
¾ TL gemahlener Koriander
½ TL Cayennepfeffer
¼ TL Salz
⅛ TL schwarzer Pfeffer, gemahlen
900 g Hähnchenbrust, ohne Haut und Knochen, in 6 Teilen
2 Eier
160 g fein geraspeltes Kokosfleisch
Kokosöl
Dijonsenf

Die Gewürze mischen und das Fleisch gleichmäßig damit bestreuen. Etwa zehn Minuten liegen lassen.
Die Eier in einen tiefen Teller aufschlagen, einen Esslöffel Wasser hinzugeben und gründlich durchrühren. Die Kokosraspel in einen zweiten Teller füllen.
Die Fleischstücke nacheinander erst in das Ei, dann in die Kokosraspel tauchen und von allen Seiten überziehen. Auf einen großen Teller legen und eine gute Stunde im Kühlschrank lagern, damit die Panade etwas fester werden kann.
Den Ofen auf 200 °C vorheizen (Gas Stufe 6).
Eine flache Auflaufform großzügig mit Kokosöl fetten und die Hähnchenteile hineinlegen.
Sieben Minuten backen, dann vorsichtig wenden, ohne die Kokosraspel abzustreifen. Bei Bedarf noch etwas Kokosöl hinzufügen. Weitere sieben Minuten backen, bis das Fleisch rundum goldbraun ist. Mit Alufolie abdecken und in

15 bis 20 Minuten vollständig garen. Den Senf als Dip dazu reichen.

NÄHRWERTANALYSE PRO PORTION:
298 Kalorien; 15 g Fett; 37 g Protein; 5 g Kohlenhydrate; 3 g Ballaststoffe; 2 g Nettokohlenhydrate

FIESTAHUHN

FÜR 5 PORTIONEN:
1,5 kg Hähnchenbrust und Schenkel, mit Haut und Knochen
Salz
Pfeffer
1 EL Schweineschmalz
½ Zwiebel, gehackt
1 mittelgroße Tomate, entkernt und fein gewürfelt
2 EL Chipotle-Chili in Adobe (siehe Seite 276)
1 EL Chilipulver
1½ EL Balsamicoessig
1 TL gemahlener Kreuzkümmel
½ TL Salz
⅛ TL gemahlener Zimt

Den Ofen auf 180 °C vorheizen (Gas Stufe 4).
Die Hühnerteile salzen, pfeffern und auf ein Backblech geben. In den Ofen schieben.
Das Schmalz in einer großen Pfanne auf mittlerer Stufe zerlassen. Die Zwiebel darin anbräunen. Sobald die Zwiebel weich ist, die Tomatenwürfel in die Pfanne geben. Unter häufigem Rühren garen, bis die Tomate sich mit der Gabel zerdrücken lässt. Auf kleiner Stufe noch fünf Minuten garen, dabei regelmäßig umrühren.
Zwiebel und Tomaten in den Mixer oder die Küchenmaschine umfüllen und die Chilis hinzufügen. Zu einem weichen Püree verarbeiten. Die Gewürze unterziehen.
Das Huhn etwa eine Stunde im Ofen garen und dabei wiederholt mit dem Bratensaft aus dem Blech bepinseln. Wenn es goldbraun ist und beim Anstechen bis ans Gelenk klarer Saft austritt, mit der Sauce bestreichen und noch fünf bis zehn Minuten backen.
Mit der verbliebenen Sauce servieren.

NÄHRWERTANALYSE PRO PORTION:
534 Kalorien; 39 g Fett; 40 g Protein; 4 g Kohlenhydrate; 1 g Ballaststoffe; 3 g Nettokohlenhydrate

MAIHÄHNCHEN

FÜR 6 PORTIONEN:
2 kg Hühnerteile (zum Beispiel Keulen und Flügel)
Salz
Pfeffer
800 g grüner Spargel, geschält
1 Bund Frühlingszwiebeln, in Ringen
1 Handvoll frische Minze (ersatzweise Oregano), gehackt
1 Knoblauchzehe, gehackt
Saft von 2 Zitronen
4 EL Olivenöl

Den Ofen auf 180 °C vorheizen (Gas Stufe 4).
Die Hühnerteile salzen, pfeffern und auf ein Backblech legen.
Den Spargel rund um das Huhn auslegen, die Geflügelteile mit den Frühlingszwiebeln bestreuen.
Minze und Knoblauch in die Küchenmaschine mit Messereinsatz füllen, Zitronensaft und Olivenöl hinzufügen.
Zerkleinern, bis der Knoblauch pulverfein ist, und gleichmäßig über das Huhn gießen.
Alles mit Alufolie abdecken, 40 Minuten backen, Folie entfernen und noch zehn Minuten weiterbacken. An einer dickfleischigen Stelle bis auf den Knochen einstechen. Wenn der austretende Saft klar ist, ist das Huhn fertig. Ansonsten noch ein paar Minuten backen.
Heiß servieren.

NÄHRWERTANALYSE PRO PORTION:
663 Kalorien; 48 g Fett; 50 g Protein; 7 g Kohlenhydrate; 2 g Ballaststoffe; 5 g Nettokohlenhydrate

HÄHNCHENBRUST SÜSS-SAUER

FÜR 3 PORTIONEN:

170 g Ananasstücke (aus der Frischetheke), halbiert oder gedrittelt
2 EL Coconut Aminos (siehe Seite 17)
2 EL Apfelessig
1 EL Ingwer, frisch gerieben
2 Tropfen Steviaextrakt (optional)
3 EL Kokosöl
450 g Hähnchenbrust, ohne Haut und Knochen, in 2,5 cm dicken Würfeln
½ große Zwiebel, in groben Stücken
1 grüne Paprika, in groben Stücken
Glucomannan (Konjakmehl, optional)

Den Saft von den Ananasstücken mit Coconut Aminos, Essig, Ingwer und eventuell Stevia verrühren. Beiseitestellen.
Einen Wok oder eine große Pfanne auf hoher Stufe erhitzen. Die Hälfte des Kokosöls darin zerlassen. Das Hühnerfleisch vier bis fünf Minuten im Fett garen, dann herausheben und auf einem Teller beiseitestellen.
Das restliche Fett in die Pfanne geben und das Gemüse darin anbraten, bis es fast gar ist.
Jetzt das Hühnerfleisch und die Ananasstücke wieder in die Pfanne geben. Alles verrühren, dann die Sauce unterziehen. Unter Wenden ein bis zwei Minuten braten. Auf Wunsch die Sauce mit etwas Glucomannan andicken.
Heiß servieren.

NÄHRWERTANALYSE PRO PORTION:
354 Kalorien; 18 g Fett; 34 g Protein; 14 g Kohlenhydrate; 2 g Ballaststoffe; 12 g Nettokohlenhydrate

EINFACHES CURRYHUHN

Blumenkohlreis (siehe Seite 90) ist hier die ideale Beilage.

FÜR 6 PORTIONEN:

1,3 kg Hühnerteile (zum Beispiel Schenkel und Flügel), ohne Haut
1 mittelgroße Zwiebel, gehackt
4 Knoblauchzehen, zerdrückt
2 EL Currypulver
250 ungesüßte Kokosmilch
125 ml Hühnerbrühe (siehe Seite 240)

Den Ofen auf 180 °C vorheizen (Gas Stufe 4).
Die Hühnerteile auf einem Backblech ausbreiten und mit der Zwiebel bestreuen.
Den Knoblauch mit Currypulver, Kokosmilch und Hühnerbrühe mischen und alles über das Huhn gießen. Eine Stunde backen, dabei die Hühnerteile alle 20 Minuten wenden, damit beide Seiten in der Sauce einweichen können. Dann das Fleisch aus dem Ofen holen und servierfertig anrichten.
Die Reste vom Backblech schaben und im Mixer oder in der Küchenmaschine zu einer Sauce verarbeiten und zum Fleisch servieren.

NÄHRWERTANALYSE PRO PORTION:

424 Kalorien; 31 g Fett; 30 g Protein; 5 g Kohlenhydrate; 1 g Ballaststoffe; 4 g Nettokohlenhydrate

ESTRAGONHUHN

FÜR 4 PORTIONEN:

700 g Hähnchenbrust, ohne Haut und Knochen, in 1 cm dicken Würfeln
Salz
Pfeffer
2 EL Olivenöl
1 EL frischer Estragon, fein gehackt
250 ungesüßte Kokosmilch
Saft von ¼ Zitrone
2 EL konzentrierte Hühnerbrühe (siehe Seite 32)

Das Hähnchenfleisch mit Salz und Pfeffer würzen.
Das Olivenöl in einer großen Pfanne auf mittlerer bis hoher Stufe erhitzen. Die Pfanne gut damit ausschwenken.
Das Fleisch portionsweise in das heiße Öl geben und gründlich durchbraten, bis es goldbraun wird.
Am Ende alle Fleischstücke in die Pfanne geben und erst den Estragon, dann die Kokosmilch unterrühren. Einige Minuten kochen lassen. Den Zitronensaft und die Hühnerbrühe zufügen und unterrühren. Mit Salz und Pfeffer abschmecken.
Dazu passt Blumenkohlreis (siehe Seite 90) oder Spaghettikürbis.

NÄHRWERTANALYSE PRO PORTION:

373 Kalorien; 23 g Fett; 39 g Protein; 2 g Kohlenhydrate; ein paar Ballaststoffe; 2 g Nettokohlenhydrate

HÜHNERLEBER AM SPIESS

FÜR 6 PORTIONEN:
700 g Hühnerleber
¾ TL getrockneter Majoran
¾ TL getrockneter Thymian
½ TL Salz
⅛ TL schwarzer Pfeffer, gemahlen
10 Scheiben Bacon (Frühstücksspeck), quer halbiert
225 g Champignons
1 Zwiebel, in groben Stücken
4 EL Olivenöl
4 EL trockener Weißwein

Die Lebern dort halbieren, wo beide Leberlappen von selbst auseinanderklappen (kleinere Stücke sind bereits halbiert).
Majoran, Thymian, Salz und Pfeffer mischen und die Lebern rundum damit bestreuen.
Jedes Stück Leber in eine halbe Scheibe Bacon wickeln und auf einen Spieß stecken, so dass der Bacon beidseitig gehalten wird. Zwischen die Leberstücke jeweils Pilze und Zwiebelstücke stecken, bis sechs gleichmäßig bestückte Spieße vorliegen.
Den Tischgrill oder Backofengrill vorheizen.
Das Öl mit dem Wein verrühren und die Spieße damit bestreichen. Mit mindestens zehn Zentimeter Abstand zur Hitzequelle maximal fünf Minuten pro Seite grillen, bis der Bacon kross ist. Zwischendurch bei Bedarf mit der Marinade bestreichen.
Heiß servieren.

NÄHRWERTANALYSE PRO PORTION:
306 Kalorien; 19 g Fett; 25 g Protein; 7 g Kohlenhydrate; 1 g Ballaststoffe; 6 g Nettokohlenhydrate

GUATALOTE EN MOLE POBLANO

Die Sauce kostet etwas Zeit, deshalb am besten vorab zubereiten – man kann sie gut einfrieren.

FÜR 6 PORTIONEN:
2 Putenschenkel (ersatzweise Putenbrust)
Salz
Pfeffer
3 EL Schweineschmalz
500 ml Mole Poblano (siehe Seite 273)
1 EL frischer Koriander, gehackt (optional)

Die Putenschenkel salzen und pfeffern.
Das Schmalz in einem Schmortopf, am besten einem gusseisernen, zerlassen und die Schenkel darin anbraten.
Den Ofen auf 170 °C vorheizen (Gas Stufe 3).
Wenn das Fleisch rundum goldbraun angebraten ist, Deckel aufsetzen und den Topf in den Ofen schieben. 60 bis 90 Minuten durchgaren.
Etwa zehn Minuten vor Ende der Garzeit die Sauce erhitzen.
Das Fleisch aufschneiden, auf sechs Tellern anrichten und die Sauce darübergeben. Auf Wunsch mit ein wenig Koriander garniert servieren.

NÄHRWERTANALYSE PRO PORTION:
238 Kalorien; 18 g Fett; 14 g Protein; 7 g Kohlenhydrate; 2 g Ballaststoffe; 5 g Nettokohlenhydrate

NÄHRWERTANALYSE PRO PORTION:
522 Kalorien; 31 g Fett; 49 g Protein; 13 g Kohlenhydrate; 4 g Ballaststoffe; 9 g Nettokohlenhydrate

PUTENCHILI

FÜR 6 PORTIONEN:
4 EL Schmalz oder Baconfett oder Olivenöl
1,3 kg Putenhackfleisch
1 l Hühnerbrühe (siehe Seite 240)
6 EL Chilipulver
10 Knoblauchzehen, zerdrückt
2 TL Honig
1½ TL gemahlener Kreuzkümmel
1 TL getrockneter Oregano
1 TL Cayennepfeffer (Menge nach Geschmack)
½ TL schwarzer Pfeffer, gemahlen
1 EL ungesüßtes Kakaopulver
3 EL Paprikapulver
6 EL Kürbiskerne, geschält
Salz (optional)

Einen großen Schmortopf aufsetzen, am besten einen gusseisernen. Das Fett zerlassen und das Hackfleisch portionsweise darin anbräunen. Wenn das Fleisch komplett gar ist, Hühnerbrühe, Chili, Knoblauch, Honig und alle Gewürze, auch den Kakao, hinzufügen. Die Mischung zum Sieden bringen und etwa eine Stunde vor sich hin kochen lassen. Die Kürbiskerne in der Küchenmaschine zu grobem Mehl zerkleinern. Nach einer Stunde Garzeit unterrühren und weitere 15 bis 20 Minuten mitgaren.
Auf Wunsch salzen und heiß servieren.

ASIA-SALAT-WRAPS

FÜR 3 PORTIONEN:
450 g Putenhackfleisch
1 mittelgroße Zwiebel, gehackt
2 Knoblauchzehen, gehackt
1 TL Fünfgewürzpulver
3 EL Coconut Aminos (siehe Seite 17)
1 TL Sesamöl
1 TL Ingwer, frisch gerieben
3 EL Pseudo-Erdnusssauce (siehe Seite 261)
1 EL frische Minze, gehackt
1 EL frischer Koriander, gehackt
Einige große Salatblätter

Das Hackfleisch portionsweise in einer großen Pfanne anbraten. Zwiebel und Knoblauch unterrühren. Wenn nötig, etwas Öl zugeben, damit das Fleisch nicht anbrennt.
Fünfgewürzpulver, Coconut Aminos, Sesamöl, Ingwer und Pseudo-Erdnusssauce unterrühren und alles einige Minuten garen, bis der Saft aus dem Putenfleisch eingekocht ist. Jetzt die Minze und den Koriander unterheben. Mit Salatblättern für Wraps und noch mehr Pseudo-Erdnusssauce anrichten. Auch ein wenig gehackte Gurke und Frühlingszwiebeln passen gut dazu.

NÄHRWERTANALYSE PRO PORTION:
264 Kalorien; 14 g Fett; 28 g Protein;
5 g Kohlenhydrate; 1 g Ballaststoffe;
4 g Nettokohlenhydrate

PUTENHASCHEE

Leckere Resteverwertung für Huhn und Pute.

FÜR 4 PORTIONEN:
1 mittelgroße Karotte, geputzt und gewürfelt
½ Sellerieknolle, gewürfelt
2 EL Schweineschmalz oder Hühnerfett
1 große Zwiebel, gehackt
280 g gegartes Hähnchen- oder Putenfleisch, gewürfelt
1½ EL Geflügelgewürz
½ TL Salz (optional)

Karotte und Sellerie sechs Minuten auf hoher Stufe in der Mikrowelle dünsten. Das Fett in einer großen Pfanne auf kleiner bis mittlerer Stufe zerlassen und die Zwiebel darin anbraten.
Wenn das Gemüse al dente gegart ist, in die Pfanne geben. Das Fleisch und das Geflügelgewürz sowie nach Belieben Salz hinzufügen, alles durchrühren und gleichmäßig in der Pfanne verteilen, dann den Deckel aufsetzen (einen Schlitz offen lassen) und sieben bis acht Minuten garen. Durchrühren, vom Boden lösen und erneut gleichmäßig ausbreiten. Wieder sieben bis acht Minuten mit Deckel garen. Ein drittes Mal wiederholen.
Danach den Deckel abnehmen, alles wenden, ausbreiten, etwas flach klopfen und die Hitzezufuhr leicht erhöhen (wirklich nur ein wenig). Das Ziel ist eine leicht gebräunte Kruste am Pfannenboden.
Nach weiteren fünf Minuten frisch aus der Pfanne servieren.

NÄHRWERTANALYSE PRO PORTION:
327 Kalorien; 24 g Fett; 22 g Protein;
6 g Kohlenhydrate; 1 g Ballaststoffe;
5 g Nettokohlenhydrate

ROSENKOHLRAGOUT

FÜR 3 PORTIONEN:
2 EL Baconfett
1 mittelgroße Zwiebel, fein gehackt
280 g Putenfleisch, gewürfelt
250 g Rosenkohl, geputzt
Salz
Pfeffer

Das Fett in einer großen Pfanne auf kleiner bis mittlerer Stufe zerlassen. Die Zwiebel glasig braten, Putenwürfel und Rosenkohl hinzufügen und die Hitzezufuhr herunterregeln. Alles verrühren und den Rosenkohl dabei leicht aufbrechen. Gleichmäßig auf dem Boden der Pfanne ausbreiten und fünf Minuten anrösten. Wenden, wieder flach klopfen und weitere fünf Minuten garen.
Mit Salz und Pfeffer würzen und heiß servieren.

NÄHRWERTANALYSE PRO PORTION:
283 Kalorien; 15 g Fett; 25 g Protein; 12 g Kohlenhydrate; 4 g Ballaststoffe; 8 g Nettokohlenhydrate

PUTENPFANNE MIT PILZEN UND ZUCKERSCHOTEN

FÜR 3 PORTIONEN:
6 EL Coconut Aminos (siehe Seite 17)
1 EL Weißweinbalsamico
3 TL Ingwer, frisch gerieben
2 Knoblauchzehen, gehackt
6 EL Kokosöl
450 g Hähnchen- oder Putenbrust, ohne Haut und Knochen, gewürfelt
2 mittelgroße Zwiebeln, halbiert, in Ringen
140 g Champignons, in Scheiben
150 g frische Zuckerschoten, geputzt

Coconut Aminos, Balsamico, Ingwer und Knoblauch in einer Schüssel verrühren. Alles am Herd bereitstellen.
Die Hälfte des Fetts in einem Wok oder einer großen Pfanne auf höchster Stufe zerlassen. Das Putenfleisch darin anbraten, bis nichts mehr rosa ist. Auf einem Teller beiseitestellen.
Das restliche Fett in die Pfanne geben und die Zwiebel hinzufügen. Eine Minute garen, dann die Pilze und die Zuckerschoten dazugeben. Nach einer weiteren Minute sollten die Zuckerschoten leuchtend grün sein.
Das Fleisch wieder in die Pfanne geben und mit Coconut Aminos würzen. Noch eine Minute unter Rühren erhitzen, dann servieren.

NÄHRWERTANALYSE PRO PORTION:
504 Kalorien; 29 g Fett; 41 g Protein; 20 g Kohlenhydrate; 4 g Ballaststoffe; 16 g Nettokohlenhydrate

TIPP

Dieses Gericht schmeckt auch mit Hähnchen- oder Putenresten sehr gut – dann kann man das Anbraten einfach überspringen. Das vorgegarte Fleisch würfeln, am Ende mit den Gewürzen hinzufügen und nur noch gründlich durcherhitzen.

ENTENBRUST MIT PFLAUMENSAUCE

FÜR 4 PORTIONEN:
680 g Entenbrust mit Haut, aber ohne Knochen (4 halbe Entenbrüste)
½ TL Salz
¼ TL schwarzer Pfeffer, gemahlen
¼ TL scharfe, geräucherte Senfkörner, gemahlen
1 Prise gemahlener Rosmarin
1 EL Baconfett
2 EL Olivenöl
Pflaumensauce (siehe Seite 266)

Den Ofen auf 190 °C vorheizen (Gas Stufe 5).
Mit einem sehr scharfen Messer in die Haut jeder Entenbrust 3,5 cm große

Rauten einritzen. Salz, Pfeffer, Senf und Rosmarin mischen und das Fleisch mit der Gewürzmischung einreiben.

Eine große, ofenfeste Pfanne auf mittlerer bis hoher Stufe erhitzen. Fett und Öl hineingeben, verrühren und eine Minute heiß werden lassen. Die Ente mit der Hautseite nach unten hineinlegen. Etwa fünf Minuten anbraten, bis die Haut schön knusprig ist, dabei nicht wenden oder lösen.

Die Pfanne in den Ofen schieben und etwa zwölf Minuten backen.

Mit der Hautseite nach oben auf Tellern anrichten und fünf Minuten ruhen lassen. Aufschneiden und mit Pflaumensauce garniert servieren.

NÄHRWERTANALYSE PRO PORTION:
643 Kalorien; 62 g Fett; 15 g Protein; 6 g Kohlenhydrate; 1 g Ballaststoffe; 5 g Nettokohlenhydrate; die Kalorienzahl stimmt nur, wenn man alle Reste aus der Pfanne mitisst.

TIPP

Wer keine ofenfeste Pfanne hat, kann die Ente mitsamt dem Fett in einer feuerfesten Glasschüssel garen.

GEBRATENE ENTE

FÜR 6 PORTIONEN:

1 Ente (rund 2,8 kg)
1 mittelgroße Zwiebel, in groben Stücken
1 große Karotte, geschält und in groben Stücken
1 große Stange Sellerie, in groben Stücken
Frische Kräuter (beispielsweise Rosmarin und Salbei)

Den Ofen auf 230 °C vorheizen (Gas Stufe 8).

Die Entenhaut mit einem spitzen Messer rundherum einstechen, besonders an den Stellen mit sehr dicker Fettschicht. Nicht ins Fleisch stechen! Das überschüssige Fett soll auf allen Seiten leicht austreten können.

Die Ente mit dem Gemüse füllen und auf Wunsch Kräuter hinzufügen. Wer mag, kann die Ente auch mit einer aufgeschnittenen Knoblauchzehe einreiben.

Jetzt dressieren: Die Flügelspitzen unterstecken und die Beine zusammenbinden. Den Vogel auf einen Grillrost legen und auf die Fettpfanne setzen.

Die Ofentemperatur auf 180 °C (Gas Stufe 4) herunterstellen. Pro 450 Gramm Gewicht 20 Minuten Backzeit einplanen, bei 2,8 Kilo also rund zwei Stunden. Die Ente während des Backens alle halbe Stunde herausziehen und das Hautfett erneut anstechen.

Nach Ablauf der Backzeit auf einem Schneidbrett zehn bis 20 Minuten ruhen lassen. Währenddessen das Entenfett aus der Fettpfanne in ein passendes Gefäß

abgießen, um es später zum Kochen zu nutzen. Das Gemüse entnehmen und entsorgen.
Aus den Innereien auf Wunsch eine Sauce zubereiten (siehe Seite 273). Oder eine traditionelle Früchtesauce, zum Beispiel Pflaumensauce (siehe Seite 266), Grapefruit-Barbecuesauce (siehe Seite 260) oder Himbeer-Barbecuesauce (siehe Seite 260) dazu reichen.

NÄHRWERTANALYSE PRO PORTION:
1334 Kalorien; 129 g Fett; 38 g Protein; 3 g Kohlenhydrate; 1 g Ballaststoffe; 2 g Nettokohlenhydrate; bei der Kalorienzahl ist nicht einberechnet, wie viel Fett die Ente vor dem Verzehr abgibt. 200 Gramm Entenfett haben rund 1600 Kalorien, so dass die tatsächliche Kalorienzahl deutlich geringer sein dürfte.

TIPP

Die Karotte in der Füllung lässt sich durch eine geviertelte Orange ersetzen.

DELIKATE ENTE

FÜR 6 PORTIONEN:
1 Ente (2,8 kg)
Salz
Pfeffer
1 EL Hähnchengewürz (optional, siehe Seite 269)
1 Rezept Grapefruit-Barbecuesauce (siehe Seite 260)

Den Ofen auf 150 °C vorheizen (Gas Stufe 2).
Die Entenhaut gleichmäßig mit einem spitzen Messer im Abstand von 2,5 Zentimetern einstechen. Dabei nicht das Fleisch verletzen. Die Ente umdrehen und vor allem dort fortfahren, wo die Haut besonders viel Fett enthält.
Jetzt dressieren: Die Flügelspitzen unterstecken und die Beine zusammenbinden. Mit der Brust nach unten auf den Rost über der Fettpfanne setzen, in den Ofen schieben und 60 Minuten garen. Dann die Haut erneut rundum einstechen und den Vogel wenden, so dass die Brust nach oben zeigt. Wieder in den Ofen schieben und eine weitere Stunde garen. Den Vorgang noch zweimal wiederholen: Die Ente aus dem Ofen nehmen, die Haut rundum anstechen, wenden und zurückstellen. Die Gesamtbackzeit beträgt vier Stunden!
Anschließend aus dem Ofen holen und die Temperatur auf 200 °C (Gas Stufe 6) erhöhen. Während des Vorheizens die Ente samt Rost herausnehmen. Das Entenfett in ein sauberes Schraubglas abgießen und zum Kochen aufheben.

Jetzt die Ente salzen, pfeffern oder anderweitig würzen, zum Beispiel mit Hähnchengewürz (siehe Seite 269).
Die Ente wieder in den Ofen schieben und noch zehn Minuten kross braten.
Danach mit Grapefruit-Barbecuesauce glasieren: Den Vogel rundum großzügig damit einpinseln und noch einmal zehn Minuten backen.
Auf einem Schneidbrett zehn Minuten ruhen lassen, dann aufschneiden und mit der restlichen Sauce anrichten.

NÄHRWERTANALYSE PRO PORTION:
1321 Kalorien; 129 g Fett; 38 g Protein; 0 g Kohlenhydrate; 0 g Ballaststoffe; 0 g Nettokohlenhydrate; meine Ente ergab rund einen Viertelliter Entenfett, also etwa 1600 Kalorien. Diese Menge müsste von der Gesamtkalorienzahl abgezogen werden.

RINDFLEISCH

Man hat uns so gründlich eingeredet, dass rotes Fleisch ungesund ist, dass man sich ruhig einmal daran erinnern sollte, dass wandernde Herdentiere, zu denen auch Rinder zählten, über Jahrtausende hinweg das Rückgrat der menschlichen Ernährung darstellten. Konventionell erzeugtes Rindfleisch enthält Proteine, B-Vitamine (B_6, B_{12}) und Zink. Fleisch von Weiderindern, die nur Gras und Heu erhalten, ist zudem eine gute Quelle für Omega-3-Fettsäuren. Deshalb braucht bei hochwertigem Fleisch niemand Schuldgefühle zu haben.

STEAK TARTARE

Steak Tartare ist rohes Fleisch (daher auf erstklassige Qualität achten!) und wird typischerweise mit der Hand gehackt. Das Fleisch erst in die eine Richtung möglichst dünn aufschneiden, dann in die andere – und so lange hacken, bis die Konsistenz für eine Frikadelle passt.

FÜR 2 PORTIONEN:

225 g Rinderlende (Filet Mignon), gehackt
¼ TL Salz
¼ TL schwarzer Pfeffer, gemahlen
1 EL Paleo-Worcestershire-Sauce (siehe Seite 275)
2 TL Chilisauce
1 Schalotte, gehackt
2 EL Kapern, gehackt
2 EL frische Petersilie, gehackt
2 sehr frische Eigelbe
2 EL Dijonsenf

Das gut gehackte Fleisch in eine Schüssel füllen und mit Salz, Pfeffer, Worcestershire-Sauce und Chilisauce würzen. Gründlich verkneten, zwei flache Frikadellen formen und diese auf zwei Teller setzen. In die Mitte jeweils eine Mulde in der Größe eines Eigelbs drücken.
Die Schalotte kreisförmig um das Steak Tartare auslegen, ebenso die Kapern. Die Petersilie hinzufügen.
Die Eier nacheinander trennen (das Eiweiß für anderweitige Verwendung aufheben) und jeweils ein rohes Eigelb in die Mulden auf den Steaks gleiten lassen. Je einen Esslöffel Senf dazusetzen und frisch servieren.
Bei Tisch mischt jeder das Eigelb selbst in das Fleisch und nimmt dazu ein wenig von der Garnierung auf die Gabel. Auf Wunsch mit mehr Worcestershire-Sauce und Chilisauce nachwürzen.

NÄHRWERTANALYSE PRO PORTION:
405 Kalorien; 32 g Fett; 24 g Protein; 4 g Kohlenhydrate; 1 g Ballaststoffe; 3 g Nettokohlenhydrate

KNOCHENMARK

Achten Sie auf erstklassige Qualität, nicht zuletzt wegen BSE.

Markknochen von Rind oder Lamm, 5 cm lang
Salz
Pfeffer

Den Ofen auf 180 °C vorheizen (Gas Stufe 4).
Die Knochen senkrecht in eine gerade eben passende Auflaufform stellen, am besten auf dem dickeren Ende, und 20 Minuten backen. Das Knochenmark mit einem langen Löffel oder einem Messer herauslösen. Mit Salz und Pfeffer würzen und frisch verzehren.

NÄHRWERTANALYSE:
Für dieses Rezept habe ich leider keine Nährwertangaben. Das Mark besteht hauptsächlich aus Fett mit etwas Protein. Knochenmark von Weidetieren liefert viele Omega-3-Fettsäuren und konjugierte Linolsäure (CLA), der krebs- und

übergewichtshemmende Eigenschaften zugeschrieben werden.

FILET MIGNON MIT SENFSAUCE

FÜR 2 PORTIONEN:

2 Rinderlenden (Filet Mignon), je 3,5 cm dick
Salz
Pfeffer
1 EL Schmalz oder Baconfett
2 EL Schalotten, gewürfelt
2 EL körniger Senf
4 EL saurer Kokosrahm (siehe Seite 35)
1 EL frische Petersilie, gehackt (ersatzweise ½ TL frischer Estragon für die Sauce)

Die Filets großzügig pfeffern und leicht salzen.
Das Fett in einer großen Pfanne auf hoher Stufe zerlassen. Die Filets in das heiße Fett geben und von jeder Seite vier bis fünf Minuten braten. Das Fleisch sollte in der Mitte noch rosarot sein. Auf Teller setzen und warmhalten.
Die Hitzezufuhr auf kleine Stufe herunterschalten und die Schalotten einige Minuten anbraten, dann auf kleinste Stufe schalten.
Den Senf und den sauren Kokosrahm hinzufügen. Unter Rühren erwärmen, aber nicht mehr kochen. Mit Salz und Pfeffer abschmecken, falls erforderlich, über die Steaks träufeln und mit Petersilie bestreuen.

NÄHRWERTANALYSE PRO PORTION:
454 Kalorien; 40 g Fett; 20 g Protein; 4 g Kohlenhydrate; ein paar Ballaststoffe; 4 g Nettokohlenhydrate

MARINIERTE RINDERSCHULTER

Perfekt für die Grillsaison!

FÜR 6 PORTIONEN:

⅛ Bio-Papaya, entkernt, in Stücken
125 ml Olivenöl
4 EL Coconut Aminos (siehe Seite 17)
125 ml trockener Rotwein
1 EL Ingwer, frisch gerieben
2 TL Currypulver
2 EL Steinzeitketchup (siehe Seite 258)
¼ TL schwarzer Pfeffer, gemahlen
1 TL Chilisauce
900 g Rinderschulter, 5 cm dick geschnitten

Alle Zutaten bis auf das Fleisch in der Küchenmaschine mit Messereinsatz zerkleinern. Die Papaya nicht schälen – in der Schale sind die Enzyme enthalten, die das Fleisch weich machen.
Das Rindfleisch in eine gerade eben ausreichend große Pfanne legen und mit einer Gabel von allen Seiten einstechen. Umdrehen und mit der anderen Seite wiederholen.
Die Marinade über das Fleisch gießen und dieses mehrmals wenden, damit es von allen Seiten überzogen ist. Ein bis maximal zwei Stunden marinieren.
Den Grill vorheizen (dieses Rezept

schmeckt am besten auf Holzkohle). Wenn die Kohle gründlich zu Asche zerfallen ist, bis zum gewünschten Punkt grillen – beispielsweise rund zehn Minuten pro Seite.

NÄHRWERTANALYSE PRO PORTION:
507 Kalorien; 42 g Fett; 24 g Protein; 4 g Kohlenhydrate; ein paar Ballaststoffe; 4 g Nettokohlenhydrate; beim Nährwert ist die gesamte Marinade einberechnet.

MARINIERTES FLANKENSTEAK

FÜR 8 PORTIONEN:
1,3 kg Flankensteak
1 Schnitz Papaya, 2,5 cm dick
1 EL geräuchertes Paprikapulver
2 Knoblauchzehen, gehackt
1 TL getrockneter Rosmarin
1 EL Chipotle-Chili in Adobo-Sauce (siehe Seite 276), gehackt
1 TL Honig
2 EL Schweineschmalz

Mit einem sehr scharfen, feinen Messer die Oberfläche des Steaks alle fünf Zentimeter leicht anstechen. Das Steak in einen großen Zip-Beutel stecken.
Alle übrigen Zutaten bis auf das Schmalz mit vier Esslöffeln Wasser in der Küchenmaschine mit Messereinsatz zerkleinern. Die Papaya nicht schälen, denn in der Schale sitzt das Papain mit den begehrten Enzymen. Die Marinade zum Steak in den Beutel geben, verschließen und dabei möglichst viel Luft herausdrücken. Den Beutel mehrfach wenden, damit das Fleisch gründlich überzogen wird.
Im Kühlschrank eine Stunde marinieren – da Papaya das Fleisch sehr zart macht, nicht länger.
Zum Braten eine große Pfanne auf höchster Stufe erhitzen. Das Schmalz zerlassen und die Pfanne damit ausschwenken. Das Steak aus dem Beutel nehmen und in die Pfanne geben (Achtung, das spritzt!). In drei bis fünf Minuten pro Seite garen – das Fleisch soll außen schön braun, aber innen noch rosa sein. Quer zur Faser dünn aufschneiden und servieren.

NÄHRWERTANALYSE PRO PORTION:
351 Kalorien; 21 g Fett; 33 g Protein; 5 g Kohlenhydrate; 1 g Ballaststoffe; 4 g Nettokohlenhydrate

STEAK MIT WALNUSS UND ANCHOVIS

FÜR 3 PORTIONEN:
1 EL Olivenöl
450 g Rib Eye oder Sirloin Steak, 2,5 cm dick
¼ Rezept Anchovissauce (siehe Seite 266)
4 EL Walnüsse, gehackt

Den Ofen auf 180 °C vorheizen (Gas Stufe 4).
Das Olivenöl in einer großen Pfanne auf hoher Stufe erhitzen, die Pfanne damit ausschwenken und das Steak anbraten, fünf bis sechs Minuten pro Seite.
In der Zwischenzeit die Anchovissauce nach Rezept zubereiten.

Die Walnüsse auf einem Backblech verteilen. Im Ofen acht bis zehn Minuten backen.
Das Steak wenden und weitere fünf Minuten braten.
Auf einer Platte anrichten, mit Anchovissauce bestreichen und mit gerösteten Walnüssen bestreuen.

NÄHRWERTANALYSE PRO PORTION:
553 Kalorien; 47 g Fett; 29 g Protein; 2 g Kohlenhydrate; 1 g Ballaststoffe; 1 g Nettokohlenhydrate

KRÄUTERÖL FÜR STEAKS

FÜR 1 PORTION:
1 TL getrocknetes Basilikum oder
1 EL frisches, gehacktes Basilikum
1 TL schwarzer Pfeffer
1 Knoblauchzehe, gehackt
2 EL Zwiebel, gewürfelt
1 TL getrockneter Thymian oder
1 EL frischer Thymian (nur die Blätter)
1 Prise Cayennepfeffer
125 ml Olivenöl

Alles im Mixer verarbeiten, bis Knoblauch und Zwiebel vollständig pulverisiert sind. Das Steak vor dem Grillen oder Braten großzügig mit dem Kräuteröl einreiben und anschließend noch etwas darüberträufeln.

NÄHRWERTANALYSE PRO PORTION:
980 Kalorien; 108 g Fett; 1 g Protein; 6 g Kohlenhydrate; 2 g Ballaststoffe; 4 g Nettokohlenhydrate

SCHWARZES STEAK

FÜR 4 PORTIONEN:
700 g Steak (beispielsweise Rib Eye oder Sirloin), mindestens 2,5 cm dick, zimmerwarm
1 TL Schwarzmachergewürz (siehe Seite 269)
1 EL Baconfett oder Schmalz

Eine große, am besten gusseiserne Pfanne auf höchster Stufe erhitzen.
Das Steak gleichmäßig von beiden Seiten mit Schwarzmachergewürz bestreuen und das Gewürz mit der Hand leicht andrücken.
Das Fett in die heiße Pfanne geben und das Steak pro Seite rund vier bis fünf Minuten braten. Das Steak ist fertig, wenn es von außen eine schöne Kruste hat und innen noch kräftig rosa ist. Sofort servieren.
Ein klassischer Krautsalat (siehe Seite 122) passt gut dazu.

NÄHRWERTANALYSE PRO PORTION:
403 Kalorien; 33 g Fett; 24 g Protein; 0 g Kohlenhydrate; 0 g Ballaststoffe;

SPARERIBS MIT BALSAMICO

FÜR 8 PORTIONEN:
1,8 kg Spareribs vom Rind
Salz
1½ TL schwarzer Pfeffer, gemahlen
60 ml Balsamessig
4 EL Rinderbrühe
½ kleine Zwiebel, gehackt

2 Knoblauchzehen, gehackt
1 TL Senf
2 EL Tomatensauce

Den Ofen auf 150 °C vorheizen (Gas Stufe 2).
Die Spareribs rundum mit Salz und einem Teelöffel Pfeffer würzen. In eine ungefähr passende Backform setzen und 30 Minuten in den Ofen schieben.
Alle übrigen Zutaten im Mixer verarbeiten, bis Knoblauch und Zwiebel vollständig pulverisiert sind.
Nach 30 Minuten die Spareribs großzügig von beiden Seiten mit der Sauce bestreichen. Wieder in den Ofen schieben und weitere 20 Minuten garen. Dann noch einmal von beiden Seiten mit Sauce bestreichen und wenden. Weitere 20 Minuten braten. So lange fortsetzen, bis das Fleisch sich von den Knochenenden löst und man eine Gabel widerstandslos hineinstechen kann.
Die Rippchen mit einem scharfen Messer oder einer guten Küchenschere voneinander lösen und noch etwas Sauce darüberträufeln.
Sofort servieren.

NÄHRWERTANALYSE PRO PORTION:
719 Kalorien; 61 g Fett; 38 g Protein; 2 g Kohlenhydrate; ein paar Ballaststoffe; 2 g Nettokohlenhydrate

SCHWEDENTOPF

FÜR 8 PORTIONEN:
900 g Rinderschulter, in 2,5 cm großen Würfeln
3 EL Schweineschmalz
3 große Karotten, geschält und in 2,5 cm langen Stücken
1 kleine Rote Bete, in 2,5 cm langen Stücken
1 große Pastinake, in 2,5 cm langen Stücken
1 mittelgroße Zwiebel, gehackt
1 EL gemahlener Koriander
2 TL gemahlener Ingwer
¼ TL gemahlener Muskat
1 EL konzentrierte Rinderbrühe **(siehe Seite 32)**
350 ml Rinderbrühe
½ TL getrockneter Thymian
Salz
Pfeffer
4 EL frische Petersilie, gehackt

Eine große Pfanne auf mittlerer bis hoher Stufe erhitzen und das Fleisch im Fett portionsweise von allen Seiten gut anbraten. Nicht zu viele Stücke auf einmal in die Pfanne geben!
Karotten, Rote Bete und Pastinake auf den Boden eines Schongarers legen. Die angebratenen Fleischstücke auf das Wurzelgemüse setzen. Die Pfanne wieder auf den Herd stellen, eventuell noch etwas Fett hinzufügen und die Zwiebel glasig braten. Mit Koriander, Ingwer und Muskat würzen. Gut umrühren.
Die konzentrierte Rinderbrühe in die einfache Rinderbrühe geben, alles in die

Pfanne gießen und gründlich rühren, dabei alle Bratenreste vom Pfannenboden schaben. Den Thymian unterrühren und die Zwiebelbrühe in den Schongarer gießen.
Schließen, auf kleine Stufe stellen und sechs Stunden garen.
Den Deckel abnehmen, umrühren und mit Salz und Pfeffer abschmecken.
In Suppentellern anrichten und mit Petersilie bestreut servieren.

NÄHRWERTANALYSE PRO PORTION:
340 Kalorien; 23 g Fett; 21 g Protein; 12 g Kohlenhydrate; 3 g Ballaststoffe; 9 g Nettokohlenhydrate

ASIATISCHER RINDER-SCHMORTOPF

FÜR 4 PORTIONEN:
2 EL Schweineschmalz oder Kokosöl
450 g Rinderschulter, in 1 cm dicken Würfeln
1 große Zwiebel, in groben Stücken
1 Daikon-Rettich, geschält und in 0,5 cm dicken Scheiben
1 große Karotte, geschält und in 0,5 cm dicken Scheiben
225 g Champignons, in Scheiben
1 walnussgroßes Stück Ingwer, in dünnen Scheiben
3 Knoblauchzehen, in dünnen Scheiben
1 Stückchen Sternanis
250 ml Rinderbrühe
4 EL Coconut Aminos (siehe Seite 17)
1 TL Honig
½ TL schwarzer Pfeffer, gemahlen

Das Fett auf mittlerer bis hoher Stufe in einer großen Pfanne zerlassen und das Fleisch darin anbraten, eventuell in zwei Portionen.
Alles Gemüse, auch die Champignons, den Ingwer und den Knoblauch, in einen Schongarer füllen. Sternanis hinzufügen. Die angebratenen Fleischstücke auf das Gemüse legen.
Die Rinderbrühe mit Coconut Aminos, Honig und Pfeffer verrühren. Über das Gemüse und das Fleisch gießen, den Topf schließen und auf kleiner Stufe acht bis zehn Stunden garen.
Heiß servieren.

NÄHRWERTANALYSE PRO PORTION:
403 Kalorien; 25 g Fett; 24 g Protein; 21 g Kohlenhydrate; 4 g Ballaststoffe; 17 g Nettokohlenhydrate

MEXIKOTOPF

Das Fleisch kocht man vorab, der eigentliche Eintopf kommt am nächsten Tag dazu.

FÜR 6 PORTIONEN:
700 g Rumpsteak
½ große Zwiebel, gehackt
1 große Karotte, geschält und in Scheiben
1 Lorbeerblatt
250 ml Rinderbrühe
2 EL Schweineschmalz
1 mittelgroße Zwiebel, in feinen Ringen
½ rote Paprika, gewürfelt
½ gelbe Paprika, gewürfelt
½ grüne Paprika, gewürfelt

2 Jalapeños, entkernt und gehackt
4 Knoblauchzehen, zerdrückt
2 TL gemahlener Kreuzkümmel
2 TL getrockneter Oregano
½ TL gemahlener Zimt
2 EL konzentrierte Rinderbrühe
(siehe Seite 32)
3 mittelgroße Tomaten, klein gewürfelt
Salz
Pfeffer

Am Vortag das Fleisch in den Schongarer geben. Es muss nicht aufgeschnitten oder angebraten werden – einfach hineinlegen. Zwiebel, Karotte, Lorbeerblatt und Rinderbrühe hinzufügen. Den Topf schließen und alles auf kleiner Stufe gut zehn Stunden garen. Abschalten und abkühlen lassen.
Am Folgetag den Schongarer zunächst auf hohe Stufe schalten, damit die Brühe wieder heiß wird.
Das Schmalz auf mittlerer bis hoher Stufe in einer großen Pfanne erhitzen und Zwiebel, Paprika und Jalapeños hineingeben. Jetzt die Hände gründlich mit Seife waschen!
Das Gemüse umrühren und in den Schongarer umfüllen, sobald es etwas nachgibt. Den Knoblauch, die Gewürze und die konzentrierte Rinderbrühe unterrühren. Den Topf schließen, damit die Hitze erhalten bleibt, dann zwei Tomaten zugeben. Die dritte Tomate in der Küchenmaschine zu Brei verarbeiten und ebenfalls unterrühren.
Das Fleisch auf einem Schneidbrett mit zwei Gabeln oder einfach mit sauberen Fingern zerrupfen. Die Stückchen sollen möglichst fein werden. Alle Fleischfetzen wieder in den Eintopf rühren.
Gründlich erhitzen, den Deckel abnehmen und 30 bis 45 Minuten kochen lassen, damit die Brühe etwas andicken kann.
Mit Salz und Pfeffer abschmecken und heiß servieren.

NÄHRWERTANALYSE PRO PORTION:
324 Kalorien; 19 g Fett; 27 g Protein; 11 g Kohlenhydrate; 3 g Ballaststoffe; 8 g Nettokohlenhydrate

SCHMORBRATEN

FÜR 6 PORTIONEN:
1,8 kg Rinderschulter
Salz
½ TL schwarzer Pfeffer, gemahlen
½ TL Pimentpfeffer
¼ TL gemahlener Muskat
4 mittelgroße Tomaten, entkernt und in Stücken
1 mittelgroße Zwiebel, in Stücken
3 EL Olivenöl
3 EL Zitronensaft
1½ EL Apfelessig
2 EL Schweineschmalz
160 ml Rinderbrühe
2 Lorbeerblätter
Glucomannan (Konjakmehl) (optional)

Den Braten leicht salzen.
Pfeffer, Pimentpfeffer und Muskat in einer kleinen Schüssel verrühren und den Braten rundum gut damit einreiben. Von allen Seiten mit einer Gabel einstechen.

Tomaten und Zwiebeln in die Küchenmaschine geben und pulsierend zerkleinern. Olivenöl, Zitronensaft und Essig zufügen und zu einer sämigen Sauce verarbeiten. Den Braten in einen großen Zip-Beutel legen und die Mischung aus der Küchenmaschine hinzufügen. Den Beutel verschließen und dabei möglichst alle Luft herausdrücken. Mindestens acht und bis zu 24 Stunden in den Kühlschrank legen.

Den Braten herausnehmen und abtropfen lassen, aber die Marinade aufheben. Das Schmalz in einem Schmortopf auf mittlerer bis hoher Stufe erhitzen und das Fleisch anbraten. Die Marinade, die Rinderbrühe und das Lorbeerblatt hinzufügen. Einmal aufkochen, dann so weit herunterschalten, dass es nur noch leicht köchelt. Deckel aufsetzen und in zweieinhalb bis drei Stunden sehr zart kochen.

Das Fleisch auf einen Teller setzen und warmhalten.

Die Brühe im Topf erneut aufkochen und reduzieren, bis sie andickt. Um Zeit zu sparen, kann man an diesem Punkt mit etwas Glucomannan (Konjakmehl) nachhelfen. Die Sauce in eine Sauciere füllen und zum Braten servieren.

Als Beilage eignet sich Blumenkohlpüree (siehe Seite 88).

NÄHRWERTANALYSE PRO PORTION:
763 Kalorien; 59 g Fett; 50 g Protein; 7 g Kohlenhydrate; 1 g Ballaststoffe; 6 g Nettokohlenhydrate

RINDERBRATEN MIT MEERRETTICH

FÜR 4 BIS 5 PORTIONEN:
2 EL Schweineschmalz
900 g Rinderbraten
Salz
Pfeffer
4 EL Meerrettichcreme (siehe Seite 271)
3 Knoblauchzehen, zerdrückt
1 mittelgroße Zwiebel, gehackt
4 mittelgroße Karotten, geschält und in Stücken
2 mittelgroße Rüben, geschält und in Stücken
3 EL konzentrierte Rinderbrühe oder Demi-glace (siehe Seite 32)
350 ml Rinderbrühe
4 EL frische Petersilie, gehackt
Glucomannan (Konjakmehl)

Das Schmalz in einer großen Pfanne auf mittlerer bis hoher Stufe zerlassen. Den Braten von allen Seiten leicht salzen und pfeffern und rundum kräftig anbraten. Meerrettich und Knoblauch hinzufügen und unterrühren. Zwischendurch das Fleisch wenden.

Das Gemüse in einen Schongarer füllen. Wenn der Braten gut angebraten ist, den Meerrettich mit einem Löffel auf allen Seiten auftragen und den Braten auf das Gemüse legen.

Die konzentrierte Brühe oder Demi-glace mit der Rinderbrühe verrühren und rund um den Braten angießen (nicht darüber, sonst wird der Meerrettich abgespült.) Den Topf schließen und alles auf kleiner Stufe fünf bis sechs Stunden garen.

Danach den Braten herausnehmen und auf einen Teller setzen. Das Gemüse entnehmen und um den Braten legen. Mit Petersilie bestreuen.
Die Sauce im Garer mit sehr wenig Konjakmehl nicht zu stark andicken.
Mit Salz und Pfeffer abschmecken und in eine Sauciere umfüllen.
Mit etwas Meerrettichcreme zum Nachwürzen servieren.

NÄHRWERTANALYSE PRO PORTION BEI 4 PORTIONEN:
619 Kalorien; 42 g Fett; 42 g Protein; 17 g Kohlenhydrate; 4 g Ballaststoffe; 13 g Nettokohlenhydrate

KNUSPRIGE FLEISCHFETZEN

Das Fleisch am besten schon am Vorabend garen.

FÜR 6 PORTIONEN:
700 g Rinderschulter, in 2,5 cm großen Würfeln
1 Zwiebel, gehackt
½ TL Salz
2 EL Schweineschmalz

Das Schulterstück mit der Hälfte der Zwiebelwürfel in eine große Pfanne geben. Mit Wasser bedecken, Salz hinzufügen und zum Kochen bringen. Die Hitze herunterschalten, so dass das Wasser nur noch leicht köchelt, Deckel aufsetzen und eine Stunde kochen lassen, bis das Fleisch fast zerfällt.
In der Brühe abkühlen lassen.
Das erkaltete Fleisch herausheben und auf einen großen Teller setzen. Mit zwei Gabeln in kleine Fetzen rupfen.
Jetzt das Schmalz in einer großen Pfanne zerlassen und die restlichen Zwiebelwürfel darin glasig braten.
Die Fleischfetzen hinzufügen und die Hitzezufuhr leicht erhöhen. Das Fleisch anbraten und alle paar Minuten wenden, bis jede Menge knusprig braune Fetzen vorliegen.
Passt zu Omelett, Salaten und Gyrosgerichten.

NÄHRWERTANALYSE PRO PORTION:
282 Kalorien; 22 g Fett; 18 g Protein; 2 g Kohlenhydrate; ein paar Ballaststoffe; 2 g Nettokohlenhydrate

ENTSPANNTE TACORUNDE

FÜR 6 PORTIONEN:
Eier-Wraps (siehe Seite 81)
Knusprige Fleischfetzen (siehe Seite 208)
saurer Kokosrahm (siehe Seite 35)
Salsa (siehe Seite 265 oder gekauft)
½ rote Zwiebel, gehackt
1 Avocado, in Scheiben
1 mittelgroße Tomate, gewürfelt
4 Handvoll Kopfsalat, Eisbergsalat oder Romanasalat, geputzt und in Streifen

Die Wraps, die Fleischfetzen, den sauren Kokosrahm und die Salsa jeweils nach Rezept zubereiten.
Vor dem Verzehr das Fleisch aufwärmen.
Alles auftischen und die Wraps wie Tacos befüllen.

NÄHRWERTANALYSE PRO PORTION:
576 Kalorien; 46 g Fett; 27 g Protein; 17 g Kohlenhydrate; 4 g Ballaststoffe; 13 g Nettokohlenhydrate

RINDERPFANNE MIT MANDARINEN

FÜR 4 PORTIONEN:

450 g Rinderlende, in dünnen Streifen
Schale von ½ Navel-Orange, gerieben
1 EL Weißweinbalsamico
4 EL Coconut Aminos (siehe Seite 17)
Saft von ½ Navel-Orange
2 EL trockener Sherry
1 Knoblauchzehe, zerdrückt
1 TL Sriracha (siehe Seite 261)
3 EL Kokosöl
4 Schalotten, in feinen Ringen
3 Mandarinen, geschält und in Stücken
4 EL frischer Koriander, fein gehackt

Die Rinderstreifen in eine Schüssel legen. Die Orangenschale mit Balsamico und zwei Esslöffeln Coconut Aminos verrühren. Das Fleisch damit übergießen und alle Streifen gründlich damit benetzen. Eine gute halbe Stunde marinieren lassen.
Den Orangensaft mit den übrigen zwei Esslöffeln Coconut Aminos, Sherry, Knoblauch und Sriracha mischen.
Alles am Herd bereitstellen.
Das Fleisch abtropfen lassen. Einen Wok oder eine große Pfanne auf hoher Stufe erhitzen. Einen Esslöffel Kokosöl erhitzen und die Hälfte des Fleischs etwa drei Minuten von allen Seiten anbraten. Aus dem Wok nehmen und einen weiteren Esslöffel Kokosöl hineingeben. Das restliche Fleisch ebenso anbraten und aus dem Wok entnehmen. Den dritten Esslöffel Kokosöl erhitzen, die Schalotten darin eine gute Minute anbraten, dann die Mandarinenstücke hinzufügen.
Das Fleisch wieder in den Wok geben und die zuvor zubereitete Sauce hinzugießen. Alles gründlich mischen und vor dem Servieren mit Koriander bestreuen.

NÄHRWERTANALYSE PRO PORTION:
426 Kalorien; 24 g Fett; 33 g Protein; 16 g Kohlenhydrate; 2 g Ballaststoffe; 14 g Nettokohlenhydrate

GESCHMORTER OCHSENSCHWANZ

Das feste, leicht knochenhaltige Fleisch des Ochsenschwanzes hat bei der richtigen Zubereitung mehr Aroma als jedes zartere Stück.

FÜR 4 PORTIONEN:

900 g Ochsenschwanz
1 EL Rinder- oder Kokosöl
1 Karotte, geschält und gehackt
1 Pastinake, gehackt
1 Zwiebel, gehackt
1 kleine Stange Sellerie, gehackt
2 sonnengetrocknete Tomaten, klein gehackt
2 Knoblauchzehen, zerdrückt
350 ml Rinderbrühe
Salz, Pfeffer

Die Ochsenschwänze auf mittlerer bis hoher Stufe im Fett kräftig anbräunen. Dann aus der Pfanne holen und auf einen Teller legen.
Karotte, Pastinake, Zwiebel und Sellerie etwa fünf Minuten anbraten. Bei Bedarf etwas mehr Fett hinzugeben. Zuletzt die Tomaten und den Knoblauch einrühren.
Die Ochsenschwänze in das Gemüse einbetten und die Rinderbrühe angießen. Die Hitzezufuhr herunterschalten und einen Deckel aufsetzen. Alles gut 90 Minuten leicht kochen lassen.
An dieser Stelle müssen Sie sich entscheiden. Variante 1: Die Ochsenschwänze entnehmen und warmhalten. Das Gemüse in der Brühe mit dem Stabmixer zu einer Sauce verarbeiten. Die Sauce mit Salz und Pfeffer würzen und zum Fleisch servieren.
Oder Variante 2: Die Ochsenschwänze und das Gemüse entnehmen und warmhalten. Die Brühe in der Pfanne auf hoher Stufe etwa auf die Hälfte reduzieren. Die Ochsenschwänze auf dem Gemüse anrichten, mit Salz und Pfeffer würzen und mit dem reduzierten Bratensaft aus der Pfanne übergießen.

NÄHRWERTANALYSE PRO PORTION:
682 Kalorien; 36 g Fett; 75 g Protein; 10 g Kohlenhydrate; 2 g Ballaststoffe; 8 g Nettokohlenhydrate

CHILIAUFLAUF

FÜR 4 PORTIONEN:
4 milde Chilis (Poblano)
450 g Rinderhack
4 EL Zwiebel, gewürfelt
2 mittelgroße Tomaten, fein gewürfelt
2 Knoblauchzehen, zerdrückt
¼ TL gemahlene Nelken
½ TL gemahlener Koriander
2 TL Chilipulver
½ TL schwarzer Pfeffer, gemahlen
500 ml Rinderbrühe
4 EL Rosinen
2 EL Mandelblättchen
Fett für das Blech
4 Eier
schwarzer Pfeffer
Salz

Die Chilis mit etwa 13 Zentimeter Abstand von der Hitzequelle unter häufigem Wenden grillen, bis die Haut Blasen schlägt.
Das Hackfleisch in einer großen Pfanne anbräunen, anschließend die Zwiebeln hinzufügen. Sobald das Fleisch nicht mehr rosa ist, das überschüssige Fett abgießen.
Etwa zu diesem Zeitpunkt sind die Chilis rundum blasig. In einem Frischhaltebeutel einige Minuten ruhen lassen.
Die Tomatenwürfel, den Knoblauch, Nelken, Koriander, Chilipulver, Pfeffer und Rinderbrühe zum Hackfleisch geben und unterrühren. Danach Rosinen und Mandelblättchen zufügen. Auf kleiner Stufe kochen lassen, bis die Brühe fast vollständig verdampft ist.

In der Zwischenzeit die Chilis vorbereiten: Die blasige Haut so weit wie möglich ablösen. Stängel und Kerne entfernen. Die Chilis seitlich längs aufschneiden. Den Ofen auf 180 °C (Gas Stufe 4) stellen und ein Backblech fetten, das für die Hälfte der Chilis (flach ausgebreitet) ausreicht. Das Backblech mit den Chilis auslegen, das Hackfleisch in einer flachen Lage daraufstreichen und mit einer zweiten Lage aus den restlichen geöffneten Chilis bedecken.
Die Eier trennen. Die Eiweiße zu steifem Eischnee aufschlagen. Die Eigelbe mit je einer Prise Pfeffer und Salz cremig rühren. Die Eigelbmasse unter den Eischnee heben.
Die Eimischung auf die Chilis setzen und diese vollständig damit abdecken. Im Ofen 20 bis 25 Minuten backen, bis die Eier goldgelb sind.
Aufschneiden, auf vier Tellern anrichten und sofort servieren.

NÄHRWERTANALYSE PRO PORTION:
497 Kalorien; 31 g Fett; 34 g Protein; 21 g Kohlenhydrate; 3 g Ballaststoffe; 18 g Nettokohlenhydrate

CHIPOTLEPFANNE

Gut zum Füllen von Omeletts, besonders mit ein paar Avocadoschnitzen dazu. Das Gericht schmeckt aber auch auf Blumenkohlreis (siehe Seite 90) oder -püree (siehe Seite 88).

FÜR 3 PORTIONEN:
340 g Rinderhack
1 kleine Zwiebel, fein gewürfelt
2 Knoblauchzehen, zerdrückt
2 mittelgroße Tomaten, fein gewürfelt
4 EL Chipotle-Dressing (siehe Seite 138)
1 TL Chilipulver
2 EL Chipotle-Chili in Adobo-Sauce (siehe Seite 276), gehackt

Eine große Pfanne auf mittlerer Stufe erhitzen und das Hackfleisch darin anbraten. Sobald genügend Fett austritt, die Zwiebelwürfel, den Knoblauch und die Tomatenwürfel hinzufügen und unterrühren. So lange garen, bis das Fleisch nicht mehr rosa ist.
Überschüssiges Fett abgießen oder abschöpfen. Das Dressing mit dem Chilipulver und den gehackten Chilis einrühren und weitere drei bis vier Minuten kochen lassen.
Heiß servieren.

NÄHRWERTANALYSE PRO PORTION:
337 Kalorien; 24 g Fett; 22 g Protein; 8 g Kohlenhydrate; 2 g Ballaststoffe; 6 g Nettokohlenhydrate

SAUCENBURGER

FÜR 3 PORTIONEN:

450 g Rinderhack
4 EL Steinzeitketchup (siehe Seite 258)
2 EL Senf
1 EL Meerrettichcreme (siehe Seite 271)
1 EL Coconut Aminos (siehe Seite 17)
¼ TL Anchovispaste
¼ TL schwarzer Pfeffer, gemahlen
4 EL Zwiebel, gewürfelt
4 EL Schweinekrustenpanade (siehe Seite 35)
1 Ei
Einige Salatblätter
2 große Tomaten, in Scheiben
½ rote Zwiebel, in Ringen

Alle Zutaten bis einschließlich Ei in eine Schüssel geben und mit sauberen Händen gründlich verkneten. Drei flache Burger formen, auf einen Teller setzen und eine halbe Stunde in den Kühlschrank stellen.
Eine große, beschichtete Pfanne erhitzen und die Burger darin auf kleiner Stufe in wenigen Minuten braten.
Mit Salat, Tomatenscheiben und ein paar Zwiebelringen anrichten.

NÄHRWERTANALYSE PRO PORTION:
458 Kalorien; 34 g Fett; 30 g Protein; 7 g Kohlenhydrate; 1 g Ballaststoffe; 6 g Nettokohlenhydrate

UMAMI-BURGER

FÜR 3 PORTIONEN:

1 kleine Zwiebel, gewürfelt
1 Tomate, gehackt
1 EL Schweineschmalz oder Kokosöl
2 Knoblauchzehen, gehackt
¾ TL Paleo-Umamigewürz (siehe Seite 270)
½ TL Anchovispaste
½ TL Pfeffer
450 g Rinderhack

Zwiebel und Tomate unter häufigem Rühren in einer beschichteten Pfanne auf kleiner Stufe im Fett anbraten. Sie sollen weich werden, etwas anbräunen, und der Großteil des Saftes soll verdunsten. Dann Knoblauch, Umami, Anchovispaste und Pfeffer einrühren und eine Minute mitbraten. Die Hitzezufuhr abstellen und alles einige Minuten abkühlen lassen.
Das Hackfleisch in eine Schüssel geben und die Gemüsemischung hinzufügen. Mit sauberen Händen gründlich verkneten. Drei Burger formen und eine Weile kalt stellen.
Die Burger grillen oder auf kleiner Stufe in der Pfanne braten, so dass sie außen nicht trocken werden.
Als Beilage beliebige Saucen oder einen Salat reichen.

NÄHRWERTANALYSE PRO PORTION:
461 Kalorien; 35 g Fett; 31 g Protein; 2 g Kohlenhydrate; ein paar Ballaststoffe; 2 g Nettokohlenhydrate

ADOBOBURGER MIT CHIPOTLE-ZWIEBELN

FÜR 3 PORTIONEN:

450 g Rinderhack
1 EL Adobogewürz (siehe Seite 269)
4 EL Schweinekrustenpanade (siehe Seite 35)
1 Ei
1 Rezept Chipotle-Zwiebeln (siehe Seite 105), ersatzweise 1 kleine Zwiebel, gehackt
½ Romanasalat, geputzt und gerupft
1 Avocado, in Scheiben

Das Hackfleisch mit beiden Händen in einer großen Schüssel mit dem Adobogewürz, Schweinekrustenpanade und Ei gründlich verkneten. Drei Burger formen und zum Grillen zunächst eine halbe Stunde kalt stellen.
Bei Zubereitung in der Pfanne ist die Wartezeit nicht nötig. Die Burger bis zur gewünschten Stufe garen.
Währenddessen die Chipotle-Zwiebeln nach Rezept vorbereiten.
Drei Teller mit Salat auslegen, die Avocado darauf anrichten, auf jeden Teller einen Burger setzen und mit Chipotle-Zwiebeln garnieren.

NÄHRWERTANALYSE PRO PORTION:
635 Kalorien; 50 g Fett; 36 g Protein; 11 g Kohlenhydrate; 4 g Ballaststoffe; 7 g Nettokohlenhydrate

SUPERBURGER OHNE KETCHUP

FÜR 4 PORTIONEN:

710 g Rinderhack
2 TL Coconut Aminos (siehe Seite 17)
1 TL Anchovispaste
½ TL Selleriesalz (siehe Seite 268 oder aus dem Laden)
⅛ TL gemahlene Senfkörner
⅛ TL schwarzer Pfeffer, gemahlen
1½ EL Zwiebel, gewürfelt

Das Fleisch mit allen übrigen Zutaten in eine Schüssel geben. Mit sauberen Händen gründlich verkneten und vier Burger formen. Wenn genügend Zeit ist, vor dem Garen kalt stellen.
Eine große Pfanne auf kleiner bis mittlerer Stufe erhitzen und die Burger darin von beiden Seiten gut anbraten.
Auf Wunsch auf Salat und Tomaten anrichten.

NÄHRWERTANALYSE PRO PORTION:
458 Kalorien; 35 g Fett; 31 g Protein; 1 g Kohlenhydrate; ein paar Ballaststoffe; 1 g Nettokohlenhydrate

CHILI-BASILIKUM-BURGER

FÜR 4 PORTIONEN:

710 g Rinderhack
1 rote Paprika, in groben Stücken
½ kleine Zwiebel, in groben Stücken
2 Knoblauchzehen, zerdrückt
2 kleine rote Chilis oder Peperoni, entkernt und gehackt

2 EL frisches Basilikum, fein gehackt
½ TL gemahlener Kreuzkümmel
¼ TL Salz
¼ TL schwarzer Pfeffer, gemahlen
6 EL Mayonnaise (siehe Seite 262)
Schale von ½ Limette, gerieben
Saft von ½ Limette
1 TL Sriracha (siehe Seite 261, optional)

Das Hackfleisch in eine große Schüssel füllen.
Paprika, Zwiebel, eine Knoblauchzehe und die Chilis in die Küchenmaschine mit Messereinsatz geben. Wegen der Chilis danach gründlich die Hände waschen. Alles fein zerkleinern und zum Hackfleisch geben. Eineinhalb Esslöffel Basilikum mit Kreuzkümmel, Salz und Pfeffer hinzufügen. Alles mit sauberen Händen gründlich verkneten und vier Burger formen. Nach Möglichkeit auf einem Teller eine halbe Stunde kalt stellen.
Die Burger grillen oder in einer großen Pfanne auf mittlerer bis hoher Stufe braten.
Währenddessen die Mayonnaise mit Limettenschale und -saft, dem restlichen Basilikum, der zweiten Knoblauchzehe und etwas Sriracha verrühren.
Die Sauce auf den fertigen Burgern anrichten.

NÄHRWERTANALYSE PRO PORTION:
629 Kalorien; 53 g Fett; 32 g Protein; 8 g Kohlenhydrate; 1 g Ballaststoffe; 7 g Nettokohlenhydrate

URHACKBRATEN

FÜR 6 PORTIONEN:
710 g Rinderhack
80 g Schweinekrustenpanade (siehe Seite 35)
125 ml ungesüßte Kokosmilch
2 Eier
1 große Zwiebel, gehackt
1½ EL Geflügelgewürz
1 TL Salz

Alle Zutaten in eine Schüssel geben und mit sauberen Händen gründlich verkneten. In eine Kastenkuchenform füllen und auf den Grillrost stürzen. (Alternativ direkt auf dem Rost zum Laib formen.) Bei 200 °C (Gas Stufe 6) 40 Minuten backen. Vor dem Aufschneiden zehn Minuten ruhen lassen.
Dazu passen Steinzeitketchup (siehe Seite 258) oder Steaksauce (siehe Seite 259).

NÄHRWERTANALYSE PRO PORTION:
368 Kalorien; 29 g Fett; 23 g Protein; 3 g Kohlenhydrate; ein paar Ballaststoffe; 3 g Nettokohlenhydrate

TIPP

Das Stürzen des Hackbratens gelingt einfacher, wenn die Form zuvor mit etwas kaltem Wasser ausgespült wird.

FRANZÖSISCHER HACKBRATEN

FÜR 6 PORTIONEN:
450 g Rinderhack
225 g mildes Wurstbrät vom Schwein
40 g Schweinekrustenpanade (siehe Seite 35)
1 mittelgroße Zwiebel, sehr fein gewürfelt
1 Knoblauchzehe, gehackt
4 EL frische Petersilie, gehackt
4 EL trockener Rotwein
1 Ei
1 EL Dijonsenf
½ TL getrocknetes Bohnenkraut
½ TL getrockneter Thymian
¼ TL gemahlener Rosmarin
½ TL Salz oder 1 TL Kräutersalz
¼ TL schwarzer Pfeffer, gemahlen

Den Ofen auf 180 °C vorheizen (Gas Stufe 4).
Alle Zutaten in eine große Schüssel geben. Mit sauberen Händen gründlich verkneten, in eine Kastenform setzen und 50 bis 60 Minuten backen.
Aus dem Ofen nehmen, das Fett vorsichtig abgießen und den Braten vor dem Anschneiden fünf bis zehn Minuten ruhen lassen.

NÄHRWERTANALYSE PRO PORTION:
411 Kalorien; 33 g Fett; 22 g Protein; 3 g Kohlenhydrate; 1 g Ballaststoffe; 2 g Nettokohlenhydrate

GEMÜSEHACKBRATEN

FÜR 5 PORTIONEN:
½ grüne Paprika, fein gehackt
½ mittelgroße Zwiebel, fein gehackt
½ große Stange Sellerie, gewürfelt
1 mittelgroße Tomate, gehackt
½ große Karotte, geschält und geraspelt
225 g Rinderhack
225 g Schweinehack
1 Ei
60 g Schweinekrustenpanade (siehe Seite 35)
½ TL getrockneter Salbei
¼ TL gemahlene Senfkörner
¼ TL getrockneter Thymian
¼ TL Salz
¼ TL schwarzer Pfeffer, gemahlen
⅛ TL gemahlener Muskat
2 EL Steinzeitketchup (siehe Seite 258)
1 EL Balsamicoessig
½ EL Honig
½ EL Senf

Den Ofen auf 180 °C vorheizen (Gas Stufe 4).
Das Gemüse in eine große Schüssel geben. Hackfleisch, Ei, die Schweinekrustenpanade und alle trockenen Gewürze hinzufügen und mit sauberen Händen gründlich verkneten. Anfangs kommt einem die Masse sehr feucht vor, doch nach einigen Minuten wird sie dank der Schweinekrusten etwas fester. Die Mischung zu einem gleichmäßigen Laib formen und auf dem Grillrost eine Stunde backen.
Gegen Ende der Backzeit das Ketchup mit Essig, Honig und Senf verrühren und

den Hackbraten gleichmäßig damit beträufeln.
Nach weiteren fünf Minuten Backzeit ist der Hackbraten appetitlich glasiert und servierfertig.

NÄHRWERTANALYSE PRO PORTION:
346 Kalorien; 26 g Fett; 22 g Protein; 6 g Kohlenhydrate; 1 g Ballaststoffe; 5 g Nettokohlenhydrate

JÄGERCHILI

FÜR 4 PORTIONEN:
2 EL Baconfett
450 g Hackfleisch von Hirsch oder Reh, ersatzweise Rinderhack
1 mittelgroße Zwiebel, gehackt
2 mittelgroße Tomaten, fein gewürfelt
4 EL trockener Rotwein
125 ml Rinderbrühe
2 Knoblauchzehen, zerdrückt
1 grüne Paprika, gewürfelt
1½ EL Chilipulver
1 Chipotle-Chili in Adobo-Sauce (siehe Seite 276), gehackt
1 TL gemahlener Kreuzkümmel
1 TL Paprikapulver
3 EL Steinzeitketchup (siehe Seite 258)
1 TL getrockneter Oregano
15 g Bitterschokolade

Eine große Pfanne auf kleiner bis mittlerer Stufe erhitzen. Das Fett darin zerlassen und das Hackfleisch portionsweise anbraten. Die Zwiebel hinzufügen und glasig braten.
Wenn alles Fleisch angebräunt ist, die restlichen Zutaten hinzufügen. Gut durchrühren und auf kleiner Stufe 45 bis 60 Minuten schmoren lassen.
Heiß servieren.

NÄHRWERTANALYSE PRO PORTION:
279 Kalorien; 12 g Fett; 30 g Protein; 12 g Kohlenhydrate; 4 g Ballaststoffe; 8 g Nettokohlenhydrate

PALEOPFANNE

FÜR 6 PORTIONEN:
710 g Rinderhack
115 g Champignons, gehackt
1 mittelgroße Zwiebel, gehackt
3 Knoblauchzehen, zerdrückt
8 EL sonnengetrocknete Tomaten in Öl, gehackt
280 g Spinat (TK, aufgetaut und gehackt oder frisch, geputzt und gehackt)
5 Eier
Salz
Pfeffer

Das Hackfleisch auf mittlerer Stufe in einer großen Pfanne portionsweise anbraten. Wenn es leicht gebräunt ist, Pilze, Zwiebel und Knoblauch hinzufügen. Unter häufigem Rühren weiterbraten, bis die Zwiebel glasig ist. Jetzt das überschüssige Fett abgießen (ich hebe es zum Kochen auf).
Die Tomaten und den Spinat unterheben. Frischer Spinat braucht zum Garen ein bis zwei Minuten länger als Tiefkühlware.
Die Eier in eine Schüssel aufschlagen und mit einer Gabel durchschlagen. Über

das Pfannengericht gießen und unter Rühren mitgaren lassen, bis die Eier gestockt sind.
Mit Salz und Pfeffer abschmecken und gleich servieren.

NÄHRWERTANALYSE PRO PORTION:
444 Kalorien; 35 g Fett; 26 g Protein; 6 g Kohlenhydrate; 2 g Ballaststoffe; 4 g Nettokohlenhydrate

PICADILLO MIT KOHL

FÜR 5 PORTIONEN:
300 g Rinderhack
300 g Schweinehack
45 g Rosinen
1 Zwiebel, gehackt
3 mittelgroße Tomaten, gewürfelt
1 Jalapeño, entkernt und fein gehackt
2 Knoblauchzehen, zerdrückt
½ Kopf Weißkohl, grob gehackt
250 ml Rinderbrühe
250 ml Tomatensauce
1 TL getrockneter Oregano
½ TL getrockneter Thymian

Das Fleisch in einer großen Pfanne auf kleiner bis mittlerer Stufe anbraten.
Die Rosinen in einer kleinen Schüssel mit drei Esslöffeln heißem Wasser übergießen und quellen lassen.
Wenn das Fleisch kaum noch rosa ist, die Zwiebeln hinzufügen und glasig braten. Danach Tomaten, Chili und Knoblauch hinzufügen. Alles gut verrühren und fünf Minuten schmoren lassen. Die Hände gründlich mit Seife waschen.
Den Kohl in die Pfanne geben und alle restlichen Zutaten, auch die Rosinen mit dem Einweichwasser hinzufügen. Gründlich verrühren, damit Kohl und Fleisch sich gut mischen. Den Deckel aufsetzen, die Hitze herunterschalten und auf kleiner Stufe 20 Minuten garen. Dann den Deckel abnehmen, die Hitze etwas hochstellen und fünf bis zehn Minuten einkochen lassen.
In tiefen Tellern servieren.

NÄHRWERTANALYSE PRO PORTION:
401 Kalorien; 26 g Fett; 25 g Protein; 18 g Kohlenhydrate; 3 g Ballaststoffe; 15 g Nettokohlenhydrate

SCHWEIN UND LAMM

Die Wildschweinjagd war in der Steinzeit wohl eine echte Herausforderung, schließlich sind Wildschweine eine wehrhafte Beute. Heute zählt das Hausschwein aus gutem Grund zu den beliebtesten Fleischsorten: Praktisch alles am Schwein ist verwertbar, schmeckt und ist obendrein sehr nahrhaft. Schweinefleisch liefert viele Proteine, versorgt uns aber auch mit den Vitaminen B_1 (Thiamin), B_3 (Niacin) und B_6 sowie Zink. Außerdem zählt es zu den besten Kaliumquellen. Ein Schweineschnitzel von 170 Gramm enthält mehr Kalium als eine Banane.

Genau wie der Mensch bilden Schweine bei Kontakt mit Sonnenlicht Vitamin D in ihrer Haut, das später im Fett eingelagert wird. Daher zählen Weideschweine zu den wenigen beachtlichen Vitamin-D-Quellen, und ihr Fett sollte nicht verworfen werden. In Form von Schmalz zählt es zu den besten traditionellen Kochfetten.

Lammfleisch ist nicht nur köstlich und vielseitig, sondern so ziemlich das einzige Fleisch, das praktisch immer von der Weide stammt. Deshalb zählt es definitiv zu den gesündesten Fleischsorten, die verfügbar sind.

CARNITAS

FÜR 4 PORTIONEN:

700 g Schweinenacken, ohne Knochen
1 TL Salz

Dickere Fettränder vom Fleisch abschneiden, ohne dass es dabei allzu mager wird (das Fett zum Kochen aufbewahren). Das Fleisch in vier bis fünf Zentimeter große Stücke schneiden.
In einer Lage in eine große Pfanne legen. Mit Wasser bedecken, salzen und auf mittlere bis hohe Stufe stellen. Das Wasser einmal aufkochen, dann auf kleine Stufe stellen, so dass es gerade eben köchelt. Das Fleisch drei bis vier Stunden kochen, dabei ein- oder zweimal wenden.
Gegen Ende sollte das Wasser vollständig verdampft sein. Das Fleisch in dem Fett, das sich am Pfannenboden gesammelt hat, anbräunen lassen.
Wenn es knusprig braun ist, auf Salat oder in Eier-Wraps (siehe Seite 81) servieren.

NÄHRWERTANALYSE PRO PORTION:
301 Kalorien; 23 g Fett; 22 g Protein; 0 g Kohlenhydrate; 0 g Ballaststoffe; 0 g Nettokohlenhydrate

SCHWEINENACKENSTEAK IN BALSAMICO

FÜR 3 PORTIONEN:

1 EL Olivenöl
3 Schweinenackensteaks à 150 g, 1 cm dick geschnitten
1 EL Olivenöl
schwarzer Pfeffer
1 Knoblauchzehe, gehackt
2 EL Balsamicoessig

Das Olivenöl in einer großen Pfanne auf mittlerer Stufe erhitzen. Die Steaks von beiden Seiten gut anbraten, bis sie braun sind.
Pfeffer, Knoblauch und Balsamico verrühren und in die Pfanne gießen.
Das Fleisch einige Male wenden, Deckel aufsetzen, die Hitzezufuhr drosseln und noch fünf Minuten garen lassen.
Heiß servieren.

NÄHRWERTANALYSE PRO PORTION:
311 Kalorien; 25 g Fett; 20 g Protein; 1 g Kohlenhydrate; ein paar Ballaststoffe; 1 g Nettokohlenhydrate

CHERMOULA-SCHNITZEL

FÜR 3 PORTIONEN:

3 Schweineschnitzel à 230 g, 1 cm dick geschnitten
1 EL Olivenöl
1 Rezept Chermoula (siehe Seite 267)

Die Schnitzel in einer großen Pfanne auf mittlerer bis hoher Stufe in Olivenöl auf beiden Seiten goldbraun braten.
In der Zwischenzeit die Chermoula nach Rezept zubereiten.
Die Schnitzel auf drei Tellern anrichten und die Chermoula gleichmäßig darauf verteilen.
Sofort servieren.

NÄHRWERTANALYSE PRO PORTION:
314 Kalorien; 21 g Fett; 28 g Protein;
1 g Kohlenhydrate; ein paar Ballaststoffe;
1 g Nettokohlenhydrate

GESCHMORTES SCHWEINESCHNITZEL MIT PFLAUMENSAUCE

FÜR 3 PORTIONEN:
3 Schweineschnitzel à 230 g, 1 cm dick geschnitten
Salz
Pfeffer
1 EL Schweineschmalz
4 EL Hühnerbrühe (siehe Seite 240)
¼ Rezept Pflaumensauce (siehe Seite 266)

Eine große, ofenfeste Pfanne auf mittlerer bis hoher Stufe erhitzen. Die Schnitzel von beiden Seiten leicht salzen und pfeffern. Das Schmalz zerlassen und die Schnitzel darin anbraten.
Die Hühnerbrühe mit der Pflaumensauce verrühren und hinzugießen, sobald die Schnitzel auf beiden Seiten goldbraun sind. Deckel aufsetzen, die Hitze herunterschalten und auf kleiner Stufe zehn Minuten garen.
Danach die Schnitzel wenden, damit sie wirklich rundum mit Sauce bedeckt sind und ohne Deckel noch fünf bis sieben Minuten weiterbraten. Die Sauce soll dabei eine sirupartige Konsistenz annehmen.
Auf vier Tellern anrichten und die restliche Sauce dazu reichen.

NÄHRWERTANALYSE PRO PORTION:
291 Kalorien; 18 g Fett; 28 g Protein;
2 g Kohlenhydrate; ein paar Ballaststoffe;
2 g Nettokohlenhydrate

FRIKADELLEN MIT APFEL UND ZWIEBELN

FÜR 4 PORTIONEN:
700 g Schweinehack
2 Knoblauchzehen, zerdrückt
2 TL Coconut Aminos (siehe Seite 17)
½ TL Salz
¾ TL schwarzer Pfeffer
1 Apfel (zum Beispiel Granny Smith), in dünnen Scheiben
1 mittelgroße Zwiebel, in feinen Ringen
1 EL Kokosöl
Salz

Eine große Pfanne auf kleiner Stufe erhitzen. Das Hackfleisch mit Knoblauch, einem Teelöffel Coconut Aminos, Salz und Pfeffer in eine Schüssel geben. Alles mit sauberen Händen gründlich verkneten und dann vier flache Frikadellen von etwa einem Zentimeter Dicke formen.
Die Frikadellen in die heiße Pfanne setzen. (Die Pfanne immer gut vorheizen; darauf kommt es tatsächlich an.) Nach zwei bis drei Minuten wenden. Sobald sie fertig sind, die Frikadellen auf einen Teller setzen und abdecken, damit sie warm bleiben.
Das Kokosöl in der Pfanne zerlassen (falls nicht noch ausreichend Schweinefett vorhanden ist) und Apfel und Zwiebel darin anbraten, bis der Apfel weich und

die Zwiebeln glasig sind. Den zweiten Teelöffel Coconut Aminos einrühren und mit Salz und Pfeffer abschmecken.
Die Apfel-Zwiebel-Mischung auf den Frikadellen anrichten.

NÄHRWERTANALYSE PRO PORTION:
514 Kalorien; 40 g Fett; 29 g Protein;
9 g Kohlenhydrate; 2 g Ballaststoffe;
7 g Nettokohlenhydrate

SCHWEINESCHNITZEL MIT APFEL-ZWIEBEL-SAUCE

FÜR 4 PORTIONEN:
4 Schweineschnitzel à 170 g
Salz
Pfeffer
1 EL Fett nach Wahl (zum Beispiel Schweineschmalz, Baconfett oder Kokosöl)
1 TL Geflügelgewürz
250 ml Hühnerbrühe (siehe Seite 240)
1 Apfel, in dünnen Scheiben
1 mittelgroße Zwiebel, in Ringen

Eine große Pfanne auf mittlerer bis hoher Stufe erhitzen. Die Schnitzel von beiden Seiten leicht salzen und pfeffern und seitlich anschneiden, damit sie später flach liegen bleiben.
Das Fett in die Pfanne geben, ausschwenken und die Schnitzel darin von beiden Seiten goldbraun braten. Je nach Größe brauchen Sie eventuell zwei Pfannen oder müssen mit zwei Portionen nacheinander arbeiten.
Das Geflügelgewürz in die Brühe rühren.
Die fertigen Schnitzel aus der Pfanne nehmen.
Apfel und Zwiebel in die Pfanne geben, vermischen und dann gleichmäßig auf dem Pfannenboden ausbreiten. Die Schnitzel auf die Apfel-Zwiebel-Mischung legen, notfalls auch überlappend, und alles mit der Brühe übergießen. Deckel aufsetzen, auf kleine Stufe schalten und 60 Minuten schmoren lassen.
Die Schnitzel auf vier Teller geben. Wenn noch viel Brühe in der Pfanne ist, noch einmal aufkochen und etwas reduzieren. Es sollten nur wenige Esslöffel Flüssigkeit sein.
Danach die Apfel-Zwiebel-Sauce über die Schnitzel verteilen und gleich servieren.

NÄHRWERTANALYSE PRO PORTION:
333 Kalorien; 20 g Fett; 28 g Protein;
8 g Kohlenhydrate; 1 g Ballaststoffe;
7 g Nettokohlenhydrate

SCHWEINESCHNITZEL MIT ERDBEEREN

FÜR 3 PORTIONEN:
1½ EL Olivenöl
500 g dünnes Schweineschnitzel
Salz
Pfeffer
6 Erdbeeren, geputzt und in Scheiben
1 Knoblauchzehe, zerdrückt
4 EL Hühnerbrühe (siehe Seite 240)
¼ TL getrockneter Thymian oder 1 EL frischer Thymian, gehackt
¾ TL Senf

Das Olivenöl in einer großen Pfanne auf kleiner bis mittlerer Stufe erhitzen. Die Schnitzel von beiden Seiten mit etwas Salz und Pfeffer würzen und anbraten. Die fertigen Schnitzel auf einen Teller setzen und warmhalten.
Erdbeeren mit Knoblauch, Hühnerbrühe, Thymian und Senf in die Pfanne geben, erhitzen und dabei alle Krusten vom Pfannenboden lösen. So lange kochen, bis die Erdbeeren weich werden und die Brühe andickt.
Über die Schnitzel gießen und gleich servieren.

NÄHRWERTANALYSE PRO PORTION:
218 Kalorien; 13 g Fett; 22 g Protein; 2 g Kohlenhydrate; 1 g Ballaststoffe; 1 g Nettokohlenhydrate

ASIATISCHE BURGER

FÜR 2 PORTIONEN:
340 g Schweinehack, nicht zu mager
1 Knoblauchzehe, gehackt
1½ TL getrocknetes Basilikum
1 EL Ingwer, frisch gerieben
½ TL schwarzer Pfeffer, gemahlen
½ TL Salz
1 EL Limettensaft
1 Rezept Paleo Nuoc Cham (siehe Seite 260)

Alle Zutaten mit sauberen Händen verkneten und zwei bis drei flache Burger daraus formen. Kurz in den Kühlschrank stellen.
Eine große Pfanne auf kleiner bis mittlerer Stufe erhitzen. Die Burger langsam darin braten, so dass sie innen und außen etwa gleichzeitig gar werden.
Paleo Nuoc Cham nach Rezept zubereiten und als Beilage reichen.

NÄHRWERTANALYSE PRO PORTION:
458 Kalorien; 36 g Fett; 29 g Protein; 3 g Kohlenhydrate; 1 g Ballaststoffe; 2 g Nettokohlenhydrate

SCHWEINESCHNITZEL MIT RAS EL-HANOUT

FÜR 3 PORTIONEN:
3 EL Olivenöl
3 Schweineschnitzel à 230 g, 1 cm dick geschnitten
3 TL Ras el-Hanout (siehe Seite 270)
2 Knoblauchzehen, gehackt
Saft von ½ Zitrone
3 EL frische Petersilie, gehackt

Das Olivenöl in einer großen Pfanne auf kleiner bis mittlerer Stufe erhitzen. Die Pfanne mit dem Öl ausschwenken, dann die Schnitzel hineingeben und in acht bis zehn Minuten von einer Seite anbraten. Wenden und die gebratene Seite mit Ras el-Hanout bestreuen. Die zweite Seite nur so lange garen, bis der Bratensaft klar ist. Auf drei Tellern anrichten.
Den Knoblauch in die Pfanne geben und im restlichen Öl 20 Sekunden anbraten. Zitronensaft hinzugeben, rühren und dabei die Krusten vom Pfannenboden lösen.

Die Zitronen-Knoblauchmischung über die Schnitzel gießen und mit Petersilie bestreut servieren.

NÄHRWERTANALYSE PRO PORTION:
514 Kalorien; 37 g Fett; 37 g Protein; 9 g Kohlenhydrate; 3 g Ballaststoffe; 6 g Nettokohlenhydrate

CHILI VERDE DE PUERCO

FÜR 6 PORTIONEN:
2 EL Schweineschmalz
1,3 kg Schweinelende in 2,5 cm großen Würfeln
1 Zwiebel, gehackt
1 rote Paprika, gewürfelt
1 grüne Paprika, gewürfelt
2 milde Chilis, gewürfelt
1 Jalapeño, entkernt und gehackt
5 Tomatillos, gehackt (Dose; ersatzweise Cocktailtomaten)
1 TL getrockneter Oregano
1 TL gemahlener Kreuzkümmel
4 EL Hühnerbrühe (siehe Seite 240)
1 EL Apfelessig
2 EL frischer Koriander, fein gehackt
Salz
1 Limette, in Schnitzen

Dieses Rezept sollte man am besten in einem Dutch Oven, einem gusseisernen Schmortopf zubereiten. Diesen auf mittlerer Stufe erhitzen, das Schmalz zerlassen und das Fleisch anbraten. Dabei portionsweise arbeiten, damit es brät, nicht kocht. Das gebratene Fleisch auf einen Teller setzen.
Zwiebel, Paprika und Chilis hinzufügen; danach die Hände gründlich waschen. Tomatillos, Oregano und Kreuzkümmel ebenfalls zufügen und unter häufigem Wenden anbraten, bis das Gemüse nachgibt.
Das Fleisch wieder in den Topf geben und Brühe, Essig und die Hälfte des Korianders hinzufügen. Auf kleinster Stufe etwa eine Stunde leicht kochen lassen.
Mit Salz abschmecken. Zum Anrichten mit Limettenschnitzen und dem restlichen Koriander garnieren. Mit Cocoyo (siehe Seite 33) oder saurem Kokosrahm (siehe Seite 35) wird die Sauce etwas cremiger.

NÄHRWERTANALYSE PRO PORTION:
347 Kalorien; 15 g Fett; 43 g Protein; 10 g Kohlenhydrate; 2 g Ballaststoffe; 8 g Nettokohlenhydrate

LANGSAM GESCHMORTES SCHWEINECHILI

Die Schmorzeit beträgt acht Stunden – bitte einplanen!

FÜR 4 PORTIONEN:
1 EL Schweineschmalz
450 g Schweinenacken, in 2,5 cm großen Würfeln
2 mittelgroße Tomaten, gehackt
1 grüne Paprika, gehackt
1 Zwiebel, gehackt
2 Knoblauchzehen, gehackt
250 ml Hühnerbrühe (siehe Seite 240)
1 EL Paprikapulver

1 TL gemahlener Kreuzkümmel
2 TL getrockneter Oregano
1 Chipotle-Chili in Adobo (siehe Seite 276), gehackt

Das Schmalz in einer großen Pfanne auf mittlerer Stufe erhitzen und das Fleisch darin portionsweise anbraten.
Sobald die erste Runde Fleisch angebraten ist, kommt der Schongarer ins Spiel: eine Lage Gemüse, eine Lage Fleisch, eine Lage Gemüse, eine Lage Fleisch – bei drei Portionen Fleisch also je drei Lagen Gemüse und Fleisch.
Zum Schluss das überschüssige Fett aus der Pfanne abgießen. Die Pfanne wieder auf den Herd stellen, die Brühe hineingießen und alle Gewürze hinzufügen.
Unter Rühren alle Krusten vom Pfannenboden lösen und dann das Fleisch mit dem Gemüse begießen. Deckel schließen und auf kleiner Stufe acht Stunden garen.
Auf vier tiefen Tellern servieren.

NÄHRWERTANALYSE PRO PORTION:
282 Kalorien; 20 g Fett; 18 g Protein; 10 g Kohlenhydrate; 3 g Ballaststoffe; 7 g Nettokohlenhydrate

SCHWEINEFLEISCH, SÜSS-SAUER

FÜR 3 PORTIONEN:
170 g Ananasstücke (aus der Frischetheke), halbiert oder gedrittelt
2 EL Coconut Aminos (siehe Seite 17)
2 EL Apfelessig
1 EL Ingwer, frisch gerieben
2 Tropfen Steviaextrakt (auf Wunsch)
3 EL Kokosöl
450 g Schweinelende, in 2,5 cm großen Würfeln
½ große Zwiebel, in groben Stücken
1 grüne Paprika, in groben Stücken
Glucomannan (Konjakmehl, optional)

Saft von den Ananasstücken mit Coconut Aminos, Essig, Ingwer und eventuell Stevia verrühren.
Einen Wok oder eine große Pfanne auf hoher Stufe erhitzen. Die Hälfte des Kokosöls in der heißen Pfanne zerlassen. Das Fleisch vier bis fünf Minuten darin garen. Herausheben und auf einem Teller beiseitestellen.
Das restliche Fett in die Pfanne geben und das Gemüse darin anbraten, bis es fast bissfest ist. Dann das Fleisch und die Ananasstücke dazugeben. Alles verrühren und die Sauce unterziehen, unter Wenden ein bis zwei Minuten braten.
Auf Wunsch die Sauce mit etwas Glucomannan andicken und gleich servieren. Dazu passt Blumenkohlreis (siehe Seite 90).

NÄHRWERTANALYSE PRO PORTION:
304 Kalorien; 19 g Fett; 20 g Protein; 14 g Kohlenhydrate; 2 g Ballaststoffe; 12 g Nettokohlenhydrate

GERÄUCHERTE SPARERIBS

Spareribs räuchern ist zeitraubend, aber wenig arbeitsintensiv. Am besten im Sommer im Garten erledigen.

FÜR 6 PORTIONEN:

4 EL scharfes Paprikapulver, geräuchert
8 TL Chilipulver
2 TL Salz
1 TL Senfkörner, gemahlen
1 TL Knoblauchpulver
½ TL schwarzer Pfeffer, gemahlen
1,8 kg Spareribs vom Schwein
250 ml Hühnerbrühe (siehe Seite 240)
80 ml Olivenöl

Natürlich kann man Spareribs auch im Ofen zubereiten (siehe Seite 228, Adobo-Spareribs). Wer sie im gasbetriebenen Barbecuegrill zubereiten möchte, bitte wie folgt:
Sie benötigen Räucherspäne (Wood Chips), die man in verschiedenen Holzarten im Fachhandel bekommt. Mehrere Handvoll davon vor Gebrauch mindestens eine halbe Stunde in einer großen Schüssel in Wasser einweichen.
Unter eine Seite des Grills eine Fettpfanne stellen, den Brenner auf der anderen Seite anzünden. Den Deckel schließen, damit der Grill schön heiß wird: Mit dem Ofenthermometer eine Innentemperatur von 120 °C abwarten.
Währenddessen das Fleisch vorbereiten: Alle Gewürze in einer kleinen Schüssel verrühren. Einige Esslöffel beiseitestellen, mit dem Rest großzügig die Spareribs würzen.
Die Spareribs über die Fettpfanne des Grills setzen, also nicht über den angezündeten Brenner.
Ein großes Stück Alufolie seitlich etwas hochknicken und über den heißen Brenner setzen. Eine Handvoll nasser Holzspäne darauflegen und den Deckel wieder schließen. Der Rauch dürfte bald aus dem Grill sickern.
Den Rest der Gewürzmischung mit der Hühnerbrühe und dem Olivenöl verrühren. Nach einer halben Stunde Räuchern die Spareribs rundum mit der Sauce bepinseln und dabei wenden. Die nächste Handvoll Holzspäne auf die Folie geben und den Grill wieder schließen. Diese Prozedur (einpinseln, wenden, mehr Holzspäne) etwa sechs Stunden lang alle halbe Stunde wiederholen, bis die Spareribs butterweich sind.
Dazu schmeckt ein Klassischer Krautsalat (siehe Seite 122) oder ein Antikartoffelsalat (siehe Seite 132).

NÄHRWERTANALYSE PRO PORTION:
676 Kalorien; 58 g Fett; 34 g Protein; 5 g Kohlenhydrate; 2 g Ballaststoffe; 3 g Nettokohlenhydrate

SPARERIBS AUS DEM OFEN

FÜR 6 PORTIONEN:

1,8 kg Spareribs vom Schwein
Salz
Pfeffer
2 Zwiebeln, fein gehackt
500 ml Steinzeitketchup
(siehe Seite 258)

4 EL Paleo-Worcestershire-Sauce (siehe Seite 275)
125 ml Habanero-Limetten-Balsamico (siehe Seite 267)
2 EL Senfkörner, gemahlen
1 EL flüssiges Raucharoma (optional; Inhaltsstoffe auf Zuckergehalt prüfen)

Den Ofen auf 180 °C vorheizen (Gas Stufe 4).
Das Fleisch leicht mit Salz und Pfeffer würzen. Mit der fleischigen Seite nach oben in eine große Auflaufform legen, am besten aus hitzebeständigem Glas.
Alle übrigen Zutaten mit 500 Millilitern Wasser in der Küchenmaschine oder im Mixer zerkleinern, eventuell in zwei Portionen. So lange pulsieren, bis die Zwiebeln fein gehackt sind. Die Hälfte der Sauce über die Spareribs geben und diese gründlich wenden.
Die Spareribs im Ofen drei Stunden garen, dabei alle halbe Stunde mit der restlichen Sauce bepinseln und jedes Mal wenden.
Aufschneiden und heiß servieren.
Lecker dazu ist ein Klassischer Krautsalat (siehe Seite 122).

NÄHRWERTANALYSE PRO PORTION:
618 Kalorien; 45 g Fett; 34 g Protein; 20 g Kohlenhydrate; 2 g Ballaststoffe; 18 g Nettokohlenhydrate

TIPP

Ihr größter Bräter ist nicht groß genug für eine solche Portion? Dann werden die Spareribs eben durchgeschnitten oder auf zwei Bräter verteilt. Die Zwiebelsauce entsprechend aufteilen.

DANAS LIEBLINGSSPARERIBS

FÜR 6 PORTIONEN:
5 Knoblauchzehen, zerdrückt
4 EL Olivenöl, extra vergine
1,8 kg Spareribs vom Schwein
1½ EL Paprikapulver
1½ TL gemahlener Kreuzkümmel
½ TL Oregano, getrocknet
¾ TL Salz
¾ TL schwarzer Pfeffer, gemahlen
175 ml Hühnerbrühe (siehe Seite 240)

Den Ofen auf 170 °C vorheizen (Gas Stufe 3).
Vier zerdrückte Knoblauchzehen in zwei Esslöffel Olivenöl rühren. Zehn Minuten stehen lassen.
Die Spareribs mit sauberen Händen von beiden Seiten mit dem Knoblauchöl einreiben und auf ein Backblech legen.
Alle Gewürze in einer kleinen Schüssel verrühren. Eineinhalb Esslöffel von der Mischung aufheben. Mit dem Rest die Spareribs von allen Seiten würzen und etwa 25 Minuten im Ofen garen.
Die Hühnerbrühe mit der letzten Knob-

lauchzehe, den restlichen zwei Esslöffeln Olivenöl und dem Rest der Gewürzmischung verrühren.
Nach 25 Minuten die Spareribs mit dem Gewürzöl bestreichen und dabei wenden. Erneut 20 Minuten in den Ofen schieben. Insgesamt bis zu zwei Stunden lang wiederholen. Die Spareribs sollen brutzelbraun werden und beim Anstechen superzart sein.
Aufschneiden und servieren.

NÄHRWERTANALYSE PRO PORTION:
633 Kalorien; 54 g Fett; 33 g Protein; 3 g Kohlenhydrate; 1 g Ballaststoffe; 2 g Nettokohlenhydrate

ADOBO-SPARERIBS

FÜR 6 PORTIONEN:
4 EL Adobogewürz (siehe Seite 269)
1,8 kg Spareribs vom Schwein
175 ml Hühnerbrühe (siehe Seite 240)
4 EL Olivenöl

Den Ofen auf 170 °C vorheizen (Gas Stufe 3).
Einen Esslöffel Adobogewürz in eine Schüssel geben. Mit dem Rest die Spareribs von allen Seiten würzen. Die Spareribs auf ein Backblech legen (im Zweifelsfall in der Mitte durchschneiden, damit es passt) und 30 Minuten in den Ofen schieben.
Die Hühnerbrühe und das Olivenöl mit dem restlichen Adobogewürz verrühren. Nach 30 Minuten die Spareribs damit bepinseln. Wenden und auch von der anderen Seite bestreichen. Das Blech wieder in den Ofen schieben. Die ganze Prozedur zwei Stunden lang wiederholen: 30 Minuten braten, bepinseln und wenden. Am Schluss sind die Spareribs so zart, dass sich das Fleisch von selbst vom Knochen löst.
Auseinanderschneiden und heiß servieren.

NÄHRWERTANALYSE PRO PORTION:
631 Kalorien; 54 g Fett; 33 g Protein; 2 g Kohlenhydrate; 1 g Ballaststoffe; 1 g Nettokohlenhydrate

SLOW-COOKER-SPARERIBS

Mittags vorbereiten, wenn man abends Spareribs möchte. Den Krautsalat am besten am Vortag zubereiten.

FÜR 6 PORTIONEN:
1,8 kg Spareribs vom Schwein
Salz
Pfeffer
125 ml Steinzeitketchup (siehe Seite 258)
Schale von 1 Orange, gerieben
Saft von 1 Orange
3 EL Grapefruit-Balsamico (siehe Seite 267) oder Habanero-Limetten-Balsamico (siehe Seite 267)
2 EL Coconut Aminos (siehe Seite 17)
1 EL Honig
1 TL gemahlener Kreuzkümmel
1 EL Ingwer, frisch gerieben
3 Knoblauchzehen, zerdrückt
1 EL Chilisauce

Das Fleisch von beiden Seiten mit Salz und Pfeffer würzen, dann in einzelne Rippchen schneiden. In den Schongarer geben.
Orangenschale ins Ketchup geben und den Saft der Orange hinzufügen. Alle übrigen Zutaten unterrühren und die Sauce über die Spareribs gießen. Darauf achten, dass das Fleisch rundum von der Sauce überzogen ist.
Den Schongarer schließen und alles auf kleiner Stufe sechs Stunden garen.
Das Fleisch auf eine Platte legen und die Flüssigkeit in einen Topf umgießen. Auf mittlerer bis hoher Stufe aufkochen und zu einem Dip eindicken lassen.
Zu den heißen Spareribs servieren.

NÄHRWERTANALYSE PRO PORTION:
635 Kalorien; 45 g Fett; 33 g Protein; 31 g Kohlenhydrate; 2 g Ballaststoffe; 29 g Nettokohlenhydrate; die Nährwerte hängen auch davon ab, wie viel Sauce man isst. Weniger Sauce = weniger Kalorien.

PALEO PHAT THAI

FÜR 4 PORTIONEN:
1 kg Spagettikürbis, in Stücken
2 EL Fischsauce
4 EL Limettensaft
4 Tropfen Steviaextrakt
2 EL Kokosöl
450 g Schweinelende, in Streifen geschnitten
3 Knoblauchzehen, gehackt
2 große Schalotten, in feinen Ringen
225 g Mungbohnensprossen
4 EL frischer Koriander, fein gehackt
4 EL frisches Basilikum, fein gehackt

Den Spagettikürbis mehrfach mit einer Fleischgabel einstechen und sechs bis acht Minuten in der Mikrowelle garen.
Fischsauce, Limettensaft und Stevia in einer Schüssel verrühren.
Die Hälfte des Fetts in einem Wok oder einer großen Pfanne auf höchster Stufe zerlassen. Das Fleisch darin gerade eben gar braten und auf einem Teller beiseitestellen.
Das restliche Fett in die Pfanne geben und erhitzen. Knoblauch und Schalotten kurz darin anbraten. Den Kürbis in die Pfanne geben und gründlich mit den Zwiebeln und dem Knoblauch mischen.
Das Fleisch und die Hälfte der Bohnensprossen hinzufügen. Unter Rühren eine Minute anbraten.
Die Saucenmischung dazugießen und unterheben. Die Kräuter hinzufügen, dann die restlichen Sprossen hineinmischen.
Sofort servieren.

NÄHRWERTANALYSE PRO PORTION:
235 Kalorien; 12 g Fett; 18 g Protein; 18 g Kohlenhydrate; 3 g Ballaststoffe; 15 g Nettokohlenhydrate

GESCHMORTE SCHWEINS-FÜSSE AUF ASIATISCHE ART

Schweinsfüße enthalten viel Gelatine, sind also gut für Gelenke, Haare, Nägel und Haut. Die Gelatine macht das Gericht aber auch schmackhaft.

FÜR 4 PORTIONEN:

4 Schweinsfüße
2 EL Schweineschmalz
700 ml Hühnerbrühe (siehe Seite 240)
4 EL Coconut Aminos (siehe Seite 17)
½ TL Senfkörner, gemahlen
1 EL Honig
1 mittelgroße Zwiebel, gehackt
3 Knoblauchzehen, in dünnen Scheibchen
1 walnussgroßes Stück frischer Ingwer, in dünnen Scheiben
1 Stückchen Sternanis

Die Schweinsfüße unter fließendem Wasser gründlich schrubben. Eventuell verbliebene Haare mit einem Einmalrasierer entfernen.
Das Schmalz in einer großen Pfanne auf mittlerer bis hoher Stufe zerlassen. Die Schweinsfüße von allen Seiten anbraten, so gut es eben geht.
350 Milliliter heiße Hühnerbrühe mit Coconut Aminos, Senf und Honig verrühren, bis der Honig sich auflöst.
Die Schweinsfüße aus der Pfanne nehmen, die Zwiebel hineingeben und ein oder zwei Minuten anbraten. Die Schweinsfüße zurücklegen. Knoblauch und Ingwer hinzufügen und gleichmäßig verteilen. Die Honig-Senf-Brühe angießen und den Sternanis hinzugeben.
Die Hitze auf kleinste Stufe stellen. Drei bis vier Stunden schmoren lassen und bei Bedarf immer wieder Hühnerbrühe nachgießen.
Auf vier Tellern mit der Sauce anrichten.

NÄHRWERTANALYSE PRO PORTION:
656 Kalorien; 44 g Fett; 47 g Protein; 16 g Kohlenhydrate; 1 g Ballaststoffe; 15 g Nettokohlenhydrate

HACKFLEISCHRÖLLCHEN

Ein guter Bratwurstersatz! Für Hackbraten kann man das Rezept einfach verdreifachen.

FÜR 16 RÖLLCHEN:

450 g mageres Schweinehack
225 g Schweinespeck (Schwarte)
5 Frühlingszwiebeln, in Stücken
1 Prise gemahlener Zimt
1 Prise gemahlene Nelken
1 Prise gemahlener Muskat
1 TL schwarzer Pfeffer
1½ EL getrockneter Salbei
1 EL getrockneter Thymian
1 EL getrockneter Majoran
1½ TL Salz

Das Fleisch und den Speck vom Fleischer gemeinsam durch den Fleischwolf drehen lassen. Das Hackfleisch in eine große Rührschüssel geben.
Die Frühlingszwiebeln in der Küchenmaschine mit Messereinsatz sehr fein hacken. Zum Schweinefleisch hinzufügen.

Alle Gewürze in einer kleinen Schüssel gut verrühren und ein Viertel davon ins Fleisch einkneten. Mehrfach wiederholen, bis alle Gewürze eingearbeitet sind.
Eine Pfanne auf mittlerer Stufe erhitzen, 16 Hackfleischröllchen formen und kross braten. Heiß servieren.

NÄHRWERTANALYSE PRO PORTION:
116 Kalorien; 11 g Fett; 4 g Protein;
1 g Kohlenhydrate; ein paar Ballaststoffe;
1 g Nettokohlenhydrate

TIPP

Man kann die Röllchen gut einfrieren: eine doppelte Lage Butterbrotpapier dazwischenlegen.

SCHNELLE HACKFLEISCHPFANNE

Sie brauchen das Brät für dieses Gericht nicht zu Fleischküchlein zu formen.

FÜR 4 PORTIONEN:
Hackfleischröllchen (siehe Seite 230)
1 grüne Paprika, gehackt
2 Stangen Sellerie, gehackt
½ mittelgroße Zwiebel, gehackt
250 ml Hühnerbrühe (siehe Seite 240)
Blumenkohlreis (siehe Seite 90)
2 EL Paleo-Worcestershire-Sauce (siehe Seite 275)
Salz, Pfeffer

Etwas Fett in einer großen Pfanne auf mittlerer bis hoher Stufe erhitzen und das nach Rezept zubereitete Hackfleisch darin anbraten. Wenn das Fleisch gar wird, Gemüse hinzufügen. Unter häufigem Rühren fertiggaren. Überschüssiges Fett abgießen.
Die Hühnerbrühe unterrühren und auf mittlerer bis hoher Stufe garen, bis die Brühe stark reduziert ist. Es soll nur noch ein Flüssigkeitsfilm auf dem Pfannenboden stehen.
Währenddessen den Blumenkohlreis nach Rezept zubereiten, dann in die Pfanne rühren und alles gründlich wenden. Mit Worcestershire-Sauce, Salz sowie Pfeffer abschmecken.

NÄHRWERTANALYSE PRO PORTION:
515 Kalorien; 43 g Fett; 20 g Protein;
12 g Kohlenhydrate; 4 g Ballaststoffe;
8 g Nettokohlenhydrate

CEVAPCICI

Am besten mit Paprika und Zwiebeln schmoren und Omeletts damit füllen. Rohe Cevapcici können auch gut eingefroren werden.

FÜR 8 PORTIONEN:
1½ TL Fenchelsamen
1 TL Salz
1½ TL schwarzer Pfeffer, gemahlen
1 TL Paprikapulver
Chiliflocken (nach Belieben)
900 g Schweinehack
2 Knoblauchzehen, zerdrückt

Die Fenchelsamen in einer kleinen Pfanne auf mittlerer Stufe einige Minuten anrösten. Mit allen übrigen Gewürzen in der Küchenmaschine zerkleinern.
Das Hackfleisch in eine Schüssel geben und mit der Gewürzmischung bestreuen. Knoblauch zufügen. Alles mit sauberen Händen sehr gründlich verkneten, 16 Cevapcici formen und in einer heißen Pfanne kross braten.
Heiß servieren.

NÄHRWERTANALYSE PRO PORTION:
303 Kalorien; 24 g Fett; 19 g Protein; 1 g Kohlenhydrate; ein paar Ballaststoffe; 1 g Nettokohlenhydrate

OSTERLAMM

Rechtzeitig anfangen, denn das Fleisch muss einige Stunden marinieren und dann mehrere Stunden braten.

FÜR MIND. 6 PORTIONEN:
2 kg Lammkeule
6 Knoblauchzehen, in dünnen Scheiben
80 ml Olivenöl
Saft von ½ Zitrone
1½ EL frischer Rosmarin, fein gehackt
1½ EL frischer Oregano, fein gehackt
¼ TL schwarzer Pfeffer, gemahlen
Einfache Bratensauce (siehe Seite 272)

Die Lammkeule auf ein Schneidbrett setzen und mit einem spitzen Messer alle fünf Zentimeter rundum kräftig einstechen. In jedes Loch tief hinein ein Stück Knoblauch schieben. Die gespickte Keule in einen großen Bräter setzen, am besten aus ofenfestem Glas.
Das Olivenöl mit Zitronensaft, Kräutern und Pfeffer verrühren. Die Keule von beiden Seiten gleichmäßig damit einreiben und mindestens zwei bis drei Stunden liegen lassen.
Etwa drei Stunden vor dem Essen den Ofen auf 200 °C vorheizen (Gas Stufe 6). Die Lammkeule auf einen Grillrost legen und auf die Fettpfanne setzen. In den dicksten Teil des Fleisches ein Bratenthermometer stechen (nicht bis zum Knochen).
Sobald der Ofen die richtige Temperatur erreicht hat, die Lammkeule hineinschieben und sofort auf 170 °C (Gas Stufe 3) herunterstellen. Die Garzeit beträgt etwa 30 Minuten pro 450 Gramm. Wenn man sein Fleisch eher blutig bevorzugt, etwas kürzer braten. Achten Sie auf das Fleischthermometer: Bei 63 bis 66 °C ist das Fleisch noch blutig, bei 71 °C gut durchgebraten.
Die Lammkeule auf ein Schneidbrett setzen und 15 Minuten ruhen lassen. In der Zwischenzeit die Sauce nach Rezept zubereiten.
Anschließend den Braten aufschneiden und mit der Sauce servieren.

NÄHRWERTANALYSE PRO PORTION BEI 6 PORTIONEN:
800 Kalorien; 63 g Fett; 54 g Protein; 2 g Kohlenhydrate; ein paar Ballaststoffe; 2 g Nettokohlenhydrate; diese Zahlen stimmen nur, wenn man das gesamte Olivenöl verzehrt.

BEINAHE LAMM-BIRYANI

FÜR 3–4 PORTIONEN:
Blumenkohlreis (siehe Seite 90), doppelte Menge
250 ml Cocoyo (siehe Seite 33)
2 Knoblauchzehen, zerdrückt
⅛ TL Cayennepfeffer
½ TL gemahlener Kreuzkümmel
¼ TL schwarzer Pfeffer, gemahlen
1 TL Salz (oder nach Geschmack)
2 EL Kokosöl
1 Zwiebel, gehackt
¼ TL Kurkuma
⅛ TL gemahlene Nelken
½ TL gemahlener Zimt
340 g Lammfleisch, gewürfelt
50 g Rosinen
50 g Pistazien, geröstet, ohne Schale

Den Blumenkohlreis in doppelter Menge nach Rezept zubereiten.
Cocoyo mit Knoblauch, Cayennepfeffer, Kreuzkümmel, Pfeffer und Salz mischen.
Das Kokosöl in einer großen Pfanne auf mittlerer Stufe zerlassen. Die Zwiebel glasig braten, dann Kurkuma, Nelken und Zimt einrühren und eine Minute mitgaren.
Den Blumenkohlreis in die Pfanne geben und gründlich unterziehen. Das Lammfleisch, den gewürzten Cocoyo und die Rosinen zufügen und alles noch einige Minuten köcheln lassen.
Die Pistazien unterrühren und frisch servieren.

NÄHRWERTANALYSE PRO PORTION BEI 3 PORTIONEN:
681 Kalorien; 53 g Fett; 25 g Protein; 34 g Kohlenhydrate; 8 g Ballaststoffe; 26 g Nettokohlenhydrate

SHEPHERD'S PIE AUS GRAUER VORZEIT

FÜR 6 PORTIONEN:
Blumenkohlpüree mit Sauerrahm (siehe Seite 88)
700 g Lammfleisch, in Stücken
1½ mittelgroße Zwiebeln, in Stücken
250 ml Einfache Bratensauce (siehe Seite 272) oder restliche Sauce vom Lamm
2 EL Worcestershire-Sauce (siehe Seite 275)
1 TL schwarzer Pfeffer
Salz
edelsüßes Paprikapulver

Das Blumenkohlpüree nach Rezept zubereiten.
Den Ofen auf 180 °C vorheizen (Gas Stufe 4).
Die Lammreste mit der Zwiebel in der Küchenmaschine mit Messereinsatz pulsierend zerkleinern. Wenn die Mischung noch halbwegs grob ist, die Bratensauce, die Worcestershire-Sauce und den Pfeffer hinzufügen. Gründlich unterarbeiten. Abschmecken und eventuell salzen.
Eine Auflaufform von zwei Litern Fassungsvermögen fetten und die Lammmischung gleichmäßig hineingeben. Mit

Blumenkohlpüree bedecken und dieses wie eine Glasur gleichmäßig verstreichen. Etwas Paprikapulver darüberstreuen und im Ofen etwa eine Stunde backen.
Heiß servieren.

NÄHRWERTANALYSE PRO PORTION:
497 Kalorien; 42 g Fett; 21 g Protein; 12 g Kohlenhydrate; 3 g Ballaststoffe; 9 g Nettokohlenhydrate

GRIECHISCHE LAMMSCHENKEL

Rechtzeitig loslegen, da die Garzeit einige Stunden beträgt.

FÜR 2 PORTIONEN:
3 EL Olivenöl
2 Lammschenkel à 500 g
1 Karotte, geschält und in dünnen Scheiben
1 mittelgroße Zwiebel, in dünnen Scheiben
1 Stange Sellerie, klein gehackt
½ mittelgroße Tomate, gewürfelt
4 EL trockener Weißwein
4 EL Hühnerbrühe (siehe Seite 240)
2 Knoblauchzehen, gehackt
½ TL getrockneter Oregano
4 EL frische Petersilie, gehackt

Das Olivenöl in einer großen Pfanne auf mittlerer bis hoher Stufe erhitzen und die Lammschenkel darin rundum schön braun anbraten.
Das Gemüse in den Schongarer geben. Den Wein und die Hühnerbrühe abmessen und den Knoblauch hineindrücken. Dann den Oregano einrühren.
Die gebräunten Lammschenkel möglichst tief in das Gemüse schieben (meine standen schräg im Topf, aber die dickeren Enden waren unten). Die Brühe mit dem Wein dazugießen und alles mit Petersilie bestreuen. Abdecken und auf kleiner Stufe sechs bis sieben Stunden garen, alternativ erst zwei Stunden auf hoher Stufe, dann noch zwei bis drei Stunden auf kleiner Stufe.
Die Lammschenkel mit dem Gemüse und der Brühe aus dem Topf servieren.

NÄHRWERTANALYSE PRO PORTION:
1171 Kalorien; 82 g Fett; 87 g Protein; 13 g Kohlenhydrate; 3 g Ballaststoffe; 10 g Nettokohlenhydrate

LAMMSTEAK

Im gut sortierten Supermarkt sollte Tamarindensauce (oder Tamarindenextrakt) bei den Spezialitäten stehen. Ansonsten kann man sie online bestellen.

FÜR 2 PORTIONEN:
1 Knoblauchzehe, gehackt
1 EL Senf
1 TL Tamarindensauce
680 g Lammkeule, in 1 cm dicken Steaks (2 große Steaks)
1 EL Kokosöl
1 mittelgroße Zwiebel, in Ringen
1 große Tomate, in Stücken

Den Knoblauch in einer Schüssel mit Senf und Tamarindensauce verrühren. Die Lammsteaks auf einer Seite damit bestreichen.

Das Kokosöl in einer großen Pfanne auf kleiner Stufe zerlassen. Die Zwiebelringe gleichmäßig in der Pfanne verteilen.

Die Lammsteaks mit der bestrichenen Seite nach oben in die Pfanne legen, die Tomatenwürfel darum drapieren. Deckel aufsetzen und alles 40 Minuten garen. Heiß servieren.

NÄHRWERTANALYSE PRO PORTION:
733 Kalorien; 54 g Fett; 50 g Protein; 12 g Kohlenhydrate; 2 g Ballaststoffe; 10 g Nettokohlenhydrate

TIPP

Lammkoteletts sind teuer. Deshalb warte ich, bis Lammkeulen um Ostern herum im Angebot sind, kaufe ein paar frische Keulen und lasse sie vom Fleischer in zentimeterdicke Steaks aufschneiden. Die kann ich einfrieren.

GLASIERTE LAMMSTEAKS

FÜR 2 PORTIONEN:

450 g Lammsteaks, 1 cm dick geschnitten
2 EL Olivenöl
2 EL Schalotten, gewürfelt
2 TL Ahornsirup
1 EL Balsamicoessig
Saft von ½ Zitrone
1 Knoblauchzehe, gehackt
Salz
Pfeffer

Eine große Pfanne auf mittlerer Stufe erhitzen und die Lammsteaks in Olivenöl bis zur gewünschten Garstufe braten. Aus der Pfanne nehmen und die Schalottenwürfel in dem Fett weich braten. Ahornsirup, Balsamico, Zitronensaft und Knoblauch zufügen. Alles verrühren und mit Salz und Pfeffer abschmecken.

Die Lammsteaks wieder in die Pfanne geben und in der Sauce wenden. Alles kurz schmoren lassen, um die Sauce etwas zu reduzieren, und auf zwei Tellern anrichten.

NÄHRWERTANALYSE PRO PORTION:
562 Kalorien; 44 g Fett; 33 g Protein; 9 g Kohlenhydrate; ein paar Ballaststoffe; 9 g Nettokohlenhydrate

LAMMSTEAK MIT KAPERNSAUCE

FÜR 2 PORTIONEN:

2 EL Olivenöl
450 g Lammkeule, in zwei zentimeterdicken Steaks
2 EL sonnengetrocknete Tomaten in Öl, gehackt
2 Anchovisfilets, gehackt
1 Knoblauchzehe, gehackt
4 TL Kapern, gehackt
2 EL Balsamicoessig

Das Olivenöl in einer großen Pfanne auf mittlerer Stufe erhitzen und das Fleisch darin anbraten, sieben bis acht Minuten pro Seite.
Wenn die Steaks auf beiden Seiten braun, in der Mitte aber noch rosa sind, auf zwei Tellern anrichten.
Das Gemüse eine Minute in der Pfanne erhitzen. Balsamico und zwei Esslöffel Wasser hinzufügen und gründlich rühren, um alle Krusten zu lösen. Einkochen lassen, bis eine sirupartige Sauce entsteht, und über die Steaks träufeln.
Heiß servieren.

NÄHRWERTANALYSE PRO PORTION:
411 Kalorien; 32 g Fett; 28 g Protein; 3 g Kohlenhydrate; ein paar Ballaststoffe; 3 g Nettokohlenhydrate

LAMMSTEAKS MIT MINZE UND ZITRONE

FÜR 4 PORTIONEN:
4 Lammsteaks à 225 g, aus der Keule
1 EL Schweineschmalz
1 EL Olivenöl, extra vergine
1 große Knoblauchzehe, gehackt
Saft von ¼ Zitrone
1 EL frische Minze, gehackt

Die fetten Ränder der Steaks anschneiden, damit sie sich nicht einrollen.
Das Schmalz auf hoher Stufe in einer großen Pfanne zerlassen und die Steaks darin gut anbraten. Auf Teller setzen.
Die braunen Krusten in der Pfanne mit dem Pfannenwender lösen. Eventuell etwas Wasser (ein bis zwei Esslöffel) hinzugeben.
Olivenöl und Knoblauch hinzufügen und unter ständigem Rühren einige Minuten erhitzen.
Zitronensaft unterrühren. Die Sauce über die Lammsteaks gießen und alles mit frischer Minze bestreuen.
Heiß servieren.

NÄHRWERTANALYSE PRO PORTION:
474 Kalorien; 37 g Fett; 32 g Protein; 1 g Kohlenhydrate; ein paar Ballaststoffe; 1 g Nettokohlenhydrate

KARIBIKLAMM

FÜR 2 PORTIONEN:
2 Lammsteaks à 225 g, aus der Keule
1 TL flüssiges Raucharoma (auf Wunsch; Inhaltsstoffe auf Zuckergehalt prüfen)
1 TL scharfe Chilisauce
1 EL Kokosöl
2 EL Zwiebeln, gewürfelt
1 Frühlingszwiebel, gehackt
½ TL getrockneter Thymian oder 1 EL frischer Thymian, gehackt
1 TL schwarzer Pfeffer
1 TL gemahlener Pimentpfeffer
¾ TL gemahlener Ingwer
1 EL Habanero-Limetten-Balsamico (siehe Seite 267)
1½ TL Coconut Aminos (siehe Seite 17)

Die Steaks beidseitig erst mit Raucharoma einreiben, dann mit der Chilisauce. Die Hände danach gründlich waschen.
Das Kokosöl in einer großen Pfanne auf

mittlerer bis hoher Stufe zerlassen. Die Steaks darin fünf bis sechs Minuten pro Seite anbraten, dann auf einen Teller legen.
Die Temperatur herunterschalten und die Zwiebeln in die Pfanne geben. Einige Minuten anbraten. Alle übrigen Zutaten und einen Esslöffel Wasser unterrühren, die Steaks zurück in die Pfanne geben und in der Sauce wenden. Noch einige Minuten leicht köcheln lassen, bis die Sauce schön dick eingekocht ist.
Die Sauce zum Fleisch servieren.

NÄHRWERTANALYSE PRO PORTION:
495 Kalorien; 38 g Fett; 33 g Protein; 6 g Kohlenhydrate; 1 g Ballaststoffe; 5 g Nettokohlenhydrate

LAMM STROGANOFF

FÜR 3 PORTIONEN:
450 g Lammsteak, aus der Keule
4 EL Olivenöl, extra vergine
1 mittelgroße Tomate, fein gewürfelt
1 mittelgroße Zwiebel, gehackt
225 g Champignons, in Scheiben
1 EL Senf
1 TL getrockneter Thymian
½ TL scharfes Paprikapulver, geräuchert
400 ml ungesüßte Kokosmilch
Salz
Pfeffer

Eine große Pfanne auf hoher Stufe erhitzen. Das Lammsteak in einem Esslöffel Olivenöl anbraten, dann sechs bis sieben Minuten pro Seite garen. Wenn das Steak von beiden Seiten schön gebräunt, in der Mitte aber noch kräftig rosa ist, auf einem Teller beiseitestellen.
Einen weiteren Esslöffel Olivenöl in die Pfanne geben und die Tomate darin anbraten. Sobald sie weich ist, die Tomatenwürfel mit einer Gabel zerdrücken. Noch drei bis vier Minuten garen, dann in eine Schüssel umfüllen.
Das restliche Öl in die Pfanne geben und die Zwiebel und die Pilze darin anbraten. Wenn die Zwiebelwürfel weich und glasig sind und die Pilze dunkel werden, die Tomaten wieder in die Pfanne geben. Mit Senf, Thymian und Paprika würzen und alles durchrühren. Zuletzt die Kokosmilch unterrühren. Alles leicht aufkochen, dann die Hitze herunterschalten und vor sich hin köcheln lassen.
Das Lammfleisch quer zur Faser in dünne Scheiben schneiden und diese wiederum in 2,5 Zentimeter lange Stücke. In die Pfanne rühren und allen Fleischsaft, der sich auf dem Teller gesammelt hat, dazugeben. Noch fünf bis sieben Minuten weiterkochen und mit Salz und Pfeffer abschmecken.
Dazu passt Blumenkohlpüree (siehe Seite 88), Blumenkohlreis (siehe Seite 90) oder Spaghettikürbis.

NÄHRWERTANALYSE PRO PORTION:
758 Kalorien; 70 g Fett; 25 g Protein; 13 g Kohlenhydrate; 2 g Ballaststoffe; 11 g Nettokohlenhydrate

SUPPEN

Suppen sind unendlich vielseitig. Sie können als leichte Vorspeise dienen oder als herzhafter Hauptgang. Und bei der richtigen Zubereitung bleiben viele Vitamine erhalten!

Außerdem nimmt man über eine Suppe normalerweise Brühe zu sich, und eine gute Brühe aus echten Knochen ist von geradezu magischer Wirkung. Sie liefert Kalzium in optimal verwertbarer Form – schon das ist von hohem Wert. Außerdem ist sie eine ausgezeichnete Gelatinequelle. Warum das so wichtig ist? Gelatine ist eine Form von Kollagen, also Bindegewebe. Ein geschlachtetes Tier besteht zu etwa 50 Prozent aus Kollagen, das in unterschiedlichen Anteilen in Knochen, Gelenken, Haut und den Sehnenanteilen konzentriert ist.

Gelatine beruhigt den Darm – deshalb kochen Mütter ihren Kindern bei Magenbeschwerden eine Suppe. Sie unterstützt den Aufbau gesunder, starker Gelenke und stärkt das gesamte Bindegewebe. Es gibt sogar Hinweise darauf, dass Gelatine bei Diabetikern die Insulinempfindlichkeit verbessert. Ebenso beeindruckend ist ihre generell entzündungshemmende Wirkung.

Dieses Kapitel beginnt mit Rezepten für klare Brühe und Fleischbrühe. Der Unterschied? Eine klare Brühe wird weitgehend aus Knochen gekocht, für eine Fleischbrühe werden Knochen mit Fleisch daran sowie aromatische Gemüsesorten ausgekocht.

Wer keine selbstgekochte klare Brühe oder Fleischbrühe im Haus hat, kann auf Fertigprodukte wie Fonds oder echten Fleischextrakt zurückgreifen, sollte aber die Liste der Inhaltsstoffe prüfen. Um den Nährwert zu erhöhen, kann man ein bis zwei Esslöffel ungesüßtes Gelatinepulver einrühren. Das macht die Suppe auch angenehm seidig.

KLARE BRÜHE

Wann immer Fleisch mit Knochen auf den Tisch kommt, packen Sie die Knochen in einem Kunststoffbeutel in den Gefrierschrank. Geflügelknochen, Rinderknochen und Fischknochen am besten getrennt voneinander lagern. In den Fischbeutel passen auch Hummer-, Krebs- oder Muschelschalen. Sobald die Menge für einen Suppentopf ausreicht, können Sie klare Brühe kochen.
Ich bevorzuge dafür den Schongarer, doch im normalen Topf geht es auch.
Alle Knochen hineingeben, mit Wasser bedecken, vier Esslöffel Essig hinzufügen (um Kalzium aus den Knochen zu entziehen und den Nährwert zu erhöhen), dazu etwa einen Teelöffel Salz.
Das Salz trägt dazu bei, die aromatischen Bestandteile aus den Knochen zu lösen.
Den Deckel aufsetzen und auf kleiner Stufe erhitzen – und dann tagelang köcheln lassen, mindestens aber zwölf Stunden. Deshalb bietet sich hier wirklich der Schongarer an. Wer dennoch den Herd wählt: Am späten Abend oder kurz vor Verlassen den Hauses den Topf gut schließen und die Brühe einmal kräftig aufkochen. Danach den Herd abschalten.
Die Hitze reicht die ganze Nacht aus.
Nach Abschluss der Kochzeit die Knochen wegwerfen.
Jetzt können Sie eine Suppe zubereiten, die Brühe einfrieren oder zu konzentrierter Brühe oder auch Demi-glace (siehe Seite 32) weiterverarbeiten, die immer tiefgekühlt vorhanden sein sollte.
Genaue Nährwertangaben sind schwer zu berechnen. Eine klare Brühe ist praktisch frei von Kohlenhydraten, enthält gewisse Anteile Protein (Gelatine!) und eine Menge gut verwertbares Kalzium.

HÜHNERBRÜHE

FÜR 2,5 – 3 LITER:
10 Hühnerrücken, schön fleischig
3 Stangen Sellerie, in fingerlangen Stücken
1 große Karotte, geschält und in Stücken
1 große Zwiebel, in groben Stücken
4 EL Apfelessig
1 TL Salz
1 Lorbeerblatt

Die Hühnerrücken in den Schongarer oder einen großen Topf legen. Das Gemüse in den Topf geben.
Alles gerade eben mit Wasser bedecken, dann Essig, Salz und das Lorbeerblatt hinzufügen. Den Topf schließen und auf kleiner Stufe zwölf bis 18 Stunden kochen lassen.
Anschließend die Hitzezufuhr abstellen und die Brühe abkühlen lassen, ohne den Deckel abzunehmen. Durch ein Sieb in einen zweiten Topf abgießen. Die Knochen und das Gemüse wegwerfen.
Danach die Brühe kalt stellen, bis die Fettschicht auf der Oberfläche erstarrt, so dass man sie gut abschöpfen kann.
Dieses Hühnerschmalz unbedingt verwerten!
Mit der Hühnerbrühe kann man Suppe oder Saucen zubereiten oder sie zu Konzentrat einkochen.

NÄHRWERTANALYSE:
Das abgeschöpfte Fett lässt sich kaum berechnen. Die Suppe enthält viel Kalzium und Protein.

RINDERBRÜHE

FÜR 3 LITER:
2 kg fleischige Suppenknochen vom Rind
mehrere EL Olivenöl
2 große Zwiebeln, in groben Stücken
2 Karotten, geschält und in großen Stücken
1 große Pastinake, geschält und in großen Stücken
12 große Stangen Sellerie, in großen Stücken
1 TL Salz
½ TL schwarzer Pfeffer, gemahlen
1 Lorbeerblatt

Den Ofen auf 180 °C vorheizen (Gas Stufe 4).
Die Knochen leicht mit Olivenöl einreiben und auf ein großes Backblech legen.
Das Gemüse um die Knochen verteilen. (Wenn auf dem Blech nicht ausreichend Platz ist, kann das Gemüse auf einem zweiten, eingeölten Backblech gebacken werden.) Alles langsam im Ofen rösten und hin und wieder wenden, bis die Knochen gut gebräunt sind und das Gemüse karamellisiert.
Knochen und Gemüse in einen großen Topf geben und mit Wasser bedecken. Salz, Pfeffer und das Lorbeerblatt hinzufügen. Zum Sieden bringen und dann so weit herunterregulieren, dass die Brühe knapp unter dem Siedepunkt bleibt.
Ohne Deckel oder mit offenem Deckel mindestens sechs Stunden kochen. Damit die Brühe etwas einkocht, darf ruhig Dampf entweichen. In der ersten Stunde sammelt sich Schaum auf der Oberfläche. Mit einem Schaumlöffel abschöpfen.
Nach gut sechs Stunden die Hitzezufuhr abstellen und die Brühe abkühlen lassen.
In eine große Schüssel abseihen. Die Knochen und das Gemüse wegwerfen.
Die Brühe kalt stellen, bis sie geliert und das Fett auf der Oberfläche aushärtet.
Das Fett zum Kochen abschöpfen.
Die Brühe in passenden Behältern einfrieren, zu Konzentrat oder gleich zu Demi-glace einkochen (beides siehe Seite 32), damit sie im Gefrierschrank weniger Platz wegnimmt.

NÄHRWERTANALYSE:
Die Nährwerte lassen sich kaum berechnen.

Und nun geht es an die Verwertung! Weil ich klare Brühe häufiger zubereite als Fleischbrühe, werden die folgenden Rezepte in der Regel mit klarer Brühe gekocht. Sie schmecken aber alle auch mit Fleischbrühe.

MULLIGATAWNY

FÜR 6 PORTIONEN:
2 EL Kokosöl
1 mittelgroße Zwiebel, gehackt
1 Karotte, geschält und geraspelt
2 Stangen Sellerie, gehackt
1½ EL Currypulver
2 Knoblauchzehen, zerdrückt
2 l Hühnerbrühe (siehe Seite 240)
420 g gegarte Hähnchenreste, gewürfelt
1 säuerlicher Apfel, gewürfelt
1 Lorbeerblatt
½ TL schwarzer Pfeffer, gemahlen
½ TL getrockneter Thymian
Schale von 1 Zitrone, gerieben
425 ml ungesüßte Kokosmilch
Salz

Das Kokosöl in einer großen Pfanne auf kleiner bis mittlerer Stufe zerlassen und das Gemüse darin anbraten. Sobald es weich wird, Currypulver und Knoblauch zufügen und noch ein paar Minuten schmoren.
Hühnerbrühe, Hähnchenfleisch, Apfel, Gewürze, Thymian und Zitronenschale hinzufügen und gut umrühren. Alles zum Sieden bringen und 30 bis 45 Minuten vor sich hin köcheln lassen.
Zum Schluss die Kokosmilch unterrühren, mit Salz abschmecken und heiß servieren.

NÄHRWERTANALYSE PRO PORTION:
496 Kalorien; 38 g Fett; 30 g Protein; 10 g Kohlenhydrate; 2 g Ballaststoffe; 8 g Nettokohlenhydrate

TIPP

Auch lecker mit einer Lammkeule: aus dem Knochen mit den Fleisch- und Fettresten eine Brühe kochen und damit die Suppe zubereiten.

MANDEL-KOKOSNUSS-SUPPE

FÜR 4 PORTIONEN:
1 EL Kokosöl
1 große Stange Sellerie, gewürfelt, die Blätter gehackt
½ mittelgroße Zwiebel, gewürfelt
1 l Hühnerbrühe (siehe Seite 240)
200 g Mandelbutter (Bioladen)
250 ml ungesüßte Kokosmilch
Salz
Pfeffer
Glucomannan (Konjakmehl, nach Belieben)

Das Kokosöl auf mittlerer Stufe in einem großen Topf zerlassen und den Sellerie und die Zwiebel darin anbraten, bis die Zwiebel glasig ist.
Die Hühnerbrühe angießen, aufkochen und etwa 30 Minuten leicht köcheln lassen, bis das Gemüse schön weich ist.
Mit dem Stabmixer pürieren. Die Mandelbutter hinzufügen und gründlich einarbeiten. Die Kokosmilch unterziehen und alles mit Salz und Pfeffer abschmecken. Eventuell mit etwas Glucomannan nachdicken, damit die Suppe noch sämiger wird.

Zum Garnieren eignen sich geröstete Mandelblättchen, Schnittlauchröllchen oder etwas Grün von Frühlingszwiebeln.

NÄHRWERTANALYSE PRO PORTION:
498 Kalorien; 45 g Fett; 17 g Protein; 15 g Kohlenhydrate; 8 g Ballaststoffe; 7 g Nettokohlenhydrate

AVGOLEMONO, GETREIDEFREI

Traditionell enthält diese berühmte griechische Suppe Reis oder Orzonudeln. Meine Variante ist ohne Kohlenhydrate.

FÜR 4 PORTIONEN:
1,4 l Hühnerbrühe (siehe Seite 240)
1 TL frischer Dill, gehackt
225 g Hühnerfleisch ohne Haut und Knochen, 1 cm dick gewürfelt
1 Karotte, geschält und geraspelt
4 Eier
125 ml frisch gepresster Zitronensaft
Salz
Pfeffer

Die Hühnerbrühe in einem großen Topf auf mittlerer Stufe zum Kochen bringen. Den Dill hinzufügen, die Fleischwürfel allmählich unterrühren. Die Karotte in den Topf geben.
Die Eier im Mixer mit dem Zitronensaft aufschlagen. Den Mixer abstellen, die Mischung aber darin stehen lassen. Wenn das Fleisch und die Karotte gar sind, den Mixer wieder anstellen und langsam eine Kelle von der heißen Brühe in die Eimischung laufen lassen. Sobald die Masse gleichmäßig ist, eine zweite Kelle hinzufügen.
Den Mixbecher an den Herd setzen, die Hitzezufuhr so weit reduzieren, dass es nicht mehr blubbert, und die Suppe mit dem Schneebesen rühren. Unter ständigem Rühren langsam die Flüssigkeit aus dem Mixer in die Suppe laufen lassen. Noch 30 Sekunden leicht köcheln lassen, dabei unablässig rühren und sofort servieren.

NÄHRWERTANALYSE PRO PORTION:
178 Kalorien; 6 g Fett; 20 g Protein; 5 g Kohlenhydrate; 1 g Ballaststoffe; 4 g Nettokohlenhydrate

TIPP

Manche mögen Avgolemono am liebsten ganz glatt und cremig. In diesem Fall wird die Suppe ohne Fleisch zubereitet und die Karotte mit dem Stabmixer in der Suppe püriert. Den Schritt mit dem »Anwärmen« der Eier durch Hinzufügen von etwas heißer Brühe sollte man aber nicht überspringen. Andernfalls ergibt sich keine cremige Suppe, sondern eine Brühe mit Eistückchen darin, die nach Zitrone schmecken.

HÜHNERSUPPE

Diese Suppe kann man auch mit 225 Gramm Fleisch vom Hühnerschenkel ohne Haut und Knochen zubereiten. Einfach würfeln und unterrühren.

FÜR 3 PORTIONEN:

1 EL Schweineschmalz oder anderes Fett
1 große Zwiebel, gehackt
1 große grüne Paprika, gehackt
1 dicke Stange Sellerie, gehackt
3 große Tomaten, fein gewürfelt
80 g Okraschoten, in Streifen
1 l Hühnerbrühe (siehe Seite 240)
2 Knoblauchzehen, zerdrückt
1 TL getrockneter Thymian oder 1 EL frischer Thymian, gehackt
¼ TL Cayennepfeffer
¼ TL schwarzer Pfeffer, gemahlen
2 Lorbeerblätter
340 g Hähnchenschenkel, ohne Haut

Das Fett in einer großen Pfanne auf mittlerer Stufe zerlassen und Zwiebel, Paprika und Sellerie darin anbraten. Wenn die Zwiebel glasig wird, die Tomaten und die Okra einrühren und einige Minuten anbraten.

Hühnerbrühe, Knoblauch, Thymian, Cayennepfeffer und Pfeffer einrühren und die Lorbeerblätter hinzufügen. Die gehäuteten Hähnchenschenkel am Stück hineingeben. Aufkochen, Deckel aufsetzen, auf kleine Stufe schalten und alles 60 Minuten schmoren lassen.

Die Hähnchenschenkel aus der Suppe fischen und auf einem Teller etwas erkalten lassen, bis man das Fleisch ablösen kann. Das Fleisch klein schneiden und in der Suppe servieren.

NÄHRWERTANALYSE PRO PORTION:
287 Kalorien; 12 g Fett; 26 g Protein; 18 g Kohlenhydrate; 5 g Ballaststoffe; 13 g Nettokohlenhydrate

KÜRBISSUPPE MIT ZITRONE

FÜR 6 PORTIONEN:

2 EL Kokosöl
1 mittelgroße Zwiebel, gehackt
450 g Kürbisfleisch (Gartenkürbis oder Butternut), gewürfelt
300 g Sellerie, gewürfelt
2 Knoblauchzehen, zerdrückt
2 Zweige frischer Thymian oder ½ TL getrockneter Thymian
½ TL Selleriesalz (siehe Seite 268 oder gekauft)
1,2 l Hühnerbrühe (siehe Seite 240)
125 ml ungesüßte Kokosmilch
Saft von 1 Zitrone
Salz
Pfeffer

Das Kokosöl auf kleiner bis mittlerer Stufe in einem großen Topf zerlassen und die Zwiebel darin glasig braten.

Kürbis und Sellerie in den Topf geben und den Knoblauch, die Gewürze und die Hühnerbrühe hinzufügen. 30 Minuten kochen, dann die Thymianzweige herausfischen. Mit einem Stabmixer gründlich pürieren.

Die Kokosmilch und Zitronensaft unter-

rühren und mit Salz und Pfeffer abschmecken.
Warm oder kalt servieren.

NÄHRWERTANALYSE PRO PORTION:
123 Kalorien; 9 g Fett; 2 g Protein; 10 g Kohlenhydrate; 1 g Ballaststoffe; 9 g Nettokohlenhydrate (berechnet mit Gartenkürbis)

BROKKOLI-APFEL-SUPPE

FÜR 6 PORTIONEN:
900 g Brokkoli, Stängel geschält, grob gehackt
1 kleiner Apfel (zum Beispiel Granny Smith), gehackt
1 mittelgroße Zwiebel, gehackt
1,5 l Hühner- oder Rinderbrühe (siehe Seite 240 und 241)
450 g Hähnchenschenkel, ohne Haut
250 ungesüßte Kokosmilch
Salz
Pfeffer

Brokkoli, Apfel und Zwiebel in den Schongarer geben. Die Hühnerbrühe dazugießen und die Hähnchenschenkel obenauf legen. Deckel aufsetzen und auf kleiner Stufe den ganzen Tag garen lassen (auf hoher Stufe ist das Gericht nach vier bis fünf Stunden fertig).
Die Hähnchenschenkel entnehmen und auf einem Teller etwas abkühlen lassen. Brokkoli, Apfel und Zwiebel mit dem Stabmixer direkt im Schongarer pürieren. Zum Schluss die Kokosmilch zufügen und untermixen.
Das Fleisch von den Knochen lösen und in mundgerechte Stücke schneiden. Wieder in die Suppe geben und mit Salz und Pfeffer abgeschmeckt servieren.

NÄHRWERTANALYSE PRO PORTION:
209 Kalorien; 11 g Fett; 18 g Protein; 11 g Kohlenhydrate; 4 g Ballaststoffe; 7 g Nettokohlenhydrate

TOMATENCREMESUPPE

Diese Suppe steht und fällt mit der Brühe. Eine klare Brühe sollte zunächst von 1,5 auf 1 Liter eingekocht werden, bevor die anderen Zutaten hinzukommen. Oder man ergänzt die entsprechende Menge klarer Brühe um einen großen Löffel konzentrierter Brühe oder Demi-glace (siehe Seite 32).

FÜR 6 PORTIONEN:
950 ml Rinderbrühe
3 mittelgroße Tomaten, gewürfelt
1 kleine Zwiebel, gewürfelt
1 Knoblauchzehe, gehackt
1 Lorbeerblatt
¼ TL schwarzer Pfeffer, gemahlen
3 ganze Nelken
400 ml ungesüßte Kokosmilch
Salz
2 EL frisches Basilikum, fein gehackt

Die Brühe mit den Tomaten, der Zwiebel, dem Knoblauch, dem Lorbeerblatt und dem Pfeffer in einen großen Topf geben. Die Nelken in einem Tee-Ei hinzufügen, damit man sie später leichter entnehmen

kann. Aufkochen und alles mindestens eine halbe Stunde kochen lassen, bis das Gemüse schön weich ist.
Das Lorbeerblatt und das Tee-Ei mit den Nelken entnehmen. Mit einem Stabmixer gründlich pürieren, die Kokosmilch unterrühren und erneut aufkochen. Mit Salz abschmecken, das frische Basilikum unterrühren und heiß servieren.

NÄHRWERTANALYSE PRO PORTION:
196 Kalorien; 14 g Fett; 9 g Protein; 11 g Kohlenhydrate; 2 g Ballaststoffe; 9 g Nettokohlenhydrate

OCHSENSCHWANZSUPPE

Das Fleisch am Ochsenschwanz ist bestes Muskelfleisch, wie Steak oder Braten. Sein hoher Knochenanteil sorgt für intensiven Geschmack. Bitte keine Angst vor der langen Anleitung – ich erkläre gleich beides, die Zubereitung im Schmortopf und im Schongarer.

FÜR MINDESTENS 5 PORTIONEN:
2 EL Schweineschmalz oder Rindertalg
1,5 kg Ochsenschwänze (mit viel Fleisch), in mehreren Stücken
1 Stange Lauch, in schmalen Ringen
1 Zwiebel, gewürfelt
1 Stange Sellerie, gewürfelt
1 l Rinderbrühe (siehe Seite 241)
2 TL getrockneter Thymian
2 Karotten, geschält und gewürfelt
1 Rübe (zum Beispiel weiße Rübe), gewürfelt
2 mittelgroße Tomaten, gewürfelt
2 EL Balsamicoessig
Salz
Pfeffer

Ich bereite diese Suppe in einem Dutch Oven zu, einem großen gusseisernen Schmortopf. In diesem Fall werden die Ochsenschwänze darin angebraten.
Bei der Zubereitung im Schongarer beginnt man mit einer großen Pfanne.
Einen Esslöffel Schmalz auf mittlerer bis hoher Stufe zerlassen und die Ochsenschwänze im heißen Fett von allen Seiten gut anbraten, dann auf einen Teller legen. (Wer einen Schongarer verwendet, sollte sie jetzt noch nicht hinzufügen.)
Das restliche Fett zerlassen und den Lauch mit der Zwiebel und dem Sellerie anbraten, bis die Zwiebel glasig ist.
Wer den Schongarer verwendet, gibt jetzt das Gemüse hinein. Die Brühe in die Pfanne gießen, rühren und dabei alle Krusten vom Pfannenboden lösen. Bei der Zubereitung im Topf das Gemüse im Topf lassen und die Brühe dazugießen. Auch hier umrühren und die Krusten lösen. Den Thymian in die Brühe geben. Die Karotten und die Rübe hinzufügen und die Ochsenschwänze obenauf legen. (Besonders im Schongarer ist es wichtig, dass die Ochsenschwänze auf das Gemüse kommen.) Die Brühe über das Gemüse und das Fleisch gießen.
Die Tomaten obenauf legen. Den Balsamico zugießen und den Deckel aufsetzen. Den Schongarer oder den Topf auf kleine Stufe stellen. Im Schongarer mindestens sechs bis acht Stunden garen, im Dutch Oven vier bis fünf Stunden.

Am Ende der Kochzeit die Ochsenschwänze entnehmen und auf einen Teller legen. Abkühlen lassen.
Nach Belieben etwas Fett von der Suppe abschöpfen, entweder, indem man die Suppe über Nacht abkühlen lässt und dann das ausgehärtete Fett herauslöffelt, oder mit einem Saucenlöffel.
Das Fleisch von den Ochsenschwänzen zupfen, die Knochen wegwerfen. Das Fleisch klein schneiden und wieder in die Suppe geben. Heiß servieren.

NÄHRWERTANALYSE PRO PORTION BEI 5 PORTIONEN:
812 Kalorien; 42 g Fett; 90 g Protein; 13 g Kohlenhydrate; 2 g Ballaststoffe; 11 g Nettokohlenhydrate; berechnet mit komplettem Fettanteil (nicht abgeschöpft)

BLUMENKOHLSUPPE

FÜR 6 PORTIONEN:
1 EL Kokosöl
2 Stangen Sellerie, gewürfelt
½ große Zwiebel, gewürfelt
1 mittelgroße Karotte, geschält und geraspelt
1 mittelgroßer Blumenkohl, gewürfelt
2 l Hühnerbrühe (siehe Seite 240)
2 Knoblauchzehen, gehackt
¼ TL gemahlener Muskat
Salz
Pfeffer

Das Kokosöl in einem großen Topf auf mittlerer Stufe zerlassen. Sellerie, Zwiebel und Karotte darin anbraten.
Wenn das Gemüse weich ist, Blumenkohl, Knoblauch, Hühnerbrühe und Muskat in den Topf geben. Aufkochen, auf kleine Stufe schalten und in 40 bis 45 Minuten weich kochen.
Alles mit dem Stabmixer direkt im Topf pürieren. Mit Salz und Pfeffer abschmecken und heiß servieren.

NÄHRWERTANALYSE PRO PORTION:
106 Kalorien; 4 g Fett; 9 g Protein; 9 g Kohlenhydrate; 3 g Ballaststoffe; 6 g Nettokohlenhydrate

PÜRIERTE ERBSENSUPPE

FÜR 4 PORTIONEN:
300 g Tiefkühlerbsen oder frische Erbsen
4 mittelgroße Tomaten, gewürfelt
1 mittelgroße Zwiebel, fein gehackt
1–2 Stangen Staudensellerie, gehackt
500 ml Hühnerbrühe (siehe Seite 240)
1 TL Currypulver
500 ml ungesüßte Kokosmilch
Salz

Die Erbsen mit Tomaten, Zwiebel, Sellerie, Hühnerbrühe und Currypulver in einen großen Topf geben. Auf mittlerer Stufe zum Sieden bringen. 45 Minuten gerade eben am Siedepunkt halten, bis alles Gemüse weich ist.
Mit einem Stabmixer gründlich pürieren, so dass sich eine sämige Suppe ergibt. Zum Schluss die Kokosmilch unterrühren, mit Salz abschmecken und heiß servieren.

NÄHRWERTANALYSE PRO PORTION:
334 Kalorien; 25 g Fett; 10 g Protein; 22 g Kohlenhydrate; 6 g Ballaststoffe; 16 g Nettokohlenhydrate

KOHLSUPPE ZU ERNTEDANK

FÜR 4 PORTIONEN:

1 mittelgroße Zwiebel, gehackt
2 Stangen Sellerie, gehackt
1 mittelgroße Karotte, geschält und geraspelt
2 EL Hühnerschmalz oder Kokosöl
1,5 l Truthahnbrühe (siehe Tipp)
2 Lorbeerblätter
1 TL getrockneter Thymian
½ TL gemahlener Zimt
½ TL gemahlener Muskat
2 Knoblauchzehen, zerdrückt
1 Dose Tomaten oder drei mittelgroße Tomaten, gewürfelt
¼ Weißkohl, geraspelt
210 g gegartes Putenfleisch, gewürfelt
Salz
Pfeffer

Zwiebel, Sellerie und Karotte in einem großen Topf auf kleiner Stufe im Schmalz anbraten, bis sie etwas nachgeben. Die Truthahnbrühe mit allen Gewürzen, dem Knoblauch und den Tomaten aufkochen. Auf kleiner Stufe eine gute halbe Stunde kochen lassen, dann den Kohl und das gewürfelte Putenfleisch hineinrühren. 15 bis 20 Minuten garen, bis der Kohl weich, aber noch bissfest ist. Mit Salz und Pfeffer abschmecken und heiß servieren.

NÄHRWERTANALYSE PRO PORTION:
175 Kalorien; 10 g Fett; 13 g Protein; 8 g Kohlenhydrate; 2 g Ballaststoffe; 6 g Nettokohlenhydrate

TIPP

Für dieses Rezept gehe ich davon aus, dass Sie aus dem Truthahngerippe eine klare Brühe gekocht und von den gekochten Knochen alle Fleischreste abgezupft und gewürfelt haben. In diesem Fall benötigt man hierfür etwa die Hälfte der Brühe und die Hälfte vom abgelesenen Fleisch. Im Folgenden gleich eine zweite Suppe zur Resteverwertung.

SOPA DE GUATALOTE Y CALABAZA

FÜR 6 PORTIONEN:

700 g Kürbisfleisch (zum Beispiel Butternut), in 1 cm dicken Würfeln
1 mittelgroße Zwiebel, gehackt
3 Chipotles in Adobo (siehe Seite 276), gehackt
2,4 l Truthahnbrühe (siehe Tipp), ersatzweise Hühnerbrühe (siehe Seite 240)
3 Knoblauchzehen, gehackt
2 Lorbeerblätter
1 EL gemahlener Kreuzkümmel
2 TL gemahlener Koriander
½ TL gemahlener Zimt
Salz

Pfeffer
280 g gegartes Putenfleisch, gewürfelt
1 Handvoll Kürbiskerne, geschält und geröstet

Die Kürbiswürfel im Schongarer mit dem Gemüse und der Truthahnbrühe ansetzen. Knoblauch und alle Gewürze bis auf Pfeffer und Salz hinzufügen. Deckel aufsetzen und auf kleiner Stufe fünf Stunden garen, bis der Kürbis weich ist. Alles mit dem Stabmixer direkt im Schongarer pürieren und mit Salz und Pfeffer abschmecken. Das gegarte Putenfleisch unterziehen und mit gerösteten Kürbiskernen garniert servieren.

NÄHRWERTANALYSE PRO PORTION:
288 Kalorien; 14 g Fett; 27 g Protein; 16 g Kohlenhydrate; 2 g Ballaststoffe; 14 g Nettokohlenhydrate

HÜHNERBRÜHE MIT EIERSTICH

FÜR 3 PORTIONEN:
1 l Hühnerbrühe (siehe Seite 240)
1 EL Coconut Aminos (siehe Seite 17)
1 EL Weißweinessig
1 TL Ingwer, frisch gerieben
1 Frühlingszwiebel, in feinen Ringen (auch das Grün)
2 Eier

Die Brühe auf mittlerer bis hoher Stufe zum Kochen bringen. Währenddessen Coconut Aminos, Essig, Ingwer und Frühlingszwiebeln einrühren.

Die Eier in einen Messbecher mit Ausgießer aufschlagen und kräftig verrühren. Die Suppe herunterschalten, so dass sie gerade noch siedet. Langsam mit einer Gabel rühren und ebenso langsam die Eier Stück für Stück hineinlaufen lassen und dabei mit der Gabel zerrupfen. Die Eier gerinnen augenblicklich – sofort servieren.

NÄHRWERTANALYSE PRO PORTION:
103 Kalorien; 5 g Fett; 10 g Protein; 3 g Kohlenhydrate; ein paar Ballaststoffe; 3 g Nettokohlenhydrate

PILZSUPPE

FÜR 6 PORTIONEN:
4 EL Schmalz oder Olivenöl
450 g Champignons, in Scheiben
160 g Schalotten, gehackt
1,4 l Hühnerbrühe (siehe Seite 240)
4 EL frische Petersilie, gehackt
4 EL Sherry, medium oder dry
Salz
Pfeffer

Das Fett in einem großen Topf zerlassen und Pilze und Schalotten darin unter Rühren anschwitzen.
Wenn die Pilze weich sind, die Brühe hinzufügen. Alles zum Sieden bringen und 30 bis 40 Minuten vor sich hin köcheln lassen.
Mit dem Stabmixer direkt im Topf pürieren. Petersilie und Sherry unterziehen, mit Salz und Pfeffer abschmecken und servieren.

NÄHRWERTANALYSE PRO PORTION:
152 Kalorien; 9 g Fett; 3 g Protein;
10 g Kohlenhydrate; 1 g Ballaststoffe;
9 g Nettokohlenhydrate

KÜRBISSUPPE MIT CHILIS

Diese Suppe lässt sich mit allen Kürbissorten zubereiten.

FÜR 5 PORTIONEN:
1 EL Kokosöl
1 kleine Zwiebel, gehackt
450 g Kürbisfleisch, in 2 cm dicken Würfeln
1,5 l Hühner- oder Rinderbrühe (siehe Seite 240 und 241)
1 TL gemahlener Kreuzkümmel
2 Knoblauchzehen, zerdrückt
Chipotle in Adobo (siehe Seite 276)
425 ml ungesüßte Kokosmilch
Salz
Pfeffer
Glucomannan (Konjakmehl, nach Belieben)

Das Kokosöl in einem großen Topf auf mittlerer Stufe erhitzen und die Zwiebel darin anbraten. Wenn die Zwiebel glasig ist, Kürbis, Brühe, Kreuzkümmel, Knoblauch und die Chipotle hinzufügen. Zum Kochen bringen, die Hitzezufuhr zurückschalten, Deckel aufsetzen und mindestens 90 Minuten köcheln lassen, bis der Kürbis weich ist.
Alles mit dem Stabmixer direkt im Topf pürieren. Die Kokosmilch hinzugeben und untermixen. Mit Salz und Pfeffer abschmecken, bei Bedarf mit etwas Glucomannan andicken (unter Rühren einstreuen) und gleich servieren.

NÄHRWERTANALYSE PRO PORTION:
265 Kalorien; 21 g Fett; 9 g Protein;
14 g Kohlenhydrate; 2 g Ballaststoffe;
12 g Nettokohlenhydrate

SENEGAL-SUPPE

FÜR 6 PORTIONEN:
1 EL Kokosöl
1 Zwiebel, gehackt
1 Stange Sellerie, gehackt
1 EL Currypulver
1 Apfel (zum Beispiel Granny Smith), gewürfelt
1 l Hühnerbrühe (siehe Seite 240)
1 Avocado
250 ml ungesüßte Kokosmilch
Salz
geraspeltes Kokosfleisch (nach Belieben)

Das Kokosöl in einer großen Pfanne auf mittlerer Stufe erhitzen. Zwiebel und Sellerie darin anbraten. Sobald beides weich ist, mit Currypulver würzen und noch eine Minute schmoren.
Den Apfel und die Hühnerbrühe hinzufügen. Zum Kochen bringen und auf kleiner Stufe mindestens eine Stunde kochen lassen, bis der Apfel schön weich ist.
Alles mit einem Stabmixer direkt im Topf pürieren. Die Avocado halbieren, den Kern entfernen und das Fleisch mit einem Löffel direkt in den Topf schälen. Erneut pürieren.

Die Kokosmilch unterziehen, mit etwas Salz abschmecken, nach Belieben mit Kokosfleisch garnieren und heiß oder kalt servieren.

NÄHRWERTANALYSE PRO PORTION:
195 Kalorien; 16 g Fett; 5 g Protein; 9 g Kohlenhydrate; 2 g Ballaststoffe; 7 g Nettokohlenhydrate

MUSCHELSUPPE MANAHATA

FÜR 5 PORTIONEN:

4 Scheiben Bacon (Frühstücksspeck), klein geschnitten
1 große Zwiebel, in groben Stücken
2 kleine Karotten, geschält und in groben Stücken
2 Stangen Sellerie, in groben Stücken
1 grüne Paprika, in groben Stücken
4 Knoblauchzehen, zerdrückt
2 l Fischbrühe, ersatzweise Hühnerbrühe (siehe Seite 240)
6 mittelgroße Tomaten, gewürfelt
1 kleine Rübe (zum Beispiel Mairübchen), gewürfelt
2 Lorbeerblätter
2 TL getrockneter Oregano
1 TL getrockneter Thymian
1 Handvoll frische Petersilie, gehackt
½ TL Chiliflocken
1 TL scharfes Paprikapulver, geräuchert
½ TL schwarzer Pfeffer, gemahlen
Salz
30 frische, kleine Venusmuscheln, in der Schale

Einen großen Topf auf mittlerer Stufe erhitzen und den Speck darin anbraten. Zwiebel, Karotten und Sellerie in der Küchenmaschine fein hacken.
Die knusprigen Baconstückchen aus dem Topf nehmen und beiseitestellen.
Das gehackte Gemüse im Baconfett anschwitzen und die Schüssel mit dem Messereinsatz wieder auf die Maschine setzen. Die Paprika darin pulsierend hacken.
Wenn das Gemüse im Topf weich ist, Paprika und Knoblauch hinzufügen.
Vier bis fünf Minuten braten, dann die Fischbrühe, Tomatenwürfel, Rübenwürfel und alle Gewürze bis auf das Salz hinzufügen.
Aufkochen, Deckel aufsetzen und alles mindestens 45 Minuten auf kleiner Stufe garen lassen, bis die Rübe schön weich ist.
Mit Salz abschmecken. Nun die Muscheln mit Schale hinzugeben. Achten Sie darauf, dass alle Muscheln untertauchen. Etwa zehn Minuten kochen lassen, bis die Muscheln sich geöffnet haben.
Zum Anrichten mit Baconstückchen bestreuen.

NÄHRWERTANALYSE PRO PORTION:
334 Kalorien; 13 g Fett; 16 g Protein; 25 g Kohlenhydrate; 6 g Ballaststoffe; 19 g Nettokohlenhydrate

PILZSUPPE MIT GARNELEN UND ERBSEN

FÜR 3 PORTIONEN:

120 g Champignons, in Scheiben
1 EL Kokosöl
1,2 l Hühner- oder Rinderbrühe (siehe Seite 240 und 241)
2 EL Coconut Aminos (siehe Seite 17)
1 EL trockener Sherry
1 Knoblauchzehe, zerdrückt
225 g frische Zuckerschoten, geputzt und gedrittelt
4 Frühlingszwiebeln, in feinen Ringen (auch das Grün)
340 g kleine Garnelen, geschält
½ TL dunkles Sesamöl, geröstet
Sriracha (nach Belieben, siehe Seite 261)

Die Pilze in einem großen Topf auf mittlerer Stufe im Kokosöl weich braten. Hühnerbrühe, Coconut Aminos, Sherry und Knoblauch hinzufügen, alles zum Sieden bringen und zehn Minuten kochen lassen.
Zuckerschoten, die weißen Anteile der Frühlingszwiebeln und die Garnelen in die Suppe geben und einige Minuten mitkochen, bis die Garnelen fest und kräftig rosa sind. Das Sesamöl und eventuell Sriracha einrühren, auf drei Teller verteilen und mit grünen Zwiebelringen garnieren.

NÄHRWERTANALYSE PRO PORTION:
279 Kalorien; 10 g Fett; 33 g Protein; 11 g Kohlenhydrate; 2 g Ballaststoffe; 9 g Nettokohlenhydrate

AVOCADOCREMESUPPE

FÜR 4 PORTIONEN:

700 ml Hühnerbrühe (siehe Seite 240)
¼ große Zwiebel, gehackt
Chipotle in Adobo (siehe Seite 276), in kleinen Stücken
1 Knoblauchzehe, zerdrückt
400 ml ungesüßte Kokosmilch
1 Avocado
Salz
1 Spritzer Chilisauce (nach Belieben)

Die Hühnerbrühe und die Zwiebel in einem großen Topf auf mittlerer Stufe erhitzen. Chipotle und Knoblauch hinzufügen. Alles zum Sieden bringen und etwa 20 Minuten kochen lassen, bis die Zwiebel weich ist.
Das Gemüse mit dem Stabmixer direkt in der Brühe pürieren, dann die Kokosmilch unterrühren und alles noch einmal aufkochen.
Die Avocado halbieren, entkernen und das Fleisch mit einem Löffel direkt in die Suppe geben. Erneut pürieren, mit Salz und Chilisauce nach Belieben abschmecken und sofort servieren.

NÄHRWERTANALYSE PRO PORTION:
305 Kalorien; 29 g Fett; 7 g Protein; 9 g Kohlenhydrate; 2 g Ballaststoffe; 7 g Nettokohlenhydrate

KALTE SPARGELSUPPE

FÜR 6 PORTIONEN:
900 g grüner Spargel
1 EL Olivenöl
1 mittelgroße Zwiebel, gehackt
1,2 l Hühnerbrühe (siehe Seite 240)
¼ TL gemahlener Muskat
Saft von ½ Zitrone
400 ml ungesüßte Kokosmilch, gekühlt
Salz
Pfeffer

Die holzigen Enden vom Spargel abbrechen. Vier Minuten in der Mikrowelle dünsten, dann sofort den Deckel abnehmen, damit der Spargel nicht verkocht. Etwas abkühlen lassen.
Einen großen Topf auf kleiner bis mittlerer Stufe erhitzen. Das Olivenöl hineingeben und die Zwiebel darin weich braten. Die Hühnerbrühe dazugießen.
Vom Spargel die Spitzen abschneiden (die werden noch zum Garnieren benötigt). Den Rest in zwei Zentimeter lange Stücke schneiden und mit dem Muskat in den Topf geben. Kochen lassen, bis der Spargel richtig weich ist, dann abschalten und abkühlen lassen.
Die Suppe direkt im Topf gründlich pürieren. Wer eine besonders gleichmäßige Suppe will, kann sie noch durch ein Sieb gießen. Zitronensaft einrühren und die Suppe kalt stellen.
Vor dem Verzehr die Kokosmilch unterrühren und mit Salz und Pfeffer abschmecken. Nach Belieben auch erwärmen. In Suppentellern anrichten und mit den Spargelspitzen bestreuen.

NÄHRWERTANALYSE PRO PORTION:
234 Kalorien; 20 g Fett; 8 g Protein; 10 g Kohlenhydrate; 4 g Ballaststoffe; 6 g Nettokohlenhydrate

MEXIKANISCHE HÜHNERSUPPE

FÜR 5 PORTIONEN:
2 EL Schweineschmalz
2 mittelgroße Karotten, geschält und gehackt
1 mittelgroße Zucchini, gewürfelt
1 mittelgroße Zwiebel, gehackt
2 Jalapeños, entkernt und gehackt
3 mittelgroße Tomaten, fein gewürfelt
4 Knoblauchzehen, zerdrückt
1 TL getrockneter Oregano
1 TL gemahlener Kreuzkümmel
1,5 l Hühner- oder Rinderbrühe (siehe Seite 240 und 241)
700 g Hähnchenfleisch, ohne Haut und Knochen, in mundgerechten Stücken
Salz
Pfeffer
4 EL frischer Koriander, fein gehackt
1 Limette, in Schnitzen

Das Schmalz in einer großen Pfanne auf mittlerer bis hoher Stufe zerlassen und Karotten, Zucchini, Zwiebel und Jalapeños darin anbraten. Gründlich die Hände waschen!
Wenn das Gemüse weich wird, die Tomaten in den Topf geben und den Knoblauch hinzufügen. Umrühren, mit Oregano und Kreuzkümmel würzen und noch einige Minuten anbraten.

Die Hühnerbrühe angießen und alles zum Kochen bringen, dann unter Rühren das Fleisch hinzufügen. (Nicht ohne Rühren hineingeben, sonst bildet sich am Topfboden ein zäher Klumpen.) Die Suppe 30 bis 45 Minuten kochen lassen, dann mit Salz und Pfeffer abschmecken. Beim Anrichten mit Koriander bestreuen und Limettenschnitze zum Ausdrücken dazu reichen.

NÄHRWERTANALYSE PRO PORTION:
216 Kalorien; 11 g Fett; 17 g Protein; 13 g Kohlenhydrate; 3 g Ballaststoffe; 10 g Nettokohlenhydrate

MINESTRONE MIT HUHN

FÜR 4 PORTIONEN:

1 große Zwiebel, gehackt
1 große Karotten, geschält und in Scheiben
2 Selleriestangen, gehackt (auch die Blätter)
1 Fenchelknolle, gehackt
2 EL Olivenöl
1 große Zucchini, gehackt
4 mittelgroße Tomaten, gewürfelt
2 EL frisches Basilikum, fein gehackt
½ TL schwarzer Pfeffer, gemahlen
4 Knoblauchzehen, zerdrückt
2 l Hühnerbrühe (siehe Seite 240)
450 g Hähnchenschenkelfleisch, ohne Haut und Knochen
420 g frischer Spinat, geputzt und grob gehackt
Salz

Zwiebel, Karotte, Sellerie und Fenchel mit dem Messereinsatz in der Küchenmaschine zerkleinern.

Einen großen Topf auf kleiner bis mittlerer Stufe erhitzen, das Olivenöl hineingeben und das Gemüse unter Rühren darin anbraten.

Wenn das Gemüse im Topf weich wird, Zucchini, Tomaten, Basilikum, Pfeffer und Knoblauch hinzufügen. Alles umrühren und etwa fünf Minuten anbraten.

Die Brühe hinzufügen und aufkochen, dann das Fleisch unterrühren. Gut rühren, sonst bildet sich am Topfboden ein zäher Klumpen. Die Suppe 30 bis 45 Minuten kochen lassen.

Den Spinat am Ende der Kochzeit unterziehen. So lange weitergaren, bis der Spinat zusammenfällt.

Mit Salz abschmecken und heiß servieren.

NÄHRWERTANALYSE PRO PORTION:
298 Kalorien; 14 g Fett; 23 g Protein; 23 g Kohlenhydrate; 8 g Ballaststoffe; 15 g Nettokohlenhydrate

AVOCADOSUPPE MIT HUHN

Zu dieser Suppe passt das Umamigewürz (siehe Seite 270): Mehrere Teelöffel in einem Tee-Ei mitkochen.

FÜR 4 PORTIONEN:

1,5 l Hühner- oder Rinderbrühe (siehe Seite 240 und 241)
Sriracha (siehe Seite 261, nach Belieben), ersatzweise Chilisauce
450 g Hähnchenbrust, in mundgerechten Stücken
4 Frühlingszwiebeln, in dünnen Ringen
1 Knoblauchzehe, zerdrückt
Salz
Pfeffer
1 Avocado, gewürfelt

Die Brühe in einem großen Topf auf mittlerer bis hoher Stufe erhitzen. Die Sriracha einrühren. Wenn die Brühe kocht, das Hähnchenfleisch und die weißen Anteile der Frühlingszwiebeln einrühren. Das Fleisch gut unterrühren, sonst bildet sich am Topfboden ein zäher Klumpen. Den Knoblauch zufügen. Erneut aufkochen, danach auf kleiner Stufe zehn Minuten köcheln lassen.
Mit Salz und Pfeffer abschmecken und auf vier Suppenteller verteilen. Mit Avocadowürfeln und den grünen Zwiebelringen garnieren.

NÄHRWERTANALYSE PRO PORTION:

277 Kalorien; 13 g Fett; 34 g Protein; 6 g Kohlenhydrate; 2 g Ballaststoffe; 4 g Nettokohlenhydrate

GARNELENSUPPE MIT KOKOSMILCH

FÜR 4 PORTIONEN:

1 l ungesalzene Fischbrühe, ersatzweise Hühnerbrühe (siehe Seite 240)
1 EL Ingwer, frisch gerieben
2 EL Zitronensaft
½ TL Limettenschale
1 Knoblauchzehe, zerdrückt
1 Bund Frühlingszwiebeln, in feinen Ringen
6 EL frischer Koriander, gehackt
4 Schalotten, gehackt
1 EL Kokosöl
425 ml ungesüßte Kokosmilch
3 EL Fischsauce (Nuoc Mam oder Nam Pla)
450 g kleine Garnelen, geschält
1 Limette, geviertelt

Die Fischbrühe in einem großen Topf auf mittlerer Stufe erwärmen. Ingwer, Zitronensaft, Limettenschale und Knoblauch hineingeben. Die weißen Frühlingszwiebelringe mit vier Esslöffeln Koriander zufügen und 20 Minuten auf kleiner Stufe garen.
Die Schalotten in einer Pfanne im Kokosöl anbraten, bis sie zu bräunen beginnen. In die Suppe geben.
Kokosmilch und Fischsauce unterrühren, wieder zum Sieden bringen und fünf bis zehn Minuten kochen lassen.
Die geschälten Garnelen unterrühren und fünf Minuten mitkochen, bis sie fest und rosa sind.
Die Suppe auf vier Teller verteilen und mit dem restlichen Koriander und den

grünen Zwiebelringern bestreuen. Dazu Limettenschnitze reichen und die Fischsauce oder Sriracha zum Nachwürzen auf den Tisch stellen.

NÄHRWERTANALYSE PRO PORTION:
478 Kalorien; 33 g Fett; 28 g Protein; 14 g Kohlenhydrate; 1 g Ballaststoffe; 13 g Nettokohlenhydrate

TIPP

Wenn Sie die Fischbrühe nicht im Asiamarkt kaufen, können Sie sie aus Gräten und Köpfen, Krebsschalen und Muschelschalen auch selber kochen.

SAUCEN UND GEWÜRZMISCHUNGEN

Ketchup, Grillsaucen, Worcestershire-Sauce und vergleichbare Fertigprodukte haben zwei Dinge gemeinsam: Sie bringen mehr Vielfalt und Geschmack auf den Tisch – und sie enthalten normalerweise Zucker oder Maissirup und häufig auch unerwünschte Fette. Gewürzmischungen für Schnellgerichte sind ebenfalls meist mit Zucker, künstlichen Aromen und ungesunden Fetten versetzt. Das gilt für die Rezepte aus diesem Kapitel selbstverständlich nicht.
Ich habe versucht, sie dem Geschmack der Handelsmarken möglichst nahe zu bringen. Bitten Sie Freunde, die kommerzielle Produkte verwenden, um alte Portionierflaschen. Schließlich ist es sehr praktisch, zum Beispiel Worcestershire-Sauce aus einer Originalflasche zu dosieren.
Kräuter und Gewürze sind in größeren Packungen übrigens deutlich preiswerter als in kleineren, und im Nachfüllpack günstiger als im Streuer.

STEINZEITKETCHUP

Dieser Ketchup ist weniger dickflüssig als handelsüblicher, aber geschmacklich perfekt.

FÜR CA. 1 LITER:

360 ml Tomatenmark (Dose)
1 süßer Apfel, in Stücken
½ kleine Zwiebel, in Stücken
1 Knoblauchzehe, zerdrückt
175 ml Apfelessig
¼ TL gemahlene Nelken
¼ TL schwarzer Pfeffer, gemahlen
1 EL Honig
12 Tropfen Steviaextrakt (Menge nach Geschmack)

Tomatenmark und eineinhalb Tomatenmarkdosen voll Wasser in einem hohen Topf auf mittlerer Hitze aufkochen.
Apfel und Zwiebel in der Küchenmaschine mit Messereinsatz pürieren. Mit Knoblauch, Essig, Nelken, Pfeffer und Honig zu den Tomaten geben. Die Mischung zum Sieden bringen und ohne Deckel 30 Minuten köcheln lassen.
Eventuell etwas abkühlen lassen, dann in den Mixer füllen und sehr gleichmäßig pürieren. Jetzt auch die Stevia einarbeiten.
Abkühlen lassen und in einem sauberen Schraubglas im Kühlschrank lagern.

NÄHRWERTANALYSE PRO PORTION:
15 Kalorien; ein bisschen Fett; ein paar Proteine; 4 g Kohlenhydrate; 1 g Ballaststoffe; 3 g Nettokohlenhydrate

TIPP

Dies ist eines der wenigen Rezepte, für die ich Tomatenmark verwende. Natürlich kann man auch mehrere Pfund Tomaten einkochen, aber ich votiere für (Bio-)Tomatenmark.

COCKTAILSAUCE PRESIDENT

Passt gut zu Garnelen und Meeresfrüchten.

FÜR 4 PORTIONEN:

125 ml Steinzeitketchup (siehe Seite 258)
2 EL Zitronensaft
2 EL trockener Sherry
2 EL Zwiebel, gewürfelt

Alles im Mixer oder in der Küchenmaschine 30 Sekunden zerkleinern.

NÄHRWERTANALYSE PRO PORTION:
25 Kalorien; etwas Fett; 1 g Protein; 4 g Kohlenhydrate; 1 g Ballaststoffe; 3 g Nettokohlenhydrate

FLORIDA-COCKTAILSAUCE

Passt gut zu Salaten mit Garnelen und Muscheln und zu Meeresfrüchten.

FÜR 5 PORTIONEN:

125 ml Steinzeitketchup (siehe Seite 258)
1 EL Zwiebeln, gewürfelt
1 TL Paleo-Worcestershire-Sauce (siehe Seite 275)
2 EL Meerrettichcreme (siehe Seite 271)
Saft von ½ Limette
½ TL Coconut Aminos (siehe Seite 17)
1 TL Selleriesalz (siehe Seite 268)

Alles im Mixer zu einer weichen Creme verarbeiten.

NÄHRWERTANALYSE PRO PORTION:
19 Kalorien; etwas Fett; 1 g Protein; 5 g Kohlenhydrate; 1 g Ballaststoffe; 4 g Nettokohlenhydrate

STEAKSAUCE

FÜR 2 PORTIONEN:

4 EL Steinzeitketchup (siehe Seite 258)
1 EL Paleo-Worcestershire-Sauce (siehe Seite 275)
1 TL Zitronensaft
1 TL Senf
2 Tropfen Steviaextrakt (nach Belieben)

Alles zusammenrühren, während das Steak brutzelt.

NÄHRWERTANALYSE PRO PORTION:
26 Kalorien; etwas Fett; 1 g Protein; 6 g Kohlenhydrate; 1 g Ballaststoffe; 5 g Nettokohlenhydrate

BARBECUESAUCE

Durch den geringeren Zuckergehalt ist sie weniger dickflüssig als Markenprodukte.

FÜR 20 PORTIONEN:

1 EL Schweineschmalz
½ mittelgroße Zwiebel, gehackt
375 ml Steinzeitketchup (siehe Seite 258)
4 EL Chilipulver
3 EL Paleo-Worcestershire-Sauce (siehe Seite 275)
3 TL Selleriesalz (siehe Seite 268)
1 EL Senf
10 Tropfen Steviaextrakt
2 EL Honig
1 Knoblauchzehe, gehackt

Das Schmalz in einem Topf zerlassen und die Zwiebel darin weich braten. Alle übrigen Zutaten sowie vier Esslöffel Wasser hinzugeben. Zum Sieden bringen und etwa 15 Minuten vor sich hin köcheln lassen.
Die Sauce in den Mixer oder in die Küchenmaschine umfüllen und pürieren. Falls sie zu dick gerät, löffelweise noch etwas Wasser hinzufügen. In einer Dosierflasche im Kühlschrank lagern.

NÄHRWERTANALYSE PRO PORTION:
21 Kalorien; 1 g Fett; eine Spur Proteine; 3 g Kohlenhydrate; 1 g Ballaststoffe; 2 g Nettokohlenhydrate

HIMBEER-BARBECUESAUCE

Passt gut zu Huhn oder Schwein.

FÜR 250 ML:
170 g Himbeeren
1 EL Himbeeressig
1 EL Weißweinbalsamico
125 ml Barbecuesauce (siehe Seite 259)
2 EL Honig
1 EL Senf

Die Himbeeren in einem Topf auf kleiner Stufe mit vier Esslöffeln Wasser weich dünsten. In ein Sieb geben und in den Topf passieren. Die Masse der Samen sollte ausgesiebt werden.
Die restlichen Zutaten hinzufügen und alles unter Rühren fünf bis zehn Minuten köcheln lassen.

NÄHRWERTANALYSE FÜR 250 ML:
313 Kalorien; 6 g Fett; 4 g Protein; 70 g Kohlenhydrate; 14 g Ballaststoffe; 56 g Nettokohlenhydrate

GRAPEFRUIT-BARBECUESAUCE

Passt zu Fisch, Huhn oder Schwein.

FÜR 12 PORTIONEN:
250 ml roter Grapefruitsaft
1 Knoblauchzehe, zerdrückt
2 EL Olivenöl
6 EL Steinzeitketchup (siehe Seite 258)
4 TL Senf
½ TL gemahlener Kreuzkümmel
6 Spritzer Chipotlesauce

Alle Zutaten in einen Topf geben, aufkochen und so lange kochen, bis die Sauce ausreichend angedickt ist.
In einer Dosierflasche im Kühlschrank aufbewahren.

NÄHRWERTANALYSE PRO PORTION:
33 Kalorien; 2 g Fett; eine Spur Protein; 3 g Kohlenhydrate; ein paar Ballaststoffe; 3 g Nettokohlenhydrate

PALEO NUOC CHAM

Eine süß-sauer-salzige Dipsauce aus der vietnamesischen Küche. Schmeckt zu Huhn und Fisch oder als Salatdressing.

FÜR 4 PORTIONEN:
2 EL Limettensaft
2 EL Fischsauce
15 Tropfen Steviaextrakt (Menge nach Geschmack)
1 Knoblauchzehe, zerdrückt
1 TL Sriracha (siehe Seite 261)
1½ TL Weißweinbalsamico

Alle Zutaten gut verrühren.

NÄHRWERTANALYSE PRO PORTION:
14 Kalorien; 1 g Fett; 1 g Protein; 3 g Kohlenhydrate; ein paar Ballaststoffe; 3 g Nettokohlenhydrate

SRIRACHA

FÜR CA. 300 ML:

12 rote Jalapeños oder andere scharfe rote Peperoni
8 Knoblauchzehen, gehackt
1 TL Salz
2 EL Honig oder Sucanat
235 ml Apfelessig oder Weißweinessig

Von den Jalapeños die Stiele entfernen, dann mit Knoblauch, Salz und Honig in der Küchenmaschine pulsierend stückig pürieren. In ein Schraubglas umfüllen, das Glas verschließen und eine Woche bei Zimmertemperatur fermentieren lassen.

Danach den Glasinhalt in den Mixer geben, den Essig hinzugießen und einige Minuten pürieren.

Die Sriracha durch ein Sieb in einen Topf geben, aufkochen und etwa fünf Minuten kochen lassen. Für eine dickere Sauce etwas länger kochen.

In eine leere, ausgewaschene Dosierflasche füllen und nach Bedarf zum Würzen verwenden.

NÄHRWERTANALYSE PRO PORTION:

4 Kalorien; etwas Fett; etwas Protein; 1 g Kohlenhydrate; ein paar Ballaststoffe; 1 g Nettokohlenhydrate

TIPP

Echte Sriracha, eine asiatische Chilisauce, wird aus Jalapeños gemacht. Mildere Sorten sind Anaheim-Chilis, Peperonchinis oder Poblanos; Serrano-Chilis oder Cayenne-Chilis sind wiederum deutlich schärfer. Mit grünen Jalapeños wird die Sauce nicht ganz so süß. Wer es hingegen süßer mag, gibt noch ein paar Tropfen Steviaextrakt dazu.

PSEUDO-ERDNUSSSAUCE

Erdnusssauce ist in der südostasiatischen Küche sehr beliebt, aber eben erdnusshaltig. Also nichts für die Steinzeiternährung. Mandelbutter ist eine gute Alternative.

FÜR 8 PORTIONEN:

130 g Mandelbutter (Bioladen)
1 Knoblauchzehe, geschält und gehackt
2 TL Coconut Aminos (siehe Seite 17)
1 TL Sesamöl, geröstet
1 EL Fischsauce
1 EL Limettensaft
3 EL ungesüßte Kokosmilch
½ TL Honig oder 3 Tropfen Steviaextrakt
½ TL Sriracha (siehe Seite 261)

Alle Zutaten mit drei Esslöffeln Wasser im Mixer pürieren.

In einer Dosierflasche im Kühlschrank lagern.

NÄHRWERTANALYSE PRO PORTION:
117 Kalorien; 10 g Fett; 4 g Protein;
4 g Kohlenhydrate; 2 g Ballaststoffe;
2 g Nettokohlenhydrate

MAYONNAISE

Wegen des rohen Eigelbs verdirbt diese Mayonnaise schneller als gekaufte Ware. Sie ist eine Woche, maximal zehn Tage haltbar.

FÜR 8 PORTIONEN:
2 Eigelbe
1 EL Zitronensaft
1 EL Weinessig oder ein zweiter Esslöffel Zitronensaft
1 TL Senfkörner, gemahlen
2 Spritzer Chilisauce
¼ TL Salz
235 ml mildes Olivenöl

Alles bis auf das Öl in ein sauberes, gut schließendes Schraubglas geben. Das Öl in einem Messbecher mit Ausgießer bereitstellen.
Den Stabmixer bis zum Boden in das Glas setzen, einschalten und zunächst die Eigelbe mit den Gewürzen verrühren. Bei laufendem Mixer das Öl langsam und gleichmäßig in einem dünnen Strahl zugießen. Den Stabmixer im Gefäß auf und ab bewegen, bis das zulaufende Öl sich nur noch auf der Oberfläche sammelt. Das restliche Öl in die Flasche zurückgießen.
Das Glas zuschrauben und die Mayonnaise im Kühlschrank aufbewahren.

NÄHRWERTANALYSE PRO PORTION:
255 Kalorien; 28 g Fett; 1 g Protein;
3 g Kohlenhydrate; 0 g Ballaststoffe;
3 g Nettokohlenhydrate

TIPP

Sie haben Respekt vor rohem Ei? Dann lesen Sie in der Einleitung nach, wie man Eier ganz einfach pasteurisiert (siehe Seite 18).

ZITRONEN-BALSAMICO-MAYONNAISE

FÜR 6 PORTIONEN:
2 Eigelbe
1 EL Weißweinbalsamico
1 EL Zitronensaft
½ Knoblauchzehe, gehackt
4 EL Olivenöl, extra vergine
160–180 ml mildes Olivenöl

Eigelbe, Essig, Zitronensaft und Knoblauch in ein sauberes Schraubglas geben. Beide Öle getrennt abmessen und bereitstellen.
Das extra-vergine Öl zuerst hinzugeben und mit dem Stabmixer gründlich einarbeiten. Den Mixer nicht ausstellen und das milde Olivenöl sehr langsam dazugießen, bis die Mayonnaise andickt und sich auf der Oberfläche kleine Ölpfützen bilden. Verschlossen maximal eine Woche im Kühlschrank lagern.

NÄHRWERTANALYSE PRO PORTION:
313 Kalorien; 35 g Fett; 1 g Protein;
1 g Kohlenhydrate; ein paar Ballaststoffe;
1 g Nettokohlenhydrate

ZITRONEN-AIOLI

Perfekt zu Fischgerichten oder als Dip für Garnelen.

FÜR 8 PORTIONEN:
2 EL Zitronensaft
2 Eigelbe
4 Knoblauchzehen, gehackt
2 Spritzer Chilisauce
½ TL Salz
235 ml mildes Olivenöl
2 EL frische Petersilie, gehackt

Den Zitronensaft in den Mixer geben. Eigelbe, Knoblauch, Chilisauce und Salz hinzufügen. Den Mixer laufen lassen, bis der Knoblauch pulverisiert ist.
Das Olivenöl in einem Messbecher mit Ausgießer abmessen und bereitstellen. Jetzt das Öl bei laufendem Mixer langsam in einem dünnen Strahl zugießen. Sobald die Aioli so weit andickt, dass das Öl sich auf der Oberfläche sammelt, aufhören. Zuletzt die Petersilie unterrühren.

NÄHRWERTANALYSE PRO PORTION:
257 Kalorien; 28 g Fett; 1 g Protein;
1 g Kohlenhydrate; ein paar Ballaststoffe;
1 g Nettokohlenhydrate

STEINZEIT-HOLLANDAISE

Passt zu Spargel, Gemüse, Eiern oder Fisch.

FÜR 5 PORTIONEN:
125 ml saurer Kokosrahm (siehe Seite 35) oder Cocoyo (siehe Seite 33)
3 Eigelbe
1 EL Zitronensaft
2 Spritzer Chilisauce

Wichtig ist das sanfte Erhitzen, am besten im Wasserbad. Ich selbst bereite die Sauce auf kleinster Stufe in einem Stieltopf mit Sandwichboden zu. Alles zusammenrühren und unter Rühren erhitzen, bis die Hollandaise etwas andickt.
Luftdicht verschlossen hält sie sich im Kühlschrank ein paar Tage.

NÄHRWERTANALYSE PRO PORTION:
36 Kalorien; 3 g Fett; 2 g Protein;
3 g Kohlenhydrate; 0 g Ballaststoffe;
3 g Nettokohlenhydrate

PFIRSICH-CHUTNEY

FÜR CA. 32 PORTIONEN:
900 g Pfirsiche, geschält und in Scheiben
6 EL frischer Ingwer, in hauchfeinen Scheiben
3 Knoblauchzehen, in hauchfeinen Scheiben
1 TL ganze Nelken
1 Zimtstange
235 ml Weißweinbalsamico

16 Tropfen Steviaextrakt
(Menge nach Geschmack)

Alles in einem Stieltopf auf kleiner Stufe erhitzen. Eine gute Stunde knapp unter dem Siedepunkt kochen, bis die Zutaten sich leicht zerdrücken lassen und die Konsistenz sirupartig wird. Mit einer Gabel grob zermusen – die Sauce soll nicht vollständig püriert sein, sondern noch Stückchen enthalten. Abkühlen lassen und in einem fest verschlossenen Schraubglas im Kühlschrank lagern.

NÄHRWERTANALYSE PRO PORTION:
16 Kalorien; ein bisschen Fett; ein paar Proteine; 4 g Kohlenhydrate; 1 g Ballaststoffe; 3 g Nettokohlenhydrate

PALEONZU

Orientiert sich an der japanischen Ponzu-Sauce, enthält aber weder Soja noch Reisessig. Paleonzu passt gut zu Schweinebraten oder Huhn.

FÜR 6 PORTIONEN:
6 EL Weißweinbalsamico
4 EL Coconut Aminos (siehe Seite 17)
½ Limette
¼ Navel-Orange

Den Essig in einem kleinen Topf auf kleiner bis mittlerer Hitze mit den Coconut Aminos verrühren. Den Limettensaft und den Orangensaft hineindrücken und die ausgepressten Schnitze mit in die Sauce geben. Alles zum Sieden bringen und etwa vier Minuten vor sich hin kochen lassen.
Abkühlen lassen, die Zitrusstücke entnehmen und dabei verbliebene Sauce und Saft aus ihnen herausdrücken.
Die Sauce luftdicht verschlossen lagern, am besten in einer ausgewaschenen Portionierflasche.

NÄHRWERTANALYSE PRO PORTION:
12 Kalorien; 0 g Fett; 0 g Protein; 3 g Kohlenhydrate; 0 g Ballaststoffe; 3 g Nettokohlenhydrate

ANCHOVIS-ZITRONEN-SAUCE

FÜR 24 PORTIONEN:
2 Eigelbe
3 EL Senf
55 g Anchovis in Öl (Dose)
Schale von 1 Zitrone, gerieben
Saft von 1 Zitrone
1 Schalotte, gehackt
1 Knoblauchzehe, gehackt
235 ml Olivenöl
1 EL Kapern, abgetropft
Salz
Pfeffer

Die Eigelbe mit Senf, Anchovis einschließlich Öl, Zitronenschale und Saft sowie Schalotte und Knoblauch in die Küchenmaschine geben. Zerkleinern, bis der Knoblauch und die Schalotte pulverisiert sind.
Das Öl in einem Messbecher mit Ausgießer abmessen und bei laufender Maschine ganz langsam in dünnem

Strahl hinzugießen. Wenn die Sauce die Konsistenz von Mayonnaise erreicht und das Öl sich auf der Oberfläche sammelt, aufhören. Das restliche Öl anschließend in die Flasche zurückfüllen.
Die Kapern hinzufügen und pulsierend unterziehen. Sie sollen gar nicht so stark gehackt sein.
In eine Schüssel umfüllen und mehrere Stunden kalt stellen.

NÄHRWERTANALYSE PRO PORTION:
92 Kalorien; 10 g Fett; 1 g Protein; 1 g Kohlenhydrate; ein paar Ballaststoffe; 1 g Nettokohlenhydrate

PALEO-PIZZASAUCE

Schmeckt auch zu Burgern, Huhn oder Omelett.

FÜR 8 PORTIONEN:
250 ml Tomatensauce
¼ kleine Zwiebel, gehackt
2 Knoblauchzehen, gehackt
2 TL italienische Kräuter
¼ TL schwarzer Pfeffer, gemahlen

Alle Zutaten in den Mixer geben und verarbeiten, bis Zwiebel und Knoblauch pulverisiert sind. In einem kleinen Topf langsam aufkochen und sieben bis acht Minuten garen.

NÄHRWERTANALYSE PRO PORTION:
12 Kalorien; ein bisschen Fett; ein paar Proteine; 3 g Kohlenhydrate; 1 g Ballaststoffe; 2 g Nettokohlenhydrate

SALSA

Die Salsa passt zu Omeletts, Hähnchenbrust oder Steak.

FÜR 10 PORTIONEN:
360 g Tomaten, gewürfelt
4 EL rote Paprika, fein gewürfelt
4 EL grüne Paprika, fein gewürfelt
4 EL rote Zwiebel, fein gehackt
½ große Jalapeño, entkernt und fein gehackt
1 Knoblauchzehe, zerdrückt
Saft von ½ Limette
Salz
4 EL frischer Koriander, fein gehackt

Tomaten, Paprika, Zwiebel, Jalapeño und Knoblauch in eine Schüssel geben. Danach sofort gründlich die Hände waschen!
Die Hälfte des Limettensafts einrühren. Abschmecken und prüfen, ob noch mehr erforderlich ist. Nach Bedarf salzen, danach den Koriander unterrühren.

NÄHRWERTANALYSE PRO PORTION:
13 Kalorien; ein bisschen Fett; ein paar Proteine; 3 g Kohlenhydrate; 1 g Ballaststoffe; 2 g Nettokohlenhydrate

PFLAUMENSAUCE

Großartig zu Huhn und Schweinefleisch!

FÜR 4 PORTIONEN:

1 EL Kokosöl oder anderes Fett
4 EL Zwiebelwürfel
2 sehr reife Pflaumen, gewürfelt
1 EL Sherry
¼ TL gemahlener Rosmarin
1 Knoblauchzehe, zerdrückt

Das Kokosöl in einem Topf auf kleiner bis mittlerer Stufe erhitzen und die Zwiebel darin anbraten.
Sobald die Zwiebel weich ist, die Pflaumen hinzufügen und ebenfalls weich werden lassen. Danach Sherry, Rosmarin und Knoblauch hinzufügen und mehrere Minuten mitgaren. Die Pflaumen sollten sich dabei weitgehend auflösen. Ein paar Bröckchen Fruchtfleisch und die Schalen sind gut für die Konsistenz.
Vier Esslöffel Wasser hineinrühren und auf kleinster Stufe noch fünf Minuten weiterkochen.
Luftdicht verschlossen hält sich die Sauce im Kühlschrank ein paar Tage.

NÄHRWERTANALYSE PRO PORTION:
58 Kalorien; 4 g Fett; eine Spur Proteine; 6 g Kohlenhydrate; 1 g Ballaststoffe; 5 g Nettokohlenhydrate

KNOBLAUCHSAUCE MIT KRÄUTERN

Passt zu Huhn, Fisch, Burgern und vielem mehr.

FÜR 14 PORTIONEN:

425 ml ungesüßte Kokosmilch
2 Knoblauchzehen, gehackt
½ TL getrocknetes Basilikum
½ TL getrockneter Majoran
½ TL schwarzer Pfeffer, gemahlen
¼ TL getrockneter Thymian
1 Frühlingszwiebel, gehackt
1 TL getrockneter Dill
½ TL Salz
½ TL Anchovispaste

Alles im Mixer oder in der Küchenmaschine verarbeiten, bis Knoblauch und Zwiebel vollständig pulverisiert sind.

NÄHRWERTANALYSE PRO PORTION:
60 Kalorien; 6 g Fett; 1 g Protein; 1 g Kohlenhydrate; ein paar Ballaststoffe; 1 g Nettokohlenhydrate

ANCHOVISSAUCE

Als Dip zu Gemüse reichen oder als Sauce zu Fleisch, Fisch oder Eiern.

FÜR 6 PORTIONEN:

55 g Anchovisfilets (Dose)
4 EL Olivenöl, extra vergine
1 TL Zitronensaft
4 EL frisches Basilikum, fein gehackt
5 Knoblauchzehen, gehackt

Alle Zutaten in der Küchenmaschine verarbeiten, bis der Knoblauch vollständig zerkleinert ist.

NÄHRWERTANALYSE PRO PORTION:
104 Kalorien; 10 g Fett; 3 g Protein; 1 g Kohlenhydrate; ein paar Ballaststoffe; 1 g Nettokohlenhydrate

CHERMOULA

Als Marinade verwenden oder zu Schweinefleisch, Huhn oder Fisch als Sauce.

FÜR 4 PORTIONEN:
2 EL frische Petersilie, gehackt
2 EL frischer Koriander, gehackt
Saft von ½ Zitrone
Schale von ½ Zitrone, gerieben
2 EL Olivenöl
¼ TL Paprikapulver, geräuchert
¼ TL gemahlener Kreuzkümmel

Alle Zutaten zusammenrühren.

NÄHRWERTANALYSE PRO PORTION:
63 Kalorien; 7 g Fett; eine Spur Protein; 1 g Kohlenhydrate; ein paar Ballaststoffe; 1 g Nettokohlenhydrate

GRAPEFRUIT-BALSAMICO

FÜR 16 PORTIONEN:
475 ml Bio-Balsamicoessig
½ rote Bio-Grapefruit

Den Essig in einen kleinen Topf gießen. Die halbe Grapefruit nochmals halbieren und den Saft in den Topf drücken. Die ausgedrückten Schalen ebenfalls in den Topf geben.
Auf sehr kleiner Stufe erwärmen und knapp unter dem Siedepunkt halten, bis der Essig auf etwa die Hälfte reduziert ist. Das Ziel sind etwa 250 Milliliter Grapefruit-Balsamico. Die Menge am besten am Topfrand abschätzen.
Die Grapefruitschalen entnehmen und über dem Topf vollständig ausdrücken. Abkühlen lassen und gut verschlossen aufbewahren.

NÄHRWERTANALYSE PRO PORTION:
7 Kalorien; etwas Fett; etwas Protein; 3 g Kohlenhydrate; ein paar Ballaststoffe; 3 g Nettokohlenhydrate

HABANERO-LIMETTEN-BALSAMICO

FÜR 16 PORTIONEN:
475 ml sehr milden Balsamicoessig
½ Limette
½ Habanero-Chili, entkernt und klein geschnitten
1 EL Honig (nach Belieben)

Den Balsamico in einen kleinen Topf gießen. Den Limettensaft auspressen und mit der Limettenschale in den Topf geben, dann die Habanero zufügen. Sehr gründlich die Hände waschen oder die Habanero mit Einmalhandschuhen verarbeiten.
Den Topf auf kleiner Flamme ganz langsam erwärmen und die Flüssigkeit auf die Hälfte reduzieren. Die Limette und die Habanerostücke mit einer Gabel entnehmen und wegwerfen. Falls es süßer sein soll, den Honig hineinrühren. Vollständig abkühlen lassen und in eine fest schließende Dosierflasche umfüllen.

NÄHRWERTANALYSE PRO PORTION:
9 Kalorien; etwas Fett; etwas Protein; 3 g Kohlenhydrate; ein paar Ballaststoffe; 3 g Nettokohlenhydrate

HABANERO-LIMETTEN-SAUCE

Diese Sauce passt zu gedünsteten Krabbenbeinen, aber auch zu Avocadoschnitzen und Salat.

FÜR 4 PORTIONEN:
1 Eigelb
2 EL Limettensaft
1/8 TL Limettenschale
1/4 Habanero-Chili (Menge nach Belieben), entkernt und gehackt
1 Prise Salz
60 ml mildes Olivenöl
1 Frühlingszwiebel, gehackt
1 EL frischer Koriander, gehackt

Eigelb, Limettensaft und Limettenschale in ein sauberes Schraubglas geben. Ein Stückchen Habanero mit ins Glas geben. Sehr gründlich die Hände waschen oder die Habanero mit Einmalhandschuhen verarbeiten. Etwas salzen.
Das Olivenöl in einem Messbecher mit Ausgießer abmessen und bereitstellen.
Den Stabmixer bis auf den Boden in das Glas mit dem Ei einführen und anstellen. Alle Zutaten durchschlagen, dann langsam das Öl in sehr dünnem Strahl hinzugießen. Wenn alles untergearbeitet ist und die Sauce die Konsistenz von Mayonnaise hat (was sie letztlich auch ist), den Mixer abstellen.
Die Frühlingszwiebel und den Koriander unterrühren.

NÄHRWERTANALYSE PRO PORTION:
258 Kalorien; 28 g Fett; 1 g Protein; 1 g Kohlenhydrate; ein paar Ballaststoffe; 1 g Nettokohlenhydrate

SELLERIESALZ

Der Salzanteil ist hier nur halb so hoch und der Natriumanteil etwa ein Drittel niedriger als bei Handelsware. Außerdem kann man das Salz selbst wählen.

2 EL Salz
2 EL Selleriesamen

Salz und Selleriesamen in der Küchenmaschine mit Messereinsatz verarbeiten, bis die Selleriesamen pulverfein zerkleinert sind.

In einem fest schließenden Gewürzstreuer aufbewahren.

ADOBOGEWÜRZ

Diese Gewürzmischung ist in der Karibik und der hispanoamerikanischen Küche in zahllosen Varianten verbreitet.

1 EL Knoblauchpulver
2 EL gemahlener Kreuzkümmel
2 EL schwarzer Pfeffer, gemahlen
1 EL getrocknete Petersilie
1 TL getrockneter Salbei, fein zerrieben
1 TL getrockneter Thymian
1 EL Paprikapulver
1 EL Salz

Alle Zutaten mischen und in einen Gewürzstreuer füllen.

HÄHNCHENGEWÜRZ

Hühnerfleisch vor dem Braten damit würzen oder zum Nachwürzen auf den Tisch stellen. Passt auch toll zu gerösteten Nüssen!

3 EL Salz
1 EL scharfes Paprikapulver, geräuchert
2 TL Zwiebelpulver
2 TL Knoblauchpulver
2 TL Currypulver
1 TL schwarzer Pfeffer, gemahlen

Alle Zutaten mischen und in einen Gewürzstreuer füllen.

CAJUNGEWÜRZ

Passt zu Huhn und Schnitzel, Salaten oder Eierspeisen.

3 EL Paprikapulver
1 EL Salz
2 EL Knoblauchpulver
1 EL schwarzer Pfeffer, gemahlen
1 EL Zwiebelpulver
1 EL Cayennepfeffer
1 EL getrockneter Oregano
1 EL getrockneter Thymian

Alle Zutaten in eine Schüssel geben, gründlich verrühren und in einen alten Gewürzstreuer füllen.

SCHWARZMACHERGEWÜRZ

Für Fisch, Steak, Kotelett und alles, was schwarz werden soll. Die Menge reicht für mehrere Steaks oder Fischfilets.

2 TL schwarzer Pfeffer, gemahlen
½ TL Knoblauchpulver
½ TL Zwiebelpulver
¼ TL Cayennepfeffer (Menge nach Belieben)
½ TL gemahlener Kreuzkümmel
½ TL getrockneter Oregano
½ TL getrockneter Thymian
½–1 TL Salz

Alle Zutaten mischen und in einen Gewürzstreuer füllen.

RAS EL-HANOUT

Eine marokkanische Gewürzmischung, die es bei Gewürzhändlern und in großen Supermärkten auch zu kaufen gibt. Passt von Fisch über Huhn bis hin zu Eintöpfen und Gemüse.

4 TL gemahlener Koriander
4 TL gemahlener Kreuzkümmel
2 TL Kurkuma
2 TL gemahlener Zimt
1 TL gemahlener Kardamom
1 TL schwarzer Pfeffer, gemahlen
½ TL gemahlene Nelken
½ TL Cayennepfeffer
½ TL gemahlener Muskat
1 TL gemahlener Ingwer

Alle Zutaten mischen und in einen Gewürzstreuer füllen.

TACOGEWÜRZ

2 EL gemahlener Kreuzkümmel
2 EL Paprikapulver
2 TL Zwiebelpulver
1 EL Cayennepfeffer (nach Belieben)
½ TL Salz
1 TL schwarzer Pfeffer (nach Belieben)

Alle Zutaten mischen und in einem Gewürzstreuer aufbewahren.

Wir haben gelernt, dass die Zunge vier Arten von Geschmacksknospen hat, und zwar für süß, salzig, sauer und bitter. Es gibt jedoch noch eine fünfte Art: Umami. Das japanische Wort *umami* bedeutet »köstlich« oder »herzhaft«. Es steht für den Geschmack von freiem Glutamat und hebt das Aroma aller herzhaft pikanten Speisen hervor.
Etliche umamireiche Gerichte wie gut gereifter, scharfer Käse oder Sojasauce haben in der Paleo-Ernährung keinen Raum. Welche Umamiquellen können wir dann verwenden? Coconut Aminos (siehe Seite 17) enthalten sogar noch mehr Umamigeschmack als Sojasaucen und sind bedenkenlos einsetzbar. Anchovis stecken voller Umamigeschmack, ebenso Fischsaucen auf Anchovisbasis – doch sie haben einen starken Eigengeschmack, der nicht zu allem passt.
Drei echte Paleolebensmittel mit viel Umami sind Pilze (besonders Shiitake-Pilze), Tomaten und Kelp-Algen. Das brachte mich auf eine Idee: Man könnte doch aus diesen drei Zutaten ein Umamigewürz herstellen! Gesagt, getan.
Und diese Mischung sorgt dafür, dass viele Gerichte besser schmecken.

PALEO-UMAMIGEWÜRZ

6 getrocknete Shiitake-Pilze, klein geschnitten
6 sonnengetrocknete halbe Tomaten, klein geschnitten
75 g Kelpgranulat (Bioladen, Reformhaus oder online)

Pilze, Tomaten und Kelpgranulat in der Küchenmaschine mit Messereinsatz gründlich zu einem grobkörnigen Pulver zerkleinern – das dauert ein Weilchen. In einem luftdicht verschließbaren Behälter lagern. Ich fülle dieses Gewürz ungern in einen Gewürzstreuer, sondern gebe lieber einen Esslöffel in ein Teesieb, das in der Suppe oder im Eintopf mitkochen kann.

UMAMISAUCE

Schmeckt allein nicht besonders gut, hebt in geringen Mengen jedoch den Eigengeschmack verschiedenster Speisen hervor.

FÜR ETWA 250 ML:

4 EL Paleo-Umamigewürz (siehe Seite 270)

125 Milliliter Wasser in einem kleinen Topf zum Kochen bringen. Das Paleo-Umamigewürz hineinrühren, abschalten, Deckel aufsetzen und abkühlen lassen. Weitere 125 Milliliter Wasser einrühren und alles mit Hilfe eines Löffels durch ein feines Sieb streichen.
In eine gut ausgewaschene, alte Spritzflasche füllen.

NÄHRWERTANALYSE:
30 Kalorien; etwas Fett; 1 g Protein; 7 g Kohlenhydrate; 1 g Ballaststoffe; 6 g Nettokohlenhydrate; der Nährwert pro Spritzer ist vernachlässigbar gering.

MEERRETTICHCREME

1 Meerrettich (20–25 cm lang)
2 EL Apfelessig

Sie wissen, dass Zwiebeln einem die Tränen in die Augen treiben? Dann seien Sie bei Meerrettich doppelt auf der Hut, also den Raum gut belüften und nicht über die Küchenmaschine beugen. Möglichst auf Armeslänge Abstand bleiben.
Den Meerrettich zügig schälen und alle weichen, braunen Stellen abschneiden. Mit der Küchenmaschine raspeln. Die Raspelscheibe gegen den Messereinsatz austauschen. Einen Esslöffel Wasser und den Essig hinzufügen und den Meerrettich pulsierend fein zerkleinern.
Jetzt kommt der schwierigste Teil, nämlich das Umfüllen in ein Schraubglas. Ich erledige das auf der Veranda und muss dennoch immer wieder den Kopf abwenden.
Zuschrauben und im Kühlschrank drei bis vier Wochen aufbewahren. Was übrig bleibt, kann eingefroren werden.

NÄHRWERTANALYSE:
je nach Größe der Wurzel in etwa: 11 Kalorien; etwas Fett; etwas Protein; 3 g Kohlenhydrate; ein paar Ballaststoffe; 3 g Nettokohlenhydrate

TIPP

Auch im Supermarkt gibt es zuckerfreie Meerrettich-Produkte.

EINFACHE BRATENSAUCE

Eine gute Bratensauce erscheint vielen Menschen wie ein Buch mit sieben Siegeln, dabei ist die Zubereitung gar nicht schwer. Genaue Mengenangaben kann ich nicht liefern, weil die Menge vom Braten abhängt, von der Menge des Bratensafts und von der Personenzahl. Deshalb ist dies kein Rezept, sondern eine Grundregel:
Wenn der Braten (ob Rind, Schwein, Lamm oder Geflügel) fertig ist, das Backblech aus dem Ofen nehmen.
Den Braten auf eine Platte setzen und warmstellen, während Sie die Sauce zubereiten.
Zuerst das überschüssige Fett abschöpfen. Am leichtesten geht das, indem man alle Reste auf dem Backblech in einen Zip-Beutel füllt, den Beutel schließt und an einer Ecke anhebt. Nach ein bis zwei Minuten sammeln sich die Krusten und der Saft im unteren Teil, und in der oberen Ecke bildet sich eine Fettschicht. Den Beutel über das Backblech halten und die untere Ecke leicht anschneiden. Den dunklen Teil auf das Backblech laufen lassen und, wenn das Fett kommt, die Ecke schnell zudrücken. Das Fett nach Belieben entsorgen oder später zum Braten verwenden.
Etwas Brühe auf das Backblech zum Bratensaft gießen – für eine Lammkeule von zwei Kilo nehme ich 550 bis 600 Milliliter Brühe. Beim Rinderbraten verwenden wir natürlich Rinderbrühe, für Geflügel oder Schwein Hühnerbrühe. Beim Lamm entscheide ich mal so, mal so, oder ich mische beide Sorten. Im Backofen (oder am besten auf kleiner Stufe auf dem Gasherd) die Brühe auf dem Blech herumrühren und alle Krusten vom Boden lösen. Die Krusten sind die Geschmacksträger!
Abschmecken – schmeckt es schon gut nach Fleisch? Wenn nicht, noch fünf bis zehn Minuten garen und etwas reduzieren.
Alles in einen Topf umfüllen, auf kleine Stufe stellen und die Sauce andicken, und zwar mit Glucomannan (das den Blutzucker nicht beeinflusst). Wichtig ist, dass man erst rührt und dann unter Rühren das Verdickungsmittel hinzugibt, sonst wird die Sauce klumpig.
Faserhaltige Verdickungsmittel werden gummiartig, wenn man zu viel nimmt. Wenn die Sauce knapp vor der Konsistenz von fetter Schlagsahne ist, bitte nichts mehr hinzufügen!

INNEREIENSAUCE

Die Zubereitung verläuft wie bei der einfachen Bratensauce (siehe Seite 272). Bevor wir jedoch den Truthahn oder die Gans in den Ofen schieben, kümmern wir

uns um das Tütchen mit den Innereien. Hals, Herz und Magen in einem Topf mit Wasser bedecken. Zum Kochen bringen und auf kleiner Stufe mindestens eine Stunde kochen lassen. Bei Bedarf Wasser nachgießen. Die Leber nicht mitkochen, da sie sonst zerkocht.
Sobald die Innereien kochen, darf der Braten in den Ofen.
Wenn der Magen sich problemlos mit der Gabel anstechen lässt, die Leber in den Topf geben, Deckel aufsetzen und die Platte ausstellen. Nach etwa zehn Minuten den Deckel abnehmen und alles abkühlen lassen.
Die erkalteten Innereien herausfischen, aber die Brühe aufheben – damit wird später die Sauce zubereitet. Die ausgekochten Innereien auf das Schneidbrett legen, knorpelige Stücke abschneiden und den Rest fein würfeln. Auch vom Hals möglichst viel Fleisch abschneiden und hacken.
Wenn Sie später die Sauce, wie bei der Einfachen Bratensauce beschrieben, zubereiten, verwenden Sie dafür die Innereienbrühe und geben eventuell noch etwas zusätzliche Brühe hinzu. Das gewürfelte Fleisch erst nach dem Andicken zufügen.
Ich gebe gern noch etwas Geflügelgewürz und einen viertel Teelöffel Coconut Aminos (siehe Seite 17) dazu. Gut schmeckt auch eine Knoblauchzehe, geschält, halbiert und eine Hälfte auf einer Gabel eine Minute durch die Sauce gezogen. Zum Schluss mit Salz und Pfeffer abschmecken.

MOLE POBLANO

Mit der Zubereitung am Vorabend beginnen! Probieren Sie diese Sauce zu Huhn, Pute oder zu Omeletts.

FÜR 18 PORTIONEN:
5 Ancho-Chilis
3 Chipotle-Chilis
3 Anaheim-Chilis
3 EL Rosinen
6 EL Kürbiskerne, geschält
1 mittelgroße Zwiebel, gehackt
4 Knoblauchzehen, gehackt
1 mittelgroße Karotte, geschält und gehackt
3 EL Schweineschmalz
700 ml Hühnerbrühe (siehe Seite 240)
½ TL gemahlene Nelken
2 TL gemahlener Zimt
1 TL schwarzer Pfeffer, gemahlen
¼ TL gemahlener Koriander
2 große Tomatillos (ersatzweise Cocktailtomaten), gewaschen und gehackt
2 EL Mandelbutter (Bioladen)
30 g Bitterschokolade, gemahlen
1½ TL Salz

Am Vorabend die Chilis in eine hitzebeständige Schüssel legen und mit kochendem Wasser bedecken. Einen Teller darauflegen und über Nacht stehen lassen.
Am nächsten Tag die Rosinen in eine Tasse geben und drei Esslöffel kochendes Wasser hinzufügen. Stehen lassen.
Die Kürbiskerne in einer großen Pfanne auf mittlerer Stufe unter Rühren goldgelb anrösten, bis sie leicht aufgehen. Den

Messereinsatz wählen und die gerösteten Kürbiskerne in der Küchenmaschine bis auf Maismehlkonsistenz zerkleinern. In einer separaten Schüssel beiseitestellen.
Die Chilis aus dem Wasser entnehmen. Das Wasser aufheben. Die Chilis mit Einmalhandschuhen möglichst gründlich entkernen und zusammen mit Zwiebel, Knoblauch und Karotte in die Küchenmaschine geben. Alles zu Püree zerkleinern.
Das Schmalz in der größten Pfanne zerlassen, die vorhanden ist. Das Püree hineingeben und unter häufigem Rühren zehn Minuten anbraten (das ist kein übliches Braten, weil es sich um eine weiche Paste handelt, es brennt jedoch leicht an).
Die Brühe und die Gewürze hinzufügen und alles durchrühren. Wieder zum Sieden bringen und 15 Minuten kochen lassen.
In der Zwischenzeit die Tomatillos mit den Rosinen und dem Rosinenwasser in die Küchenmaschine geben. Zu Püree zerkleinern und dieses zu den kochenden Zutaten in der Pfanne geben.
Die Mandelbutter unterrühren und gründlich auflösen. Die gemahlenen Kürbiskerne unterziehen und mitkochen, dann die Schokolade in die Sauce rühren, bis sie schmilzt und gut verteilt ist.
Die Sauce weitere 15 bis 20 Minuten kochen. Wenn sie zu dick gerät, etwas von dem aufgesparten Chiliwasser hinzugießen. Die gewünschte Konsistenz ist wie bei Spaghettisauce aus dem Glas. Mit Salz abschmecken.
Die Hitze abstellen und die Sauce in der Pfanne ein bis zwei Stunden stehen lassen. So haben die verschiedenen Geschmacksnoten Zeit, sich zu verbinden, und die körnigen Kürbisstückchen werden schön weich. Die Rührschüssel der Küchenmaschine am besten noch nicht spülen, denn die kalte Sauce wird am Ende darin schön gleichmäßig zerkleinert.

NÄHRWERTANALYSE PRO PORTION:
112 Kalorien; 8 g Fett; 5 g Protein;
7 g Kohlenhydrate; 2 g Ballaststoffe;
5 g Nettokohlenhydrate

HIMBEERSAUCE

Man kann die Sauce nach Belieben auch durchseihen.

FÜR 1 PORTION:
170 g frische Himbeeren
½ TL Zitronensaft
3 Tropfen Steviaextrakt (Menge nach Geschmack)

Alle Zutaten in der Küchenmaschine gründlich pürieren. Luftdicht verschlossen aufbewahren und löffelweise zum Verfeinern verwenden.

NÄHRWERTANALYSE PRO PORTION:
81 Kalorien; 1 g Fett; 1 g Protein;
19 g Kohlenhydrate; 11 g Ballaststoffe;
8 g Nettokohlenhydrate

RUM-VANILLE-EXTRAKT

Zuckerrohr wie in Rum ist paleogerecht, extrahierter Zucker dagegen nicht. Bei der Zubereitung mit Wodka ergibt sich übrigens ein neutralerer Vanillegeschmack.

3 Vanilleschoten (oder mehr)
475 ml weißer oder dunkler Rum (nach Wahl)

Die Vanilleschoten längs aufschneiden und dann quer halbieren, falls sie länger sind als die Rumflasche. Die Vanille in die Rumflasche geben.
Kühl und dunkel aufbewahren und hin und wieder leicht schütteln. Mindestens sechs bis acht Wochen ziehen lassen, dann wie normalen Vanilleextrakt verwenden.

PALEO-WORCESTERSHIRE-SAUCE

1 mittelgroße Zwiebel, gehackt
3 EL Senfkörner
½ TL Chiliflocken
2 Knoblauchzehen, zerdrückt
1 TL Pfefferkörner
1 EL Ingwer, frisch gerieben
1 Zimtstange
1 TL ganze Nelken
350 ml Apfelessig
125 ml Balsamicoessig
2 EL Honig
125 ml Coconut Aminos (siehe Seite 17) oder 3 EL Zitronensaft
4 EL Tamarindenpüree (siehe Tipp)
½ TL Currypulver
2 Anchovisfilets, gehackt
1 TL Salz

Alle Zutaten zusammen mit 125 Millilitern Wasser in einen großen Topf geben und auf kleiner Stufe zum Kochen bringen. Auf sehr kleiner Stufe 45 bis 60 Minuten garen, bis die Zwiebeln weich sind. Mit Salz abschmecken.
Die Sauce in ein gut verschließbares Gefäß umfüllen und mit Deckel ein bis zwei Wochen im Kühlschrank ziehen lassen. Anschließend abseihen und in eine gut gespülte Spritzflasche umfüllen.

TIPP

Bei Tamarindenpüree handelt es sich um das sirupartige, süß-saure Konzentrat einer tropischen Frucht, das in der Karibik, aber auch in Südostasien gern zum Würzen eingesetzt wird. Tamarindenpüree hält im Kühlschrank sehr lange. Sie bekommen es im Supermarkt oder online. Alternativ kann man je einen Esslöffel gehackte Datteln, Dörrpflaumen, getrocknete Aprikosen und Zitronensaft im Mixer oder in der Küchenmaschine zu einer Paste verarbeiten. Das entspricht der Menge Tamarindenpüree, die für dieses Rezept benötigt wird.

CHIPOTLES IN ADOBO-SAUCE

FÜR 10 PORTIONEN:

10 kleine, getrocknete Chipotles (geräucherte Jalapeños), entkernt und ohne Stängel
1 mittelgroße Zwiebel, fein gewürfelt
4 EL Apfelessig
4 Knoblauchzehen, zerdrückt
6 EL Steinzeitketchup (siehe Seite 258)
¼ TL Salz
1–2 Tropfen Steviaextrakt (auf Wunsch)

Alle Zutaten bis auf Salz und Stevia zusammen mit 700 Millilitern Wasser in einen Topf geben. Sofort die Hände waschen! Auf kleiner Stufe zum Kochen bringen, dann etwas herunterschalten. Sehr lange kochen lassen, bis die Chilis weich und noch knapp 250 Milliliter Sauce im Topf sind. Falls die Chilis vorzeitig trocken werden, etwas Wasser hinzufügen (maximal vier Esslöffel auf einmal).
Wenn die Chilis weich sind und die Sauce schön dick, mit Salz abschmecken. Falls mehr Süße gewünscht ist, Stevia nicht einfach in den Topf geben, sondern vier Esslöffel Sauce entnehmen, Stevia hinzufügen und verrühren. Die gesüßte Sauce wieder in den Topf rühren.
Luftdicht verschlossen im Kühlschrank aufbewahren.

NÄHRWERTANALYSE PRO PORTION:
27 Kalorien; etwas Fett; 1 g Protein; 7 g Kohlenhydrate; 1 g Ballaststoffe; 6 g Nettokohlenhydrate

DESSERTS

Alle folgenden Rezepte kommen ohne normalen Zucker, Maissirup, Getreide, Milchprodukte und ungesunde Fette aus. Somit sind diese Süßspeisen empfehlenswerter als übliche Desserts. Dennoch muss ich betonen, dass Zucker in Honig, Ahornsirup und Früchten trotzdem Zucker ist. Damit kann er den Blutzucker hochtreiben, die Insulinausschüttung ankurbeln, die Triglyzeridbildung anfeuern und so weiter.

Betrachten Sie diese Rezepte also bitte als etwas Besonderes – für Feiertage, Geburtstage oder Einladungen, aber nicht für jeden Tag. Wer keinen robusten Kohlenhydratstoffwechsel besitzt, mit dem Gewicht kämpft und nicht regelmäßig Sport treibt, sollte so etwas nicht einmal jede Woche essen.

KOKOSSCHLAGSAHNE

Über frischen Bio-Beeren dürfen Sie sich diese Nachspeise regelmäßig gönnen.

425 ml ungesüßte Kokosmilch
Steviaextrakt (nach Belieben)
Vanilleextrakt (nach Belieben)

Die Kokosmilch über Nacht in den Kühlschrank stellen.
Am nächsten Tag vorsichtig öffnen und den dicken Anteil, der sich oben gesammelt hat, abschöpfen. In einen tiefen Rührbecher geben und mit dem Rührgerät aufschlagen (wird nicht ganz so steif wie Sahne).
Wer mag, kann mit ein paar Tropfen Stevia, Vanilleextrakt oder beidem nachsüßen.

KOKOSSCHAUM

FÜR 8 PORTIONEN:
425 ml ungesüßte Kokosmilch
¼ TL Steviaextrakt, Vanille
2 TL ungesüßtes Gelatinepulver

Kokosmilch und Stevia in einem Topf auf kleiner Stufe erwärmen. Die Gelatine darüberstreuen. Langsam heiß werden lassen.
Wenn die Gelatine heiß ist, sehr gründlich unterrühren, bis sie vollständig aufgelöst ist.
In einem fest verschlossenen Behälter kalt stellen, am besten über Nacht im Kühlschrank. Nehmen Sie am besten gleich eine große, runde Schüssel, in der man die Creme später aufschlagen kann.
Die gut gekühlte Grundmasse mit dem Rührgerät mehrere Minuten aufschlagen (wird nicht ganz so steif wie Sahne).
Zu Beeren oder jedem beliebigen Dessert servieren.

NÄHRWERTANALYSE PRO PORTION:
102 Kalorien; 10 g Fett; 1 g Protein; 2 g Kohlenhydrate; 0 g Ballaststoffe; 2 g Nettokohlenhydrate

BEERENTÖPFCHEN

FÜR 6 PORTIONEN:
1 TL Orangenschale, gerieben
Saft von 1 Orange
Saft von ½ Zitrone
1–2 EL ungesüßtes Gelatinepulver
170 g Himbeeren, leicht gefroren
170 g Brombeeren, leicht gefroren
250 ungesüßte Kokosmilch
¼ TL Steviaextrakt (nach Belieben)
frische Beeren zum Garnieren (Himbeeren, Brombeeren)

Orangenschale mit Orangensaft, Zitronensaft und 250 Millilitern heißem Wasser in den Mixer füllen. Anstellen, die Gelatine hinzufügen und laufen lassen, bis die Gelatine sich aufgelöst hat.
Die Beeren hinzufügen und weitgehend zerkleinern. Den Mixbecher mit der Creme zehn Minuten in den Kühlschrank stellen, bis die Mischung die Konsistenz von Eiweiß angenommen hat.
Den Mixer erneut anstellen und die

Kokosmilch dazugießen. Einen Viertelteelöffel Stevia hinzufügen und abschmecken. Ob noch mehr erforderlich ist, hängt von den verwendeten Beeren und der persönlichen Vorliebe ab.
Auf sechs Dessertschalen verteilen und einige Stunden kalt stellen. Dazu passt Kokosschlagsahne oder Kokosschaum (siehe Seite 278). Mit ganzen Beeren garnieren.

NÄHRWERTANALYSE PRO PORTION:
123 Kalorien; 8 g Fett; 2 g Protein;
13 g Kohlenhydrate; 4 g Ballaststoffe;
9 g Nettokohlenhydrate

TIPP

Mit einem Esslöffel Gelatine wird die Konsistenz weich wie Pudding. Mit zwei Esslöffeln wird sie eher geleeartig. Entscheiden Sie selbst!

ERDBEERTRAUM

FÜR 6 PORTIONEN:
½ TL Zitronenschale, gerieben
Saft von 1 Zitrone
1–2 EL ungesüßtes Gelatinepulver
340 g Erdbeeren, teilgefroren (1 Stunde tiefkühlen oder angetaute Tiefkühlbeeren)
250 ungesüßte Kokosmilch
¼ TL Steviaextrakt (Menge nach Belieben)
Frische Erdbeeren zum Garnieren

Zitronenschale und Zitronensaft mit 250 Millilitern kochendheißem Wasser in den Mixer füllen. Anstellen, die Gelatine hinzufügen und laufen lassen, bis die Gelatine sich aufgelöst hat.
Die Erdbeeren hinzufügen und weitgehend zerkleinern. Es sollen aber noch rote Stückchen erkennbar sein. Den Mixbecher mit der Creme zehn Minuten in den Kühlschrank stellen, bis die Mischung die Konsistenz von Eiweiß angenommen hat.
Noch einmal mixen und die Kokosmilch dazugießen. Stevia hinzufügen und abschmecken. Ob noch mehr erforderlich ist, hängt von den verwendeten Beeren und der persönlichen Vorliebe ab.
Auf sechs Dessertschalen verteilen und einige Stunden kalt stellen. Mit aufgeschnittenen Beeren garnieren.
Dazu passt Kokosschlagsahne (siehe Seite 278).

NÄHRWERTANALYSE PRO PORTION:
101 Kalorien; 8 g Fett; 1 g Protein;
8 g Kohlenhydrate; 1 g Ballaststoffe;
7 g Nettokohlenhydrate

POT DE CHOCOLAT

FÜR 8 PORTIONEN:
355 ml ungesüßte Kokosmilch
170 g Bitterschokolade
2 EL Honig
20 Tropfen Steviaextrakt, Schokolade
2 Eigelbe
8 frische Himbeeren, Erdbeeren in Scheiben oder Minzblättchen zum Garnieren

Die Kokosmilch mit der Schokolade auf kleiner Stufe in einem Topf erhitzen, bis die Schokolade vollständig geschmolzen ist und die Kokosmilch dampft. Direkt im Topf aufschlagen, dann in den Mixer gießen. Die übrigen Zutaten bei laufendem Motor hinzugeben und fünf Minuten durchmixen.
In acht kleine Schüsselchen gießen und sechs bis acht Stunden kalt stellen.
Zum Anrichten mit Himbeeren, aufgeschnittenen Erdbeeren oder einem Minzblatt garnieren. Auch ein Klecks Kokosschlagsahne (siehe Seite 278) macht sich hübsch darauf.

NÄHRWERTANALYSE PRO PORTION:
225 Kalorien; 22 g Fett; 4 g Protein; 12 g Kohlenhydrate; 3 g Ballaststoffe; 9 g Nettokohlenhydrate

TIPP

Probieren Sie auch andere Steviaaromen aus, zum Beispiel Vanille. Interessant schmeckt es auch mit ein paar Tropfen Pfefferminzöl oder einem Esslöffel dunklem Rum.

SCHOKOLADENCREME

FÜR 4 PORTIONEN:
2 reife Avocados, halbiert
100 g Kakaopulver
170 g Honig
¼ TL Steviaextrakt, Vanille (Menge nach Geschmack)
8 Erdbeeren, in Scheiben, zum Garnieren

Das Avocadofleisch mit einem Löffel direkt in die Küchenmaschine mit Messereinsatz geben. Alle anderen Zutaten bis auf die Erdbeeren hinzufügen und zu einer sehr glatten Creme verarbeiten, bis alles Kakaopulver untergearbeitet ist. Zwischendurch stoppen und mit einem Teigschaber alles, was an den Wänden der Schüssel hängt, nach unten schieben.
Auf vier Dessertschalen verteilen und mit Erdbeeren garnieren. Sofort servieren.

NÄHRWERTANALYSE PRO PORTION:
347 Kalorien; 18 g Fett; 6 g Protein; 56 g Kohlenhydrate; 10 g Ballaststoffe; 46 g Nettokohlenhydrate

TIPP

Dieses Rezept enthält sehr viel Honig. Deshalb verwende ich persönlich hier zuckerfreien Honig mit Birkenzucker (Xylit), damit mein Blutzucker nicht durch die Decke geht.

SOMMERLICHER MELONENTRAUM

FÜR 6 PORTIONEN:
Schale von 2 Limetten, gerieben
Saft von 2 Limetten
5 Tropfen Steviaextrakt, Vanille (Menge nach Geschmack)
720 g Honigmelone, in Stücken oder Kugeln
6 Limettenschnitze (nach Belieben)

Limettenschale und -saft mit Stevia in einer Schüssel verrühren.
Die Melonenstücke in eine Glasschüssel füllen, mit der Limettenmischung übergießen und gründlich wenden. Im Kühlschrank kalt werden lassen und dabei gelegentlich umrühren.
Auf Wunsch mit feinen Limettenschnitzen anrichten.

NÄHRWERTANALYSE PRO PORTION:
54 Kalorien; etwas Fett; 1 g Protein; 15 g Kohlenhydrate; 1 g Ballaststoffe; 14 g Nettokohlenhydrate

KIRSCHEN MIT HÄUBCHEN

FÜR 4 PORTIONEN:
55 g Pekannüsse, fein gehackt
1 saurer Kokosrahm (siehe Seite 35)
1 TL Zitronenschale, gerieben
¼ TL Steviaextrakt, Vanille
450 g Süßkirschen

Die Pekannüsse ohne Fettzugabe drei bis vier Minuten auf mittlerer Stufe in einer beschichteten Pfanne anrösten, bis sie duften. Vom Herd nehmen und beiseitestellen.
Den sauren Kokosrahm, die Zitronenschale und die Stevia gut verrühren.
Ein Schüsselchen mit dem gesüßten Kokosrahm in die Mitte eines großen Tellers setzen und die Kirschen rundherum verteilen. Zusätzlich bekommt jeder einen kleinen Teller mit gehackten Nüssen. Zum Essen nimmt man die Kirschen am Stängel, tunkt sie erst in die Kokoscreme, dann in die Nüsse und isst sie direkt aus der Hand.

NÄHRWERTANALYSE PRO PORTION:
152 Kalorien; 10 g Fett; 2 g Protein; 15 g Kohlenhydrate; 3 g Ballaststoffe; 12 g Nettokohlenhydrate

MELONENKUGELN MIT INGWER

FÜR 6 PORTIONEN:
½ TL Limettenschale, gerieben
Saft von 2 Limetten
2 TL Ingwer, frisch gerieben
5 Tropfen Steviaextrakt (Menge nach Geschmack)
320 g Cantaloupe-Melone, in Kugeln
360 g Honigmelone, in Kugeln

Limettenschale und Limettensaft in die Schüssel geben. Ingwer und Stevia unterrühren.
Die Melonenkugeln in einer Glasschale

mischen. Das Dressing darübergießen und alles wenden.
Einige Stunden kalt stellen, dabei hin und wieder wenden und gut gekühlt servieren.

NÄHRWERTANALYSE PRO PORTION:
49 Kalorien; etwas Fett; 1 g Protein; 13 g Kohlenhydrate; 1 g Ballaststoffe; 12 g Nettokohlenhydrate

GEBACKENE PFLAUMEN

FÜR 4 PORTIONEN:
4 Pflaumen, halbiert und entsteint
125 ml saurer Kokosrahm (siehe Seite 35)
4 Tropfen Steviaextrakt, Vanille (Menge nach Geschmack)
2 TL Kokosöl
4 EL Mandelblättchen (gehobelte Mandeln)
1 TL Honig

Den Ofen auf 180 °C vorheizen (Gas Stufe 4).
Die Pflaumen in eine flache Kuchenform setzen, mit Alufolie abdecken und in rund 30 Minuten weich backen. Die Backzeit hängt von der Pflaumensorte und dem Reifegrad ab.
Währenddessen den Kokosrahm mit Vanille-Stevia süßen und mit dem elektrischen Handrührgerät schön locker aufschlagen (das Ergebnis ist nicht ganz so steif wie Schlagsahne).
Das Kokosöl auf kleiner Stufe in einer Pfanne zerlassen und die Mandeln unter regelmäßigem Wenden goldbraun anrösten. Den Honig unterziehen und gleich vom Herd nehmen. Die weichen Pflaumen aus dem Ofen holen, etwas Kokosrahm daraufsetzen und mit Mandeln dekorieren. Die Kokoscreme zerläuft dabei sehr rasch, aber es schmeckt hervorragend. Wenn man die Pflaumen vorab bäckt und vor dem Essen kalt stellt, behält die Creme ihre Form.

NÄHRWERTANALYSE PRO PORTION:
213 Kalorien; 18 g Fett; 3 g Protein; 14 g Kohlenhydrate; 2 g Ballaststoffe; 12 g Nettokohlenhydrate

GEGRILLTE ANANAS IN RUMHONIG

Die Ananaspäckchen kann man vorab vorbereiten. Wenn die Steaks fertig sind, kommt der Nachtisch auf den Grill.

FÜR 4 PORTIONEN:
2 EL Honig
2 EL dunkler Rum
½ TL gemahlener Zimt
4 TL Kokosöl (am besten extra vergine)
340 g frische Ananasstücke

Honig, Rum und Zimt in einer kleinen Schüssel verrühren.
Vier quadratische Stücke Alufolie von 30 Zentimeter Kantenlänge abreißen. Die Ränder leicht hochbiegen und mit je einem Teelöffel Kokosöl bepinseln. Die Ananasstücke auf die vier Stücke Folie verteilen. Mit je einem Esslöffel Rumhonig beträufeln und zu einem Päckchen zusammenfalten. (Erst die

langen Enden schließen, dann umschlagen und die Enden einrollen.)
Zehn Minuten grillen, dabei einmal wenden und heiß servieren.

NÄHRWERTANALYSE PRO PORTION:
87 Kalorien; 5 g Fett; eine Spur Protein; 9 g Kohlenhydrate; ein paar Ballaststoffe; 9 g Nettokohlenhydrate

GEBACKENE ZIMTBIRNEN MIT AHORNSIRUP

FÜR 4 PORTIONEN:
2 reife Birnen, halbiert und ohne Kerngehäuse
2 EL Ahornsirup
½ TL gemahlener Zimt
4 EL Walnüsse, gehackt

Den Ofen auf 180 °C vorheizen (Gas Stufe 4).
Eine Auflaufform von 20 x 20 Zentimeter fetten.
Die Birnen in die gefettete Form setzen.
Je einen halben Esslöffel Ahornsirup in die Höhlung des Kerngehäuses träufeln, gern auch darüber hinaus.
Gleichmäßig mit etwas Zimt bestreuen und im Ofen eine Stunde backen, bis die Früchte schön weich sind.
In den letzten zehn Minuten die gehackten Walnüsse in eine kleine, ofenfeste Form geben und zum Anrösten ebenfalls in den Ofen stellen.
Die Birnen auf vier Tellern anrichten, mit Walnüssen bestreuen und servieren.

NÄHRWERTANALYSE PRO PORTION:
123 Kalorien; 5 g Fett; 2 g Protein; 20 g Kohlenhydrate; 3 g Ballaststoffe; 17 g Nettokohlenhydrate

TIPP

Varianten für Gäste:
- In Portionsschälchen anrichten und mit etwas Kokosmilch übergießen.
- Mit einem Klecks Kokosschlagsahne garnieren (siehe Seite 278).
- Mit einem Klecks Kokosrahm garnieren (siehe Seite 35).
- Eine Kugel Vanilleeis dazu servieren (siehe Seite 291).

POCHIERTE BIRNEN MIT HIMBEERSAUCE

FÜR 2 PORTIONEN:
Saft von ½ Zitrone
2 TL Honig
1 Prise Zitronenschale, gerieben
2 reife Birnen
170 g Himbeeren
½ TL Orangenschale, gerieben
Saft von ½ Orange
¼ TL Steviaextrakt (Menge nach Geschmack)

Zitronensaft in einer Schüssel mit dem Honig verrühren. Ein klein wenig Zitronenschale zufügen.
Die Birnen mit einem Kerngehäuseaus-

stecher für Äpfel oder einem spitzen Messer vom Blütenende her entkernen. Die Spitze der Birne dabei unversehrt lassen. Die Birnen schälen, aber die Schale an der Spitze nicht anrühren. Auch den Stängel an der Frucht belassen. Jetzt die Birnen rundum mit dem Zitronenhonig einreiben.
Mit der spitzen Seite zur Mitte in eine hitzebeständige Glasform setzen und zwei Esslöffel Wasser hinzufügen. Ohne Deckel drei Minuten in der Mikrowelle garen, danach umdrehen und in weiteren zwei bis drei Minuten vollständig zart werden lassen.
Einige Himbeeren zum Garnieren beiseitelegen. Den Rest mit Orangenschale und Orangensaft in einen Topf geben. Deckel aufsetzen und auf kleiner Stufe fünf Minuten erhitzen, dann prüfen. Die Beeren sollen nur weich gekocht sein. Eventuell noch länger kochen, dann mit einer Gabel gründlich zu Brei zerdrücken. Den Brei mit einem Löffel durch ein Sieb passieren, um die Himbeersamen zu entfernen. Dabei nicht vergessen, die durchgestrichene Himbeermasse von der Außenseite des Siebes abzuschaben!
Das Himbeerpüree mit Stevia süßen und abschmecken. Bei Bedarf tropfenweise nachsüßen.
Die Birnen in zwei Dessertschalen anrichten, das Himbeerpüree darüber verteilen und mit den restlichen Himbeeren garnieren.

NÄHRWERTANALYSE PRO PORTION:
178 Kalorien; 1 g Fett; 2 g Protein; 46 g Kohlenhydrate; 10 g Ballaststoffe; 36 g Nettokohlenhydrate; die hohe Menge der Nettokohlenhydrate beruht darauf, dass Birnen kohlenhydratreiche Früchte sind. Also in Maßen naschen!

ERDBEERPICKNICK

FÜR 4 PORTIONEN:
450 g Erdbeeren, gewaschen
8 TL Ahornsirup

Die Beeren auf einem Teller anrichten. Jetzt bekommt jeder einen kleinen Teller und einen Eierbecher mit etwas Ahornsirup. Die Erdbeeren am Blütenansatz greifen, in etwas Ahornsirup tauchen und genießen.

NÄHRWERTANALYSE PRO PORTION:
66 Kalorien; etwas Fett; 1 g Protein; 16 g Kohlenhydrate; 2 g Ballaststoffe; 14 g Nettokohlenhydrate

GEBACKENE BANANEN IN ORANGENRUM

Dieses Rezept ist die Kohlenhydratbombe dieses Buches. Teilen Sie die Menge also ruhig durch acht Personen.

FÜR 4 PORTIONEN:

Kokosöl für die Form
4 nicht zu reife Bananen, geschält und halbiert
1 TL Orangenschale, gerieben
Saft von ½ Orange
8 TL Honig
8 TL dunkler Rum oder Vanillerum
4 EL Mandelblättchen (gehobelte Mandeln)
4 EL ungesüßte Kokosmilch

Den Ofen auf 180 °C vorheizen.
Eine Backform mit Kokosöl ausfetten. Alternativ vier kleine längliche Backformen fetten, in die eine längs halbierte Banane hineinpasst. Die Bananen in die Backform (oder die Formen) legen.
Orangenschale und Orangensaft in eine separate Schüssel geben. Honig und Rum hinzufügen und umrühren, bis sich der Honig aufgelöst hat. Gleichmäßig über die Bananen verteilen.
20 Minuten backen und dabei noch zwei- bis dreimal mit dem Sirup vom Boden der Form bestreichen.
Während die Bananen backen, die Mandeln in einer trockenen Pfanne auf kleiner Stufe goldbraun anrösten.
Die fertigen Bananen auf vier (oder acht!) Tellern anrichten, mit Kokosmilch beträufeln und mit gerösteten Mandeln bestreut servieren.

NÄHRWERTANALYSE PRO PORTION:

285 Kalorien; 8 g Fett; 4 g Protein; 49 g Kohlenhydrate; 5 g Ballaststoffe; 44 g Nettokohlenhydrate

BAISER

FÜR CA. 36 BAISERS:

3 Eiweiße, ohne jedes Eigelb, zimmerwarm
¼ TL Weinsteinbackpulver
1 EL Honig
8 Tropfen Steviaextrakt, Vanille

Den Ofen auf 150 °C (Gas Stufe 2) vorheizen und mehrere Backbleche mit Backpapier auslegen.
Alle Zutaten in einen hohen, schmalen Rührbecher (absolut fettfrei) geben und mit dem elektrischen Handrührgerät auf höchster Stufe steif, aber nicht trocken schlagen. Wenn man die Rührbesen aus dem Becher zieht, soll sich eine stabile Spitze bilden.
Auf Wunsch den Eischnee in einen neuen, fettfreien Spritzbeutel mit Sterntülle umfüllen und in kleinen Sternen auf die Bleche spritzen. Ansonsten einfach Häufchen aus etwa eineinhalb Teelöffeln auf das Backpapier setzen.
In eineinhalb bis zwei Stunden bei 100 °C honigbraun und vollständig trocken backen.
Luftdicht verschlossen aufbewahren.

NÄHRWERTANALYSE PRO BAISER:

3 Kalorien; 0 g Fett; eine Spur Protein; 1 g Kohlenhydrate; ein paar Ballaststoffe; 1 g Nettokohlenhydrate

LEBKUCHEN

FÜR 16 PORTIONEN:

Fett für die Form
115 g Mandelmehl
4 EL gemahlener Leinsamen
4 EL Kokosmehl
¼ TL Salz
1 TL Natron
2 TL gemahlener Ingwer
1 TL gemahlener Zimt
4 EL Kokosöl, zerlassen
4 EL Honig
32 Tropfen Steviaextrakt
125 ml Cocoyo (siehe Seite 33)
2 Eier

Den Ofen auf 180 °C vorheizen (Gas Stufe 4).
Eine Kuchenform von 20 x 20 Zentimeter fetten.
Alle trockenen Zutaten vom Mandelmehl bis zum Zimt in einer Schüssel gleichmäßig verrühren.
In einer zweiten Schüssel das Kokosöl mit Honig, Stevia und Cocoyo verrühren. Die Eier aufschlagen und unterrühren. Zu der Trockenmischung gießen und so lange rühren, bis keine trockenen Reste mehr übrig sind. In die vorbereitete Form geben und 30 bis 35 Minuten backen. Der Lebkuchen sollte sich zu diesem Zeitpunkt vom Rand lösen und ein Zahnstocher aus der Mitte rückstandsfrei herauszuziehen sein.
Luftdicht verschlossen aufbewahren.

NÄHRWERTANALYSE PRO PORTION:
123 Kalorien; 7 g Fett; 6 g Protein; 11 g Kohlenhydrate; 3 g Ballaststoffe; 8 g Nettokohlenhydrate

BROWNIES

FÜR 24 PORTIONEN:

210 g Kokosöl
100 g Kakaopulver
9 Eier
170 g Honig
¼ TL Steviaextrakt, Schokolade
¼ TL Steviaextrakt, Vanille
¼ TL Salz
90 g Kokosmehl
120 g Walnüsse, gehackt

Den Ofen auf 180 °C vorheizen (Gas Stufe 4).
Eine Kuchenform von 23 x 30 Zentimeter fetten.
Das Kokosöl in einem Topf zerlassen und das Kakaopulver hineinrühren.
Die Eier in einer Schüssel verrühren.
Honig, Stevia und Salz hinzugeben und weiterrühren, bis der Honig sich vollständig aufgelöst hat.
Das Kokosmehl portionsweise dazugeben und zwischendurch immer wieder rühren, sonst wird die Masse klumpig.
Dann das Kokosöl mit dem Kakaopulver hinzugießen und gründlich unterrühren.
Die gehackten Nüsse unterziehen.
Den Teig gleichmäßig in die Form streichen. 20 bis 30 Minuten backen, bis ein Zahnstocher sauber wieder herauskommt.

Abkühlen lassen und in Stücke schneiden.
Die Brownies luftdicht verschlossen im Kühlschrank aufbewahren (sie verderben schnell) oder einfrieren.

NÄHRWERTANALYSE PRO PORTION:
196 Kalorien; 15 g Fett; 5 g Protein; 14 g Kohlenhydrate; 5 g Ballaststoffe; 9 g Nettokohlenhydrate

PALEORIEGEL

Meine Ausgangsbasis war ein Rezept von Mark Sisson auf seinem Blog, Mark's Daily Apple.

FÜR 16 PORTIONEN:
1 Handvoll Mandeln, geschält
1 Handvoll Pekannüsse, halbiert
1 Handvoll Kokosraspel
4 EL Mandelbutter (Bioladen)
4 EL Kokosöl, zerlassen
1 TL Vanillearoma
3 EL Honig (ersatzweise Erythrit)
½ TL Salz
½ TL gemahlener Zimt
4 EL Mandelmehl
3 EL Kokosmehl
3 Eier
15 Tropfen Steviaextrakt, Vanille
4 EL Korinthen (ersatzweise Rosinen)

Den Ofen auf 170 °C vorheizen (Gas Stufe 3).
Mandeln und Pekannüsse auf einem Backblech fünf Minuten backen. Nach fünf Minuten das Backblech rütteln, die Hälfte der Kokosraspel hinzufügen und erneut rütteln. Weitere fünf Minuten backen.
Die gerösteten Nüsse und Kokosraspel mit dem Messereinsatz in der Küchenmaschine pulsierend mittelfein zerkleinern. Manches ist jetzt fein wie Paniermehl, andere Teile noch stückig.
Die Mandelbutter in einer mikrowellengeeigneten Rührschüssel mit dem Kokosöl verrühren und auf 50 Prozent Leistung 30 Sekunden erwärmen, so dass das Kokosöl schmilzt und die Mandelbutter etwas weicher wird.
Vanillearoma, Honig, Salz und Zimt in die Mandelbutter mit dem Kokosöl rühren. Danach die gerösteten Nüsse, das Mandelmehl und das Kokosmehl einrühren.
Die Eier mit der flüssigen Stevia aufschlagen und dann unterziehen, zum Schluss die Korinthen unterrühren. (Falls die Korinthen etwas zu trocken sind, vorher in etwas Wasser 30 Sekunden auf hoher Stufe in die Mikrowelle geben und anschließend einige Minuten stehen lassen.)
Eine Backform von 20 x 20 Zentimeter mit Backpapier auslegen oder sehr leicht fetten. Den Teig gleichmäßig fest hineindrücken und sieben Minuten im Ofen backen. Die zweite Hälfte der Kokosraspel über den Teig streuen, leicht andrücken und weitere sieben bis zehn Minuten backen. Aus dem Ofen holen, in der Form etwas abkühlen lassen und in 16 Riegel schneiden.
Luftdicht verschlossen aufbewahren.

NÄHRWERTANALYSE PRO PORTION:
163 Kalorien; 12 g Fett; 4 g Protein;
10 g Kohlenhydrate; 3 g Ballaststoffe;
7 g Nettokohlenhydrate

MANDELKEKSE

FÜR 24 PORTIONEN:
225 g Kokosbutter (siehe Seite 36)
130 g Mandelbutter (Bioladen)
170 g Honig
½ TL Steviaextrakt, Vanille
½ TL Salz
2 Eiweiße

Den Ofen auf 180 °C (Gas Stufe 4) vorheizen.
Mehrere Backbleche mit Backpapier auslegen.
Alle Zutaten in eine Rührschüssel geben und mit dem elektrischen Handrührgerät zu einem dicken, klebrigen Teig aufschlagen.
Esslöffelweise auf die vorbereiteten Backbleche verteilen und 15 Minuten backen. Auf einem Kuchengitter vollständig auskühlen lassen.
Luftdicht verschlossen lagern.

NÄHRWERTANALYSE PRO PORTION:
90 Kalorien; 6 g Fett; 2 g Protein;
8 g Kohlenhydrate; 2 g Ballaststoffe;
6 g Nettokohlenhydrate

ZIMTKEKSE

FÜR 24 PORTIONEN:
225 g Kokosbutter (siehe Seite 36)
130 g Mandelbutter (Bioladen)
170 g Honig
½ TL Steviaextrakt, Vanille
½ TL Salz
2 Eiweiße
1½ TL gemahlener Zimt
¼ TL gemahlener Muskat
1 Prise gemahlene Nelken

Den Ofen auf 180 °C (Gas Stufe 4) vorheizen.
Mehrere Backbleche mit Backpapier auslegen.
Alle Zutaten in eine Rührschüssel geben und mit dem elektrischen Handrührgerät zu einem dicken, klebrigen Teig aufschlagen.
Esslöffelweise auf die vorbereiteten Backbleche verteilen und 15 Minuten backen. Auf einem Kuchengitter vollständig auskühlen lassen.
Luftdicht verschlossen lagern.

NÄHRWERTANALYSE PRO PORTION:
90 Kalorien; 6 g Fett; 2 g Protein;
8 g Kohlenhydrate; 2 g Ballaststoffe;
6 g Nettokohlenhydrate

INGWERKEKSE

FÜR 24 PORTIONEN:

225 g Kokosbutter (siehe Seite 36)
130 g Mandelbutter (Bioladen)
170 g Honig
½ TL Steviaextrakt, Vanille
½ TL Salz
2 Eiweiße
1 TL gemahlener Zimt
1 TL gemahlener Ingwer

Den Ofen auf 180 °C (Gas Stufe 4) vorheizen.
Mehrere Backbleche mit Backpapier auslegen.
Alle Zutaten in eine Rührschüssel geben und mit dem elektrischen Handrührgerät zu einem dicken, klebrigen Teig aufschlagen.
Esslöffelweise auf die vorbereiteten Backbleche verteilen und 15 Minuten backen. Auf einem Kuchengitter vollständig auskühlen lassen.
Luftdicht verschlossen lagern.

NÄHRWERTANALYSE PRO PORTION:
90 Kalorien; 6 g Fett; 2 g Protein; 8 g Kohlenhydrate; 2 g Ballaststoffe; 6 g Nettokohlenhydrate

SCHOKOKEKSKUCHEN

FÜR 12 PORTIONEN:

225 g Kokosbutter (siehe Seite 36)
130 g Mandelbutter (Bioladen)
2 Eiweiße
170 g Honig (ersatzweise zuckerfreien Honig mit Birkenzucker [Xylit])
¼ TL Steviaextrakt, Schokolade
¼ TL Steviaextrakt, Vanille
45 g Bitterschokolade, geschmolzen
1 Prise Salz
1 Handvoll Walnüsse, gehackt

Den Ofen auf 180 °C vorheizen.
Eine Springform von 24 Zentimeter Durchmesser gut fetten. (Bei größerem Durchmesser die Backzeit etwas verkürzen.)
Alle Zutaten bis auf die Walnüsse in eine Rührschüssel geben und mit dem elektrischen Handrührgerät zu einem klebrigen, festen Teig verarbeiten.
Mit einem Teigschaber in die Form umfüllen und glatt streichen. Die Teigschicht ist nur etwa einen Zentimeter dick!
Sieben Minuten backen, dann gleichmäßig mit den gehackten Walnüssen bestreuen und diese leicht andrücken.
Weitere acht Minuten backen.
Aus dem Ofen nehmen und vor dem Anschneiden auskühlen lassen.

NÄHRWERTANALYSE PRO PORTION:
187 Kalorien; 17 g Fett; 5 g Protein; 7 g Kohlenhydrate; 4 g Ballaststoffe; 3 g Nettokohlenhydrate

SCHOKOKUGELN MIT SONNENBLUMENKERNEN

FÜR 26 PORTIONEN:

150 g Sonnenblumenkerne
50 g frische, feuchte Rosinen (siehe Tipp)
55 g Bitterschokolade, geschmolzen

Die Sonnenblumenkerne und die Rosinen in der Küchenmaschine mit dem Messereinsatz fein verkleinern. Die geschmolzene Schokolade und einen Esslöffel Wasser hinzufügen und zu einem zähen Teig verarbeiten.
Kleine Kugeln von zwei Zentimeter Durchmesser rollen und luftdicht verschlossen aufbewahren.

NÄHRWERTANALYSE PRO PORTION:
49 Kalorien; 4 g Fett; 2 g Protein; 3 g Kohlenhydrate; 1 g Ballaststoffe; 2 g Nettokohlenhydrate

TIPP

Falls die Rosinen trocken sind, in etwas Wasser 30 Sekunden auf hoher Stufe in die Mikrowelle geben und anschließend einige Minuten stehen lassen.

ZIMTKUGELN MIT SONNENBLUMENKERNEN

Zwei oder drei Kugeln liefern genug Energie für den ganzen Nachmittag.

FÜR 18 PORTIONEN:
150 g Sonnenblumenkerne
35 g frische, feuchte Rosinen
(siehe Tipp Seite 290)
¼ TL gemahlener Zimt
2 EL Kokosöl, zerlassen

Die Sonnenblumenkerne, die Rosinen und den Zimt in der Küchenmaschine mit dem Messereinsatz fein verkleinern. Das Kokosöl und einen Esslöffel Wasser hinzufügen und zu einem zähen Teig verarbeiten.
Kleine Kugeln von zwei Zentimeter Durchmesser rollen und luftdicht verschlossen aufbewahren.

NÄHRWERTANALYSE PRO PORTION:
65 Kalorien; 5 g Fett; 2 g Protein; 3 g Kohlenhydrate; 1 g Ballaststoffe; 2 g Nettokohlenhydrate

GLASIERTE WALNÜSSE

FÜR 6 PORTIONEN:
150 g Walnüsse
1–2 EL Honig
½ TL Vanilleextrakt
Kokosöl zum Braten

Die Walnüsse in einen Topf legen und mit kochendem Wasser übergießen. Nach vier bis fünf Minuten das Wasser abgießen.
Den Honig zu den Walnüssen geben und gleichmäßig damit überziehen. Die Vanille gleichmäßig unterziehen.
Auf einem Teller ausbreiten und ein bis zwei Stunden trocknen lassen, damit es beim Braten weniger spritzt.
Eine große Pfanne sechs Millimeter hoch mit Öl füllen und auf mittlerer Stufe erhitzen. Die Walnüsse portionsweise knusprig anbraten, immer nur eine Handvoll.

Abkühlen lassen und gut verschlossen lagern.

NÄHRWERTANALYSE PRO PORTION:
201 Kalorien; 18 g Fett; 8 g Protein; 7 g Kohlenhydrate; 2 g Ballaststoffe; 5 g Nettokohlenhydrate

ERDBEEREIS

Sie brauchen dafür eine gute Küchenmaschine.

FÜR 6 PORTIONEN:
450 g Erdbeeren, gefroren
425 ml ungesüßte Kokosmilch
¼ TL Steviaextrakt (Menge nach Geschmack)
½ EL Zitronensaft

Alle Zutaten in der Küchenmaschine verarbeiten, bis die Erdbeeren vollständig zerkleinert sind. Bei Bedarf zwischendurch stoppen und die eine oder andere Erdbeere vom Messer lösen. Dank der Erdbeeren gefriert die Creme zu Eis. Reste kann man zwar einfrieren, doch weil die Masse keinen Zucker enthält, wird sie steinhart. Am besten etwa eine halbe Stunde vor dem Verzehr aus dem Gefrierfach holen.

NÄHRWERTANALYSE PRO PORTION:
156 Kalorien; 14 g Fett; 2 g Protein; 9 g Kohlenhydrate; 2 g Ballaststoffe; 7 g Nettokohlenhydrate

GEKOCHTES VANILLEEIS

Für dieses Rezept benötigen Sie eine Eismaschine.

FÜR 6 PORTIONEN:
800 ml ungesüßte Kokosmilch
1 TL ungesüßtes Gelatinepulver
1½ EL Honig
15 Tropfen Steviaextrakt, Vanille
2 EL Vanillearoma
1 Prise Salz
6 Eigelbe

Die Kokosmilch in einem großen Topf auf kleinster Stufe sehr langsam erhitzen. Die Gelatine auf die angewärmte Kokosmilch streuen.
Wenn die Temperatur so heiß ist, dass man gerade noch den Finger hineintauchen kann, die Gelatine unterrühren.
Honig, Stevia, Vanillearoma und Salz unterrühren. Weiter erhitzen.
Die Eigelbe in eine Rührschüssel geben und sehr gründlich verrühren. Eine Kelle der heißen Kokosmilch an die Eigelbe geben und sehr gut unterrühren.
Mit einer zweiten Kelle wiederholen und weiterrühren.
Jetzt im Topf mit der Kokosmilch zu rühren beginnen und die Eigelbmischung langsam dazugießen. Weiterrühren, bis die Masse eine cremeartige Konsistenz hat und am Löffel kleben bleibt.
Die Creme in die Schüssel zurückgießen, zudecken und gut abkühlen lassen, am besten über Nacht im Kühlschrank.
Anschließend in der Eismaschine nach Anleitung weiterverarbeiten.

NÄHRWERTANALYSE PRO PORTION:
341 Kalorien; 32 g Fett; 5 g Protein; 10 g Kohlenhydrate; ein paar Ballaststoffe; 10 g Nettokohlenhydrate

GEKOCHTES SCHOKOLADENEIS

Für dieses Rezept braucht man eine Eismaschine. Frühzeitig mit der Vorbereitung beginnen, weil Kochen, Kaltstellen und Gefrieren Zeit kosten.

FÜR 6 PORTIONEN:
800 ml ungesüßte Kokosmilch
115 g Bitterschokolade
4 EL Honig
¼ TL Steviaextrakt, Vanille
¼ TL Steviaextrakt, Schokolade
6 Eigelbe

Die Kokosmilch mit der Schokolade in einem großen Topf auf kleinster Stufe langsam erwärmen. Von Zeit zu Zeit umrühren, damit die Schokolade sich mit der Kokosmilch verbinden kann.
Wenn die Schokolade vollständig geschmolzen ist, den Honig und die flüssige Stevia in die warme Milch einrühren. Weiter erhitzen.
Die Eigelbe in einer separaten Schüssel durchschlagen.
Wenn die Schokoladenmilch kurz vor dem Sieden ist, eine Kelle in die Schüssel mit den Eigelben geben und sofort sehr gründlich unterschlagen. Eine zweite Kelle Schokoladenmilch hinzufügen und ebenfalls gut unterrühren.
Die Mischung unter ständigem Rühren in den Topf mit der Kokosmilch gießen. (Keinesfalls die Eigelbe direkt in die Milch rühren! Sie würden gerinnen, und man hätte Rührei in Kokosmilch, also nicht das gewünschte Ergebnis.) Noch eine Weile weiterkochen, bis die Mischung leicht andickt.
Abkühlen und im Kühlschrank vollständig erkalten lassen.
Anschließend in der Eismaschine nach Anleitung weiterverarbeiten.

NÄHRWERTANALYSE PRO PORTION:
451 Kalorien; 42 g Fett; 7 g Protein; 21 g Kohlenhydrate; 3 g Ballaststoffe; 18 g Nettokohlenhydrate

PALEOPUDDING

FÜR 6 PORTIONEN:
425 ml ungesüßte Kokosmilch
3 EL Honig
¼ TL Steviaextrakt, Vanille
(Menge nach Geschmack)
5 Eier
⅛ TL Salz

Alle Zutaten im Mixer gründlich verrühren. Abschmecken und bei Bedarf mit etwas Stevia nachsüßen.
In eine gefettete, hitzebeständige Glasschüssel von einem Liter Inhalt gießen, die Schüssel mit Alufolie abdecken und in den Schongarer stellen (siehe Tipp). Rundherum bis 2,5 Zentimeter unter dem Rand der Glasschüssel mit Wasser aufgießen.
Den Schongarer schließen und alles auf kleiner Stufe vier Stunden kochen lassen.

Abstellen, den Deckel abnehmen und so lange abkühlen lassen, bis man die Glasschüssel entnehmen kann, ohne sich die Finger zu verbrühen.
Vor dem Verzehr eine Nacht kalt stellen.

NÄHRWERTANALYSE PRO PORTION:
216 Kalorien; 17 g Fett; 6 g Protein; 11 g Kohlenhydrate; ein paar Ballaststoffe; 11 g Nettokohlenhydrate

TIPP

Ohne Schongarer die Glasschüssel auf ein tiefes Backblech, in eine größere Schüssel oder in eine Auflaufform setzen und das Wasser angießen. Bei 150 °C (Gas Stufe 2) 60 bis 75 Minuten backen. Alternativ auf Soufflé-Förmchen verteilen und bei 150 °C (Gas Stufe 2) 60 Minuten im Wasserbad backen.

KÜRBISPUDDING MIT AHORNSIRUP

FÜR 6 PORTIONEN:
400 g Kürbismus (gekochter, pürierter Gartenkürbis)
425 ml ungesüßte Kokosmilch
¼ TL Steviaextrakt (Menge nach Geschmack)
2 EL Ahornsirup
4 Eier
⅛ TL Salz
1 EL Lebkuchengewürz

Alle Zutaten mit dem Schneebesen zusammenrühren. In eine gefettete Glasschüssel von einem Liter Inhalt gießen und mit Alufolie abdecken.
Die Schüssel in den Schongarer stellen (siehe Tipp Seite 293). Rundherum bis 2,5 Zentimeter unter dem Schüsselrand mit Wasser aufgießen. Den Schongarer schließen, auf kleine Stufe stellen und vier Stunden garen.
Den Schongarer abstellen, Deckel abnehmen und abkühlen lassen. Sobald man die Schüssel entnehmen kann, ohne sich die Finger zu verbrühen, herausholen und kalt stellen (am besten über Nacht).
Vor dem Verzehr mit Kokosschlagsahne oder Kokosschaum (siehe Seite 278) dekorieren. Wer etwas mehr Biss möchte, kann ein paar Pekannüsse hacken, anrösten und über den Pudding streuen.

NÄHRWERTANALYSE PRO PORTION:
216 Kalorien; 17 g Fett; 6 g Protein; 12 g Kohlenhydrate; 2 g Ballaststoffe; 10 g Nettokohlenhydrate

GETRÄNKE

Das natürlichste Getränk ist zweifellos Wasser. Dennoch möchte man gelegentlich auch etwas anderes. Teeblätter zum Beispiel sind roh essbar, so dass man sie wohl auch mit heißem Wasser aufgießen darf. Das Gleiche gilt für Kräutertees, beispielsweise mit Minze, Süßholz oder Hagebutte.

Kaffee ist schon eine kniffligere Frage und in vielen Paleoansätzen nicht erwünscht. Allerdings wird so mancher bei Kaffee dennoch schwach, zumal er zuckerfrei ist und zahlreiche Antioxidantien enthält. Natürlich sollte man seinen Kaffee in diesem Fall schwarz trinken. Für alle, die verzweifelt nach ihrer Milch lechzen, bringe ich in diesem Kapitel einen Latte-Ersatz auf Kokosmilchbasis.

Außerdem werden Sie feststellen, dass ich wiederholt Mineralwasser mit Kohlensäure beziehungsweise Sodawasser empfehle. Denn manche Mineralwassersorten, zum Beispiel Perrier, enthalten von Natur aus Kohlensäure.

Ein zweites Reizthema ist Alkohol. In Paleokreisen herrscht hier weitgehend die Meinung vor: »Ist nicht paleokonform, aber wir wissen, dass die meisten nicht verzichten. Also macht es wenigstens ohne Zucker, Sirup und Getreide.« Das kann ich nur unterstreichen. Und darum gibt es zu guter Letzt ein paar feine Cocktails, die viel gesünder sind als Bier oder süße Limonaden.

LIMONADE

Die Mengenangaben sind Pi mal Daumen, weil Zitronen unterschiedlich groß, saftig und sauer ausfallen.

FÜR EIN GROSSES GLAS:

1 Zitrone
Eiswürfel
6–8 Tropfen Steviaextrakt
250 ml Mineralwasser

Die Zitrone fünf Minuten bei 180 °C in den Backofen legen. Danach fest auf der Tischplatte rollen, am besten die Hand dabei kräftig aufstützen. Auf diese Weise lässt sich eine Zitrone optimal entsaften. Erst jetzt halbieren und bis auf den letzten Tropfen ausdrücken. In ein hohes Glas füllen.
Das Eis und sechs bis acht Tropfen Stevia hinzufügen. Mit kaltem Mineralwasser auffüllen, kosten und eventuell nachsüßen. Einmal umrühren und gleich trinken.

NÄHRWERTANALYSE PRO GLAS:
12 Kalorien; etwas Fett; 1 g Protein; 6 g Kohlenhydrate; 1 g Ballaststoffe; 5 g Nettokohlenhydrate

EISTEE

FÜR 2 LITER:

10 Beutel Schwarztee
3 EL getrocknete Steviablätter (Bioladen, Reformhaus oder online), zerkrümelt
2 Bio-Zitronen
Eiswürfel

Die Teebeutel in einen Topf hängen. Stevia in ein bis zwei Tee-Eier oder ein Teesieb geben und ebenfalls in den Topf hängen. Mit zwei Litern kochendem Wasser übergießen. Während der Tee zieht, die Zitronen am Stück dazugeben und einige Minuten erwärmen, danach vorsichtig entnehmen.
Die Zitronen fest unter dem Handballen rollen, damit sie leichter zu entsaften sind. Anschließend halbieren und den Saft bis auf den letzten Tropfen in den Tee pressen. Die ausgedrückten Zitronenschalen wieder in den Tee geben.
Alles abkühlen lassen. Vor dem Anrichten Teebeutel, Tee-Eier und Zitronen entnehmen. Kalt stellen und mit Eiswürfeln in Gläsern anbieten.

NÄHRWERTANALYSE PRO GLAS:
3 Kalorien; etwas Fett; etwas Protein; 2 g Kohlenhydrate; ein paar Ballaststoffe; 2 g Nettokohlenhydrate

KOKOSKAFFEE

FÜR 1 TASSE:
4 EL ungesüßte Kokosmilch
5 Tropfen Steviaextrakt, Vanille oder Schokolade (Menge nach Geschmack)
175 ml Kaffee
Zimt (nach Belieben)

Die Kokosmilch in eine Tasse geben (eventuell vorher anwärmen) und mit Stevia süßen. Den Kaffee eingießen und umrühren. Auf Wunsch mit Zimt bestreuen.

NÄHRWERTANALYSE PRO TASSE:
114 Kalorien; 12 g Fett; 1 g Protein; 2 g Kohlenhydrate; 0 g Ballaststoffe; 2 g Nettokohlenhydrate

KOKOSLATTE

FÜR 1 TASSE:
42 ml Espresso
2 EL ungesüßte Kokosmilch
Steviaextrakt (zum Beispiel Vanille, Schokolade)

Den Espresso mit der Kokosmilch in einem kleinen Topf zum Sieden bringen. Den Steviaextrakt unterrühren.
Im Mixer einige Minuten aufschäumen (oder einen Latte-Schäumer verwenden).
In eine Tasse gießen und servieren.

NÄHRWERTANALYSE PRO TASSE:
226 Kalorien; 24 g Fett; 2 g Protein; 4 g Kohlenhydrate; 0 g Ballaststoffe; 4 g Nettokohlenhydrate

GINGER ALE

Schärfer als gewohntes Ginger Ale!

FÜR 1 TASSE:
2 TL Ingwer, frisch gerieben
350 ml kaltes Mineralwasser mit Kohlensäure
3 Tropfen Steviaextrakt (Menge nach Geschmack)

Den Ingwer in ein Tee-Ei füllen. In ein großes Glas oder einen Krug hängen und mit Mineralwasser übergießen. Einige Male schwenken, damit sich der Ingwergeschmack verteilen kann, dann mit flüssiger Stevia süßen und sofort servieren.

NÄHRWERTANALYSE PRO TASSE:
3 Kalorien; etwas Fett; etwas Protein; 1 g Kohlenhydrate; ein paar Ballaststoffe; 1 g Nettokohlenhydrate

ENERGIETEE

FÜR ½ LITER:
4 EL getrocknete Sarsaparillawurzel
4 EL getrocknete Süßholzwurzel
3 nussgroße Stücke frischer Ingwer, geschält und in dünnen Scheiben
1 EL Vanilleextrakt oder ½ Vanilleschote
Eiswürfel
Mineralwasser
Steviaextrakt (nach Belieben)

Sarsaparillawurzel, Süßholz und Ingwer in einen kleinen Topf geben. Die Vanilleschote längs aufschneiden und eine Hälfte in den Topf legen. 500 Milliliter Wasser aufgießen und auf sehr kleiner Stufe eine Stunde lang knapp unter dem Siedepunkt halten. Dabei hin und wieder umrühren.
Abkühlen lassen und durch ein Sieb gießen. Die Kräuter dabei mit einem Löffel gut ausdrücken, um ihnen wirklich alle Flüssigkeit zu entziehen. Bei mir ergab diese Menge genau eine große Tasse Kräutertee. Wer keine Vanilleschote verwendet hat, kann jetzt den Vanilleextrakt unterrühren.
Vor dem Trinken ein paar Eiswürfel in ein hohes Glas geben, zwei bis drei Esslöffel Tee hineinfüllen und mit kaltem Mineralwasser aufgießen. Die Süßholzwurzel macht den Tee bereits süß genug. Man kann jedoch mit etwas flüssigem Steviaextrakt nachsüßen.

NÄHRWERTANALYSE PRO PORTION:
38 Kalorien; 0 g Fett; 0 g Protein; 4 g Kohlenhydrate; 0 g Ballaststoffe; 4 g Nettokohlenhydrate

TIPP

Süßholz belebt, denn es regt die Nebennieren an. Deshalb ist Süßholz eine gute Wahl, wenn man unter Stress steht. Allerdings sollten Sie nicht täglich größere Mengen davon trinken. Eine Überdosis kann den Blutdruck erhöhen und leichte Blähungen erzeugen.

HIMBEERLIMONADE

FÜR 1 PORTION:
3 EL Himbeersauce (siehe Seite 284)
Eiswürfel
350 ml Mineralwasser

Das Himbeerpüree in ein hohes Glas geben. Mit Eiswürfeln füllen, dann mit Mineralwasser aufgießen. Sofort genießen.

NÄHRWERTANALYSE PRO PORTION:
81 Kalorien; 1 g Fett; 1 g Protein; 19 g Kohlenhydrate; 11 g Ballaststoffe; 8 g Nettokohlenhydrate

ABENDTEE

Dieser Tee besteht aus beruhigenden Kräutern.

4 EL getrocknete Passionsblume
4 EL getrocknete Hagebutten
2 EL getrocknete Kamillenblüten
4 EL getrocknete Zitronenmelisse
2 EL getrocknete Rotkleeblüten
1 EL getrocknete Orangenschale
1 EL getrocknete Zitronenschale

Alle Zutaten mischen und gut verschlossen lagern. Bei Bedarf einen Esslöffel der Teemischung in ein Teesieb geben und mit 175 Milliliter kochendem Wasser übergießen. Fünf Minuten ziehen lassen. Ich gebe gern einen Spritzer Zitronensaft und einige Tropfen Stevia hinzu.

TIPP

Trinken Sie diesen Tee bitte nicht, wenn Sie noch fahren müssen oder gefährliche Geräte bedienen wollen.

HEISSE SCHOKOLADE

Funktioniert auch ohne die Zugabe von Wasser – wird dann sehr cremig und dick.

FÜR 3 PORTIONEN:
400 ml ungesüßte Kokosmilch
2 EL Kakaopulver
8 Tropfen Steviaextrakt, Schokolade
8 Tropfen Steviaextrakt, Vanille
¼ TL gemahlener Zimt

Alle Zutaten mit 125 Millilitern Wasser in einem Topf verrühren und auf schwacher Stufe erhitzen. Heiß genießen.

NÄHRWERTANALYSE PRO PORTION:
258 Kalorien; 27 g Fett; 3 g Protein; 5 g Kohlenhydrate; 1 g Ballaststoffe; 4 g Nettokohlenhydrate

ERDBEEREISBOWLE

Dazu passt auch ein aromatisiertes Mineralwasser.

FÜR 1 PORTION:
10 Erdbeeren, geputzt
125 ml ungesüßte Kokosmilch, kalt
5 Tropfen Steviaextrakt, Vanille (Menge nach Geschmack)
175 ml kaltes Mineralwasser mit Kohlensäure

Die Erdbeeren im Mixer zerkleinern. Kokosmilch und Stevia hinzufügen und gründlich aufschäumen. In ein Cocktailglas umfüllen, mit Mineralwasser aufgießen und frisch genießen.

NÄHRWERTANALYSE PRO PORTION:
312 Kalorien; 29 g Fett; 3 g Protein; 15 g Kohlenhydrate; 5 g Ballaststoffe; 10 g Nettokohlenhydrate

ERDBEERSHAKE

FÜR 2 PORTIONEN:
225 g Erdbeeren, tiefgekühlt
425 ml ungesüßte Kokosmilch
12 Tropfen Steviaextrakt
½ TL Zitronensaft

Alles im Mixer gründlich zerkleinern. Dank der gefrorenen Beeren wird der Shake schön kalt. Auf zwei Gläser verteilen und frisch genießen.

NÄHRWERTANALYSE PRO PORTION:
407 Kalorien; 40 g Fett; 4 g Protein; 13 g Kohlenhydrate; 2 g Ballaststoffe; 11 g Nettokohlenhydrate

Und nun zu den Smoothies. Sie enthalten in der Regel rohe Eier, die die nötigen Proteine beisteuern, damit sie schön satt machen. Wer sich mit rohen Eiern nicht anfreunden kann, pasteurisiert sie zuvor (siehe Seite 18).

GRAPEFRUITSMOOTHIE

FÜR 1 PORTION:
4 EL ungesüßte Kokosmilch, gekühlt
2 Eier
¼ rote Grapefruit, geschält, entkernt und ohne weiße Haut
Saft von ½ Zitrone
½ TL ungesüßtes Gelatinepulver
¼ – ½ TL Steviaextrakt, Zitrone

Die Kokosmilch mit den Eiern und der Grapefruit in den Mixer geben. Zitronensaft und das Gelatinepulver hinzufügen und den Mixer laufen lassen.
Einen viertel Teelöffel flüssige Stevia hinzufügen und abschmecken. Tropfenweise mit mehr Stevia nachsüßen, bis der gewünschte Geschmack erreicht ist. In ein Glas gießen und frisch genießen.

NÄHRWERTANALYSE PRO PORTION:
390 Kalorien; 33 g Fett; 14 g Protein; 15 g Kohlenhydrate; 1 g Ballaststoffe; 14 g Nettokohlenhydrate

MEXIKANISCHER SCHOKOLADENSMOOTHIE

FÜR 1 PORTION:
4 EL ungesüßte Kokosmilch, gekühlt
2 Eier
4 TL Kakaopulver
¼ TL Steviaextrakt, Vanille
½ TL gemahlener Zimt
½ TL ungesüßtes Gelatinepulver

Alle Zutaten im Mixer aufschäumen. In ein Glas füllen, eventuell mit Stevia nachsüßen und genießen.

NÄHRWERTANALYSE PRO PORTION:
376 Kalorien; 33 g Fett; 16 g Protein; 9 g Kohlenhydrate; 3 g Ballaststoffe; 6 g Nettokohlenhydrate

ERDBEERSMOOTHIE

Diesen Smoothie kann man löffeln. Wer ihn flüssiger mag, fügt noch etwas Wasser hinzu.

FÜR 1 PORTION:
6 mittelgroße Erdbeeren, gefroren
125 ml ungesüßte Kokosmilch
2 Eier
1 TL Zitronensaft
10 Tropfen Steviaextrakt (Menge nach Geschmack)
½ TL ungesüßtes Gelatinepulver

Alles im Mixer pürieren, bis die Erdbeeren vollständig zerkleinert sind. Abschmecken, eventuell mit Stevia nachsüßen und in einem passenden Glas servieren.

NÄHRWERTANALYSE PRO PORTION:
376 Kalorien; 33 g Fett; 14 g Protein; 9 g Kohlenhydrate; 2 g Ballaststoffe; 7 g Nettokohlenhydrate

HEIDELBEERSMOOTHIE

FÜR 1 PORTION:
75 g Bio-Heidelbeeren, gefroren
175 ml ungesüßte Kokosmilch
1 TL Zitronensaft
2 Eier
30 Tropfen Steviaextrakt, Vanille

Alle Zutaten im Mixer verarbeiten, bis die Heidelbeeren vollständig zerkleinert sind, und in einem passenden Glas servieren.

NÄHRWERTANALYSE PRO PORTION:
506 Kalorien; 45 g Fett; 15 g Protein; 16 g Kohlenhydrate; 2 g Ballaststoffe; 14 g Nettokohlenhydrate

KOKOSNUSS-EIERFLIP

Für 1 Portion:
250 ungesüßte Kokosmilch
2 Eier
15 Tropfen Steviaextrakt, Vanille (Menge nach Geschmack)
1 TL Vanillearoma
⅛ TL gemahlener Muskat
¼ TL gemahlener Zimt

Alles im Mixer aufschäumen und frisch servieren.

NÄHRWERTANALYSE PRO PORTION:
590 Kalorien; 56 g Fett; 15 g Protein; 9 g Kohlenhydrate; ein paar Ballaststoffe; 9 g Nettokohlenhydrate

Alkohol ist in Paleokreisen ein strittiges Thema. Aber Gärung ist etwas Natürliches, und unsere Vorfahren haben bestimmt hin und wieder vergorene Früchte gegessen. Meine Meinung: Wer bisher gelegentlich einen Drink genossen hat, wird dies kaum aufgeben. Außerdem scheint mäßiger Alkoholgenuss der Gesundheit durchaus zuträglich zu sein.
Spirituosen werden auf unterschiedlicher Basis hergestellt: Branntwein wird aus Wein gebraut, also aus Trauben, Whiskey aus Getreide, Wodka ursprünglich aus Kartoffeln (heute meist auch aus Getreide), Rum aus Zuckerrohr, Tequila aus Agavenkaktussaft. Die Paleoquellen darunter sind aus meiner Sicht Trauben, Agave und Zuckerrohr. Raffinierter Zucker ist in der Paleo-Ernährung zwar unerwünscht, doch rohes Zuckerrohr kaut die Menschheit vermutlich schon ewig.
Andererseits ist destillierter Alkohol ohnehin ziemlich unverfälscht. Ein Whiskey aus glutenhaltigem Getreide enthält kein Gluten mehr. Insofern sollte jeder selbst entscheiden, was in der Hausbar bleiben darf.
Ich mag Bier, aber da es aus Getreide gebraut wird, enthält es Gluten. Und die wenigen glutenfreien Biere, die ich entdeckt habe, sind immer noch sehr reich an Kohlenhydraten. Bier ist also gestrichen.
Eine gute Wahl sind trockene Weine, ob rot oder weiß, wie Cabernet oder Shiraz, Prosecco oder trockener Sekt.
Völlig tabu sind Malzgetränke und Alkopops, aber auch Liköre, gesüßter Rum und andere Spezialitäten, die mit Zucker versetzt sind. Damit entfallen Cocktailgrundlagen wie Curaçao, Midori, Campari, Kahlúa, Crème de Cacao oder Irish Cream und alles, was darauf beruht.
Die nachfolgende Cocktailauswahl ist unter Paleogesichtspunkten wohl vertretbar.

WEINSCHORLE

FÜR 1 PORTION:

Eiswürfel
125 ml trockener Rotwein oder Weißwein
250 ml kaltes Mineralwasser
6 Tropfen Steviaextrakt, Zitrone (Menge nach Geschmack)

Eine Karaffe mit Eiswürfeln füllen. Den Wein hinzufügen und mit Mineralwasser aufgießen. Steviaextrakt hinzufügen, kurz umrühren und servieren.

NÄHRWERTANALYSE PRO PORTION:
85 Kalorien; 0 g Fett; eine Spur Proteine; 2 g Kohlenhydrate; 0 g Ballaststoffe; 2 g Nettokohlenhydrate

TIPP

Dieses Rezept lässt sich endlos variieren. Mineralwasser gibt es mit unterschiedlichen Aromen, oder man mischt das Aroma selbst hinzu (für Besitzer eines eigenen Sprudlers). Auch Stevia wird in fruchtigen Geschmacksrichtungen angeboten.

MOJITO

Bei zuckerfreiem Mojito kommt es auf das gute Zerkleinern der Minze an, denn normalerweise würde der Zucker die ätherischen Öle herauslösen.

FÜR 1 PORTION:

2 Zweige Minze
Saft von 1/3 Limette
5 Tropfen Steviaextrakt
4,5 cl weißer Rum (3 EL)
Eiswürfel
175 ml kaltes Mineralwasser

Die Minzblätter in ein hohes Cocktailglas füllen. Mit einem Cocktailstößel oder einem Löffel gründlich zerdrücken, um die Öle freizusetzen. Limettensaft zufügen, mit Stevia süßen und umrühren. Den Rum dazugeben.
Das Glas mit Eiswürfeln füllen, die ausgedrückte Limette hineinlegen und mit kaltem Mineralwasser aufgießen.

NÄHRWERTANALYSE PRO PORTION:
76 Kalorien; etwas Fett; 1 g Protein; 3 g Kohlenhydrate; 1 g Ballaststoffe; 2 g Nettokohlenhydrate (falls Minzblätter und Limette verzehrt werden)

PALEO MARGARITA FIZZ

FÜR 1 PORTION:

4,5 cl Tequila (3 EL)
Saft von ½ Limette
4 Tropfen Steviaextrakt (Menge nach Geschmack)
Eiswürfel
kaltes Mineralwasser mit Orangenaroma

Tequila in ein hohes Cocktailglas füllen und Limettensaft samt Stevia hinzufügen. Kurz umrühren.
Das Glas mit Eiswürfeln füllen, dann mit Mineralwasser auffüllen und gleich servieren.

NÄHRWERTANALYSE PRO PORTION:
74 Kalorien; etwas Fett; etwas Protein; 4 g Kohlenhydrate; ein paar Ballaststoffe; 4 g Nettokohlenhydrate

MANGORITA

Mit aromatisiertem Mineralwasser kann man den Geschmack beliebig abwandeln.

FÜR 4 PORTIONEN:

1 reife Mango, geschält und in Stücken
Saft von 1 Zitrone
Saft von 1 Limette
8 cl Tequila
Mineralwasser

Die Mangostücke in einem Gefrierbehälter einfrieren.
Bei Bedarf in den Mixer geben, Zitronen-

und Limettensaft sowie Tequila hinzufügen und gleichmäßig zerkleinern. Auf vier Gläser verteilen, mit kaltem Mineralwasser auffüllen und servieren.

NÄHRWERTANALYSE PRO PORTION:
84 Kalorien; etwas Fett; 1 g Protein; 12 g Kohlenhydrate; 1 g Ballaststoffe; 11 g Nettokohlenhydrate

MIMOSA

FÜR 1 PORTION:
Saft von ½ Orange
150 ml gekühlter Champagner

Den Orangensaft in eine Champagnerflöte füllen und mit Champagner auffüllen.

NÄHRWERTANALYSE PRO PORTION:
156 Kalorien; etwas Fett; 1 g Protein; 12 g Kohlenhydrate; 2 g Ballaststoffe; 10 g Nettokohlenhydrate

BELLINI

FÜR 1 PORTION:
¼ Pfirsich, geschält
¼ TL Zitronensaft
150 ml gekühlter Prosecco
einige Tropfen Steviaextrakt (auf Wunsch)

Den Pfirsich pürieren. Zitronensaft hinzufügen und in eine Champagnerflöte gießen oder löffeln. Mit Prosecco auffüllen und nach Belieben mit Stevia süßen.

NÄHRWERTANALYSE PRO PORTION:
136 Kalorien; etwas Fett; etwas Protein; 7 g Kohlenhydrate; ein paar Ballaststoffe; 7 g Nettokohlenhydrate

TIPP

Je trockener der Prosecco, desto geringer der Restzuckergehalt. »Trocken« ist je nach Marke aber immer noch relativ süß. »Brut Champagner« fällt deutlich trockener aus.

PALEO-DAIQUIRI

FÜR 1 PORTION:
4,5 cl weißer Rum (3 EL)
1½ EL Limettensaft
4 Tropfen Steviaextrakt (Menge nach Geschmack)
Eiswürfel

Alle Zutaten auf Eis schütteln und in ein Cocktailglas abseihen. Besonders dekorativ mit einer Limettenscheibe.

NÄHRWERTANALYSE PRO PORTION:
68 Kalorien; etwas Fett; etwas Protein; 1 g Kohlenhydrate; ein paar Ballaststoffe; 1 g Nettokohlenhydrate

ERDBEER-DAIQUIRI

FÜR 1 PORTION:

6 frische Erdbeeren, geputzt
6 EL weißer Rum (90 ml)
2¼ EL Limettensaft
4 Tropfen Steviaextrakt (Menge nach Geschmack)
125 g Crushed Ice

Alles im Mixer gleichmäßig zerkleinern. In einem passenden Glas servieren.

NÄHRWERTANALYSE PRO PORTION:
156 Kalorien; etwas Fett; 1 g Protein; 7 g Kohlenhydrate; 2 g Ballaststoffe; 5 g Nettokohlenhydrate

TOM COLLINS

FÜR 1 PORTION:

3 EL Zitronensaft
6,7 cl Gin
4 Tropfen Steviaextrakt (Menge nach Geschmack)
Eiswürfel
175 ml kaltes Mineralwasser mit Kohlensäure

Zitronensaft, Gin und Stevia in einem hohen Glas verrühren. Eiswürfel hinzufügen und mit Mineralwasser auffüllen.

NÄHRWERTANALYSE PRO PORTION:
120 Kalorien; 0 g Fett; eine Spur Protein; 4 g Kohlenhydrate; ein paar Ballaststoffe; 4 g Nettokohlenhydrate

WODKA COLLINS

FÜR 1 PORTION:

3 EL Zitronensaft
6,7 cl Wodka
4 Tropfen Steviaextrakt (Menge nach Geschmack)
Eiswürfel
175 ml kaltes Mineralwasser mit Kohlensäure

Zitronensaft, Wodka und Stevia in einem hohen Glas verrühren. Eiswürfel hinzufügen und mit Mineralwasser auffüllen.

NÄHRWERTANALYSE PRO PORTION:
120 Kalorien; 0 g Fett; eine Spur Protein; 4 g Kohlenhydrate; ein paar Ballaststoffe; 4 g Nettokohlenhydrate

FRENCH 75

FÜR 1 PORTION:

4–5 Eiswürfel
6 cl Brandy (4 EL)
2 EL Zitronensaft
6 Tropfen Steviaextrakt (Menge nach Geschmack)
175 ml gekühlter Champagner

Das Eis zerstoßen und in einen Cocktailshaker geben. Brandy, Zitronensaft und Stevia hinzufügen. Gründlich schütteln und in ein gekühltes Cocktailglas abseihen. Mit Champagner auffüllen.

NÄHRWERTANALYSE PRO PORTION:
144 Kalorien; 0 g Fett; eine Spur Protein; 3 g Kohlenhydrate; ein paar Ballaststoffe; 3 g Nettokohlenhydrate

PIÑA COLADA

Bei Rum ist der Zucker aus dem Zuckerrohr vollständig fermentiert und destilliert. Nur aromatisierter Rum enthält meist Zucker.

FÜR 1 PORTION:
9 cl heller Rum
3 EL frische Ananas, zerdrückt
3 EL ungesüßte Kokosmilch, gekühlt
500 g Crushed Ice

Alle Zutaten im Mixer verarbeiten, bis die Ananas vollständig zerkleinert ist. In einem passenden Glas anrichten.

NÄHRWERTANALYSE PRO PORTION:
294 Kalorien; 9 g Fett; 1 g Protein; 5 g Kohlenhydrate; ein paar Ballaststoffe; 5 g Nettokohlenhydrate

WODKA GIMLET

Für 1 Portion:
4,5 cl Wodka
2 EL Limettensaft
3–4 Tropfen Steviaextrakt
Eiswürfel

Alle Zutaten auf Eis schütteln und in ein Cocktailglas abseihen.

NÄHRWERTANALYSE PRO PORTION:
70 Kalorien; etwas Fett; etwas Protein; 2 g Kohlenhydrate; ein paar Ballaststoffe; 2 g Nettokohlenhydrate

MARTINI

Für 2 Portionen:
Eiswürfel
3 Shots Gin oder Wodka
½ Shot trockener Wermut
etwas Zitronenschale oder eine Olive

Eiswürfel direkt aus dem Eisfach in den Cocktailshaker oder den Martini-Pitcher füllen. Gerade so lange schütteln oder rühren, dass der Alkohol wirklich kalt ist, dann einschenken.
Ein Hauch Zitronenschale ist paleokonformer als eine Olive.

NÄHRWERTANALYSE PRO PORTION:
118 Kalorien; 0 g Fett; eine Spur Proteine; eine Spur Kohlenhydrate; 0 g Ballaststoffe; 0 g Nettokohlenhydrate

DANKSAGUNG

Dieses Buch ist für meine freiwilligen Rezepttesterinnen und -tester:
Lynda Vander Voort, Heidi L. Bayer, Lisa Meagher, Arleen Skidmore, Julie McIntosh, Saskia van der Zanden, Regina Mulligan, Yvonne Mitchell, Lisa E. Gonzalez, Mary H. Erickson, Katy Kopczynski, Lisa Coker, Tammera Lowe, Wendy McCullough, Rebecca Jaxon, Heather Doiron, Kathryn Hanft, Robert and Jennifer Larrabee, Kim Eidson, Mary Braun, Michelle Gylanders, Ashley E. Durgin, Kimberly Carpender, Nancy A., Deb O'Connor, Mary Braun, Brian E. George, Burma Powell, Carmen Ganter, Kay Ideker, Heather Westerberg, Keri Bucci, Lisa Gonzalez, Sherri Attoe, Marilyn McCormack, Mary Erickson, Amy Dungan, Amy Alexander, Jillian Tully und Maria Vander Vloedt.

Ohne euch hätte ich es nicht geschafft. Ich wusste schon immer, dass ich die besten Leser habe – ihr seid der Beweis dafür. Dank eurer Arbeit und Begeisterung ist dieses Buch möglich geworden. Dafür danke ich euch von Herzen.
Ihr seid einfach klasse!
Und wie schon so oft danke ich meinem Mann Eric. Er ist für mich einkaufen gegangen, war Testesser, hat redigiert und Korrektur gelesen, mich wieder und wieder gerettet, wenn der Computer nicht so wollte wie ich. Ohne seinen Dauereinsatz wäre meine Arbeit undenkbar!
Und obendrein ist alles einfach schöner, wenn er da ist.

REZEPTVERZEICHNIS

Müsli, Kekse und Pfannkuchen:

Beilagen:

Salate als Beilage:

Huhn und anderes Geflügel:

Rindfleisch:

REZEPTVERZEICHNIS A BIS Z

REGISTER